EUGEN ORTNER

GEORG FRIEDRICH
HÄNDEL

EINE BIOGRAPHIE

BASTEI-LÜBBE-TASCHENBUCH
Band 61 198

© 1985 by Franz Ehrenwirth Verlag GmbH & Co. KG, München
Lizenzausgabe: Gustav Lübbe Verlag GmbH, Bergisch Gladbach
Printed in Germany, Februar 1991
Einbandgestaltung: Manfred Peters
Titelbild: Archiv für Kunst und Geschichte
Satz: Fotosatz Froitzheim, Bonn
Druck und Verarbeitung: Ebner Ulm
ISBN 3-404-61198-5

Inhalt

Erstes Kapitel

Die Orgelburg zu Halle

»Ein Musikus und unter die Preußen? Non, ma belle sœur. Und das mir, einem Geheimen Wunderarzt und Kammerdiener der Herzöge von Sachsen-Magdeburg-Weißenfels! Hat der Kurfürst je meine Medizin begehrt? Aber bei den Sachsen hab' ich fürstliche Blessuren geflickt, herzogliche Frakturen eingerichtet und Ihrer Durchlaucht, der Hohen Frau zu Weißenfels, in schweren Zeiten wöchentlich ein Klistier verabreicht!«

Eine leiche Schamröte hatte sich der hübschen Schwägerin auf die runden Wangen gelegt.

Sie beugte sich verlegen zu dem Knaben, der neben ihr in der Kutsche saß. Er schlief. Das Schaukeln der Kutsche und das eintönige Knarren der Räder hatten ihn eingelullt.

Der Knabe träumte: Er stieg mit seiner Tante Anna eine breite Treppe empor, auf deren Podesten weiße Götter mit goldenen Fackeln in den Händen standen. Auf einer Terrasse drängten sich Menschen in festlichen Kleidern. Er sah sich umringt von fremden Gesichtern. Fremde Hände ergriffen ihn und führten durch lange Gänge in einen weißen Saal, der hell erstrahlte im Schein vieler Kerzen. In einer Nische saßen Musikanten und stimmten ihre Instrumente. Eine schöne Frau trat in den Saal, eine Königin, so funkelnd war ihr Geschmeide. Die Königin hob die Hand, und die Musikanten begannen zu spielen. Nun erschien ein kleines Mädchen, blond und mit hellen Puppenaugen, trat auf ihn zu und begehrte, mit ihm zu tanzen.

»Ich heiße Karoline und bin aus Ansbach!« flüsterte das Mädchen.

»Ich heiße Friedrich und bin aus Halle!« flüsterte er.

So tanzten die beiden durch den Saal, vorbei an allen Menschen.

Dann aber trat ein Mann mit dunklen, stechenden Augen auf ihn zu und führte ihn an ein Klavichord. Ihm wurde bang vor dem Fremden. Aber da war die kleine Karoline wieder an seiner Seite.

«Spiel doch!« sagte sie mit lebhafter Stimme und blieb in seiner Nähe. Da spielte er, spielte ein langes Präludium…, und alle Menschen im Saal traten herzu und klatschten Beifall.

Der Knabe erwachte. Die Kutsche polterte durch ein steinernes Tor. Schmale Giebelhäuser beengten krumme Gassen, Berg und Tal im Pflaster nötigten den Kutscher Martin, die Pferde durch strenge Zurufe im Schritt zu halten. Der Knabe schloß die Augen wieder.

Doch nun stieg ihm der Geruch schwelender Holzfeuer in die Nase, und ein Salzgeschmack reizte den Gaumen. Heute war Sonnabend. Die Hallknechte löschten die Salzpfannen im Tal, da kroch der weiße Brodem über die ganze Stadt.

Jetzt bog die Kutsche in den Großen Schlamm. Martin nahm die Zügel straffer, dann hielt er mit einem Ruck vor einer steinernen Treppe. Sie führte in acht Stufen zu einem breiten Portal und einer Pforte empor. Sieben spiegelblanke Fenster formten über den beiden Türen ein ansehnliches Stockwerk. Ein Pfälzer Giebeldach krönte schmuckvoll das stattliche Haus.

»Da sind wir, Friedrich!« sagte der Vater.

Der Knabe sprang aus der Kutsche. Dort, an der

Pforte, stand die Mutter mit offenen Armen. Jung stand sie da, der kleinen Karoline aus Ansbach ähnlich: so blond und strahlend hell. Schon lag Georg Friedrich, ihr Elfjähriger, an ihrem Herzen. Sie weinten beide ob der langen Trennung von zwei Tagen.

»Ich bring' dir dein Wunderkind wieder«, sagte der alte Händel zu seiner jungen Frau und drückte ihr einen Kuß auf die Wange, während die neunjährige Dorothea Sophia und die sechsjährige Johanna Christiana neugierig in Vaters Rocktaschen kramten.

Frau Dorothea Händel war eine verständige, gottergebene Seele, die ihren Gemahl nicht mit neugierigen Fragen belästigte, wenn er wortkarg und in sich verschlossen bei Tisch saß. Auch Tante Anna und die drei Kinder wurden heut mit Blicken ermahnt, nicht zu viele Worte zu machen. Man sprach das Tischgebet, dann klapperten die Löffel.

Nach dem Essen wurden die Kinder zu Bett gebracht. Georg Händel saß noch bei einem Krug Wein, als die Frauen wieder kamen und sich zu dem schweigsamen Mann setzten.

»Willst du deinen Friedrich nach Berlin geben?« fragte Georg Händel seine Frau – und schüttelte selbst den Kopf dabei. Da schwieg Dorothea.

Als der Nachtwächter vom Markt her die neunte Stunde verkündete, erhob sich Georg Händel und wünschte den beiden Frauen eine gute Nacht.

»Er war nicht zu einer Audienz zu bewegen. Er hat sich verleugnen lassen und mich mit dem Kind allein in das Schloß zu Kölln geschickt. Inzwischen ist er mit dem Kremberg, dem Säufer, in Berlin herumgezogen!« platzte nun Anna heraus, als sie mit ihrer Schwester allein war.

»Er wollte *dir* die Freude machen, den Friedrich bei Hof vorzustellen!« entgegnete die sanftmütige Dorothea.

Doch sie wußte es besser. Georg Händel war ein alter

Mann geworden, dem das Leben langsam entglitt. Noch vor zwei oder drei Jahren hätte niemand geglaubt, daß er ein Siebziger war. Als sie geheiratet hatten vor dreizehn Jahren, da war der zweiundsechzigjährige Händel noch ein leidenschaftlicher Freier gewesen, der sein einunddreißigjähriges Weib zärtlich umwarb! Vier Kinder hatte sie ihm geschenkt: einen Valentin zuerst, der bald nach der Geburt verstarb; nach dem Pestjahr 1682 starben viele Kinder in Halle. Aber Georg Friedrich und die beiden Mädchen, Dorothea Sophia und Johanna Christiana, blieben am Leben und wuchsen prächtig heran.

Und jetzt, im Jahre 1696? Jetzt war Georg Händel nicht mehr der Mann, sich als Höfling bei einer Audienz am Hof zu Kölln einzufinden, dabeizusein, wie sein elfjähriger Sohn durch sein Spiel auf dem Klavizimbel die Gunst Ihrer Durchlaucht der Kurfürstin Sophia Charlotte errang.

»Der Kurfürst ist klein und verwachsen und sitzt still mit seinen Herren beim Kartenspiel in einer Ecke. Aber die Kurfürstin ist überall. Sie ist die schönste und liebenswürdigste Dame bei Hof und liebt die Musik so sehr, daß sie die Konzerte oft selbst dirigiert, während die berühmtesten und gelehrtesten Männer der Welt sie bewundern! Dabei ist die Fürstin zugleich die beste Mutter. Selbst ihre Nichte Karoline aus Ansbach hat sie nach Berlin geholt; die kleine Karoline, die mit Friedrich so artig ein Menuett tanzte, ist mit ihren zwölf Jahren schon Doppelwaise. Ein reizendes Kind, lieblich und charmant! Du hättest sie sehen sollen, Dorothea, den Friedrich und die Karoline!«

Auch der berühmte Philosoph und Mathematiker Gottfried Wilhelm Leibniz war, wie Anna weitererzählte, am Hofe zu Kölln gewesen. Man sprach dort von der Errichtung einer ›Sozietät der Wissenschaften zu Berlin‹, als deren Präsident Leibniz ausersehen war. Sein Gesicht sei streng und hager, mit scharfen, wißbegierigen Augen. Er habe den kleinen Friedrich aufs Knie genommen und sich im heimatlichen Tonfall väterlich mit ihm unterhalten.

»... denn in Leipzig ist der berühmte Leibniz geboren! Zuletzt aber kommt der größte aller Musikmeister aus dem Welschland auf uns zu: Giovanni Battista Bononcini aus Bologna. Er war bei Ihrer Durchlaucht der Kurfürstin vorstellig geworden, denn er sollte in Berlin Hofkapellmeister werden. Mit schwarzen Augen schaut er unseren Friedrich durchdringend an und führt ihn an das Klavier. Er wirft ein paar Noten auf ein Blatt Papier und befiehlt dem Friedrich, die Melodie mit der Begleitung zu spielen. Der besinnt sich nicht lang und spielt die Harmonie gleich aus dem Kopf und so perfekt, daß die Kurfürstin Beifall klatscht. ›Ein Wunderkind!‹ ruft sie. Und der große Herr Leibniz hebt dein Kind hoch: ›Ein Wunderkind!‹ ruft auch er. Der Bononcini aber beißt sich auf die Lippen und lächelt ganz verlegen.«

»Und dann?« fragte ungeduldig Dorothea.

»Dann wird mir durch den Hofzeremonienmeister ein Billett übermittelt: ›An unsern gehorsamen Diener Georg Händel‹. Er möge einwilligen, seinen Sohn Friedrich zur weiteren musikalischen Ausbildung nach Kölln zu geben. – Berlin und Kölln haben 25 000 Seelen!« so schloß Tante Anna ihren Bericht mit Nachdruck, als wolle sie fortan die 9 000 Seelen ihrer Vaterstadt Halle gar nicht mehr gelten lassen.

Der gehorsame Diener Georg Händel lag in seinem Bett und schlief nicht. Die Öllampe flackerte lebhaft, und ihr rötlicher Schimmer beleckte die blanken Eisen von Musketen, Pistolen, Säbeln und Dolchen, die rings an den Wänden hingen.

Im Licht der Nacht reden die Dinge ihre eigene Sprache, und besonders die Waffen erzählen gern von den Abenteuern vergangener Tage. Bernhard von Weimar hat dieser Säbel dort gehört, dem tollkühnen und bibelfesten General der Union. Nach dem Tode Gustav Adolfs wollte er auf eigene Faust «Das Evangelische Reich der Teutschen» erretten, bis französisches Gift seinem Leben 1639 ein Ende machte. Damals hatte der junge Georg Händel, kaum siebzehn Jahre alt, sein Elternhaus zu Kleinschmieden bei Halle verlassen – kaum daß der Vater, der Kupferschmied Valentin Händel, tot war. Mit tausend Scholaren, Landsknechten und evangelischen Streitern war der junge Georg dem Grafen Wilhelm von Nassau gefolgt. Der sammelte die Weimaraner alle, um sie von den Schweden und Franzosen zu trennen und als ›teutsche Streiter‹ aufs neue in den Glaubenskampf zu werfen. Aber dann wurden sie doch bei Hildesheim von den Truppen der Liga geschlagen. Wilhelm von Nassau wurde getötet. Wer ihn überlebte und in Gefangenschaft geriet, sprang über die Klinge. Händel und ein paar Gesellen schlugen sich nach Holland durch. Die Levantinische Kompanie hatte soeben einen Vertrag mit den Türken gegen Venedig gemacht. Sie schickte Kauffahrteischiffe nach dem Orient. Auf einem Dickbauch namens ›Oranien‹ segelte auch Georg Händel als »Feldscher«, wie er sich hochtrabend nannte, bis nach Alexandrien mit ...

Dort glänzt ein Türkensäbel im rötlichen Licht der Nacht, und eine Pistole erzählt mit rostigem Grinsen von einem mörderischen Kampf Bug an Bug mit den Venezianern auf der Höhe von Zypern.

»Freibeuter – wer da gewinnt!«

In Amsterdam erreichte ihn ein Bittbrief seiner Mutter Anna. Darauf kehrte er zurück in das Haus zu Kleinschmieden, zu den Brüdern Christoph und Valentin, kroch unter in einer bürgerlich-kleinen Welt.

Er heiratete, einundzwanzig Jahre alt, Anna Oettingen, die Witwe eines Barbiers in Halle, und zeugte mit ihr sechs Kinder: drei Knaben und drei Mädchen.

Für Georg Händel, den Feldscher des Dreißigjährigen Krieges, fing das Leben an, lustig zu werden. Als Kammerdiener und Leibchirug des Herzogs Augustus von Sachsen – er hatte dem Herzog auf der Jagd einmal einen gebrochenen Arm eingerichtet – wurde er bald ein angesehener Mann. Er kaufte 1665 das Haus zum ›Gelben Hirsch‹ am Großen Schlamm und führte als Wundarzt nebenbei einen Weinschank, der dem Haus als Privileg zugehörte. 1683 heiratete er, als sein altes Weib endlich starb, die junge Dorothea Taust aus Giebichenstein.

Mit ihr zeugte er dann noch vier Kinder. Am 23. Februar 1685 morgens wurde Georg Friedrich geboren.

Kaum elf Jahre alt, zog er nun die Aufmerksamkeit auf sich. Am Hofe in Dresden sprach man von dem Wunderknaben Georg Friedrich Händel aus Halle. In Weißenfels lachten der Herzog Johann Adolf und sein ganzer Hofstaat neulich hellauf, als der vierzigjährige Kammerdiener Georg Christian Händel, nach der Verwandtschaft mit dem kleinen Georg Friedrich befragt, rundweg erklärte: »Der ist mein Onkel!« Und jetzt, im Schloß zu Kölln an der Spree, hätte ein alter vierundsiebzigjähriger Mann mit seinem elfjährigen Sohn noch antichambrieren und dem Zeremonienmeister erklären sollen: »Mit Verlaub – es ist mein Sohn!«? ...

Tolles Leben, so mit einem Schwung zwei Generationen zu überspringen: einen Krieg von dreißig Jahren, dann ein Höflingsleben von dreißig Jahren, vier verheiratete Kinder aus erster Ehe, drei unmündige Kinder aus zweiter Ehe, achtundzwanzig Enkelkinder und zwei Urenkel zu haben und doch noch den galanten Mann zu spielen! Ja fürwahr, er hatte diesem Leben eins ausgewischt. Hatte sich mit seiner zweiten Ehe über die erste kümmerliche Generation, die diesem langen Kriege gefolgt war, einfach hinweggesetzt und seinen Georg Friedrich in die nächste Generation gepflanzt, die so

Eintrag im Taufbuch der Liebfrauen-Kirche (Marktkirche) in Halle

stattlich an Körper und so frisch an Geist jetzt überall emporstrebte.

Am dritten Sonntag jeden Monats erschien die Gemeinde der Marienkirche zu Halle bsonders zahlreich zum Hauptgottesdienst. Die Predigt wurde an diesem Tag meist vom Konsistorialrat und Professor der Theologie Johann Christian Olearius gehalten, einem strengen Lutheraner und wortgewaltigen Kanzelredner. Noch mehr aber mochten den Gläubigen »die starken Musiken« bedeuten, die Gottfried Olearius, der jüngere Bruder des Genannten, zu dirigieren pflegte.

Drei Orgeln – eine Hauptorgel, ein kleines altes, ein kleines neues Positiv – wurden hierbei zur Ehre Gottes und zur Unterstützung eines Chores von neunzig Lateinschülern in Bewegung gesetzt. Fünf Stadtpfeifer und vier Kunstgeiger vervollständigten das Ensemble der Töne und Stimmen.

Als die Familie Händel kurz vor neun Uhr unter dem Geläute der ehrwürdigen Glocken ihrer Bank zustrebte, gab es ein auffälliges Drehen vieler Köpfe. Doch der alte Händel, der seinen elfjährigen Sohn fest an der Hand hielt, vergab keinen Blick. Hinter ihrem Gemahl aber schritt Frau Dorothea, begleitet von Jungfer Anna, Dorothea Sophia und Johanna Christiana in Obhut.

Georg Friedrich saß neben dem Vater und schaute an dessen wallender, silbrig glänzender Allongeperücke empor in das Sternengewölbe. Hohe Emporen, mit Gold und Blau verziert, verdeckten die Spitzbogen der Fenster, fingen das eindringende Sonnenlicht wie in einem leuchtenden Oval, an dessen östlichem Kreisrund sich der Marienaltar von Lukas Cranach feierlich erhob, während dem Altar gegenüber eine ausladende Orgel des Esaias Beck den Chorraum füllte.

Laudate Dominum in Tympano et Choro
Laudate Eum in Chordis et Organo Ps. 150
A. D. MDLXXXVIII

... stand in goldenen Lettern auf dem Rückpositiv.

Auf den Seitenemporen erhoben sich die zwei kleinen Orgeln, »also daß man in der Marienkirche zu Hall auf allen vieren Choren, den Altar miteingerechnet, gegen Morgen und Abend, Mittag und Mitternacht, Gott zu Ehren löblich anstimmen und musizieren konnte«.

An der Hauptorgel saß Friedrich Wilhelm Zachow und entfaltete soeben auf drei Posaunen seine Kunst in einem dramatisch bewegten Introitus. Klopfenden Herzens verfolgte der kleine Georg Friedrich Händel den wallenden dunklen Haarschopf seines geliebten Lehrers. Mit stürmischen Läufen und vollen Registern rüttelte Zachow an den Ohren und Herzen.

Ein paar rote Röcke neugieriger Chorknaben wurden über der arabeskengeschmückten Balustrade rechts und links der großen Orgel sichtbar, dann erschien die hagere

Gestalt des Oberpfarrers und Diakons Gottfried Olearius, der einen Blick in das Schiff der Kirche warf und sich dann mit erhobenen Händen dem Chor der Sängerknaben zuwandte. Die ›Symphoniaci‹, so nannte man in Halle den Chor der Gymnasiasten, setzten ein mit feinen Stimmen.

An den beiden kleinen Positiven auf der rechten und linken Empore hatten indessen der Kantor der Marienkirche, Gebhardt Riemschneider, und der stud. phil. et theol. Christian Brandes Platz genommen. Mit Donnergetöse endete das Präludium, mit Engelsgeflüster rauschte das Kyrie empor. Auch das Gloria war eine Komposition Friedrich Wilhelm Zachows und prunkte mit einem kunstvollen Alternieren zwischen Orgel und Chor.

Jetzt ertönte der weiche Diskant Gottfried Riemschneiders, des ältesten Sohnes des Marienkantors, und beifällige Bewegung ging durch die ganze Gemeinde. Die Stimme des Knaben konzertierte mit den vier Kunstgeigern, die sich jetzt neben der Orgel sichtbar machten. Und nun sang der Herr Oberpfarrer mit magerer Stimme die Epistel.

Ein Halleluja des Samuel Scheidt stieg empor, des sächsisch-magdeburgischen Hofkomponisten und Musikdirektors zu Halle. Scheidt, 1654 gestorben, war ein Großmeister der Orgel. Mit seiner *Tabulatura Nova* hatte er das erste deutsche Handbuch des Orgelspiels geschrieben, das Friedrich Wilhelm Zachow wie ein Buch der Bücher in der Bibliothek der Marienkirche verwahrt hielt.

Die christliche Gemeinde der Marienkirche zu Halle aber, in der Justus Jonas, der Mitstreiter Martin Luthers, am 15. April 1541 seine erste evangelische Predigt gehalten, sang nun schlicht ein lutherisches Kirchenlied.

Gott der Vater wohn' bei uns!

Die Predigt folgte. Sie knüpfte an das Lied an. Johann Christian Olearius fand Worte voll Zucht und Zerknirschung. Die Gemeinde stand auf und betete das Vaterunser. Das Sanctus war wieder eine Komposition von Friedrich Wilhelm Zachow, eine vierstimmige, kunstvolle, doch etwas zu lang geratene Kantate, die dem Organisten selbst jedoch viel zu kurz erschien.

Hierauf sang die Gemeinde: »Christe, du Lamm Gottes!«

Oberpfarrer Olearius war inzwischen an den Altar getreten und erteilte den Segen. Nun aber brauste wieder das evangelische Lied *Wir glauben all' an einen Gott!* zu dem Sternengewölbe empor, und die Stimmen der neunzig Symphoniker und der drei Orgeln erklangen in strömender Fülle. Den zweiten Vers sang die Gemeinde. Aber beim dritten Vers waren auf der Empore neben den vier Kunstgeigern auch die fünf Stadtpfeifer aufgetaucht und schmetterten mit ihren Trompeten in das Finale.

Im Geläute aller Glocken verließen die Menschen das halbdunkle Gotteshaus. Auf dem Marktplatz spielte die Sonne mit den spitzen und gewalmten Dächern der Häuser, mit dem ragenden Gegiebel des Roten Turmes, mit den vier Türmen der Marienkirche. Bei den Hausmanntürmen pflegte sich die Haller Bürgerschaft zu versammeln. Dorthin begaben sich auch die Händels.

Als Vater Händel jedoch den Herrn Oberpfarrer auf sich zukommen sah, verdrückte er sich, um, wie er sagte, ein paar Freunde zu begrüßen und für den Abend einzuladen. Georg Händel mochte die Gebrüder Olearius nicht, die hielten es liebedienerisch mit den Preußen. Gottfried Olearius aber begrüßte sehr höflich die beiden Damen und gab auch den drei Kindern gemessen die Hand. Leise erkundigte er sich bei Mutter Dorothea über den Verlauf der Berliner Exkursion.

Der kleine Georg Friedrich vernahm kein Wort dieser

Unterhaltung. Seine sonnenhellen blauen Augen spazierten unbefangen über den vertrauten Marktplatz und beschauten sich die vielen Menschen, die da in Gruppen beieinanderstanden oder paarweise prominierten. Keck überragte die Nase den fein linierten, doch energischen Mund. Zart und rund war das Kinn gebildet. Es wölbte sich aus einem schlanken Hals frei hervor, beiderseits von blonden Locken umrahmt.

Blendend weiß lag der Marktplatz in der Mittagssonne. Wie auf einem Riesennotenblatt tanzten die Schatten der Köpfe und Hälse, der Spitzen und Kuppeln auf dem weißleuchtenden Pflaster. Der Generalbaß, das war der Rote Turm selbst mit seiner vielgliedrigen Fassade. Daneben stimmten die kupfergrünen rundlichen Spitzen der Hausmanntürme und die schiefergedeckten schmal aufschießenden Blauen Türme wie ein Bläserquartett ineinander. Friedrich Wilhelm Zachow liebte solche Vergleiche. Dann und wann – in lustiger Stunde – geriet ihm bei einem Allegro vivace die ganze Welt mit all ihren Perükken durcheinander:

Perücken »in folio«, Perücken »allonge«, echte Lokkenberge der Damen, falsche Ungetüme der Herren aus Pferdehaaren, Ziegenhaaren oder Wolle! Haargebirge »à la fontange« erlaubten den Kavalieren nicht, ihre Hütchen aufzusetzen. Man trug die Zierde des Mannes kokett unter dem Arm wie den Paradedegen an der Seite. Nur Vater Händel hatte ganz gegen die Mode eine schwarze Kappe auf seine weiße Perücke gestülpt und einen Haudegen um die Hüfte geschnallt.

Der Markt füllte sich mehr und mehr. Im Bannkreis der Kirche hatte sich die Hallenser Altgemeinde zusammengefunden: frühere sächsisch-magdeburgische Hofbeamte aus der Zeit des Herzogs Augustus. Es waren reiche »Halloren«, Inhaber der Hallischen Salzquellen Wendisch Born, Deutsch Born, Guthjahr und Meteritz, Inhaber der Siedehäuser, auch »Koten« genannt. Diese wurden, waren sie geräumig, mit den Namen von Vögeln wie Sperling, Pelikan, Kuckuck, Goldvogel betitelt; waren sie jedoch kleiner, erhielten sie die Namen von Säugetieren wie Hase, Steinbock, Hirsch, Elefant und Bär.

Gegen diese vornehmen Halloren mit ihren modisch gekleideten Damen wirkten die Vertreter des neuen Regimes, die preußischen Beamten und Militärs, die sich am Roten Turm zu versammeln pflegten, etwas karg und steif in Erscheinung und Haltung. Auch ihre Damen vermochten es den feinen Hallenserinnen an Eleganz nicht gleichzutun.

Zwischen den beiden Gruppen aber – beim Hölzernen Roland – gaben sich die Studenten ihr Stelldichein. In Stiefel und Sporn, Flaus und Rapier machten sie einen recht kampflustigen Eindruck und legten Wert darauf, sich auch öffentlich streng in Landsmannschaften zu gliedern: Preußen und Hanseaten, Pfälzer und Böhmen, Thüringer und Sachsen.

Ein Trupp von Hallorenknechten, sonntäglich in blaue Kittel und braune Kappen gekleidet, lenkte plötzlich die allgemeine Aufmerksamkeit auf sich. Es waren Wenden, kräftige slawische Gestalten mit runden Köpfen, die eines ihrer schwermütigen Gesellenlieder sangen und hinab zur Saale zogen. Vom Dom her aber entstand eine Gegenbewegung, verursacht durch eine Gesellschaft von Franzosen, die aus ihrem Gottesdienst kamen. Es waren Hugenotten, Calvinisten und Pfälzer, von denen Kurfürst Friedrich von Preußen zwanzigtausend »zur Hebung der Bevölkerung« in sechzig Gemeinden seiner Länder angesiedelt hatte. Allein in Halle waren siebenhundert Franzosen und tausend Pfälzer. Die Franzosen erkannte man sogleich an dem zierlichen Schnitt ihrer Röcke und der glatten Form ihrer engen Kniehosen, doch auch an ihrer gewandten à-la-mode-Konversation, für die damals jede schöne Hallenserin zwei offene Ohren hatte.

Schon war aus der Gruppe der Franzosen ein kleiner behender Mann mit lebhaften braunen Augen hervorgetreten, um mit einem galanten »Bon jour, mes dames!« die beiden Händel-Damen zu begrüßen. Es war Jean Frédéric Cavalier aus Lyon, der am Dom von Halle als Vorsänger der reformierten Gemeinde angestellt war. Nebenher erteilte er der Demoiselle Anna und den drei Kindern französischen Unterricht.

Man parlierte ganz à la mode, bis auf der flachbogigen hohen Balustrade zwischen den beiden Hausmanntürmen die Stadttrompeter Aufstellung nahmen und vierstimmig ihren Sonntagschoral in alle Winde bliesen.

»Dank sagen wir alle mit Schalle!« Es war ein altehrwürdiges deutsches Kirchenlied, noch aus den Zeiten Kardinal Albrechts, das schon 1530 im »Neuen Stift des Heiligen Moritz zu Hall« am Schluß jeder Messe gesungen wurde.

Inzwischen hatte auch Georg Händel seine Familie wiedergefunden. Während die beiden Damen mit den Mädchen nachfolgten, schritt er mit Georg Friedrich seinem Hause am Großen Schlamm und den dampfenden Fleischtöpfen zu.

Friedrich Wilhelm Zachow stammte aus einer echten Musikantenfamilie. Er war vor dreiunddreißig Jahren in Leipzig geboren und spielte – ein heller und hellhöriger Sachse – alle Instrumente, »als da sind Posaun, Dulcian, Zinke, Zymbel, Geige, Kniegeige und Orgel«.

Er war mittelgroß und recht mager. Etwas verknittert schaute das bleiche Gesicht unter einer schwarzen Künstlermähne in die Welt.

Böse Zungen meinten, »alle Organisten sind Säufer«. Aber seit Friedrich Wilhelm Zachow vor drei Jahren Dorothea Anschütz geheiratet hatte und nun als Organist bei St. Marien in Halle ein ordentliches Gehalt von 100 Talern jährlich bezog, lebte er in bürgerlichen Verhältnissen.

Nur manchmal trank er einen, wenn er mit seiner Arbeit nicht zurande kam. Dann schwebte er in höheren Sphären. Die trübe Welt wurde ein brausendes Orchester, und die Stadt Halle mit ihrem Dom und ihrer Marienkirche stieg auf zur »Orgelhochburg des Reiches der Teutschen«. Er selbst wurde zum größten Orgelspieler seit Heinrich Schütz. Der große Polyphonist aus Kassel war zwar schon hundert Jahre tot. Seine Passionen nach den Aposteln Matthäus und Lukas oder die Psalmen Davids oder die Symphoniae sacrae klangen aber immer noch in aller Ohren. Ja, der Schütz, der würde noch tausend Jahre leben! Und so einer wollte Zachow sein.

Aber dann gab es Krach mit dem Herrn Oberpfarrer und Krach mit dem Gemeindevorstand und Krach mit dem Kantor und Krach mit den Mettenknaben. Einmal brauchte Zachow einen dringenden Vorschuß, ein andermal sangen die Knaben wie die wilden Katzen. Und gar die Orgel, die arme Orgel! Zachow hörte in der Orgel manchmal die Wölfe heulen, weil zu viel Wind in die Pfeifen kam. Er hörte den Wurm in der Lade bohren, Salpeter fraß am Pfeifenwerk, Rost nagte am Draht! Diese Orgel von St. Marien mit Regierwerk, Pfeifenwerk und Windwerk waren ein feines, zartes, kunstvolles Instrument, und ihre zweiundvierzig Register bedurften allwöchentlich der sorgfältigsten Pflege!

»Hochgeehrte Herren!« schrieb Zachow dann mit gezierten gotischen Buchstaben an den Kirchenvorstand, »möget selber zusehen, daß dieser Orgelmacher Andreas Theißner, der versoffene Kerl, endlich seine Pflicht tut . . .
Ihr dienstschuldigster
Friedrich Wilhelm Zachow.«

Und wieder gab es Krach, aber dann saß Zachow tagelang allein auf der Orgelbank Unserer Lieben Frau, und niemand wagte, ihn zu stören. Jetzt konnte er komponieren: »Kantaten von erstaunlicher Länge, Melodien tief in den Kontrapunkt gebaut, Musicen erfüllt mit einem vordringlichen Pathos«.

Zart und wild war der Zachow: ein Gewaltmensch auf der Orgel, ein hilfloses Kind, wenn er die Orgel verließ, ein Kind im Schoße seiner Familie in der Kleinen Klausstraße, ein Kind vor dem Hohen Rat . . ., doch ein Narr im Kreise der Zecher.

Zachow hatte an jenem festlichen dritten Sonntag eine neue Kantate zu Gehör gebracht. Von seinem Erfolg beschwingt, begab er sich am nächsten Tage in das Haus der Familie Händel, um seinen Schüler Georg Friedrich auf dem Klavizimbel zu unterrichten.

Doch Anna empfing ihn mit einiger Verlegenheit. Die Stunde müsse heute ausfallen, sagte sie. Der alte Herr Händel sei plötzlich erkrankt und liege zu Bett. Es fehle ihm, wie schon manches Mal, an der Leber und der Galle. Auch am Herzen, ja, auch am Herzen fehle es ihm. Er könne eben die vollen Humpen nicht mehr vertragen, und gestern abend sei eine große Zecherei in der Schenkstube gewesen.

Für alles dies hatte Zachow volles Verständnis und wollte schon wieder gehen. Aber Demoiselle Anna lud ihn ein näherzutreten und führte ihren Gast in die gute Stube, wo ihm Frau Händel eine kalte Fruchtschale servieren wolle: eingemachte Pflaumen mit Rotwein und Zucker, die Zachow so gerne aß. So hockte er nun mit seiner etwas ungepflegten schwarzen Mähne zwischen den beiden Händel-Damen. Man sprach von dem Berliner Ereignis. Auch Zachow meinte, es sei besser, Georg Friedrich jetzt in Halle zu lassen statt ihn an den Hof nach Kölln zu geben.

Georg Friedrich wurde gerufen. Er schmiegte sich in den Arm des vertrauten Lehrers und repetierte noch einmal die Aufgabe, die ihm Signor Bononcini in Berlin gestellt hatte. Tante Anna holte das Notenblatt hervor, das sie zur Erinnerung an jenen denkwürdigen Abend noch in ihrem Täschchen verwahrt hielt. Bononcini hatte von dem elfjährigen Händel verlangt, eine chromatische Tonfolge mit einem Grundbaß zu einem vierstimmigen Satz auszuarbeiten und sogleich vorzuspielen.

»Ist ja das geringste von unseren drei Teufelsstückchen!« sagte nun Zachow und zog seinen Schüler an das Klavizimbel. Wie sie es beide gewohnt waren, sang Zachow zuerst die Melodie, und Georg Friedrich begleitete ihn sodann mit vollen Stimmen, doch noch viel hübscher, als er es bei dem unheimlichen Bononcini vermocht hatte.

Jetzt hörte man den Kranken mit ärgerlicher Stimme rufen, und Frau Dorothea Händel eilte davon.

»Wißt Ihr was, Jungfer Anna?«, flüsterte Zachow. »Von morgen an nehm' ich den Friedrich mit mir auf die Orgel von St. Marien. Da stört uns niemand!«

Als es dem alten Händel nach wenigen Tagen wieder besser ging, erhielt das Hausfaktotum August Lehmann den Auftrag, Monsieur Jean Frédéric Cavalier herbeizurufen. Der Franzose sollte diesmal im Auftrag Händels ein Schreiben an »Seine Durchlaucht den Kurfürsten von Preußen« aufsetzen. Darin teilte dieser mit, daß er nicht willens sei, seinen Sohn Georg Friedrich zur musikalischen Ausbildung nach Berlin zu schicken. Er beabsichtige vielmehr, »denselben zwecks Erlernung eines rechtschaffenen bürgerlichen Berufes in der Stadt Hall und in eigener Obhut zu behalten.«

Monsieur Cavalier setzte einen Brief auf, der viel höflicher klang, als Händel es wünschte. Als am selben Tag Professor Lipenius kam, der Jurist und Kumpan, zerrissen sie beide den Brief wieder und Händel schrieb nun selbst auf gut deutsch an den hohen Herrn zu Kölln: ... Er, der gehorsame Diener, müsse es zwar allemal mit größter Ehrerbietung anerkennen, daß Ihro Churfürstliche Durchlaucht ein so gnädiges Auge auf seinen Sohn zu schlagen geruhen. Weil er aber selber den Wunsch hege, die kurze Zeit, so ihm noch zu leben vergönnet, den Sohn zur Seite zu haben und ihn nach Absolvierung des Gymnasiums zum Studium der Rechte auf Seiner Durchlaucht neue Friedrichs-Universität in Hall zu beordern, so hoffe er, Kurfürstliche Durchlaucht würden allergnädigst verzeihen, wenn sich der Leibchirurgus und Kammerdiener Georg Händel die hohe Gnade, die ihm auf Dero Befehl angetragen, untertänigst versagen müsse.

Als diese Absage nach Berlin unterwegs war, legte sich Händel wieder zu Bett. Da er keinen Arzt rufen ließ und dennoch täglich schwächer wurde, ließ Dorothea ihren Bruder Johann Gottfried Taust, Seelsorger und gekrönten Poeten einer Fruchtbringenden Gesellschaft zu Oppin, in das Haus am Großen Schlamm holen.

Gottfried Taust, strenggläubig, doch weltoffen zugleich, ja ein bißchen zu geschäftig für einen Pastor, weshalb ihn Händel nicht recht leiden konnte, übernahm nun die Führung des Hauses und der drei Kinder.

Auf sein Betreiben war Zachow vor zwei Jahren zum Musiklehrer des kleinen Friedrich bestimmt worden. Nun verbrachte der Onkel seine Mußestunden damit, den Neffen in der Theorie der Musik zu unterweisen. Er zeigte ihm alte Kirchenchöre, in denen die Melodie noch durch linienlose Neumen ungenau in Höhe und Rhythmus fixiert war. Er gab ihm Einblick in die ›teutsche Buchstabennotierung‹ eines Leo Haßler von Nürnberg, Kapellmeisters der Fugger zu Augsburg, und eröffnete ihm Beispiele für den ›Dekorationsstil der Venezianer‹, den ›Stilus gravis Romanus eines Palestrina‹.

Samuel Scheidt aber war der Zusammenfasser aller dieser europäischen Strömungen. Er begründete in einer Zeit der Verflachung und Verwirrung den strengen Kontrapunkt von Sweelinck, von Palestrina als festes Fundament des deutschen Kirchenliedes, führte die italienische Notierung zu je fünf Linien mit vorgesetztem Schlüsselzeichen in Deutschland ein und gab so auch den vier Stimmlagen ihre bald gebräuchlichen Namen: Cantus, Altus, Tenor, Bassus. In einem Kampf, der ein Leben lang dauerte, verwarf er mit klarem Blick das Sechsliniensystem der Engländer und Holländer und veröffentlichte, »da sich bis dato niemand teutscher Nation also unterfangen«, seine zusammengefaßten Erkenntnisse 1624 in der *Tabulatura nova.*

Und mit diesem Samuel Scheidt war Georg Friedrich durch eine Großtante mütterlicherseits verwandt.

Der alte Händel hatte inzwischen seine Kinder erster Ehe aus einem Gesamtvermögen von fünfzehntausend Talern mit achttausend Talern abgefunden. Das übrige sollte mit dem Haus am Großen Schlamm und einem Garten vor dem Tore seiner Frau Dorothea und seinen drei unmündigen Kindern verbleiben.

Nun feierte er Abschied von den Seinen. Als Georg Friedrich an einem langen Abend dieses Winters 1697 wieder bei seinem Vater in der Kammer saß, befahl der alte Händel in einer seltsamen Abwandlung dem Kutscher Martin, das Portativ herbeizubringen, das Tante Anna aus dem Nachlaß ihres Vaters geerbt und ins Haus gebracht hatte. Dann hieß er seinen Sohn, darauf zu spielen.

Es war ein langes Phantasiestück, das Friedrich seinem alten Vater auf der kleinen tragbaren Orgel vorspielte. Stürmisch in Dur setzten die Töne ein, wieder und wieder gingen die langen Läufe über das Manual, dann stieg ein

Largo empor, versank, stieg wieder empor: Über der klagenden vergänglichen Welt triumphierten die Posaunen des ewigen Lebens.

Das Wunderkind! Der alte Vater lag ganz ruhig, die scharfe Nase zur Decke gekehrt. Er lauschte und lauschte ...

Der Knabe war an das Bett des Vaters getreten. In seiner Greisenhand hielt Georg Händel nun die Kinderhand seines Sohnes, spielte mit den feinen Fingern, die soeben noch auf der kleinen Orgel diesen Sturm verursacht hatten.

»Vater?« sagte der Knabe.

»Bald bist du zwölf Jahre alt, Friedrich!«

»Am 23. Februar!«

»In zwei Wochen!« wiederholte lächelnd der Alte.

Da trat Dorothea ins Zimmer. Georg Händel faßte sich schnell, bat um einen Nachttrunk und drehte sich auf die Seite.

An den Wänden der Kammer glänzten die Waffen ... Georg Händel starb am 11. Februar 1697 im Alter von fünfundsiebzig Jahren. Sein Sohn Georg Friedrich war noch nicht zwölf Jahre alt.

Der auf der großen Empore von St. Marien saß »und die Orgel mit Donner und Jubel schlug«, war längst kein Kind mehr. Er war ein junger Mann mit langen Armen und Beinen, der stolzerhoben den Kopf trug und mit zwei blauen Augen geradeaus in die Welt schaute.

Der Unterprimaner Georg Friedrich Händel, fünfzehn Jahre alt, war auf der Orgel schon ein Meister.

Heute, an diesem Vorfrühlingstag des Jahres 1700, schien er besonders glücklich, durfte er doch seinem geliebten Lehrer Friedrich Wilhelm Zachow endlich eine eigene Komposition vorspielen. Es war eine Kantate nach dem Kirchenlied *Ach Herr, der mich armen Sünder* in sechs Sätzen, bei denen Diskant, Alt, Tenor und Baß mit Chor und Orgel alternierten und auch den Stadtmusikanten Gelegenheit gegeben war, »mit zymlichem Geschicke darein zu blasen«.

Eine Tonfolge in der Kantate war dem bekannten Choral *Befiehl du deine Wege* entlehnt, doch war die Melodie mit eigener Kunst über das ganze Thema gebreitet. Ansonsten glaubte sich Zachow manchmal auch selber zu hören. Ganz kleine, doch unendlich oft wiederholte Figuren bei steter Abwechslung von Forte und Piano, von Dur und Moll verrieten den Einfluß des Lehrers auf den Schüler.

Doch da kritisierte Zachow, und er tat es mit Strenge.

»Was willst du mit einem vierstimmigen Chor, der sich aus allen Gründen löst und frei daherstolziert!« Gerade den zweiten Vers hatte er sich hergenommen, der seinem Schüler am liebsten war.

»Was soll diese ungebärdige Willkür aller Stimmen? Nota contra notam ponere! Soll ich dich in die Welt hinausschicken, daß die bösen Mäuler sich an mir reiben und sagen, der Händel hat keinen Kontrapunkt im Kopf und keine Knochen im Leib? Und das Pedal! Hat er die Beine nicht lang genug? Im Pedal steckt die Seele der Orgel! Mit den Registern kommt eine gute Orgel erst ins Rennen, so wie die drei Pferde an einem Karren besser ziehen als eines!« Und Zachow schob im Übereifer seinen Schüler von der Orgelbank und raste nun selber los mit all den glänzenden Stimmen, die auf der Empore von St. Marien in Brust- und Oberwerk übereinandergetürmt waren: Geigenprinzipal, Zimbel, Querpfeif, Singend Regal, Nachthorn, Waldflötgen und Flachflötgen. Im Pedal aber drängten sich: Trommeten-Baß, Schallmeyen-Baß, Zimbel-Baß und Quint-Floit-Baß neben Quintadehn und Grober Posaun. Oberwerk,

Brustwerk und Rückpositiv donnerten ineinander. Zachow spielte seine Kantate *Vom Himmel kam der Engel Schar* ...

Als er dann allein war und die Orgelbank schon verlassen wollte – sein Schüler war zu einer Musikprobe ins Gymnasium geeilt –, bemerkte er im halbdunklen Kirchenschiff eine Dame, die ihm ein Zeichen gab. Es war Frau Händel. Betroffen stieg Zachow in die Kirche hinab, verlegen näherte er sich, zögernd nahm er neben der Mutter seines Friedrich Platz. Doch da fand er, übervollen Herzens, nicht genug Worte, das Genie seines geliebten Schülers zu loben und zu preisen. »Ein Meister der Orgel!« rief er immer wieder. »Er hat alle anderen längst hinter sich gelassen und wird auch mich, Madame, bald hinter sich lassen!« Das war nun wieder der echte Zachow, der große Künstler, der sich noch freuen konnte, wenn ihn ein anderer übertraf.

Frau Händel saß ganz still und lächelte wortlos.

»Soll er denn ein Jurist werden und sein Leben lang Zänkereien schlichten?«

»Nein, nein, nein, dafür ist er uns zu gut, Madame!« Er stürmte davon, ohne weiter auf Frau Händel zu achten. Das Wasser stand ihm in den Augen, so schnell konnte er gerührt sein.

Dorothea Händel aber ging gedankenvoll ihrem Hause zu.

Zur Fastenzeit herrschte an den schulfreien Nachmittagen des Lutherischen Gymnasiums zu Halle ein Hochbetrieb wie in der Großen Oper zu Dresden vor einer Premiere.

Auch der junge Händel hatte seinen Lehrer an so einem Nachmittag eilig verlassen, um zur Generalprobe des biblischen Singspiels *David* zurechtzukommen, dessen Verfasser, Dichter und Komponist der beliebte Rektor der Schule, Johannes Praetorius, war.

Der *David* war zwar schon mehrere Jahre alt. Dennoch hatte man ihn hervorgeholt, um in der Öffenlichkeit, besonders aber vor der jungen Universität, die hohe Tradition der Hallischen Schulkomödie ins rechte Licht zu setzen.

Die Besetzung des *David* war dementsprechend sorgfältig ausgewählt. Den David selbst sang Gottfried Riemschneider, Sohn des Kantors Gebhardt Riemschneider, ein musikalisch begabter Primaner, dessen Diskant sich vor kurzem in einen klingenden Tenor verwandelt hatte. Den Goliath stellte Christian Brandes, der junge Kantor bei St. Marien und Musiklehrer an der Lateinschule, – und er sang ihn nach neuer welscher Mode als komischen Baß. Das gefiel den Schülern schon im voraus, und so waren sie alle mit Eifer bei den Proben: die Solisten und die beiden feindlichen Chöre der Juden und der Philister, die sich aus den Kurrendeknaben und den Symphonikern gleichermaßen zusammensetzten.

Schola Hallensis! Die lateinische Schulordnung des Jahres 1661 hatte die Musik an erste Stelle gesetzt. In vier obligaten Stunden wurden die Gymnasiasten von der untersten bis zur obersten Klasse mit der Musik vertraut gemacht.

Neben ihr aber blühte die Poesie. Schon in der Quinta wurden die Anfänge einer deutschen und lateinischen Poesie exerziert ..., in der Prima aber ernannte der Rektor Praetorius seine begabtesten Schüler zu ›gekrönten Poeten der Schule von Hall‹.

Vom alten Kreuzgang aus gelangte man durch eine Doppeltüre in den Theatersaal. Reihen von Bänken waren dort für die Zuschauer aufgestellt, eine Bühne öffnete sich auf drei erhöhten Stufen, ein Vorhang, blau und gelb gestreift, war emporgerafft. »Zwölf Maschinen waren in Bewegung gesetzt worden, ein Schlachtfeld darzustellen, sieben Stück gemalter Leinwand formierten den Himmel.« Sechsundneunzig runde Leuchter auf Stellagen erhellten bei jeder Vorstellung die Szene. Die ›Orchestra‹, ein Bretterverschlag vor der Bühne, war schon vollbesetzt. Hier saßen die Streicher und Bläser, je zehn an der Zahl.

Am Cembalo saß Georg Friedrich Händel. Er sollte das biblische Singspiel *David* dirigieren, denn Rektor Praetorius liebte es, den Begabtesten seiner Schüler die größten Aufgaben zu stellen. Und Christian Brandes, der sonst am Cembalo saß, sang ja den Goliath.

Eine etwas laute Auseinandersetzung zwischen dem Dirigenten Händel und den Kurrendeknaben hatte soeben ihr Ende gefunden. Die Kurrendeknaben nämlich hatten das Vorrecht, »um Geld, Brot und Wein bei Gastereien und Hochzeiten aufzusingen«. So waren sie auch jetzt von einer Hochzeit und zu spät auf die Probe gekommen.

Eben wollte der junge Händel den ersten Akt intonieren, als Rektor Praetorius auf die Bühne trat und um Gehör bat. Mit erregter Stimme teilte er seinen Schülern mit, er habe soeben ein Schreiben des Amtshauptmannes von Brandt erhalten. Darin stehe, daß sich die Universität an das obere Regiment mit dem Ersuchen gewandt habe, jede weitere Veranstaltung von Schulkomödien am Gymnasium zu verbieten. Die Alma mater sehe sich leider gezwungen, gegen die Festivitäten ihrer Studiosi und der Musikanten, welche die Studenten nur verführten, eine strenge Verordnung zu erlassen. Sie aber könne durch das Komödienspielen am Gymnasium in ihrer Wirksamkeit gefährdet werden.

»Ich aber«, schloß der mutige Rektor seine Ausführungen mit rotem Kopf, »bin nach den Leges Scholae Hallensis vom Jahre 1661 in meinem Haus eine souveräne Autorität. Und so befehl' ich euch, meine lieben Schüler, den *David* zu spielen und noch einmal zu spielen!« Das freudige Getümmel, das solche Worte unter den vierhundert

Gymnasiasten auslöste, verstummte erst, als der Rektor nunmehr die Hand erhob und Händel das Zeichen gab, auf dem Klavizimbel zu beginnen.

Schon seit Jahren wehte in den Kreisen gewisser Theologen an der Universität ein der Musik, der Poesie und dem Burschenleben feindlicher Wind. Die ›Septem Artes Liberales‹ des Humanismus waren durch die protestantische Hyperorthodoxie des Professors August Hermann Francke in ihrer Freiheit bedroht. Mit fast unchristlicher Schlauheit hatte dieser es vermocht, die preußische Verwaltung auf seine Seite zu bringen und den ›Pietismus‹ – wie er sein eigenes Bekenntnis nannte – durch die Gründung eines Waisenhauses zu Glaucha als besonders staatstreue und wohlorganisierte Glaubensbewegung augenfällig zu machen.

In den Kreisen des Gymnasiums zu Halle hatten diese Musenfeinde schon 1693 in dem damaligen Konrektor Gottfried Vockerodt einen willkommenen Verbündeten gefunden. Er neidete dem Rektor Praetorius seine bescheidenen musikalisch-poetischen Lorbeeren und mußte schließlich sogar wegen seiner allzu gehässigen Gegnerschaft 1694 die Stadt verlassen.

Doch die Gegner des musikalischen Rektors am Gymnasium zu Halle gewannen an Einfluß. Der öffentliche Umzug des Schülerchores am Gregoriusfest nach Ostern wurde untersagt. Den Kantoren und Organisten der Kirchen wurde befohlen, »das viele und unerbauliche Figuralmusicieren wohl zu moderieren oder ganz zu unterlassen, denn nicht in der Musice, sondern allein im Worte Gottes und in der Predigt bestehe der fürnehmste Gottesdienst«.

Schließlich wurde auch die geplante öffentliche Aufführung des *David* von Johannes Praetorius im Saal des Ratskellers verboten, nachdem schon der ehemalige öffentliche Theatersaal des Gymnasiums in der ›Großen Waage‹ von der Universität als Auditorium in Besitz genommen war. Die Musensöhne des Rektors Praetorius mußten sich mit einer Aufführung vor ihren Eltern und Freunden in der Komödienklasse des Gymnasiums begnügen.

Nur *eine* musikalische Einrichtung vermochten die Pietisten trotz allem nicht zu schmälern, denn sie genoß die Gunst und Förderung des preußischen Regiments: die »Schallmayenpfeiffer- und Oboisten-Kompagnie des Vaters Michael Hyntzsch«. In der Kleinen Ulrichstraße betrieb er »einen Weinschank und eine öffentliche Musica«. Sein Sohn Johann Georg aber gewann mit seiner blasenden Gesellschaft die Sympathien des Kurfürsten von Preußen. Die Hyntzschen durften in der frommen und gottgefälligen Stadt August Hermann Franckes ihre grünen Röcke behalten, die sie von je als herzoglich-sächsisches Pfeiferkorps getragen hatten, ja, sie wurden jetzt zu einem Musikkorps in öffentlichen Diensten erhöht. Inzwischen waren die zwölf Schalmeier auf vierzig angewachsen: dreißig Oboisten und zehn Pauker. Und Johann Georg Hyntzsch war mit seinen fünfzig Jahren Hallischer Bürger und Hausbesitzer in der Märkerstraße geworden. Er hatte zwei Söhne, Johann Samuel und Johann Gottfried, welche die Oboe meisterhaft zu blasen verstanden.

Dieses längliche Holzblasinstrument mit zwei Klappen, das sich um 1680 aus der alten Schalmei, dem Diskant der Bombarde, entwickelt hatte, trat nun von Halle aus einen Siegeszug ohnegleichen durch das ganze Reich an.

Schüler und Studenten kamen heimlich und öffentlich in die Märkerstraße, um die Oboe zu hören oder selbst zu blasen. Mit ihren näselnden Tönen, doch kerniger als die Flöte, ihren verhaltenen Klängen, bald jubelnd, bald flehend, eroberte sie sich die Herzen der Jugend.

Und was auch die Pietisten in allen Kirchen von Halle zu

predigen wußten von süßer Weltverneinung, lebendiger Erkenntnis Gottes und rechtschaffenem Christentum, in den Ohren der Jugend erschallte noch süßer, noch lebendiger die Marschmusik der Hyntzschen Oboistenkompanie. Und diese Marschmusik des Papa Hyntzsch brauchte der Kurfürst von Preußen ebenso nötig für die Stimmung seiner Untertanen wie die christliche Zucht August Hermann Franckes.

In Gesellschaft der Riemschneiderbuben kam der junge Händel mit Johann Samuel und Johann Gottfried Hyntzsch in Beziehung. Johann Samuel nahm sich des jungen Händel an, so daß dieser zur gleichen Zeit bei Zachow das Violinspiel erlernte und – noch eifriger – bei seinen neuen Freunden die verführerische Oboe blies.

Heimlich brachte er das Teufelsinstrument dann nach Hause, um seine beiden Schwestern Dorothea und Johanna in die Kunst der verschleierten Töne einzuweihen.

Kurfürst Friedrich III. von Brandenburg-Preußen hatte sich von der Vorherrschaft seines allmächtigen Ministers und Erziehers Eberhard von Dankelmann befreit. Eine Hofpartei unter Kolb von Wartenberg hatte Dankelmanns Erbe angetreten und versuchte nun, den körperlich etwas verwachsenen, geistig um so eitleren Menschen auf die Bühne der großen Politik zu drängen. Den Musenhof der kurfürstlichen Gemahlin Sophie Charlotte und die Geistesfreiheit einer Leibnizschen Akademie zu Berlin wollte man »im allgemeinen Staatsinteresse« dagegen möglichst beschränken. Vor allem sollten die Gedanken des Kurfürsten von Preußen auf die Erwerbung der Königskrone gerichtet werden.

Kaiser, Papst und auch Prinz Eugen als geistiger Führer der Reichspolitik waren gegen solche Wünsche. Man müsse fürchten, daß ein protestantisch-preußischer König – willens, seine Hausmacht weiter zu vergrößern –

aufs neue dem Zerfall des ›Heiligen Römischen Reiches Deutscher Nation‹ auch nach diesem Westfälischen Frieden Vorschub leisten würde.

Doch bald brauchte der Kaiser Hilfe im Reich und auch in Berlin. Ein spanischer Erbfolgekrieg drohte. Am 1. November 1700 war in Madrid Karl II. als letzter Habsburger auf dem spanischen Thron gestorben. Französische Machenschaften trübten den Himmel Europas.

Da gelang es dem brandenburgischen Gesandten Bartholdy in Wien, dem Kaiser unter Zusicherung preußischer Waffenhilfe gegen Frankreich die Zustimmung für die Ernennung des Kurfürsten von Preußen zum ›König in Preußen‹ abzuringen. Der Kaiser knüpfte allerdings die Bedingung daran, daß sich dieser König mit der Betitelung ›Eurer Liebden‹ statt ›Eurer Majestät‹ begnügen möge.

Friedrich III. war es zufrieden und ließ sich mit seiner Gemahlin Sophie Charlotte am 18. Januar 1701 in der Schloßkirche zu Königsberg von einem lutherischen und einem reformierten Prediger – unter großem Pomp – als ›König und Königin in Preußen‹ salben und krönen.

Im Dom zu Halle aber fand eine große musikalische Feierstunde statt. Denn der Dom, ehedem als ›Neues Stift der Dominikaner‹ die Hochburg des alten Glaubens gegen die Lutherei, war seit 1589 die Residenzkirche der sächsischen Administratoren, seit 1680 aber, auf Befehl des Kurfürsten von Preußen, die Residenz- und Bekenntniskirche der preußisch-pfälzischen reformierten Gemeinde.

Diese wechselvollen und stürmischen Zeiten prägten sich jedoch im Äußeren der Hallischen Domkirche nicht weiter aus. Zwar war der Turm 1541 wegen Baufälligkeit abgetragen worden. Um so sinnfälliger aber wölbten sich nunmehr die roten Backsteinwände mit ihren runden Giebeln zum Himmel empor. Hohe Spitzbogenfenster und ein breites Renaissanceportal erhöhten die wuchtige Wirkung des dreischiffigen Baues. Im Innern zeigte die Kirche die lebhafte Pracht einer schmuck- und stuckfrohen Zeit. Ein über dem Altarbild des Gartens von Gethsemane ins Licht aufstrebender Heiland krönte den silberglänzenden Altar aus hochfürstlich-sächsischer Zeit. Pfeiler mit den Gestalten der Apostel stützen helle, vergoldcte Emporen. Im westlichen Chor aber erhob sich zwischen Palmen, Laubgewinden und musizierenden Putten die mächtige Orgel Christian Förners, der dieses sein bedeutendstes Werk 1665–67 allein aus der Schatulle des Herzogs Augustus gebaut hatte. Dessen girlandengeschmückter Betstuhl thronte im vorderen Kirchenschiff, dem Altar gegenüber, zur Erinnerung an vergangene Tage.

Heute, an diesem 18. Januar 1701, war der Dom voller Menschen. Nicht nur die reformierte Gemeinde, auch die Regierung selbst war anwesend. Im Hintergrund der Kirche und gegen das Portal drängte sich eine neugierige Menge. Auf den Emporen hatten die Kurrendeknaben in roten Röcken Platz genommen. Aber hinter ihnen, in grünen Uniformen, standen die Hyntzschen Oboisten. Ausgestattet mit ihrem neuen *königlichen* Privileg, »zur Feier des Krönungstages und weiterhin an besonderen Festtagen im Dom zu Hall mit ihren Musicen aufzuwarten«.

Die Oboisten im Dom! – Auch das lutherische Gymnasium war vollzählig versammelt.

Nun sprach der reformierte Prediger Johann Reich über den gottgelobten und gnädigsten Herrn Friedrich I., König in Preußen, dem alle calvinisch-gläubigen Christen in Kölln und Berlin und auch in Halle ihr Lebensrecht und die freie Ausübung ihres Gottesdienstes wohl zu verdanken hätten.

Johann Christoph Leporin aus Berlin saß an der Orgel.

Sein fettes, rundes Gesicht schaute ungeduldig auf den Prediger. Als Organist – und Säufer – führte er, mit neunzig Talern Gehalt im Jahr, mit Frau und Kindern in einer Freiwohnung der ehemaligen fürstlichen Residenz ein erbärmliches Leben. Nun intonierte er einen der dichterisch und musikalisch recht bescheidenen Lobwasserschen Psalmen, die bei den Gottesdiensten der Reformierten überall in Gebrauch waren.

»In Gottes Geist ist es beschlossen«, sang die Gemeinde. Wie der reformierte Ritus es vorschrieb: ohne jede Betonung und ohne jeden Stimmaufwand. Doch im zweiten Vers setzten an diesem Tage ausnahmsweise die lieblichen Knabenstimmen der Kurrende ein, und Leporin kam versehentlich in die vollen Register. Niemand nahm Anstoß an dieser Willkür, denn jetzt im dritten Vers bliesen die Hyntzschen Oboisten mit spitzen Nasen und runden Mäulern, daß die Bilder an den Wänden zu wackeln schienen. Aus tiefen Brusttönen klagten die Oboen das Leid der Welt, näselten sich empor in freudigere Sphären, kündeten inbrünstig den Jubel der Schöpfung.

Der Primaner Friedrich Händel stand im Schiff der Kirche und träumte. Die Worte des Predigers über den König in Preußen hatten seinen Geist in das Schloß zu Kölln an der Spree entführt. Er sah sich wieder am Cembalo sitzen, und ein kleines Mädchen stand an seiner Seite: Karoline aus Ansbach, die blonde Fränkin mit den Grübchen in den Wangen! . . .

Elisabeth Riemschneider hatte auch goldblondes Haar. Sie kam oft mit ihren Brüdern zu den Händels ins Haus und sang mit hellem Sopran, während Friedrich sie am Klavier begleitete. Wenn er jetzt Musiker in Berlin wäre? Aber Karoline aus Ansbach war wohl längst nicht mehr im Schloß zu Kölln. Besser war es schon, mit Elisabeth Riemschneider in Halle zu musizieren und sich in der übrigen Zeit auf das Abitur vorzubereiten. Er würde ja –

nach des Vaters letztem Willen – auf der Universität Halle Jura studieren.

Wenig später, am 23. Februar 1701, feierte Frau Dorothea Händel den sechzehnten Geburtstag ihres Sohnes.

Onkel Gottfried aus Oppin hatte seinem Neffen ein großes Klavizimbel mit zwei Manualen und einer mehrchörigen Besaitung geschenkt. Ein Meisterwerk an metallisch hellem Klang, das der berühmte Orgelbauer Johann Heinrich Compenius gebaut hatte.

Nun saß Zachow, mit Kaltschale und Kuchen, Wurst und Wein gestärkt, vor dem kostbaren Instrument und spielte ein Menuett von Georg Muffat, dem Elsässer, der in der schönen Stadt Passau seinen Lebensabend verbrachte. Zachow liebte die Süddeutschen. Dann sangen die drei Riemschneiderkinder Gottfried, Julius und Elisabeth – Tenor, Alt und Sopran – eines ihrer ›teutschen Lieder‹, die ihr Vater Gebhardt Riemschneider, Cantor Primarius am Gymnasium zu Halle, für sie gesetzt hatte.

Doch jetzt erlaubte sich Friedrich, gleich zwei Oboen aus einem Kasten hervorzuzaubern, die Instrumente seinen Freunden in die Hände zu drücken und sich an das neue Klavizimbel zu setzen. Man spielte eine *Serenata für zwei Oboen*, die er selbst vor kurzem komponiert hatte. Wie tremolierten, wie lachten die Töne, als kämen sie wirklich aus einer Menschenbrust, die sich – zu eng, um all ihren Jubel hinauszusingen – verzagt und recht jünglinghaft gebärdete! ...

Händel errötete, als er zum Ende kam und alle Beifall klatschten: die Schwestern, die Mutter, die Tante, der Onkel und selbst Zachow. Auch der Franzose Jean Frédéric Cavalier, Vorsänger der reformierten Gemeinde zu Halle, machte Komplimente. »Das war ein Ständchen für Sie, Demoiselle!« flüsterte der so Gefeierte in diesem Augenblick Elisabeth Riemschneider zu.

Dann rief er seine beiden Schwestern, Dorothea Sophia und Johanna Christiana, zwei Püppchen von vierzehn und elf Jahren, an das Klavizimbel. Die beiden sangen unter seiner Begleitung ein Duett aus der Oper *Der treue Schäfer* von Johann Philipp Krieger, das erst kürzlich in Weißenfels mit großem Erfolg zum erstenmal aufgeführt worden war.

»Ein Operiste, ein Operiste, ich sag' es!« rief nun Zachow und tanzte mit Friedrich im Zimmer umher.

So verging ein fröhliches Jahr. Das Abitur rückte näher. An einem Augusttag des Jahres 1701 fand sich Jean Frédéric Cavalier schon zur heißen Mittagszeit in dem Haus am Großen Schlamm ein. Er kam, um den jungen Herrn Händel zu bitten, am kommenden Sonntag die Orgelbegleitung im Dom für den erkrankten Organisten Leporin zu übernehmen.

Obwohl Olearius noch am Abend ins Haus kam, um sich darüber zu ereifern, daß ein guter Lutheraner wie Händel sich dazu hergeben mochte, bei diesen Calvinisten erbärmliche Musik zu machen, saß Händel mit seinem Lehrer Zachow wenig später auf der Orgelbank des Domes.

1664 hatte Förner die ›Windwaage‹ erfunden und sie sogleich in die Orgel des Domes eingebaut. Aus drei großen Bälgen bestand diese Windwaage, stark genug, den achtundzwanzig Stimmen und fünfzehnhundert Pfeifen Atem einzublasen und die großen Pedalstimmen »mit Zittern und Beben« zum Ertönen zu bringen. Die drei Bälge gaben bei einmaligem Niedertreten Wind für hundertachtzig Takte, »so daß das ganze Credo mit drei langen Versen bequem auf einmal konnt' ausgespielt werden«.

Zachow gab den Riemschneiderbuben ein Zeichen, die Bälge zu treten, und spielte auf zwei Manualen sein Credo mit drei langen Versen. Dann saß der junge Händel auf der Orgelbank und tat es seinem Lehrer gleich.

Die Gesamtdisposition der Domorgel war hellklingend und erfüllt von kernigen Tönen, gegensätzlich in der Registrierung und im Geiste einer barocken Zeit, doch von sicherer und schöner Intonation.

Und jetzt zeigte Händel, was er in fünf langen Jahren bei seinem geliebten Zachow gelernt hatte.

Lobe den Herrn, meine Seele, Zachows weiträumige Kantate Nr. 8, erklang unter den schlanken Händen und Füßen des Schülers. Kontrapunktisch streng fundiert, baute er in wuchtiger Architektonik die Kantate in den Raum empor.

Zachow hatte Tränen in den Augen.

Und als Händel dann in einem kühnen polyphonen Stegreifspiel sein eigenes überströmendes Herz den fünfzehnhundert Pfeifen anvertraute, als er von der Orgel, die Orgel von ihm Besitz ergriff, da verstummte Zachow vollends.

An mehreren Sonntagen schon hatte der junge Händel die Lobwasserschen Psalmen der reformierten Gemeinde in Halle auf der Domorgel begleitet. Denn nichts weiter war für den Organisten zu tun, als die in französische Sprache verfaßten, von dem Königsberger Lutheraner Lobwasser 1690 verdeutschten *Reimpsalter* zu begleiten.

Friedrich Händel aber zeigte seiner Mutter stolz die fünf Taler, die er sich nun jeden Sonntag als erstverdientes Geld in die Tasche stecken konnte, und spielte zu dem einstimmigen Chorgesang der reformierten Gemeinde von Halle seine Lobwassersche Begleitung und keinen Deut mehr.

Er hatte jetzt das Gymnasium glücklich absolviert, war, dem letzten Willen seines verstorbenen Vaters folgend, an der Universität Halle schon als Student der Rechte vorgemerkt und verbrachte nun zwischen Orgel und Oboe im Dom und bei den Riemschneiders fleißige und fröhliche Tage. Jean Frédéric Cavalier hatte den Küster bestochen, den jungen Händel allabendlich in den Dom einzulassen, um die Orgel zu seinem Vergnügen zu schlagen. Der hatte unter der Orgelbank ein altes Psalmbuch gefunden – die neuen Notenbücher hatte Leporin alle mitgenommen – und studierte nun mit Eifer die *Ambrosianische Ordnung der alten Kirchentonarten*: der dorischen, phrygischen und äolischen, die unserem Moll, der lydischen, mixolydischen und ionischen, die unserem Dur entsprachen.

Es gab also noch reichere Tonarten in der Musik, nicht nur die zweierlei Folgen von großer und kleiner Terz, von Dur und Moll. Es gab Tonarten von einer bestimmten charakteristischen Prägung. Der leichte Wohlklang chromatischer Harmonie und freier Modulationen war ein Gewinn erst der neuen Zeit. Doch herber, voller und schwerer klangen die Weisen eines Palestrina, eines Orlando di Lasso.

So in Gedanken saß Georg Friedrich Händel, als ihn eines Abends auf der Orgelbank im Dom Georg Philipp Telemann aus Magdeburg überraschte, der sich geradewegs auf dem Marsch nach Leipzig befand.

Er hatte von dem Wunderkind auch schon gehört und war nun nach Halle gekommen, um diesen Händel zu beschauen und sich mit ihm zu vergleichen.

Der Küster trat die Bälge.

Händel spielte einen Kanon, Telemann spielte einen Kanon. Händel spielte eine Fuge, Telemann spielte eine Fuge – und gab dann gleich noch ein Stegreifstück zum besten. Und dann spielte Händel sein Stegreifstück. Nun wußte jeder, woran er war.

»Genug!« rief Telemann und sprang auf. Eine solche Gewalt der Polyphonie hätte er diesem Händel nicht zugetraut.

»Es ist eine Förner-Orgel!« sagte der jetzt und strich mit der Hand über das marmorierte Buchsbaumholz.

»Was soll mir die beste Orgel der Welt, wenn ich nur in Lobwasserschen Psalmen baden darf? Ich geh' nach Leipzig, richte mir ein Collegium musicum ein und schreib' für die dortige Schaubühne eine Oper oder auch zwei! Die Melodie ist alles! Ich hab' Steffani und Corelli zu meinen Vorbildern erwählt. Und Vivaldi! Hat Er von dem gehört? Oder kennt Er nur seinen Zachow? Komm Er mit nach Leipzig! Das ist die Welt!«

Aber Händel schüttelte unwillig den Kopf und schwieg.

»Bin selbst ein Jurist wie Er«, fuhr Telemann fort. »Hab' auch zu Hause versprochen, ein frommer Jurist zu bleiben! Aber ist Er ein Musiker, so kann Er auch auf was pfeifen!«

Die beiden gingen, und der alte Küster schloß hinter ihnen das knarrende Kirchentor.

Wenig später, am 10. Februar dieses Jahres 1702, fand sich im Studentenbuch der Universität Halle ein Eintrag in großen gotischen Buchstaben, der folgendermaßen lautete: »Georg Friedrich Händel Hall-Magdeburg ...«

»... hat bezahlt«, stand daneben, von anderer Hand geschrieben.

Die Universität zu Halle, erst 1694 von dem Kurfürsten Friedrich III. und späteren König Friedrich I. in Preußen gestiftet, war aus einer alten sächsischen Ritterakademie hervorgegangen, die unter Herzog Augustus von Sachsen-Magdeburg als Exerzitienschule für junge Edelleute begründet worden war.

Christian Thomasius, der Leipzig wegen eines Katheterstreites verlassen hatte, war ihr erster Rektor gewesen und war auch jetzt noch – als Professor für Logik, Moral und Naturrecht, der seine Vorlesungen in deutscher Sprache hielt – ihre markanteste Erscheinung. Neben ihm stand August Hermann Francke, Professor der praktischen Theologie und Direktor des Waisenhauses zu Glaucha bei Halle. Francke war jetzt Rektor. Der Prorektor hieß Heinrich Buddenus und war Jurist. Samuel Stryckius, der »Cicero seiner Zeit«, ferner der junge Peter von Ludewig, Dozent für Rechtsgeschichte und Philosophie, waren die weiteren juristischen Koryphäen. Ihnen stand eine beträchtliche Anzahl von Theologen wie Johann Christian Olearius, Joachim Breithaupt und Christoph Cellarius – er lehrte Hebräisch, Griechisch und Latein – gegenüber.

Es wimmelte in Halle von armen Studenten der Theologie, die alle hofften, im Umkreis des Waisenhauses einen Freitisch oder gar ein Stipendium zu erhaschen, denn das Hauptziel der Universität war die Heranbildung staatstreuer und pietistisch eifriger Prediger.

Die anderen Studenten, die »Pursche«, waren fast sämtlich des berühmten Thomasius wegen gekommen. Sie gehörten überwiegend den begüterten Ständen an und sahen in der Universität Halle noch immer die alte Ritterakademie mit ihren ritterlichen Künsten. Sie fühlten sich als Träger einer gehobenen Schicht, gingen wohlgekleidet, doch nicht à la mode, trugen Degen und Rapier und rempelten ›Am breiten Stein‹ die guten Bürger an. Ihre Gelage feierten sie trotz des Verbotes des Rektors mit den armen Stadtmusikanten zusammen und legten Wert darauf, ihre Examina »mit Pauken und Trompeten zu bestehen oder mit Pauken und Trompeten durchzufallen«.

Das wüste Sauf- und Raufleben der Burschen aber hatte schon in jener Zeit zur Abspaltung einer dritten Gruppe geführt, in deren Mittelpunkt der Dichter cand. jur. Barthold Heinrich Brockes stand. Er, fünf Jahre älter als Friedrich Händel, war 1680 in Hamburg als Sohn eines reichen Kaufmanns geboren. Seit Ostern 1700 als Student in Halle, führte er das Leben eines großen Herrn, speiste im Gasthaus zum Ring und hörte bei Stryckius,

Thomasius und von Ludewig juristische Kollegs. Nach dem Vorbild des Hamburger Kantors Christian Bernhard hatte Brockes in Halle ein Collegium musicum gegründet. Er spielte meisterhaft die Gambe und versammelte auch mit Vorliebe gute Streicher um sich – doch nur Studenten. Er besaß ein Hausorchester, bestehend aus zwei Violinen, zwei Bratschen, zwei Gamben und einem Kontrabaß. Nur zwei Flöten und ein Fagott standen dagegen. Brockes aber hätte am liebsten auch noch die eine Flöte zum Teufel gejagt, wäre sie nicht von Johann Christoph Schmidt aus Ansbach, stud. iur. und Sohn eines Wollhändlers, wie von Pan geblasen worden.

Johann Christoph Schmidt wohnte am Großen Schlamm, den Händels gegenüber, und hatte sich auch schon mit Friedrich Händel angefreundet. Er war ein hagerer Jüngling mit etwas altklugen fränkischen Augen. Sein weicher Dialekt klang recht gut mit dem Hallenser Sächsisch seines Freundes zusammen. Auch im Wesen ergänzte der sanfte Schmidt den lebhaften Händel. Zudem war der Ansbacher in die hübsche Dorothea Sophia vergafft, und so dauerte es nicht lange, bis das Gespräch auch auf Prinzessin Karoline von Ansbach kam.

Ja, die Karoline war jetzt ein Mordsfrauenzimmer geworden, mit lachenden Blauaugen und herzhaften Grübchen in den Wangen, gut zu Mensch und Tier. Sie würde wohl bald unter die Haube kommen! Selbst der Sohn des Kaisers zählte zu ihren Freiern! ... So erzählte Christoph Schmidt – und blies vor den Augen der hübschen Dorothea Sophia seine Flöte. Und Friedrich Händel begleitete ihn.

Eines Tages fand sich Friedrich Händel zusammen mit Gottfried Riemschneider und Christoph Schmidt im Collegium musicum ein. Brockes machte sich nicht viel aus ersten Semestern und sonderlich aus Hallensern. Als er aber hörte, mit welcher Meisterschaft Friedrich Händel das Klavizimbel beherrschte und mit welch einem vortrefflichen Tenor Gottfried Riemschneider seine deutschen Lieder sang, da war der verwöhnte Hanseate schnell gewonnen. Er legte den beiden Hallensern sogar seine *Teutschen Arien* vor, die er selbst gedichtet und in Musik gesetzt hatte. Jetzt aber zeigte Händel dem Brockes, wie man in Halle komponierte. Er wußte seinem Freund Riemschneider die Worte so sangbar in den Mund zu legen, daß Brockes ihm schnell alle Erfindung überließ und sich fortan mit seiner Gambe begnügte.

So wurde Friedrich Händel Vorstand des Collegium musicum.

Wenig später sah sich Händel plötzlich durch eine feierliche und rechtskräftige Bestallung in das Amt versetzt, das er bislang nebenher und nur aus seiner Liebe zur Orgel versehen hatte. ...

»Wir von Gottes Gnaden, König in Preußen! Würdige, hochgelahrte Herren, liebe Getreue! Da Wir vernommen, daß der ohnlängst abgegangene Organist bei Unserer allhiesigen königlichen Schloß- und Domkirche Johann Christoph Leoprin verschiedene andere commercia mit seinem Amte vermenget und bereits vor drei Monaten die Orgel ungehorsam verlassen bey Mitnahme einiger Musica-Bücher, worunter die Pslamen, so soll man ad interim ein geschicktes lutherisches Subjectum nunmehro bestellen und also den Studiosus Georg Friedrich Hendeln, welcher vorbereits unter Abwesenheit des gedachten Leporin, dessen vices vertreten, die Orgel nunmehro anvertrauen, doch in der Hoffnung, das Amt alsobald wieder an einen reformierten tüchtigen Organisten weitervergeben zu können.«

Georg Friedrich Händel war also mit dem 13. März 1702, bei einem Jahresgehalt von sechsundsechzig Talern, unter Verzicht auf die Organistenwohnung, bestallter Organist am Dom zu Halle.

Doch kaum am Ziel seiner heißen Wünsche, als eigener Herr eine Orgel meistern zu dürfen, war er im Augenblick der Berufung schon über sein Ziel hinaus.

Ganz wütend konnte er werden, wenn man ihn mit ›der Herr Organiste!‹ betitelte. Tagelang konnte er dem Collegium musicum fernbleiben, wenn die Kommilitonen ihn mit dem Amt neckten. Seinem Lehrer Zachow ging er schon lange aus dem Weg. Bei Riemschneider verkehrte er nicht mehr, Elisabeth hatte ihr Herz dem jungen Kantor und Nonus am Gymnasium, Christian Brandes, geschenkt.

Eine Kantorstochter muß einen Kantor heiraten, so will es das ungeschriebene Kantorengesetz! Und er, der Händel, war doch kein Kantor, würde nie einer sein, weder Kantor noch Organist! Und nicht in Halle und nicht in Gotha und nicht in Weimar und nicht in Leipzig und nicht anderswo! ... Elende Hungerleider, kümmerliche Gemeindediener, ergebene Maulaufreißer für die großen Herren! ... Er hörte die scharfe und frömmelnde Stimme August Hermann Franckes auf der Kanzel in der Kirche zu Glaucha: »Aber man lobt den Herrn nicht mit Tönen, sondern mit Worten!«

Worte, Worte! Worte Luthers oder Calvins, Worte der dreißig Prediger von Halle, war das nicht genug für eine Woche? Und konnte man die Herrlichkeit der Schöpfung nicht auch mit Tönen preisen? Worte des Evangeliums – mußte man sie immer nur dozieren, konnte man sie nicht auch einmal singen, jubeln, jubilieren? Aber dieser August Hermann Francke hielt im Namen Gottes die alte hallensische Fröhlichkeit des Lebens und des Glaubens mit seinen dürren Händen umkrallt. Hier verhungerten die Musikanten in ihren engen Gassen, die Kunstgeiger und die Stadtpfeifer und selbst die Hausmanntürmer, als liefe die Zeit in Halle gegen alle Zeit der Welt. Und nur die Hyntzschen durften leben, weil es der König in Preußen befahl.

Es waren recht kuriose Gedanken, die dem jugendlichen Organisten durch den Kopf brausten. Georg Friedrich Händel war den krummen und engen Gassen, den rußigen Häusern der Stadt enteilt und fand sich nun in der grünen Zauberwelt des Giebichensteins: vor der Ruine der alten Burg, in der Nähe des baufälligen Pfarrhauses, in dem Großvater Taust einst gewohnt hatte und Mutter Dorothea geboren war. Auf dem Heimweg besuchte er die Brüder Samuel und Gottfried Hyntzsch und blies eine neue Oboe mit vier Klappen, die der Bürgermeister Gerhard Hoffmann von Rastenburg kürzlich erfunden hatte. Dann saß er zu Hause am Klavizimbel und komponierte wie der Teufel, besonders für die Oboe, die jetzt sein Lieblingsinstrument war.

So überraschte ihn eines Tages Brockes, setzte sich zu ihm und zeigte ihm recht dreist sein wohlgepflegtes und ironisches Gesicht mit zwei nachdenklichen dunklen Augen.

»Ich weiß, wohin dein Sinn steht. Also geh fort aus Hall!« sagte er plötzlich, denn er kannte die Menschen und ihre Seelen.

»Fort – und studieren?« schluckte Händel bekümmert.

»Wirst ja kein Muttersöhnchen bleiben wollen, so ein Kerl wie du!«

»Ich will ...«

»Wer zum Theater will, der soll nicht lange den Tugendweg des Juristen wandeln, sondern wie der Doktor Faust seinen Kontrakt mit dem Teufel schließen! Der Mattheson wär' der Teufel für dich!«

Jetzt war es ausgesprochen, das Wort Theater, das in der guten Stube eines hallischen Bürgerhauses weder Klang noch Echo hatte.

»Matheson – wer ist der?« fragte Händel.

»Erster Tenor der Hamburger Oper!« Brockes stand auf und warf sich in Positur: »Beelzebub aller Notenkleckser, Mephistopheles aller Musikanten, Don Juan aller Primadonnen!«

Johann Christoph Schmidt war eingetreten.

»Er soll nach Leipzig gehn!« meinte Schmidt.

»Ein Pfaffennest wie Euer Hall!« entgegnete Brockes.

»Telemann ist dort!« sagte Händel wie zur Entschuldigung.

»Wer ist Herr Telemann?« fragte Brockes geringschätzig.

»Und Nürnberg, Augsburg, Hannover?«

Doch Brockes schüttelte nur den Kopf.

»An Wien und München darf ein lutherisches Subjekt überhaupt nicht denken!« meinte nun Schmidt.

»Er könnte nach Dresden zu August dem Starken! Aber dann müßt' er wohl Friederike heißen! Und in Braunschweig bei Herzog Ulrich kann er welsche Kapaunen hören, wenn es ihn danach gelüstet!« Brockes liebte die Kastraten nicht.

»Bleibt nur Hamburg!« warf Händel kleinlaut ein.

»Ja, Hamburg, meine Stadt!« bekräftigte Brockes und rüttelte den großen Händel an beiden Schultern.

Der Vetter Christian August Roth hatte nun die schwierige Aufgabe, Tante Anna in diese gefährlichen Pläne einzuweihen. Sie verstand jedoch nicht, was er eigentlich von ihr wollte, und wünschte seelenruhig die Gnade aller Musen auf ihren Friedrich herab.

Die Mutter faßte sich zuerst in Schweigen. Als Rektor Praetorius sie allerdings zu dem hohen Ziel ihres Sohnes beglückwünschte, war sie halb getröstet. Doch Tante Anna weinte, als der Herr Oberpfarrer Olearius ihr eröffnete, die ›Singespielhäuser‹, besonders das zu Hamburg, seien »Lasterstätten der Hölle, die Sängerinnen Schandweiber und feile Dirnen«, und es sei nur der abenteuerliche Sinn des Alten, der jetzt aus dem Jungen spräche!

Onkel Taust schrieb nach Weißenfels an Johann Philipp Krieger, er möge bei Seiner Durchlaucht dem Herzog Adolph vorstellig werden und für den jungen Händel um eine Stelle bei der herzoglichen Oper nachsuchen. Wolle der Junge mit dem Kopf durch die Wände, »die die Welt bedeuten«, so könne er sich auch im benachbarten Weißenfels die Hörner abstoßen. Zachow dagegen meinte, für einen Händel sei Hamburg gerade gut genug.

Indessen saß Friedrich an jedem Sonntag dieses Jahres 1703 mit ständig wachsender Ungeduld auf der Orgelempore im Dom und spielte die simplen Weisen zu den Lobwasserschen Psalmen. Er schien nachdenklicher mit jedem Tag, doch war er nur um so entschlossener, seine Bestallung nach Ablauf der gesetzten Frist nicht mehr zu erneuern, sein Studium aufzugeben und die Stadt zu verlassen.

Mutter Dorothea verstand ihren Sohn auch ohne viele Worte und war bald bereit, ihn ziehen zu lassen in die ferne, große Stadt, die, von siebzigtausend Seelen bevölkert, drei Tagereisen entfernt am großen Meer lag, dem Meer, über das der alte Händel so oft gefahren war...

Dort glänzen die Waffen an den Wänden, Krummsäbel, Musketen, Pistolen. Friedrich liegt mit offenen Augen und träumt sich fort aus der Stadt.

Von Zachow hat er sich schon heimlich verabschiedet, auch von Rektor Praetorius und den Freunden im Collegium musicum. Sein Nachfolger am Dom heißt Johannes Kohlhardt, ein armer und braver Mann, der ein paar Kinder zu ernähren hat und das Geld nötiger braucht als der junge Herr Händel. Doch dann greift Friedrich nach der Börse, die im Nachttisch verborgen liegt. Sechzig Taler zählt er darin – dazu vierzig Taler von der Mutter.

Die Mutter weiß alles. Sie weiß auch, daß morgen in aller Frühe eine Kutsche zum Steintor hinausfährt. In dieser Kutsche sitzt eine Madame Sbüllens, eine Sängerin, die aus Venedig kommt und sich an das Große Singehaus des Ratsherrn Georg Schott zu Hamburg begibt. Neben ihr wird der achtzehnjährige Georg Friedrich Händel Platz nehmen und die Vaterstadt verlassen, obgleich eine Einladung an die Oper von Weißenfels täglich zu erwarten ist.

Zweites Kapitel

Am Gänsemarkt in Hamburg

Es war der Morgen des 10. Mai 1703, als Madame Sbüllens mit ihrem jungen Kavalier Georg Friedrich Händel die kleine Stadt an der Saale in einer Eilkutsche verließ, um sich über Magdeburg, preußisch-brandenburgische Metropole des Elbkreises, in die Reichs- und Hansestadt Hamburg und in ihr Engagement zu begeben.

Die Dame hatte vor der neuen Spielzeit offenbar noch allerhand zu bestellen; sie war »très très pressée!«, wie sie tags zuvor Herrn Brockes erklärte, als dieser sie bat, einen jungen Musikus namens Händel mitzunehmen. Nun, die Reise war lang, und ein kleines Amüsement in der Kutsche gehörte zu den Vergnügungen der Zeit.

Während Friedrich Händel seine Vaterstadt mit ihren Türmen, die Marienkirche, die Ulrichskirche, die Moritzkirche und – jenseits des Roten Turmes – auch den Dom, die Moritzburg und die Ruinen des Giebichensteins seinen Blicken entschwinden sah, hatte Madame Sbüllens Gelegenheit, ihr Gegenüber eingehend zu betrachten. Stattlich und wohlgebildet, in einen feinen Rock aus blauem Tuch gekleidet, machte der junge Reisegefährte gar keinen üblen Eindruck.

»Alors vous êtes musicien?« begann sie das Gespräch.

»Pas encore, Madame, mais j'espère bientôt!« antwortete Friedrich Händel in einem Französisch, das seinem Lehrer Cavalier Ehre machte.

»Es gibt viele Studenten, die den Pfaffen entlaufen und

bei der Oper ihr Glück suchen! Sie sind ein Instrumentiste?« Und Madame Sbüllens ließ ihre koketten Augen von ihrem Kavalier herab auf einen Violinkasten und auf ein Bündel gleiten, aus dem die runde Öffnung einer Oboe hervorblickte. Händel schwieg errötend, doch Madame Sbüllens gab sich noch nicht zufrieden.

»A mon idée – vielleicht sind Sie ein Genie und schreiben uns eine Oper, Monsieur Händel!«

»Non, non, Madame, das kann ich nicht!« Nein, Vorschußlorbeeren wollte er nicht haben.

»Pourquoi non? Warten Sie ab, mein Freund!« Und Madame Sbüllens beugte sich vor, ihm tief in die hellen Augen zu schauen: »Mais ... vous êtes très gentil!« Aber Madame Sbüllens irrte sich, wenn sie meinte, geniale Fähigkeiten – sofern vorhanden – und lockere Sitten seien gleichzusetzen. Der junge Händel war in gewissen Dingen noch völlig unerfahren, voll Jünglingsstolz und Keuschheit. So wehrte er diesen ersten Angriff auf seine Unschuld tapfer und entschieden ab. Madame Sbüllens spielte darauf die Gekränkte. Doch vor den Toren Magdeburgs fand sie sich mit der Situation ab und war wieder die vornehme Dame. Denn »in unseres Herrgotts Kanzlei«, das wußte sie, durften »fahrende Weibspersonen« von sich nicht viel Wesens machen, wenn sie nicht auf einer harten Pritsche in der Stadtwache die Nacht zubringen wollten.

Anderen Tages fuhr man neben dem Elbstrom hin, immer tiefer in die grüne niederdeutsche Ebene hinein. Der junge Händel bestaunte die prächtigen Kähne, die auf dem Strom mit ihm um die Wette fuhren – und doch bald zurückblieben.

Madame Sbüllens hatte sich sehr zu ihrem Vorteil verändert und verhielt sich recht manierlich. Sie erzählte allerlei hübsche Geschichten vom Karneval in Venedig und aus den Kulissen der größten Oper der Welt. Auch, daß sie verheiratet war mit einem Herrn Sbüllens. Von ihm wollte sie sich jetzt trennen, um wieder zur Bühne zurückzukehren. Aber Händel begriff kaum etwas von solchen Verhältnissen. Er beurteilte die Frauen nach dem Bild, das er von seiner Mutter in sich trug.

Am Abend des übernächsten Tages fuhr die Kutsche mit dem ungleichen Paar durch das Steinthor in Hamburg ein, der Bastion ähnlich und namensgleich, durch welche die Kutsche drei Tage vorher die Stadt Halle verlassen hatte.

Der wachhabende Leutnant, ein langer Hanseate, war äußerst höflich und wurde zum vollendeten Kavalier, als er von Madame Sbüllens erfuhr, daß sie schon einmal am Hamburger Singespielhaus engagiert war und nun wieder dahin zurückkehrte. Auch Händels Papiere wurden schnell für in Ordnung befunden, auch er bekam ein höfliches Lächeln.

»Sie sehen, mein Händel, das ist eine Weltstadt!« sagte die Sbüllens und nahm gnädig die neugierigen Blicke der Menge entgegen, während sich die Kutsche durch das Gewühl der Steinthorgasse stadteinwärts zwängte.

»Da steht St. Jakob, dort St. Peter, weiter hinauf St. Kathrin und St. Nikolai! Und dort ist man schon am Hafen und schaut durch das ›Thor zur Welt‹ aufs Meer hinaus!«

Am Rathaus hatte ein eleganter Bummler Madame Sbüllens erkannt. Es gab eine Ovation für die Sängerin, und auch der junge Händel bekam ein paar feurige Blicke, so daß er sich vor lauter Verlegenheit am liebsten hinter dem Rücken seiner Begleiterin versteckt hätte. Aber Madame Sbüllens dankte der Menge zugleich für ihren jungen Begleiter, während die Kutsche am Rathaus vorbei über den Markt nach dem Reesendamm fuhr.

»Sechsspännig hätten sie mich in Bergedorf abgeholt, meine guten Hamburger, wenn sie von meiner Ankunft gewußt hätten!« prahlte Madame Sbüllens, während Händel, jetzt von der Menge befreit, mit begierigen Augen die himmelblaue Fläche der Binnenalster verschlang, mitsamt der Alten Mühle, der Lombardsbrücke und den Bastionen.

Welch eine weitgebreitete, weltgefällige Stadt!

Doch da hielt die Kutsche schon am Gänsemarkt vor dem Gasthof ›Valentins Kamp‹.

Jan Greven, der fröhliche Wirt, begrüßte Madame Sbüllens, die er sogleich wiedererkannte, mit einem kräftigen Händedruck. Frau Greven und Tochter Nannettchen musterten auch den jungen Kavalier. Man führte die Gäste auf ihre Zimmer und beeilte sich, ihnen ein opulentes Mahl zu bereiten, denn Madame Sbüllens hatte, wie sie bemerkte, schon in einer Stunde ein Stelldichein.

Friedrich Händel schaute auf den sauber gepflasterten Gänsemarkt hinunter.

»Monsieur, es ist serviert!« Vor ihm stand lächelnd Nannette, in ein weißes Mieder mit verzierten Ärmeln und einen roten Rock gekleidet, aus dem die weißen Spitzenhosen keck hervorblitzten.

»Ich komme!« sagte Händel und blieb am Fenster stehen.

»Gewiß habt Ihr unser Singespielhaus gesucht!« meinte kokett das Mädchen. »Beugt Euch aus dem Fenster und seht dort drüben das große Gebäude mit dem breiten Giebel und den zwei runden Säulen, dem Entrée vorgesetzt! Das ist das Opernhaus! Und dort an den Seiten sind zwei Treppen, die führen zu den oberen Rängen und zur Galerie. Da könnt Ihr mich manchmal hinaufsteigen sehen, wenn Ihr aufpaßt! Der schöne Giebel aber, der quer zum Vorderhaus steht, ist die Bühne!«

Friedrich Händel beugte sich mit Nannettchen aus dem Fenster und schaute begierig nach der Fassade mit den zwei runden Säulen, bis das Mädchen ihn am Ärmel zupfte und hinab in das Gastzimmer geleitete.

Frau Greven servierte die Suppe, die Schweinskeule, zuletzt einen Pudding nach englischer Art. Herr Greven schaute seinen Gästen befriedigt zu. Nannette füllte die Gläser. Doch schon beim Dessert meldete der Hausdiener, daß eine Kutsche für Madame Sbüllens bereit sei.

Friedrich Händel beschloß, auf eigene Faust einen Bummel durch die Stadt zu machen. Er stand vor dem Singespielhaus und betrachtete das Gebäude, dessen Untergeschoß aus verputzten Ziegeln, dessen Obergeschoß aus Holz gebaut war. Er trat an die Eingangstüre, zwischen die beiden runden Säulen. Dann stand er wieder auf der Freitreppe, die zur Galerie führte. Die Giebeldächer des Gänsemarktes beschatteten indessen den jungen Mann, der da allein vor dem verschlossenen Theater promenierte.

Er ging weiter über die Hohe Bleichen und kam an einen Kanal, der mit vielen kleinen Brücken überbaut war. An den Ufern beugten sich steile Giebelhäuser auf das Gewässer herab, es waren die Überseespeicher der großen Handelsgesellschaften. Mit einem Male befand er sich vor der Nikolaikirche und im Herzen der Altstadt. Er hörte Musik aus einer Gassenschänke. Eine Mädchenstimme sang ein Lied von einem Seemann, der sich in der Ferne nach seiner Geliebten sehnt. Laut war der Beifall. Aber ebenso begeistert wurde dann ein zweites Liedchen aufgenommen, und das glaubte Händel schon zu kennen. Es war eine Liebesarie aus der Oper *Störtebeker* von Reinhard Keiser. Reinhard Keiser aber war Direktor des Singespielhauses am Gänsemarkt.

Händel stand nun vor dem Hafen und schaute in ein Gewirr von Takelagen hinaus, die im aufgehenden Vollmond wie die Netze einer Riesenspinne am Nachthimmel über der Elbe schwebten. Er kam sich einsam und verlassen vor in dieser ihm fremden Welt. Doch da war St. Nikolai wieder und die Alsterfleete. Die Wasser fielen. Die Ebbe kam, trug die Unrast des Tages und den Unrat der Gassen still und geduldig hinaus in das kühle Meer. Vom Reesendamm fand Händel den Weg zum Gänsemarkt zurück.

Auch bei Jan Greven war noch Betrieb.

»Hol dein Cithrinchen, Nannette«, rief Herr Greven, »spiel dem jungen Herrn was vor!«

Nannette zierte sich nicht. Sie brachte eine Hamburger Lautenzither herbei und ein Notenbuch dazu. Es waren Arien – ›Liederken‹ sagte das Mädchen – aus den Opern- und Singespielen vom Gänsemarkt. Sie waren nach der sogenannten französischen Lautentabulatur für eine Singstimme in Cithrinchen-Begleitung leicht gesetzt, so daß jedes Kind die Griffe mechanisch erlernen konnte. Händel sah Nannettchen über die Schulter, als es nun Keisersche Liebesarien aus den Opern *Adonis, Orpheus* und *La Forza della Virtù* in guter Hamburger Mundart zum besten gab. Das war Melodie und *nur* Melodie, pikant, galant. »Töne, erblüht wie die ersten Blumen der erwachenden Natur, zierlich, duftig und behende und ebenso verwelklich.« So schrieb die Kritik über Reinhard Keiser. Der Basso continuo aber war nur in einer simplen Begleitung beigesetzt.

Das waren also ›die teutschen Liederken‹ Reinhard Keisers, die sogar in Paris schon offene Ohren fanden, wie Madame Sbüllens auf der Reise erzählt hatte.

Und Friedrich Händel vergaß vor den singenden Lippen des Mädchens, daß er aus der Orgelburg von Halle und aus der Generalbaßschule eines Zachow kam. Schon beneidete er Herrn Keiser um seine Popularität und fühlte sich durchaus imstande, ihm Konkurrenz zu machen. Gleich morgen früh würde er sich dem Teufel verschreiben und die Empfehlung an Herrn Mattheson weitergeben, die ihm Barthold Heinrich Brockes zum Abschied in die Tasche gesteckt hatte.

Als er nun in seiner Kammer lag und der Mond als letzter Kavalier über die Dächer der Stadt spazierenging, überkam ihn ein Traum. Während das silberne Licht seinen Schlummer umglänzte, träumte er von Hamburg, diesem Wunder an Stadtseligkeit, das selbst der Dreißigjährige Krieg mit seinen Schrecken nicht hatte zerstören können, wie Brockes sagte. Er träumte eine jauchzende Gavotte. Dann erschien eine leichte Muse, Nannettchen gleich, die ihren Friedrich in die Arme nahm und herzhaft küßte.

Madame Sbüllens erwartete zum Frühstück einen recht bedeutenden Gast, und Friedrich Händel sah sich gezwungen, zu bleiben und seine Referenz zu machen.

Barthold Feind, sieben Jahre älter als Händel, war der erste Deutsche, der den berühmten Tragiker Shakespeare zu rühmen gewußt. Er galt als kommender Mann am Hamburger Theaterhimmel: als Textdichter und Poet, der dem ergrauten Christian Heinrich Postel bald den Rang ablaufen würde. Vor allem aber war der schmächtige Feind mit seinen buschigen Augenbrauen ein gefürchteter Pamphletist. Er hatte sich den Ruhm eines Hamburger Patrioten dadurch verdient, daß er – während eines langen Länderstreites zwischen Dänemark und Hamburg – wegen Beleidigung des dänischen Königs ein paar Jahre zu Rendsburg in Haft gehalten worden war.

Jetzt fühlte er sich als Dramatiker »auf galante Art« und hoffe durch Reinhard Keiser Aufträge für die Oper zu erhalten. Madame Sbüllen zu Gefallen machte er den jungen Händel schon am zweiten Tag seines Hamburger Aufenthaltes mit den Kulissen des Singespielhauses vertraut.

Friedrich Händel hatte nur einmal, kaum acht Jahre alt, mit seinem Vater in Weißenfels eine Bühne betreten und einer Probe beigewohnt. Sonst kannte er nur die Komödienklasse des lutherischen Gymnasiums zu Halle. Jetzt aber stand er in einem dunklen, geräumigen Zuschauerraum, der nach Barthold Feinds Worten dreizehnhundert Personen faßte. Prunkhafter, goldbemalter Stuck erglänzte im Schein eines Ochsenauges an den Logen und Galerien.

»Von den Theatres in Teutschland ist wohl das Leipziger das pauvreste, das Dresdener das glänzendste, das Braunschweigische das vollkommenste, das Hannöverische das schönste, das Hamburgische aber das allerweitläuffigste. Das beste Theatrum von Europa ist wohl das unvergleichliche Frantzösische Königliche Opernhaus an der Thouillerie in Paris. Das künstlichste ist das zu Parma, allwo man zwischen dem Amphitheater und Parterre in kleinen Gondeln herumfahren kann. Die Theatres zu Rom aber werden seyt dem letzten Erdbeben nicht mehr geöffnet, weyl die Pfaffen den Zorn Gottes fürchten.«

Barthold Feind trug seine Kenntnisse des europäischen Theaterwesens – er schrieb gerade ein Buch über dieses Thema – dem staunenden Händel mit prahlerischer Sicherheit vor. Aber von Wien, München, Stuttgart, Augsburg und Nürnberg, die doch seit langem auch ihre Opernhäuser hatten, wußte er nichts zu berichten. Ihm lag daran, das Hamburger Singespielhaus am Gänsemarkt als *das* Theater Europas herauszustellen. Als Theater für ihn selbst, den galanten Nachfolger Shakespeares, ein Theater für jedermann, der sich von dreißig Schilling an bis zu einem halben Taler einen Platz erwarb.

Auch Barthold Feind hielt den stattlichen jungen Herrn, der so neugierig neben ihm stand, für einen entlaufenen Studenten. War doch selbst der berühmte Hamburger Bassist, Christian Rauch selig, ein entlaufener Jesuitenzögling aus München gewesen. Sicher würde dieser Händel, wie so viele vor ihm, seiner gefälligen Erscheinung wegen eines Tages auf der Hamburger Bühne als Statist debütieren, um dann im Orchester als zweiter Geiger zu verschwinden.

Schuster, Schneider und Studenten waren ja in der Hauptsache die männlichen Helden der Bühne am Gänsemarkt; Obstverkäuferinnen, Freudenmädchen und abenteuernde Frauen die gefeierten Opernprinzessinnen und Balleteusen.

Aber was galt das schon? Hier in Hamburg wollte man spielen, Theater spielen, Liederken singen, die manchmal auch von der Galerie mitgesungen wurden, hübsche Gesichter wollte man sehen und schöne Beine. Blutrünstige Tragödien, die dem Parkett und der Galerie den Atem verschlugen, derbe und volkstümliche Dialoge standen hoch im Kurs, nicht der unnatürliche Jambenzwang eines Corneille oder gar der Wortschwulst der Lohensteiner. Dafür Christian Postels verliebte Verse oder Lukas von Bostels *Hamburger Jahrmarkt, Hamburger Schlachtzeit* oder auch sein *Don Quichote*. Die große Tragödie aber, die handlungsreiche, die würde nun Barthold Feind schreiben, der Nachfolger Shakespeares.

»Hab' anderes im Kopf als nur niedliche Singespiele! Denn das Hamburgische Theater kann wohl die mehrsten Repräsentationes zeigen von allen Bühnen, indem daselbst die Seitenszenen neununddreißigmal in einem Spiel können verändert werden. Auch vermag man mit den übrigen Mittelvorstellungen etliche Hundert Prospekte zusammenzubringen.«

Auf der Bühne, die zwölf Meter tief und zehn Meter breit war, stand noch der Seesturm aus dem *Störtebeker* von Reinhard Keiser, dessen Gesamtausstattung zehntausend Taler gekostet hatte. Friedrich Händel fand sich mit

Barthold Feind in dem schwankenden Schiff des großen Hamburger Seeräubers, und er taumelte fast bei all den Stürmen, die jetzt sein Inneres durchrasten.

»Jakob Kremberg!« Das war ein Bekannter des Vaters aus der hallischen Zeit, ein Sänger an der alten Hallischen Oper, der, als Herzog Augustus tot war, nach Hamburg übersiedelte.

Aber Feind konnte sich an den Namen kaum noch erinnern.

»Gerhard Schott!« Von dem hatte Brockes Gutes erzählt.

»Unser Lizentiat Schott ist im vergangenen Jahr gestorben! Postel hat seinen *Tod des großen Pan* noch auf ihn gedichtet!«

»Herr Postel, ja, von dem hat mir Brockes in Hall auch schon erzählt, er hat eine *Iphigenia* gedichtet!«

»Was Ihr alles wißt, junger Mann! Aber ein teutscher Poet muß alles können!« fuhr Feind nun fort, als hätte er sich über den Vorwitz des andern geärgert. »Da habt Ihr Euren Herrn Postel von der anderen Seite:

> Ein Mädchen und ein Orgel-Werck/
> Nachdem ich's mit Verstand bemerckt/
> Die gleichen sich in vielem.
> Denn beyde muß man mit bedacht/
> Wie schon seit alters hergebracht
> Befingern und bespielen
>
> Ein glatt Clavier von Elffenbein/
> Daß muß bey allen beyden sein/
> Ein guth Pedal ingleichen.
> Die Wind-Lad ist der Grund zum Spiell/
> Dazu ein wohlgebauth Ventil
> Daraus kein Wind mag weichen.«

Dieses Chanson hatte der Advokat Posten im Jahre 1697 für die Keisersche Oper *Der geliebte Adonis* verfaßt. Es war eines jener ›galanten Liederken‹, die zum Ärgernis der Hamburger Geistlichkeit in jeder Oper als Einlage vorkamen.

Auch Friedrich Händel fand den Vergleich einer Orgel mit einem lockeren Mädchen ziemlich abgeschmackt und hätte solche Worte einem kaiserlich gekrönten Poeten nicht zugetraut. Andererseits aber wunderte er sich über die Glätte und Singbarkeit dieser Verse. Er hatte eine solche Geschmeidigkeit seiner Muttersprache gar nicht für möglich gehalten.

»Der Wolffenbütteler Hofpoet Carl Friedrich Bressand, der voriges Jahr gestorben ist, hat noch viel bessere Sachen gemacht«, fuhr Barthold Feind nun fort, »und auch Keiser hat die galante Tugend zu seinem Prinzip erhoben. Zärtliche Singesachen sind ihm am liebsten.«

Und bald sah Friedrich Händel eine Partitur Reinhard Keisers, die Barthold Feind herbeiholte ...

Zwischen zwei Liniensystemen, auf denen Reihen von Noten mit improvisatorischer Gewandtheit im G-(Violin-) und im F-(Baß-)Schlüssel geschrieben waren, befand sich, höchst flüchtig vermerkt, eine Singstimme mit dem Text einer Arie oder mit den Stichworten eines Rezitativs. Korrekturen und Überkorrekturen verwirrten den Blick, ganze Seiten waren ausgerissen oder überklebt, oft hatten mehrere Hände Noten und Texte durcheinandergeschrieben. Eine Skandierung mit Rotstift – das waren Tempobezeichnungen von Keisers Hand. »Unser Genie«, meinte Barthold Feind, »gestaltet jede Aufführung völlig neu, und jeder Abend unter einem Keiser ist eine einmalige, glanzvolle Festlichkeit! Denn die Musik ist keine Kunst der Dauer, sondern des Augenblicks!«

Die Arien konnte jedermann käuflich erwerben. Schon seit den Zeiten von Sigismund Kusser, dem Vorgänger

Keisers, wurden die Arien – besonders die deutschen, doch bald auch die italienischen – leicht faßlich und volkstümlich für die Hamburger Cithrinchen-Tabulatur hergerichtet und in Druck gebracht. Auch alle Textbücher wurden gedruckt und zudem mit einer ausführlichen Gesamtaufschrift, dem Titel des Stückes, dem Personenverzeichnis, einem Vorbericht der Handlung und dem Namen des Dichters – doch nicht des Komponisten! – versehen.

Barthold Feind besaß selbst eine Bibliothek von zweihundert Operntextbüchern, nach dem Jahr ihres Druckes oder ihrer Aufführung geordnet, die als Singspiel, Oper, Drama per Musica und Serenata nebeneinanderrangierten.

Immer wieder betrachtete der junge Händel die Partitur des *Adonis* von Keiser, die vor ihm unter der Kerze lag. Vor seinen begierigen Augen hüpften die dünnen Schwänze der Noten, er hörte aus flüchtigen Köpfen leichtgefällige Melodien erklingen, im halbdunklen Stuck des Plafonds erschienen malerische Schäferszenen ..., doch nun traten vor seine Augen plötzlich die neumenhaft schweren Köpfe Zachowscher Kantaten, türmten sich wie die Säulen des Kontrapunkts, durchbrachen die gemalte Decke des Singespielhauses und stiegen zu den Sternen empor.

Friedrich Händel war ausgezogen, die Melodie zu suchen, und schon entschwebte sie ihm wie ein leichtes Zauberbildchen hinauf in den Hamburger Himmel.

Nach dieser höchst flüchtig geschriebenen Partitur von Reinhard Keiser zu urteilen, mußte jeder der zwanzig Musiker des Singespielhauses auf seinem Instrument ein vollendeter Improvisator sein. Und zwischen diesen zwanzig Virtuosen sollte ein Friedrich Händel nun seinen Platz finden?

Die Briefe, die er von seiner ersten Wanderschaft nach Hause schrieb – die an die Mutter waren zugleich für die Schwestern, die Tante, den Onkel; die an Barthold Heinrich Brockes zugleich für Christoph Schmidt, Christian Roth und das Collegium musicum bestimmt –, verrieten in nichts den großen inneren Zwiespalt, in dem sich der junge Schreiber befand. Darin, daß er seine eigensten Angelegenheiten nicht unter die Leute trug, schien er dem Vater zu gleichen. Auch jene allerweltsgefällige Geschwätzigkeit, die dem Briefstil jener Tage eigen war, lag Händel fern.

Nicht in seinen Briefen stand, daß Nannettchen für ihn das »Wunder an Stadtseligkeit« verkörperte. Es schien, als wollten die Musen selbst ihr Schäferspiel mit zwei jungen Menschen treiben, die ganz nach ihrer Erfindung waren: der Jüngling blond und helläugig, stattlich gewachsen, den Kopf erfüllt von kühnsten Gedanken – das Mädchen brünett und artig, wohlgeformt und hübsch. Zwischen beiden aber das Hamburger Cithrinchen, die kleine Lautenzither für den Hausgebrauch, der man die französische Tabulatur so bequem unterlegen konnte. Dabei bedeuteten die großen und kleinen Buchstaben ganze und halbe Noten, A zudem die leere Saite, B den ersten Bund, C den zweiten Bund usw.

Händel legte seiner Nannette bald reichere und geschmackvollere Begleitmusiken zurecht, und das Mädchen begriff recht schnell. Am liebsten hätte es mit den anderen die Bühne des Singespielhauses in eigener Person beglückt, wenn Vater Greven es nur erlaubt hätte. Aber der kannte sein lustiges Völkchen und hielt auf die Ehrbarkeit des Hauses.

Und so sang Nannette Friedrich ihre Lieder vor, angefangen beim einfachen Hamburger Gassenhauer bis hinauf zu den hochtrabenden Arien von Keiser und Mattheson. War sie guter Laune, so vermochte sie ihrem einzigen Zuhörer auch ein ganzes Potpourri der vergangenen Spielzeit einzutrichtern, und der geduldige Händel schluckte die süßen, gefälligen Melodien wie die verzukkerten Bonbons der Madame Greven.

Freilich waren die ›Arien‹ der Hamburger Oper recht harmlose Gebilde, das hatte Händel schon bald erkannt. Nicht viel blieb da übrig von der großen da-capo-Form der Neapolitaner, von dem Wettstreit mit dem Orchester. Und auch die Duette, zu denen Nannettchen ihn verführte, waren nichts weiter als verliebtes Gezwitscher. Aber wo in ganz Deutschland außer in Hamburg sang man in der Oper ›teutsche‹ Lieder? Überall, überall herrschte schon die italienische und französische Mode.

Ganz heimlich und nur für Nannettes Ohren blies Friedrich manchmal seine Oboe oder spielte ein kleines Violinkonzert. Aber dann fehlte ihm das Cembalo wieder, denn das kostbare Instrument war in Halle im Haus der Eltern am Großen Schlamm geblieben. Und dann wurde er plötzlich ungeduldig, trotz seiner hundert Taler, die er noch im Geldbeutel trug – und trotz seiner Nannette. Barthold Feind kam nicht mehr ins Haus. Er hatte sich wohl mit Madame Sbüllens überworfen und mied ›Valentins Kamp‹.

»Sie hat einen Herrn von der Börse«, sagte Nannette und machte mit Friedrich an diesem Tage einen Spaziergang zu der Hamburger Börse. Gleich am Hafen, dicht neben der Waage und dem großen Kran, stellte sie sich als offene Wechselstube der reichen Kaufmannschaft in all den köstlichen Chinoiserien vor, die der Möbeltischler Jan Andresen aus Antwerpen zum Ruhme des Geldes rund um ihr Dach herum angebracht hatte. Andresen hatte auch die Innenausstattung der Hamburger Oper am Gänsemarkt besorgt.

Und der Student Friedrich Händel in seinem blauen Rock sah die großen Hamburger Herren, vornehm in dunkles Tuch gekleidet, wie sie gemessen ihren Geschäften nachgingen. Sie waren die Inhaber der ersten Kaufhäuser am Alsterkai und der ersten Logen am Gänsemarkt.

Friedrich und Nannette bummelten weiter. Da stand der Turm von St. Nikolai vor dem verliebten Paar, und seine vergoldeten Kugeln glänzten wie die Roulettekugeln des Glücks.

»Aus Störtebekers Gold!« flüsterte Nannettchen und deutete nach oben auf die glänzenden Kugeln.

Eines Tages sang Madame Sbüllens in einer Soloprobe vor den leeren Bänken am Gänsemarkt, und Friedrich Händel durfte sie am Cembalo begleiten. Auch Nannette hatte mitkommen dürfen, denn die Sbüllens brauchte Publikum.

Madame sang italienische Lieder von Agostino Steffani, dem großen Kapellmeister am Hofe zu Hannover, von Alessandro Stradella, dem Neapolitaner, von Carlo Pallavicino, dem Römer, einst Hofkapellmeister in Dresden, von Antonio Vivaldi, dem Venezianer, von Claudio Monteverdi, dem Altmeister aus Cremona, von Francesco Cavalli, dem Schüler Monteverdis.

Da waren sie: die hohen, die hüpfenden, die girrenden, die gleißenden Töne, die weichen Vokale, die klaren Konsonanten! Sprudelnde Quellen rauschten auf, springende Wasser, und auf ihnen tanzten die Töne gleich bunten Bällen, die einer menschlichen Kehle entrollten und hinaussprangen in das blanke Licht ...

Friedrich Händel saß im halbdunklen Orchester vor dem Basso continuo. Seine Finger liefen, doch sein Atem stockte. Welche Töne! Nannette war ganz vergessen. Nur noch dort hinauf war der Blick gebannt, auf diese Bühne, die von ein paar matten Kerzen spärlich erleuchtet war. Dort stand eine weibliche Gestalt und sang mit zauberhaftem Diskant, der vom eingestrichenen D bis zum dreigestrichenen C reichte. Ein Frauenzimmer auf der Bühne! Für einen Scholaren aus Halle war das ein Anblick, der ihn aus der Fassung brachte. Steffani! Jetzt hieß es aufpassen! Aber schon Stradella riß ihn mit fort, bei Vivaldi hörte er den Triumph der Melodie, bei Monteverdi den Zusammenprall zweier Welten, kontrapunktisch wuchtig, monodisch hinreißend!

Nannettchen ... saß irgendwo in einer Ecke.

»Sie begleiten recht manierlich, mein Freund!« sagte Madame Sbüllens in einer Pause von der Bühne herab. Und wieder kamen die Töne, die hohen, die girrenden Töne, die weichen Vokale, die klaren Konsonanten.

»Nun möcht' ich gleich noch die Orgel schlagen!« entfuhr des Händel, als er mit Madame Sbüllens das Theater verließ.

»Aber Vater Greven kann Sie doch auf die Orgel der Maria-Magdalenen-Kirche bringen! Der Organist Klaus trinkt bei ihm seinen Schoppen! Nannette soll das besorgen!«

»Gewiß, Madame!« rief das Mädchen. Es trottete artig hinterdrein.

So entführte Nannette schon am nächsten Tag ihren Händel aus der gefährlichen Nähe von Madame Sbüllens und brachte ihn auf die Orgel der Maria-Magdalenen-Kirche, die, 1227 erbaut, dem ehemaligen Franziskanerkloster zugehört hatte.

Da saß nun das verliebte Mädchen täglich und täglich und lauschte zur Höhe, wie dort oben einer mit wilden, unfaßlichen Schlägen an ihrem Herzen rüttelte. Der Küster, der für Friedrich Händel und tausend Pfeifen die Windlade treten mußte, flüsterte dem Mädchen bald zu, daß der Sachse da, dieser Händel, ein wahrer Störtebeker auf der Orgel sein müsse, denn so viel Lärm habe er in dieser Kirche noch nie gehört. Nannette aber weinte vor Stolz und Rührung, während Friedrich ihr kleines Cithrinchenglück mit beiden Fäusten in Stücke schlug.

Da wurde das Mädchen eines Tages jäh aus ihren Träumen gerissen. Jemand fuhr wie der Teufel in die Kirchenbank und fragte mit spitzer Stimme: »Ist das der Händel?«

»Ja, Herr Mattheson!« Ihn erkannte Nannette nach dem ersten Schrecken. Sie rückte willig beiseite und nickte.

»Er ist stark auf der Orgel, stärker als Kuhnau, ein Meister in Fugen und Kontrapunkten ... Aber er weiß nichts von der Melodie!« So für sich schien der große Mattheson daherzureden.

Nannette wußte nicht, wer Kuhnau war, der Kontrapunktist und Organist aus dem Erzgebirge, dessen Ruf als Sonatenspieler bis nach Hamburg gedrungen war. Sie wollte auch nichts von ihm wissen. Nur lauschen wollte sie dem endlosen Getümmel ihres Händel. Sie hätte recht böse sein können, als sich der große Tenor mit seinem spöttischen Gesicht und seiner ironischen Nase zu ihr beugte, um ihr zu sagen, daß Händel nichts von der Melodie verstehe.

Doch nun tat der Blasbalg seinen letzten Seufzer. Herr Mattheson sprang auf und stellte sich breitbeinig in den Mittelgang der Kirche. Nannettchen aber raffte ihr Kleid zusammen und lief davon. Es war der 9. Juni des Jahres 1703, ein sonniger und schöner Tag.

»Wenn Ihr mir auf der Geige nur halb so gut zu spielen vermögt wie auf der Orgel, so seid Ihr schon engagiert!« sagte Mattheson zu Händel bei einem Glas Wein.

»Ich dank' Euch für die Ermunterung!« erwiderte Händel.

»Es fehlt uns an Streichern. Keiser sucht noch zwei Violinen. Indessen könnt Ihr bei mir täglich zu freiem

Tisch gehen, um Eure Groschen zu sparen. Meine Mutter wird sich freuen, so einen frischen jungen Mann aus Hall in Sachsen als Gast zu haben. Ich zeig' Euch nach Tisch am Klavizimbel, was Ihr für die hohe Schule der Oper braucht, Ihr zeigt mir dagegen einiges aus Eurem Kontrapunkt und Euren Doppelfugen. So wäscht eine Hand die andere!«

War es der klingende Name eines Brockes, oder war es wirklich das Händelsche Orgelspiel? Der um fünf Jahre ältere Mattheson schien sehr eingenommen von seiner neuen Bekanntschaft. Indessen hatte auch Friedrich Händel Gelegenheit, sein Gegenüber zu bestaunen, denn dieser Kopf war staunenswert. Der erste Tenor der Hamburger Oper war nicht nur ein Komödiant, vom Beifall der Öffentlicht verwöhnt, sondern fürwahr ein Kopf, hinter dessen hochgewölbter Stirn Geist und Witz sich ein Stelldichein gaben. Die hellen braunen Augen konnten umwerben, verwirren und verletzen. Der breite Mund vermochte nicht nur gefällige Töne, sondern auch scharfe Worte zu formulieren. Oft lehnte das mächtige Haupt lässig auf der linken, etwas gehobenen Schulter, und den gespitzten Lippen entfuhr eine Schmeichelei oder eine Bosheit. Dieser Mattheson spielte mit der Welt. Und wie er spielte!

Barthold Feind fragte nun vergeblich nach dem Studenten aus Halle, Nannette wartete vergeblich mit ihrem Cithrinchen. Friedrich Händel war in den Schatten Matthesons gebannt. Täglich fand er sich in der Domgasse bei Tisch ein. Und der alte Herr Mattheson, ein prätentiöser Steuereinnehmer, und seine runde Frau Amalia führten ihr Frage- und Antwort-Spiel mit dem Studenten aus Halle, bis der große Tenor selbst kam.

Die berühmte Stimme war allerdings nur in den tieferen Lagen klangvoll und tragend. Aber Mattheson überbrückte mit großer Schlauheit und einer äußerst realistischen Schauspielkunst alle Mängel. Sein Sprechgesang war meisterhaft, war er doch selbst Korrepetitor an der Hamburger Oper und ein begehrter Gesanglehrer. Denn die musikalische Bildung all dieser Blumen-, Frucht- und Freudenmädchen, die das Ensemble ausmachten, war so mangelhaft, daß kein einziges eine Note vom Blatt singen konnte. Mattheson paukte ihnen ihre Lieder ein. So war er gewöhnlich von einem Schwarm junger Frauenzimmer umgeben.

Eines Pastetenbäckers Sohn trat nunmehr die Bälge in der Maria-Magdalenen-Kirche, denn der alte Küster allein vermochte es nicht mehr. Mattheson wollte täglich eine Händelsche Doppelfuge, eine Händelsche Kantate hören. Dann begehrte er weitere Stücke von Wilhelm Zachow, Heinrich Schütz und Samuel Scheidt. Er schrieb an dem Werk *Der musikalische Patriot,* und Händel sollte ihn mit all den mittel- und süddeutschen Komponisten bekannt machen, die ihm durch seinen Lehrer Zachow vertraut waren. So spielte Händel – in der oberdeutschen Orgelmanier seines Lehrers Zachow – harmonisch einfache und klare Sätze, mit kräftiger Betonung durch die Außenstimmen liniert: Orgelwerke von Johann Fischer aus Augsburg, Georg Muffat aus Passau, Johann Pachelbel aus Nürnberg, Kaspar Kerll und Wolff Ebner aus Wien. Und Johann Mattheson, der Niederdeutsche, notierte und notierte.

Über Zachow selbst aber notierte er sich folgendes: »Der Mann scheint sehr starck in seiner Kunst und besitzet ebensoviel Geschicklichkeit und guthen Willen, einem Untergebenen große Hoffnung zu machen. Hendel stund ihm dermaßen wol an, daß er ihm nimmer Guthes und Liebes genug erweisen zu können vermeynte. Er aber, Hendel, setzt zu dieser Zeyt sehr lange, lange Arien und schier unendliche Cantaten, die doch nicht das rechte Geschicke und den besten Geschmack, obgleich eine vollkommene Harmonie zeygen.«

Wochen vergingen. Mattheson war verliebt, was nicht selten der Fall sein mochte. Die Liebe gehört zu den schaukelnden Künsten, und so pflegte Mattheson mit einem Ausflug zu Wasser seine neuen Amouren stimmungsvoll einzuleiten. Er hatte dicht neben dem Baumhaus am Binnenhafen eine Segeljacht liegen, die luxuriös als Liebesnest ausgestattet war und Platz genug für zwei Pärchen bot. So kam Friedrich Händel zu einer Wasserpartie und zu einem lockeren Marlenchen. Mit vollen Segeln ging es die Elbe hinab und dem Meere zu. Viele schwere Dreimaster hatten ebenfalls an diesem Morgen Hamburg verlassen, und die Matrosen standen an Deck, beschauten sich schmunzelnd das schaukelnde Liebesnest und spuckten voll Neid in die brave Elbe. Über das Alte Land ging ein steifer Wind. Die beiden Mädchen wurden schon ängstlich und krochen näher zu ihren Kavalieren. Das freute den Skipper, und er nickte Händel ermutigend zu, während er den Mädchen befahl, den Frühstückstisch zu decken. Auf der Höhe von Stade aber kam ein Sturm auf. Und Mattheson, der sich schon am Ziele seiner Wünsche glaubte, mußte nun zusehen, wie die beiden Schönen dem Gott Neptun ausgiebig huldigten. Händel aber hatte das nahe Meer und die tosenden Wasser der Elbe nicht so gefürchtet wie die weichen Arme seiner Sirene. Nun war er wie befreit. Ein Gedicht von Brockes fiel ihm ein, und er rezitierte in den Sturm hinein:

»Ich sah die Brandungen der Wellen
Aus ihren Tiefen sich erhöhn/
Sich bäumen, wallen, brausen, schwellen/
Ja recht mit einem heisern Bellen/
Die Ufer zu verschlingen dräun ...«

Mit der Flut kehrte die Liebesjacht wieder nach Hamburg zurück, und Händel war froh, seiner Kavalierspflichten entledigt zu sein.

»Ich bring' ihn schon an ein Frauenzimmer, das er verdient«, dachte der boshafte Mattheson. Vierzehn Tage später faßte er einen teuflischen Plan, an dessen Ausführung Händel völlig unschuldig war.

Man schrieb den 17. August des Jahres 1703, als die beiden nach Lübeck reisten, weil der Geheime Ratspräsident Magnus von Wedderkopp den Tenor Mattheson schon längst zu sich eingeladen hatte. Mattheson beabsichtigte aber auch, in Lübeck dem wohlbekannten Organisten der Marienkirche, dem sechsundsechzigjährigen Dietrich Buxtehude, einen Besuch abzustatten. Dabei wollte er hinterlistigerweise Händel als Bewerber um die Nachfolge Buxtehudes einführen, wohl wissend, daß mit einem solchen Ersuchen zugleich die Verpflichtung verbunden war, die Tochter des Amtsvorgängers zu heiraten.

Händel ahnte nicht, in welche Falle er gelockt werden sollte. Er war aufgeräumter denn je, lustig trabten die Pferde auf der ebenen Straße. Aus dem Kopf konstruierten die beiden ihre Doppelfugen, während der Kutscher auf dem Bock mit der Peitsche knallte. In Lübeck angekommen, ging es nach einem Begucken sämtlicher Mädchen bald an ein Bespielen sämtlicher Orgeln. Und Mattheson wußte Händels Triumphe auch für sich zu quittieren.

Der alte Buxtehude hatte bald nur Auge und Ohr für Händel, und sein einziges Bedenken ging dahin, daß seine Tochter Maria Margareta für den stattlichen jungen Mann aus Halle wohl doch etwas zu alt sei. Doch schloß er Händel sehr ins Herz und erzählte ihm bald von einem anderen jungen Mann aus Eisenach: Johann Sebastian Bach mit Namen, der sich in Lüneburg am Dom aufhalte.

Dieser Bach sei auch ein Orgelschläger, ein anderer allerdings und ganz in sich versponnen. Auch sei er nicht von solcher Gewalt wie der Herr Händel aus Halle.

»Wem aber sollt' ich den Vorzug geben? Keinem von euch beiden! Ist Gott so gnädig, mir zwei seiner Jünger zu schicken, so sind sie mir beide wahrhaft teuer!«

Und der alte Buxtehude setzte sich selbst an die Orgel. Er spielte mit krummen Fingern und sang mit zitternder Stimme aus seinem *Jüngsten Gericht:*

> »Man fragt nach Gott dem Herrn nicht mehr/
> Die Welt stinckt gantz nach eitel Ehr/
> Die Hoffarth nimmt gantz überhand/
> Betriegen, liegen ist kein Schand.
> Das ist ein Zeichen vom Jüngsten Tag.«

Dietrich Buxtehude, dieser Welt weit entrückt, schwelgte in den großen einfachen Chören seiner Passion:

> »Herr Gott Vater, mein starcker Held/
> Du hast mich ewig vor der Welt/
> In Deinem Sohn geliebet.
> Eja, eja, himmlisch Leben
> Wird Er geben/
> Mir dort oben/
> Ewig soll mein Herz Ihn loben.«

Recht wortkarg fuhren die beiden wieder nach Hamburg zurück. Mattheson vermochte seine Verstimmung nicht zu verbergen. Der schlechte Scherz war ihm mißglückt. Über seinen Kopf hinweg hatten sich zwei andere die Hände gereicht. –

Nun kamen wieder Tage, in denen sich Händel recht einsam fühlte. Drüben am Gänsemarkt aber gingen die Türen immer häufiger auf und zu. Allerlei neue Gestalten tauchten auf, denen man die Schminke schon über die Straße ansah. Doch niemand trat in das Haus des Herrn Greven, um nach Monsieur Händel zu fragen.

Händel hatte seine Barschaft gezählt und festgestellt, daß von seinen hundert Talern schon über die Hälfte vertan war. Er besprach nun mit Nannette die Möglichkeit, Musikstunden zu geben. Doch diese meinte, dazu sei wieder Herr Mattheson vonnöten, der über viele Beziehungen zu reichen Leuten verfüge. Die Tage vergingen, bis eines Abends Händel wieder von der Orgel der Maria-Magdalenen-Kirche kam und Nannette ihn schon auf der Freitreppe erwartete.

»Der Herr Direktor ist da!« flüsterte sie erregt und deutete auf die Türe des Gastzimmers. Händel vernahm Gläserklingen und Gelächter, den lockeren Gesang eines Mädchens und das bündige Lachen von Männern. Reinhard Keiser feierte mit seinem Spielleiter und zweiten Tenor Dreyer, mit seinem Bassisten Grünewald und seinem Cembalisten Graupner nebst diversen Damen in ausgelassener Weise den Beginn der neuen Spielzeit.

»Wenn Madame Sbüllens kommt, muß sie dich vorstellen!« ereiferte sich Nannettchen. Und die beiden warteten auf der Stiege, bis die Sbüllens nach Hause kam.

»Kommen Sie mit, mein Lieber!« sagte sie und betrat mit Händel das Gastzimmer.

Grünewald, ein echter Hamburger mit dickem, rotem Kopf, hielt ein Mädchen auf den Knien. Der schielende Graupner spielte auf Nannettes Cithrinchen einen neuen Schlager, während der dürre Dreyer ein Mädchen im Menuettschritt führte. Dort in einem hohen Sessel, zwei Leibdiener in roten Fräcken hinter sich, saß Keiser selbst. »Der Meister der galanten Tugend, der Lüstling voll Pracht und Verschwendung«, wie alle Welt ihn nannte, war zu Teuchern in Sachsen als uneheliches Kind eines

Organisten und eines adeligen Fräuleins geboren. Sein leicht fettiges, doch blasses Gesicht glänzte in behaglicher Zufriedenheit. Der Mund, etwas faul und sächsisch geformt, offenbarte den üppigsten Genießer. Aber aus der hellen Perücke spitzten heller noch die Ohren und die lebhaften Augen.

»De Sbüllens mit eem Gavalier!« schrie Keiser belustigt. Madame aber beherrschte im Augenblick die Situation und schloß ihrem Direktor mit einer zum Kuß gereichten Hand den bösen Mund, während sie Händel der Runde vorstellte. Keiser erinnerte sich sogleich an den Namen, von dem ihm Mattheson am Tag zuvor schon erzählt hatte.

»Er ist engagiert!« rief er und gab Händel, dessen stattliche Figur im Augenblick nicht die beste Empfehlung für ihn selbst war, einen Wink, sich den begierigen Augen der Frauenzimmer so schnell als möglich zu entziehen.

»Ich bin engagiert!« sagte Händel draußen zu Nannettchen und drehte sie übermütig im Kreis. Am Tisch bei der Familie Greven aber aß er für drei! –

»Er ist engagiert!« sagte Vater Greven und holte eine gute Flasche Wein aus dem Keller. So feierte er mit seinem lieben Studiosus Händel ein paar frohe Stunden. Als Händel im Bett lag, träumte er vom nächsten Tag – bis, spät nach Mitternacht, das Straßenpflaster schrie und die Häuser erbebten, als Wagen um Wagen die lärmende Gesellschaft nach Hause rollte.

Das Orchester lag unmittelbar vor der Bühne, auffallend tief, und war durch eine hohe Rückwand vom Zuschauerraum getrennt. Friedrich Händel begab sich auf die linke Seite zu den Streichern und setzte sich auf die unterste Bank.

Die Vorstellung begann nachmittags um sechs Uhr und dauerte gewöhnlich bis zum Abendläuten, selten darüber. Denn die Hamburger Gesellschaft forderte dann ihr

Nachspiel in vornehmen Lokalen, mit üppigen Soupers, mit leichten Amouren. Welch ein glückliches und robustes Jahrhundert: Das Theater war für die Gesellschaft da, nicht die Gesellschaft für das Theater! Und so spielte man auch im modischen Schnitt der eigenen Zeit, spielte sich selbstbewußt im eigenen Kostüm durch alle Jahrhunderte, also in Kniehose, Weste und Frack, in Reifrock, Mieder und Manteau. Trug die Königin eine lange Schleppe, so wollte das Publikum zwei kleine Mohren sehen, die nur damit beschäftigt waren, ihrer Primadonna die Schleppe zu tragen. Und dieses Mohrenspiel im Spiel erheiterte selbst die tragische Szene. Auch die Antike war ganz modernisiert: in Weste und Frack, in Reifrock und Mieder gekleidet. Erst 1741 fiel es Professor Gottsched aus Leipzig ein, dieselbe Antike statuarisch in wallenden Nachthemden zur Schau zu stellen. Das Singespielhaus zu Hamburg aber besaß im Jahr 1703 noch die Vitalität eines Jünglings, der sich ausleben wollte in seiner Zeit.

Lukas von Bostel, Christian Heinrich Postel, Hunold-Menantes, Bressand, Pastor Elmenhorst lieferten die Texte, Keiser, Steffani, Graupner und Dreyer setzten sie in Musik. Auch Mattheson hatte schon drei Opern geschrieben, so aus dem Handgelenk heraus und nur der Laune zuliebe. Man plagte sich ja nicht für die Ewigkeit. Heute bejubelt – morgen vergessen, das war das Spiel der Zeit.

Es galt eine Welt vorzutäuschen, eine bunte Welt, eine großartige Welt, eine tanzende Kugel – doch nur für den Augenblick. In einer Handlung nur, in dreißig schnellen, pausenlosen Verwandlungen! Dann saßen die Hamburger still auf ihren Plätzen. Sonst, ja sonst rannten sie oft während des Spiels hin und her und besuchten sich in den Logen. Auf den Galerien aber pfiff man ein Lied oder schrie und johlte.

Doch war der Abend ein Ereignis, dann schwelgte das

Publikum mit seinen Künstlern: in einer Welt im Kerzenlicht, das rötlichgold hinter tausend bauchigen Gläsern flammte, das die Szenerie mit feenhaftem Glanz oder mit gespenstischem Halbdunkel erfüllte. Auf der Vorderbühne schwellende Décolletés, üppige Reize in pastosen Tönen. Frauen auf der Bühne in Hamburg, zu einer Zeit, wo selbst die höfischen Ballette überall noch mit Männern besetzt waren! ...

»Die Satanskapelle an die Kirche Gottes gebaut!« eiferten die Pastoren von den Kanzeln. Doch alle Welt lief ins Singespielhaus. Da gab es Tragödien, bei denen Blut floß. Eine mit roter Flüssigkeit gefüllte Schweinsblase ergoß ihren Inhalt auf die Bretter, wenn Störtebeker enthauptet, wenn Julius Cäsar ermordet wurde. Englische und holländische Komödianten hatten in der Schauspielbude an der Fuhlentwiete für einen krassen Realismus gesorgt. Ein ganzer Höllen-Breughel wurde dort alljährlich abgespielt. Da konnte das feine Haus an der Alster nicht zurückstehen.

»Will ein Darsteller gefallen, dann muß er auch erschrecken!« sagte Mattheson und erschreckte als Porsenna in seiner gleichnamigen Oper allabendlich ein ganzes Parkett.

Daneben gab es Schäferspiele, die an drastischer Heiterkeit, an gewagten Liebeleien nichts zu wünschen übrigließen. Und immer wieder kam zuletzt das Ballett: mit fünfzig hübschen Mädchen, die alle ihre vornehmen Liebhaber in den Logen sitzen hatten. – Es gab Volksstücke mit Musik wie *Die Hamburger Schlachtzeit*, in der ein Ochse auf die Bühne geführt, ja manchmal auf offener Bühne geschlachtet wurde. Auch der Hanswurst fehlte nicht, der ›Pickelhering‹ mit seinen gemeinen Späßen.

Doch der Gesang! Seit den Zeiten Johann Sigismund Kussers war es Mode geworden, daß die Sänger sich etwas auf »die welsche Manier« zugute taten. Eine schlichte

Stimme gilt nichts mehr, »sie muß mit Coloraturen kunstvoll verzieret seyn«. Eine erfolgreiche Oper wurde oft so schnell aus Venedig nach Hamburg verpflanzt, daß kein poetisches Talent imstande gewesen wäre, alle ihre Arien bis zur Aufführung zu verdeutschen. So wurden diese Arien oft in einem schauderhaften Kauderwelsch heruntergeplärrt. Das Publikum aber fand Gefallen an diesen Verunglimpfungen der eigenen Muttersprache. So kam um 1700 die Sitte auf, jede Oper zur Hälfte mit deutschen Liedern und zur Hälfte mit italienischen Arien vollzustopfen. Die Sänger aber übten sich in ihrer Garderobe vor den Auftritten im Solfeggieren und brüllten vor dem Spiegel nach Matthesons Vorbild ihr »Do re mi fa so la si do« so laut, daß man sie oft bis auf die Szene hörte.

Madame Sbüllens war die weitaus beste gesangliche Kraft, die zu jener Zeit an der Hamburger Oper engagiert war. Sie hatte ihre musikalische Ausbildung am Ospedale ai Mendicanti zu Venedig abgeschlossen und brauchte keinen Mattheson, der ihr die Partitur Note für Note einpauken mußte. Sie intonierte sicher, hielt selbst genauen Takt, ließ sich aber auch vom Orchester keine falsche Note vorblasen.

Auch im Orchester hatte die welsche Mode ihren Eingang gefunden. Seit Kussers Regiment bevorzugte man dort die Streicher. Sie waren zwölf und damit in der Überzahl gegenüber zehn Bläsern, obgleich das breite Publikum in Deutschland um 1700 noch immer den Bläsern und ihren kräftigen Naturtönen den Vorzug gab. So saßen in Hamburg drei Violinen, drei Gamben, zwei Bratschen, zwei Celli und zwei Bässe gegenüber von zwei Flöten, vier Oboen, zwei Fagotten, zwei Trompeten und zwei Pauken.

Friedrich Händel hätte sich mit seiner Oboe viel lieber zu den Bläsern gesetzt. Aber er mußte für zehn Taler monatlich den Platz einnehmen, der gerade frei war. Und so setzte er sich bei den zweiten Geigern auf die unterste Bank.

Die Spielzeit begann am 27. August mit einer Reprise, nämlich Keisers *Störtebeker,* einem »Singespiel in zwanzig Actiones von Christian Postel auf dem großen Hamburgischen Schauplatz zu wiederholten Malen vorgestellet«. Mattheson sang den Störtebeker, Madame Sbüllens das Gretchen, seine Geliebte, Dreyer den Rivalen und Verräter, Grünewald den Bürgermeister von Hamburg, eine Baßrolle ...

Ein Räuber als Held der Welt, als Halbgott. Und dieser Halbgott auf der Bühne hat seine dienstbaren Geister unten im Orchester: die Musikanten. In Hamburg sind es vierundzwanzig Mann, ein für die Zeit großes Orchester.

Das Piano, die Tönung, die Schattierung obliegt den Streichern – und meist in chorischer Besetzung. Ein paar Takte Vorspiel, der Halbgott auf der Bühne öffnet den Mund, nun umzieren die Geigen seine Worte, bleiben zurück, folgen wie ein Echo. Dann begleitet das Cembalo allein ein Rezitativ. In der Arie jedoch gehen wieder alle Geigen mit, zwar nicht im ersten, doch schon im zweiten Vers. Im Zwischenspiel haben auch die Gamben zu tun, Hamburg ist eine Stadt der Gamben. Doch oft geht die Oboe ganz allein mit der menschlichen Stimme spazieren, als wäre die Zwiesprache mit dem Menschenherz ihr besonderes Vorrecht.

Das Forte, die Dramatik, der Knalleffekt obliegt den Bläsern, und auch sie finden sich meist chorisch zusammen, auf jeden Streicher ein Bläser ...

Der Sturm setzt ein. Das Schiff schwankt auf die Bühne. Die Gesellen Störtebekers singen ihr Auftrittslied. Die Trompeter ›überblasen‹ die Stimmung und erhöhen damit ungewollt die dramatische Wirkung der Szene. Nun folgen die Streicher. Dann ertönt die Liebesarie

Gretchens: ›O Räuber kühn, o Räuber groß ...‹ Jeder Hamburger Jüngling möchte jetzt ein Störtebeker sein, wenn Mattheson in seinen eigenen wallenden Haaren, nicht in der Perücke, die Arie singt:

> »An den Augen von Saphiren/
> Kann ich Süd- und Nordstern spühren/
> Die mich aus dem Sturme ziehn.«

Doch der Feind Hamburgs muß vergehen. Zuletzt siegt die Wunderseligkeit der Stadt. Die Hamburger fangen ihren Störtebeker und enthaupten ihn auf dem Marktplatz.

Keiser hatte nach dem Vorbild Kussers und seiner Oper *Cara Mustapha*, die den Sturm der Türken auf Wien Anno 1683 zum Thema hat, in der Schlußszene seines Störtebeker vier Posaunisten rechts und links der Bühne aufgestellt. Er selbst saß in der rechten Proszeniumsloge und gab, während Graupner das Cembalo bedient, vor den Augen des ganzen Theaters mit einem zwei Meter langen schweren Stock dröhnend den Takt an. Als endlich unter Pauken und Trompeten Störtebeker aus einer Schweinsblase sein Herzblut ergoß, war der Beifall ungeheuer.

Keiser hätte eigentlich die Spielzeit mit der neuen Oper *Almira* beginnen wollen – mit einer Bravourpartie für Madame Sbüllens –, aber er war mit seiner Arbeit nicht fertig geworden, und so folgte als weitere Reprise der *Porsenna* von Mattheson, sodann der allbeliebte *Hamburger Jahrmarkt* von Lukas von Bostel und – endlich als Novität – der *Orpheus* von Keiser mit dem Text von Bressand. Ein leichtgefälliges Stück mit Liedern und Balletten. Zuletzt und schon im neuen Jahr gastierte eine französische Truppe mit *Acis et Galatée, pastorale héroique en musique*. Text von Campistron, Musik von Lully. Der Erfolg der Franzosen war nicht groß, und so kam

Georg Schürmann aus Braunschweig mit seiner *Psyche* an die Reihe, einer Tanzoper mit Rezitativen von Bressand.

Und Friedrich Händel geigte und geigte seine zweite Violine und stellte sich, »als ob er nicht auf fünfe zählen könnte«. Er geigte und geigte für zehn Taler im Monat mit leerem Bauch und leerem Herzen. –

Ein Stück lief durchschnittlich drei Wochen lang, doch wurde nur viermal in der Woche gespielt, denn die Marientage und die Posttage, die Sonnabende und die Sonntage waren spielfrei. Immer hatte Herr Drüsecke, der dicke Pächter des Theaters, zu schimpfen über »das theure Geschäft«. Und wieder wurde geprobt und geprobt. Schon raffte Reinhard Keiser in seiner blitzschnellen und launischen Manier mit dem jungen Librettisten Heinrich Hinsch einen neuen Stoff zusammen: *Der verführte Claudius.* »Drei Handlungen mit einer Ouvertüre samt sechsundfünfzig teutschen und elf italiänischen Gesängen.« Und Friedrich Händel geigte und geigte.

Wagte er einmal den Kopf über die Bretterwand zu heben, so konnte er in den Logen die Hamburger Senatoren, Kaufleute und Habitués der Oper mit ihren Damen erblicken, daneben die Gesandten der großen Mächte, voran den Vertreter Englands, Sir John Wich, daneben den kaiserlichen Gesandten Grafen Eckgh, den königlich französischen Gesandten Baron Lavallier, den königlich polnischen Gesandten Grafen Brühl, den königlich dänischen Gesandten Herrn von Ahlfeldt, einen besonderen Freund Reinhard Keisers, alle insgesamt aber »Honoratioren, die bey der Republik an der Alster und den Ballettmädchen am Gänsemarkt ihre Regierungen gar wol zu vertreten wußten«.

Das Leben ging weiter. Händel saß bei den zweiten Streichern. Draußen in der Stadt feierte Reinhard Keiser große Triumphe mit seinen Winterkonzerten, die unter dem Protektorat des kaiserlichen Botschafters mit einem besonderen Orchester gespielt wurden. Mattheson machte die Programme für das Collegium musicum, dessen Veranstaltungen der englische Gesandte mit seinem Besuch zu beehren pflegte. Er war zum Sekretär und Musiklehrer der Familie des Engländers emporgerückt und wußte bald nicht mehr, wie er auf der Straße die Füße setzen sollte. Jetzt war er auch eine politische Persönlichkeit geworden, wie er meinte. Er hatte ein eigenes Reitpferd und ritt allabendlich ins Theater.

Friedrich Händel aber geigte die zweite Geige inmitten einer Bande von verbummelten Studenten und heimatlosen Vaganten.

»Wie macht sich unser Händel?« fragte Jan Greven eines Tages, als er Mattheson vor dem Theater traf.

»Wie sollt' er sich machen – Euer Händel, nicht stärker als ein Ripienist!«

›Ja, ja, ein zweiter Geiger, ein Ausfüller, ein Ripienist, und das ist genug‹, dachte Herr Greven.

Eines Tages aber erschien ein älterer Herr im Gasthof ›Valentins Kamp‹, bat Nannettchen um ein Glas Burgunder und sagte, er wolle den Monsieur Händel erwarten.

»Der ist auf der Probe im Singespielhaus!« erwiderte das Mädchen.

»Ich will ihn trotzdem erwarten!« sagte der Herr freundlich und schlürfte seinen Wein.

»Meiner Treu, das ist unser Herr Postel!« sagte Vater Greven, als er durch die Küchentüre in die gute Stube spitzte. Er trocknete sich schnell die Hände, um den hohen Gast zu begrüßen.

Christian Heinrich Postel, kaiserlich gekrönter Poet und wohlbestallter Advokat in Hamburg, war ein guter Fünfziger. Doch wirkte er unter seiner vornehmen Perücke und mit der Brille auf der Nase schon wie ein recht alter Mann. Siebenundzwanzig Texte hatte er allein für das Singespielhaus am Gänsemarkt geschrieben. Nun, wo er sich aus dieser lärmenden Welt mit einem leichten Schmunzeln zurückzog, hatte er das Epos *Iphigenia* und den Roman *Wittukind* zugleich in Arbeit. Doch für die Hamburger war und blieb er der Operndichter Postel, der allein für Reinhard Keiser einen erfolgreichen *Adonis,* einen *Tempel des Janus* und eine *Fruchtbringende Pomona* geschrieben hatte.

»Bringt Ihr etwa ein Singespiel für unseren Händel?« fragte deshalb Herr Greven, der vor Neugier platzte.

»O nein, mein Lieber«, erwiderte Postel, »das hat ein Ende! Pomona bringt keine Früchte mehr – wenigstens nicht für das Theater!«

»Noch ist nicht aller Tage Abend, Herr Postel!«

»Doch, doch, es ist Abend, und ich will bei einem Glas Burgunder meiner Thalia lachend entsagen. Der junge Brockes, ein Sohn des reichen Brockes aus der Gröningerstraße, hat mir da ein Gedicht geschickt. Und jetzt weiß ich: Der ist ein Dichter über uns alle hinaus:

> »Wie flüchtig ist doch Eure Zeyt/
> Bey ihr scheint unsre fast ein Theil der Ewigkeit/
> Was Stunden bey uns sind, sind Euch ja nur Sekunden/
> Was unsre Jahre sind, sind euere Viertelstunden.«

Friedrich Händel war eingetreten. Er war im Trab nach Hause gelaufen und stand nun mit roten Wangen unter der Türe.

»Setzt Euch zu mir, junger Mann. Herr Brockes grüßt Euch aus dem schönen Italien durch seinen Abgesandten Christian Postel!«

Im Augenblick fiel dem jungen Händel das frivole Gedicht Postels über die Orgel ein, aber dann nahm ihn das feine Wesen des kleinen Mannes rasch gefangen.

»... der Sand in meinem Stundenglas rinnt schnell, und

bald tönt es leer in dieser Brust. So habe ich Gott dem Allmächtigen noch Buße getan und dem Evangelisten Johannes meine Feder geweiht. Ihr seid ein braver junger Mann, hör' ich. Mein Freund Buxtehude hat Euch einen ›Erzengel der Musik‹ genannt, auch Herr Brockes weiß Euch zu rühmen. Und so bring' ich Euch meine *Passion*. Ihr sollt sie in Musik setzen, wenn Ihr Lust dazu habt. Wenn Ihr die Orgel in Maria-Magdalena geschlagen habt, hat Euch Jan Adam Reinken, unser Organist bei St. Kathrin, oft heimlich zugehört. Fürwahr kein Stümper, sag' ich Euch!«

Friedrich Händel schwieg. Er öffnete nicht einmal das Manuskript, das vor ihm lag: *Die Passion nach dem Apostel Johannes.* Scham und Freude, Glück und Verzagtheit kreuzten seine Gedanken, sein Herz trommelte. Als der alte Reinken nun auch noch ins Zimmer trat – er trug die Perücke gleich dem Vater Händel mit einem kleinen Käppchen bedeckt –, da las Postel schon mit wuchtigem Tönen aus seiner *Passion.* Bei dem ›Kreuzige, kreuzige!‹ war es Händel, als höre er einen Chor aus Buxtehudes *Jüngstem Gericht.* Dann schien Zachow mit einer langen Klage die biblischen Worte zu begleiten. Und zuletzt war es Georg Friedrich Händel selbst, der die Register öffnete.

Mit drei Donnerschlägen zerreißt das Bild der Welt, dann verliert sich das Furioso in einer jagenden Kadenz, verstummt ... Der Tenor hebt an mit einem Rezitativ. Es ist kein Lied, das einen opernhaften Heiland besingen möchte. Es sind Worte, dürre Worte nur, kaum von Musik getragen:

»Da nahm Pilatus Jesum und geißelte ihn! ...«

Worte des Evangelisten, nicht Liedchen einer galanten Mode.

Und dann: »Klage, o Mensch!« Ein Diskant, von zwei

Violinen begleitet; von Pausen, von Seufzern unterbrochen, die die Worte zerteilen.

Ein Chor! Das Volk begrüßt den König der Juden. Oboen setzen ein, Violinen, Gamben.

Ein neuer Chor: »Kreuzige, kreuzige ihn!«

Die Chöre sind fünfstimmig, so will es die Mode. Doch als sich die vier Kriegsknechte um den Rock des Herrn streiten, baut Händel, weil es ihm besser paßt, einen vierstimmigen Chor. Denn mit den Chören baut er seinen Tempel. Genau im Geviert setzt er die Töne wie ein Baumeister, Stein auf Stein. Die Einzelstimme aber steht wie eine Säule vor der Masse des Chores, eine Halbsäule, ein Pfeiler, die Strebung.

Die Instrumente: zwei Violinen, zwei Gamben, zwei Flöten, zwei Oboen. Das al fresco der Szene malen die Violinen und Gamben, umrahmt von der Ornamentik der Flöten, gestützt von den Verkröpfungen der Oboen. Die Orgel aber »legt überall die Fundamenter«.

»Wir haben keinen König denn den Kaiser!« Nun zeigt Händel in einem Gegeneinander von Zweifel und Furcht, von Glaube und Trotz die Kunst seiner Doppelfuge. Qualvoll laufen Hoffnung und Zweifel gegeneinander, übereinander, ineinander. Es folgt das zweite »Kreuzige!«, dem sich der Baß drohend entgegenstellt:

> »Erschüttere mit Krachen/
> Sperr auf der Flammen-Rachen/
> O Abgrund auf dies Wort/
> Bedencke doch, o Sünderorden/
> Daß Du Den wilt am Kreutz ermorden/
> Der Dich macht frey von Satans Mord.«

Und der Abschied des Heilands wird zum Weltuntergang:

»Bebet ihr Berge, zerberstet ihr Hügel/
Sonne verhülle den leuchtenden Spiegel/
Himmel und Erden vergehet ihr nicht?
Schmelzet ihr Felsen von Zagen und Zittern/
Lasset ihr Wellen die Tieffen erschüttern/
Weil itzt dem Heiland das Hertze zerbricht!«

Händel bleibt Postel nichts schuldig. Schon während der Generalprobe im Dom sitzt die Menge atemlos, wie unter den Schrecken der Apokalypse. Erst das Duett ›Bluth und Wasser aus Christi Wunden‹ löst die Herzen und die Tränen. »Und Cantus und Bassus klagen ineinander, daß selbst die gottlosen Spötter schweigen«, bis der letzte Chor in gewaltiger Kontrapunktik den Worten des Evangelisten folgt:

»Schlafe wohl nach so viel Leiden ...«

Händel selbst scheint erschöpft. Nach einem Gipfelsturm, den Sternen nahe, verlassen ihn jetzt die Kräfte.

»Ein Cantus firmus, ein Choral, dann ist auch das Finale gestaltet!« urteilte Mattheson später – und er hatte recht. Aber jetzt ist er fern, ist in Holland auf einer Tournee und ist auch im Herzen dem Händel fern.

Und dennoch, diese Passion am 11. April 1704 im Dom zu Hamburg wird zu einem Ereignis, dem selbst die Pastoren auf den Kanzeln ihren Beifall nicht versagen. »Der Evangelist spricht bei Händel!« erklärt Pastor Büsing und ist beruhigt.

Keiser aber, der gleichzeitig in der Karwoche und noch vor Händel mit einem Oratorium nach Texten von Hunold-Menantes, *Der Bluthige und Sterbende Jesus,* zu Wort kommt, »eine gantz neumodische Passion in welcher Manier, ohne Bibeltexte und Choräle, allein in neuen Reimen«, wird übertönt von der Passion des jungen Händel, die zu Ostern ein zweites, ein drittes, ein viertes Mal aufgeführt wird.

»Händel. Wer ist Friedrich Händel?«

Der königlich-großbritannische Gesandte im niedersächsischen Kreis, Johann von Wich, fragt dies Mattheson, der eben aus Holland zurückgekehrt ist. Um Keiser zu gefallen, will der Händels *Passion* mit dem Seziermesser seiner Bosheit zerstückeln.

»Händel, Sir, ist ein Ripienist am Singespielhaus!«

Aber Wich besteht darauf, diesen Ripienisten kennenzulernen.

Mattheson hält sich selbst für den ersten Kritiker der Stadt. Schon hat er entdeckt, daß ein »sehr lauter symphonischer Anfang und dann ein gar simples Rezitativ wol nicht der richtige Beginn für eine Passion sey« – worin er sich diesmal jedoch sehr im Irrtum befindet. Auch an »dem wüsten Geschrey der Chöre« und der »widersinnigen« Taktführung Händels will er sein Mütchen kühlen. Und nun sieht er sich gezwungen, im Palais der Englischen Botschaft am Alsterdamm den Ripienisten persönlich vorzustellen.

Händel war Mattheson wegen seiner Kritik nicht böse, und sogar, daß Mettheson »die Oboe in der Passion« mit Schmähungen bedeckte, vermochte ihn nicht zu verärgern. Als wohlerzogener Sohn eines hallischen Bürgerhauses hatte er seinen ersten öffentlichen Erfolg mit männlicher Bescheidenheit hingenommen und nur der Mutter einen herzlich gehaltenen Bericht erstattet.

Nun aber macht er mit seinen guten Manieren bei der großen und recht illustren Gesellschaft einen vorzüglichen Eindruck. Denn auch das obere Hamburg ist allwöchentlich am Alsterdamm versammelt, weiß doch der englische Gesandte dem kaiserlichen Botschafter in jeder Weise Konkurrenz zu machen. Hamburg betont politisch seine Selbständigkeit gegenüber dem Reich; der sinnlose Dreißigjährige Krieg hat die empfindlichen Nasen der Hanseaten sehr verschnupft. Man gibt sich – zum Ärger Wiens – sehr angelsächsisch und antikatholisch, und nur die kluge Haltung von Prinz Eugen mit seiner besonderen Vorliebe für die Stadt an der Alster verhindert eine noch stärkere Entfremdung.

Lady Mary Wich spielt vor den Augen der ganzen Gesellschaft mit Friedrich Händel vierhändig auf dem Klavizimbel, und Händel, das merken alle Damen, ist ein sehr aufmerksamer Begleiter. Herr von Wich aber verwickelt seinen neuen Gast bei Tisch in eine lange, französisch geführte Unterhaltung. Kurzum, Händel ist bald ständiger Gast im Hause der englischen Gesandtschaft, und man erteilt ihm den Auftrag, für weitere Hausmusiken Lieder und Menuette zu schreiben. Auch Menuette! Händel sagt zu.

Einen besonderen Freund findet er an dem Sekretär der Gesandtschaft, John Lediard, der Händel nicht nur ein Reitpferd und ein Segelboot zur Verfügung stellt, sondern ihn sogleich mit tausend Empfehlungen an die Oper nach London schicken will.

»Es hat gekracht, und es hat gefallen!« sagte der schlaue Sachse Reinhard Keiser und ließ seinen Ripienisten nach einer Probe zu sich auf die Bühne kommen. Dort machte er ihm das überraschende Angebot, sich doch nach so vielen Erfolgen mit der *Passion* auch einmal an eine Oper zu wagen. Ja, er wolle seine längst geplante *Almira* in Händels Obhut geben. Die neue Spielzeit hatte schon begonnen, aber Heiratsabsichten beschäftigten wieder einmal Kopf und Herz des großen Keiser.

»Mach Er die *Almira*«, sagte der Dreiunddreißigjährige zu dem Neunzehnjährigen und entließ ihn mit einem fetten Schmunzeln, als wollte er beifügen: »geht es schief, dann geht es einem Händel schief und nicht einem Keiser.«

Sogleich ging das Gerücht durchs Theater: »Händel schreibt die neue Oper!«

»Ein Sachse stellt dem andern ein Bein!« sagte der boshafte Mattheson und beeilte sich, seine eigene Oper *Cleopatra* schnell unter Dach zu bringen.

Friedrich Händel wußte, daß die Arbeit eines Opernkomponisten – noch dazu, wenn er ein Anfänger war – vor allem in recht lästigen Plackereien mit den Sängern und Sängerinnen bestand. Dennoch fühlte er sich ›den Göttern‹ schon näher, als der Befehl Keisers ihn von der letzten Bank der Streicher auf den erhöhten Sitz des Cembalisten beförderte. Jetzt war er der Dirigent des Abends, begleitete mit dem Basso continuo den Gang der Handlung, gab den Streichern, den Bläsern, dem Chor, dem Ballett die Einsätze und die Takte, betreute das Forte und das Piano und vermittelte zwischen der Szene und dem Orchester alle jene Unstimmigkeiten, die »von den Göttern da oben« aus Laune und Eigensinn oft und gerne verschuldet wurden.

Keiser hatte die neue Spielzeit erfolgreich mit seiner Oper *Der gestürzte und wiedererhöhte Nebukadnezar* eröffnet. Nun dirigierte Händel in Abwesenheit Keisers dessen *Pomona* und hatte die Freude, Postel in der Loge zu begrüßen. Es folgte der *Alcibiades* von Agostino Steffani.

Mattheson war auf den Proben recht herablassend und tat, als sei er hoch gespannt auf die *Almira*. Aber der Textdichter Friedrich Christian Feustking, ein aus Wittenberg entlaufener Kandidat der Theologie, war mit seinen Reimereien noch längst nicht fertig. Der lange, nachlässig vornübergebeugte Mensch, vier Jahre älter als Händel, gab nebenbei Stunden, denn er hatte seine liebe Not, tagsüber den Hunger zu stillen; nachts aber huldigte er in seiner Rumpelkammer am Gänsemarkt der »Venus vulgaris«, wie Mattheson sagte.

Die Idee der *Almira* stammte von Lope de Vega. Es gab auch schon eine neapolitanische Oper gleichen Namens, aber Feustking rühmte sich, »mit seiner Arbeit die Tollheit auf die Spitze zu treiben und drey echte Liebespaare, dazu einen verliebten Alten und einen Narren durcheinander zu wirbeln.«

Rauschende Pracht im Schlosse zu Valladolid! Almira wird gekrönt, liebt heimlich Fernando, den unehelichen Sohn des Reichsverwesers Consalvo. Der ist ein komischer Baß. Aber ein teuflisches Testament bestimmt der Königin Osman zum Gemahl, Consalvos rechtmäßigen Sohn, Generalfeldmarschall des Reichs. Osman aber liebt die Schwester Almiras, Edilia. Als dritter Freier Almiras erscheint nun Raymondo, König von Mauretanien, doch vergafft er sich schon am ersten Abend in Bellante, die Hofdame. Irrungen, Wirrungen! Und der Narr Tabarco, Fernandos Diener, hat seine Späße, denn auch der alte Trottel Consalvo begehrt die schöne Bellante.

Da lag das Titelblatt des Textbuches, das Conrad Greflinger schon im Sommer gedruckt hatte.

Nun schrieb man schon den Oktober. Herr Drüsecke, Herr Keiser drängten. Schließlich drängte auch Friedrich Händel. Er kannte ja die Handlung in großen Zügen: Liebe und Eifersucht in den königlichen Gärten von Valladolid, der Empfang eines fremden Königs, Bälle und Duelle, Versteckspielen in Kemenaten, zuletzt ein Maskenfest, in dessen Verlauf sich alles zum besten wendet. Köstliche Irrungen, schmerzliche Wirrungen, das ist das Generalthema der Musik. Und schon lachen die Geigen, und die Oboen klagen. Zwei Anläufe braucht Händel, zwei volle Akte. Doch dann im dritten Akt kommt er mit etwas ganz Geglücktem: Festlicher Aufzug, Tanz, Tanz, Tanz, Hauptverwicklung, Arie auf Arie, Höhepunkte, große Arie hin, große Arie her, dann Duette, Duette, Duette ... Ah! Die Paare finden sich! Und das Finale folgt: Im Maskentreiben kommt der siegreiche Liebhaber »in einem verguldeten Wagen angefahren«, vor ihm her ein Chor von Oboen. Keiser hatte Händel versprochen, für die Premiere noch sechs Oboen zu engagieren. Das Stück darf fünftausend Taler kosten.

Händel ist an der Arbeit. Die Ouvertüre malt wie in einem weitgespannten Plafond al fresco die köstliche Fabel. An Tiepolo erinnern diese drei Teile, wenn Europa, Asien und Afrika, die drei verkleideten Liebhaber, mit ihrem bunten Gefolge daherkommen: im Tanzschritt von Menuett, Rondo und Sarabande. Zymbeln, Trommeln und Querpfeifen ertönen. Es funkelt die Szene.

Manchmal rutscht Händel aus auf dem glatten Parkett von Reinhard Keisers galanter Tugend. Lieder im Cithrinchenton erklingen; es ist, als trällere Nannettchen dazwischen. Doch dann brechen die Melodien aus ihm hervor. Madame Sbüllens singt mit schmetterndem Diskant nach dem rauschenden Viva-Almira-Chor ihre erste deutsche Arie ...

»O laute Freude, o stille Heimlichkeit!« Madame weiß die Situation zu nützen, sie ist jetzt mit ihrem jungen Genie oft allein und genießt seine köstliche Verwirrung, wenn sie ihm etwas zu nahe kommt.

Doch nun soll Almira den Osman und nicht den Fernando zum Gemahl nehmen ...
»Chi più mi piace io voglio stretto legarmi al sen!«

Mit Hilfe von Madame Sbüllens schreibt Händel seine erste italienische da-capo-Arie, mit einer virtuos geführten Oboe-Begleitung.

»Da ist Ihnen etwas aus dem Welschland zugeflogen, mein Freund«, sagt die Sbüllens zu Händel. »Das könnte auch ein Scarlatti geschrieben haben!«

Feustking bringt Text auf Text, vierundzwanzig Stunden dauert Händels Tagewerk. Madame Sbüllens hat ein

Der
In Crohnen erlangte
Glücks=Wechsel/
Oder:

ALMIRA,

Königin von Castilien/
In einem Sing=Spiel
Auff dem grossen Hamburgischen
Schau=Platz
Vorgestellet
Im Jahr 1704.

Gedruckt im selben Jahr.

Titelblatt des Textbuches der ersten Oper Händels (»Almira«) im Jahre 1704

Klavizimbel besorgt, damit man nicht immer hinüber ins Singespielhaus laufen muß, um die Passagen zu proben. Nun besorgt sie noch einen Notenschreiber, einen kleinen, schmutzigen Kerl, der auch für Keiser die Partituren schreibt.

Keiser drängt. Endlich, am 20. November – schwerer Nebel liegt auf den Gassen – ist Feustking fertig. Und nun erscheint auch Herr Mattheson bei Händel. Er soll den unehelichen Sohn Fernando spielen, den heimlichen, den glücklichen Liebhaber.

»Was macht Ihr denn so lang' herum mit Euren Noten? Diable, Ihr seid ja der Kontrapunktist aus Hall geblieben!« sagt er und setzt sich neben das Klavizimbel. Nun muß Händel die Melodien vorspielen, und Mattheson notiert sie auf seine Weise.

So komponiert man heutzutage eine Oper: Man setzt sich ans Cembalo, fängt an zu klimpern, horcht in das Geklimper hinein, ob es auch gefällig klingt ... und ist glücklich, wenn dabei – ein Gassenhauer herauskommt!

Com-ponere, das heißt ›zusammen-setzen‹, Note gegen Note setzen, Note über Note bauen, handwerklich von Grund auf arbeiten. Aber jetzt kommt dieser Mattheson, korrigiert in der Partitur herum und setzt den Fernando ganz nach seiner Idee zurecht. Ein Glück, daß seine eigene Premiere *Cleopatra* vor der Türe steht! Und Händel ist wieder sein eigener Komponist.

Doch dann kam es am Abend des 5. Dezember zu einer Auseinandersetzung, die fast ein blutiges Ende gefunden hätte. Händel dirigierte die *Cleopatra*. Mattheson spielte seinen Antonius, »der sich auf der Szene selbst entleibet«. Nun pflegte er, wenn ihm der Beifall gefiel, nach seinem Selbstmord im Orchester zu erscheinen und seine Oper selbst zu Ende zu dirigieren. An diesem Abend nun wollte er Händel ohne viele Umstände vom Klavizimbel drängen. Der widersetzte sich. Es kam zu Schimpfworten, zu Tätlichkeiten. Mattheson stieß Händel beiseite, dieser versetzte seinem Gegner »eine truckene Ohrfeige«. Die Oper fand trotzdem ihr Ende. Doch dann gaben sich die beiden Gegner am Bühnenausgang ein scharfes Rendezvous. Wie jeder Kavalier und Student hatte auch Händel noch immer seinen Flederwisch an der Seite. Mattheson setzte einen Stoß an, Händels Westenknopf fing ihn auf. Jetzt aber drängte Händel, »groß und kräfftig von Leibe und manns genug, sich zu wehren, seinen Gegner vor sich her und zerbrach ihm die Klinge mit ein paar kunstfertigen Schlägen«.

»Gut Nacht, Kamerad Bruderherz!« sagte er nach Kommilitonenart und wandte Mattheson den Rücken. Da fiel ihm einer stürmisch um den Hals, es war Brokkes, Barthold Heinrich Brockes, der gerade an diesem Advent aus dem Welschland nach Hamburg zurückgekehrt war.

»Itzt hat der Herr Tenor sich auf der Szene geirrt!« sagte Brockes lachend und klopfte seinem Händel auf die breite Schulter. Gebräunt im Gesicht wie ein Römer, doch froh, wieder in der Wunderseligkeit seiner Stadt zu sein, führte Brockes den Freund in eine stille Kneipe, und sie vergaßen beim Gaudeamus die kleine Rempelei mit Mattheson. Doch anderen Tages waren die Proben zu *Almira* abgesagt, und die Aufführung war auf unbestimmte Zeit verschoben. Jetzt hatte der Teufel wirklich die Hand im Spiel. Auch Feustking war seines Textbuches wegen mit Barthold Feind und Hunold-Menantes in einen öffentlichen Streit geraten. Es setzte Pamphlete auf beiden Seiten. Und die Fischer-Lisette, zweite Sopranistin am Hamburger Singespielhaus und Darstellerin der Edilia, hatte Barthold Feind geohrfeigt, weil er über sie und Feustking Unwahres verbreitet hatte.

Theater, Theater! Postel tröstete den verzweifelten

Händel: »Ihr wollt den Weg des Irdischen gehen, so faßt Euch in Geduld!«

Brockes bringt Mattheson auf die Bühne zurück und versöhnt die beiden Gegner. Conrad Greflinger hat im Vorverkauf schon drei Auflagen des Textbuches abgesetzt. Hamburg fiebert nach der *Almira*. Die Proben gehen fort. Das Orchester folgt Händel Takt für Takt. Ist er doch einer der Ihrigen, der noch vor kurzem an der zweiten Geige gesessen hat. Auf der Bühne jedoch gibt es manche Stockung. Die Gesangspartien sind alle zu hoch angesetzt. Schuld daran ist Madame Sbüllens, sie hat Händel mit ihrer venezianischen Manier zu den höchsten Tönen getrieben. Aber auch Mattheson wollte sich mit der Kopfstimme Beifall erzwingen. Nun müssen die Stimmen zum Vorteil des Ganzen in ihre natürlichen Lagen transponiert werden. Das kostet Zeit. Und Drüsecke schimpft, und Keiser schimpft.

Einmal in der Pause wird Händel in eine Loge gerufen. Dort erwartet ihn ein Prinz von Toscana, Giovanni Gaston de Medici, Nachkomme des großen Lorenzo des Prächtigen und Neffe des derzeit regierenden Fürsten Cosimo III. von Florenz. Der Prinz, offenbar ein intimer Freund von Madame Sbüllens, macht Händel Komplimente über sein großes Genie, das in der Sonne des Südens noch voll erblühen möge. Und so, von einem italienischen Fürsten und einem deutschen Dichter begleitet, zwischen einem Medici und einem Brokkes, schreitet Georg Friedrich Händel in seine erste Premiere.

Vierundvierzig deutsche Gesänge, fünfzehn italienische Arien, drei Duette, fünf Ballette, darunter ein *Tanz der Mohren*, zuletzt ein Aufmarsch von zehn Oboen, drei glücklichen Paaren, einem verschmähten

Narren – es ist ein Erfolg, wie er dem Haus am Gänsemarkt seit Jahren nicht mehr beschert war.

Und was tut Händel? Feiert er seinen ersten öffentlichen Triumph in den vornehmen Häusern der Hanseaten oder bei der gutbürgerlichen Familie Brockes in der Gröningerstraße oder in der englischen Botschaft am Alsterdamm oder gar in der mondänen Gesellschaft eines Fürsten von Medici? Ein Herr von Binitz, in Begleitung des Prinzen, will Händel zu einer Freifahrt nach Venedig einladen, der junge Lediard wiederum will ihn nach London entführen.

Was tut Händel? Macht er Nannettchen zu seiner Geliebten – worauf das Mädchen gewiß schon lange gewartet hat?

Viermal in der Woche, vom 8. Januar bis zum 25. Februar, läuft die *Almira* vor ausverkauftem Haus. Der junge Komponist hat schon ein Benefiz als Honorar in der Tasche, aber er lacht seinem Glück nicht zu. Er lächelt nicht einmal ein Mädchen an, sondern läßt sich von Keiser, Mattheson und Feustking in ein neues musikalisches Abenteuer verlocken.

Sie reden ihm die Ohren voll von noch größeren Erfolgen. Sie beschatten die liebliche Fabelgestalt seiner *Almira* mit einer Schreckensgestalt der Weltgeschichte: mit Nero, dem Zerstörer Roms. Er war der tollste aller Kaiser, der jemals auf dieser Erde wandelte, er ist die begehrteste Rolle aller Opernbühnen dieses Jahrhunderts! Wer schreibt uns endlich einen Nero? Und Händel, jung, wagemutig und begierig, den tollsten aller Kaiser zu zwingen, weiß nicht, daß ein glückhafter Erfolg so schnell nicht wiederkommt, denn auch das Glück braucht Zeit.

Doch Feustking hatte schon ein Manuskript bei der Hand: *Nero* oder: ›Die durch Bluth und Mord erlangte Liebe.‹

Und Händel, ein junger Gewaltmensch in einer freien Stadt, seinen frommen Kantaten und der sanften Muttermilch längst entwöhnt, watet in Blut und Mord, schreibt, daß ihm die Tinte spritzt und die Kielfedern des Cembalos wild an den Saiten reißen. Mattheson aber sitzt neben ihm, hetzt an dieser entfesselten Jugend und will einen Nero haben voller Schauder und Laster. Und die Schande triumphiert, das Laster setzt sich zu Tisch. Nero tötet die eigene Mutter, verjagt die Gattin und wird mit einem Buhlweib glücklich. Die Handlung trieft von reißerischen Effekten, Mattheson ist ganz in Fahrt, und Feustking, der Poet, ist wahrhaft skrupellos.

Und Händel watet in Blut und Mord, verschmäht sein bestes Teil, seine sichere, wägende Kraft, steht verblendet in den lodernden Feuern der brennenden Stadt und begeht alle Scheußlichkeiten, die Keiser und Mattheson dem Feustking schmunzelnd erlaubt haben.

In vierzen Tagen ist das Stück fertig. Mattheson will sich als Nero verabschieden, und sein Publikum soll ihn so schnell nicht vergessen. Die Erfolgsserie der *Almira* wird unterbrochen. Am 25. Februar des Jahres 1705 findet die neue Premiere statt. Als hundertzehnte Oper des Hamburger Singespielhauses geht der *Nero* in Szene. Das Theater ist ausverkauft. Aber ›Die durch Bluth und Mord erlangte Liebe‹ wird zu einem Höllensturz der Verdammten. Doch nicht von Rubens gemalt!

Am 27. Februar, zwei Tage später, fällt der Vorhang zum letzten Mal vor diesem Nero. Das Theater wird geschlossen ...

Hatte Reinhard Kaiser sich auf solche Weise seines jungen Rivalen entledigt? Nun schob er Händel auch noch die Schuld einer finanziellen Schädigung des Theaters zu. Er, der in Pracht und Verschwendung ein liederliches Leben führte, gewohnt, alle Einnahmen stehenden Fußes zu verprassen und immer mit seinen Gläubigern im Kampfe zu liegen. Aber jetzt, so läßt er in der Fastenwoche dieses Jahres 1705 der Öffentlichkeit erklären, wird er, Reinhard Keiser, das Singespielhaus noch einmal vor dem Untergang retten, mit seinem *Nero* und seiner *Almira*.

Nichts ist so infam ausgedacht, daß es nicht auf den Brettern, »die die Welt bedeuten«, in Erscheinung zu treten vermöchte. In der Tat machte Barthold Feind, der neue Poet des Singespielhauses, für die kommende Spielzeit und für Reinhard Keiser einen *Nero* zurecht, den er nach kräftigen Anleihen aus Feustkings besten Szenen unter dem Titel *Die Römische Unruhe oder Die Edelmütige Octavia* auf den hamburgischen Schauplatz brachte. Ein *Nero,* mit Keiserschen Liedchen galant frisiert, konnte dem Händelschen Gewaltmenschen kein Paroli bieten. Doch eine Claque verhalf zu einem dünnen Erfolg. Es war die hundertelfte Oper des Gänsemarkts.

Und nun kam die größte Schamlosigkeit, die sich Keiser in seinem Leben geleistet hat. Barthold Feind, charakterlos und ehrgeizig, erneuerte im Auftrag der Direktion nun auch die *Almira*. Wieder wurde Feustking in allen guten Einfällen bestohlen, und auch Keiser wußte besser als ein zweiter, was an Händels Musik überraschend war. Doch der Titel war nagelneu. Und nach dem Schmierenbrauch ›Titel neu, Thema neu‹, stellte sich den Hamburgern nun, einstweilen in Buchform, *Der Durchlauchtige Secretarius* vor, »in Music gesetzet von Reinhard Keisern, Hochfürstlich Mecklenburgischen Capell-Meistern.« Herr Keiser höchstpersönlich auf dem Titelblatt! Zum erstenmal in der Geschichte der europäischen Oper erscheint der Name des Komponisten im Druck – und Händel hat nicht wenig Verdienst daran.

Der aber hörte sich all diese Geschichten wie ein Unbeteiligter an, der fern vom Theater auf seiner Bude saß. Und während man am Gänsemarkt voreilig dabei war, seinen Namen in den Kehrichteimer der Vergessenheit zu werfen, saß er auf seinem Zimmer und gab den zahlreichen Schülern, die ihm nach der *Almira* zugelaufen waren, Unterricht auf dem Klavizimbel und auf der Oboe.

Des öfteren zählte er sein Geld. An die zweihundert Taler Selbsterspartes lagen schon in der Börse, und auch die Mutter hatte im letzten Jahr noch vierzig Taler für einen neuen Rock und eine neue Perücke geschickt.

»Ihr geht nach Italien«, meinte der alte Postel. Und auch Brockes, obgleich ihm dort unten nichts Sonderliches begegnet war, redete Händel zu, den Hamburger Gänsemarkt mit Europas ältester Opernbühne in Venedig zu vertauschen.

Postel aber erzählte Händel »von dem Land der südlichen Sonne« und »dem Land der antikischen Klarheit« und »von der apollinischen Ergänzung, deren der teutsche Genius bedarf«. Er selbst, »ein römischer Schäfer« und korrespondierendes Mitglied der Schäfer-Akademie ›Arcadia‹ in Rom, schrieb Händel Empfehlungen an den Erzpriester und Poeten Crescimbeni, den kaiserlich gekrönten Dichter Silvio Stampiglia, den Kardinal Paolucci.

»Madrigale, mein Freund, Madrigale müßt Ihr studieren!« sagte Postel immer wieder.

Händel zählte seine Barschaft. Er wollte nicht mit dem reichen Herrn von Binitz, sondern »gantz ohne Vormund« reisen.

Indessen praßte Reinhard Keiser. Die eigene Mutter hatte ihrem Sohn ein reiches, aber liederliches Weibsstück zugeführt. Nun ging es an ein Feiern, daß die Bretter, »die die Welt bedeuten«, anfingen zu schwanken und zu bersten. Auch der Bassist Grünewald lebte mit »in floribus«, und selbst Herr Drüsecke trieb es nicht viel anders. »Das flüchtige Glück irrte gewaltig umher«, schrieb Mattheson, als er wieder in Hamburg weilte. Die neue *Almira* aber vermochte ihre Vorgängerin nicht vergessen zu machen.

Plötzlich hatten Keiser und Drüsecke bei Nacht und Nebel Reißaus genommen. Die vornehmen Hanseaten lachten über diesen Abgang ihrer Komödianten. Die Schottschen Erben aber vermieteten das Singespielhaus für die neue Spielzeit an Johann Heinrich Sauerbrey, seines Zeichens Unternehmer von allerlei Kommissionen, der nun erklärte, in Hamburg die große Zeit Schotts wiedererwecken zu wollen.

Christian Postel war gestorben, ohne daß die Oper am Gänsemarkt von ihrem großen Poeten Abschied genommen hätte. Sauerbrey eröffnete die Spielzeit mit dem *Carneval von Venedig*, einer Narrenposse mit Musik. Dann erhielten Lukas von Bostel, Barthold Feind und Heinrich Hinsch Aufträge. Hinsch schrieb »eine gantz antikische Opera: *Florindo und Daphne*« und wünschte sich Friedrich Händel als Komponisten. Sauerbrey willigte ein. Händel, der schon die Koffer packte – auch Nannette war ihm davongelaufen und hatte ihren Seemann gefunden –, setzte sich noch einmal auf den Hosenboden, ließ sich aber nicht mehr drängen und stören.

Er lieferte mit dem *Florindo* eine gute Arbeit, die ihm keine Schande machte. Denn Handwerk und Kunst sind nicht zweierlei, wie manche noch immer glauben, sondern ganz nahe beieinander. Und wer bei der Kunst enden will, muß beim Handwerk beginnen.

Händel, im Geist schon jenseits der Alpen, verträumte die Stunden mit seinen Gestalten: glücklicher Florindo, unglückliche Daphne! ... Es jubelten die Liebesgesänge, und die Oboen klagten.

Heitere Nachmittage verbrachte er mit seinem Freund Brockes draußen vor den Toren, mit John Lediard im Segelboot auf der Elbe. Auch er würde Hamburg bald verlassen, um an die Botschaft nach Madrid zu gehen. –

Dann, am 10. November 1706, reiste Georg Friedrich Händel nach Lübeck, um einen letzten Wunsch Postels zu erfüllen und dem greisen Buxtehude seine *Johannispassion* zu überbringen.

Mattheson? Mattheson wußte nichts mehr von Händel, und Händel wußte nichts mehr von Mattheson. Doch Händel war längst kein Ripienist an der Oper und Mattheson längst kein Teufel mehr.

Nebel kamen. Am Gänsemarkt lärmte noch immer der *Carneval von Venedig,* und Madame Sbüllens trillerte die Colombine. Eine Kutsche verließ die Stadt durch das Steintor. Wer möchte bei solch tristem Wetter und für zwanzig Taler mit einem jungen Mann über Magdeburg nach Halle auf die Reise gehn?

Friedrich Händel reiste allein.

Drittes Kapitel

Il Caro Sassone

Mutter Dorothea fand zuerst ihr bedächtiges Kopfnicken wieder, als Georg Friedrich schon am dritten Tag nach seiner Rückkehr die Absicht äußerte, gleich nach den Weihnachtstagen ins Welschland zu fahren.

Tante Anna entsetzte sich über die gefährlichen Alpenpässe, besonders zur Winterzeit, auch über die graue Pest und das todbringende Fieber, die in der Campagna allsommerlich herrschten. Tanten wissen und fürchten eben alles.

Die beiden Schwestern Dorothea Sophia und Johanna Christiana aber schauten ihren Bruder wie einen Halbgott an, der aus olympischer Höhe für ein paar Tage zu ihnen in den Großen Schlamm herabgestiegen war.

Onkel Taust kam aus Oppin herüber und wollte den Plänen seines Neffen ebenfalls widerraten. Eine Hofkapelle irgendwo in Mitteldeutschland – er dachte wieder an Weißenfels – sei jetzt für ihn die große Chance, in Amt und Würden zu kommen; ein aufgeklärter Fürst sei noch immer der beste Mäzen.

In letzterem mochte er wohl recht haben. Doch als er nun wirklich den Hof zu Weißenfels nannte, lachte der Neffe und sagte: »Gebt Euch keine Mühe, Herr Onkel, mein Weg geht weiter als bis vor die Tore von Hall, und mein Mäzen ist ein Medici!« Das stimmte zwar nicht, denn Friedrich Händel hatte es ja abgeschlagen, in Begleitung des Prinzen von Toscana und des Herrn von Binitz nach Italien zu reisen. Aber immerhin hatte er sich Florenz zum nächsten Ziel gewählt.

»Die da unten werden an einem Lutheraner nicht viel Freude haben!« erlaubte sich der Onkel zu bemerken.

»Habt keine Sorge um meine arme Seele, Herr Pastor, ich beichte in Tönen!« antwortete der Neffe.

»Er hat eine dürre und trockene Rede, die hat er von seinem Vater!« meinte in der Küche die Mutter zu Tante Anna. Aber sie fühlte wohl, wie fein und schmiegsam ihr Friedrich im Innersten geblieben war. Das Leben hatte ihn nur äußerlich ein bißchen gehämmert und gestoßen; das merkte man, auch ohne daß der Junge zuviel erzählte. Und die Mutter tat ihm alles zuliebe. Es gab eine fröhliche Weihnacht.

Nachmittags spielte Friedrich seinen Schwestern die schönsten Stücke aus der *Almira* vor und sang als rauher Bariton mit Dorothea Sophia sogar ein Duett. Abends kam Zachow, hatte vor Rührung wässerige Augen, trank und trank, weil es Weihnacht und die Welt so voller Kummer war, wie er sagte. Und Friedrich spielte aus seiner neuen Oper *Florindo und Daphne*.

Anderen Tages trafen sie sich mit Gottfried Kirchhoff, Zachows Schüler und Helfer, auf der Orgel von St. Marien. Und Friedrich spielte aus seiner *Johannispassion*.

»Der möchte ein Operiste sein?!« rief Zachow voller Begeisterung. »Der ist und bleibt ein evangelisches Subjekt wie wir alle!«

Im ›Gasthof zum Ring‹ tagte das Collegium musicum, das jetzt der Vetter Christian August Roth in Obhut hatte. Alle Kommilitonen waren stolz, ihren Händel wieder bei sich zu sehen und Grüße von Brockes zu erhalten. Dann klagten sie über »den pietistischen Seelenfrieden«, welchen August Hermann Francke über Universität und Gymnasium von Halle gebreitet hatte. Die Komödienklasse war geschlossen, die musikalisch-humanistische

Tradition völlig abgerissen, das freie Burschenleben gänzlich ausgelöscht.

Auch Rektor Praetorius war gestorben, und sein Nachfolger Johann Jänichen vermochte nichts gegen die Preußen. Der ganze pietistische Adel, das ganze Beamtentum stand auf seiten August Hermann Franckes. Der hatte seine Tochter Sophia Anastasia mit seinem Freund, Herrn von Freylinghausen, verlobt, und dieser schrieb »die neuen Melodien vom Singesaal zu Glaucha«, süßliches und widerliches Gewäsch. Die Burschen machten sich einen Jux, Händel ein paar der »hüpfenden, frommen Schmachtlappen« zum besten zu geben:

> »Mach auf die Thür, das Thor mach weit/
> Die Liebe kommt zu Dir/ . . .«

oder: »Ihr Kinder des Höchsten, wie steht's um die Liebe?«

Die Universität von Wittenberg hatte mehrere scharfe Glaubensurteile gegen das Treiben der Hallenser Pietisten erlassen, doch Francke war Persona grata am Hofe zu Berlin.

Die Hyntzsche Oboistenkompanie durfte noch blasen. Händel traf bei den Hyntzschen auch Gottfried Riemschneider, der sich in Kürze als Bassist zu Telemann nach Leipzig begeben wollte. Johanna Elisabeth Riemschneider aber hatte ihren Christian Brandes geheiratet. Es war alles in Ordnung.

Ein langes Schreiben von Christoph Schmidt aus Ansbach traf zum Jahreswechsel im Collegium ein. Für Händel stand die Neuigkeit darin, daß sich »die kleine Caroline von Ansbach«, jetzt eine ansehnliche Prinzessin von Hohenzollern, demnächst mit dem Kurprinzen Georg von Hannover am Markgräflich-fränkischen Hofe zu Triesdorf verloben werde – nachdem sie erst jüngst, um evangelisch zu bleiben, die Hand des kommenden deutschen Kaisers Karl von Habsburg ausgeschlagen hatte.

Aber Händel hörte kaum noch auf die alte Geschichte »von den beiden tanzenden Kindern am Hofe zu Kölln«, die Tante Anna nun wiederum zum besten gab. Er schrieb die letzten Arien seiner Oper *Florindo und Daphne*, um das Manuskript mit einem reitenden Boten nach Hamburg zu senden. Morgen oder übermorgen wollte er selbst sein Bündel schnüren und mit seinen zweihundert Talern, Kronen, Gulden und Batzen auf die Reise nach dem Welschland gehen.

Das war eine neue Zeit voller Mut und Übermut, gezeugt im Getümmel der Kräfte von dem ungleichen Elternpaar Leidenschaft und Verstand, eine Epoche wirksamer Gegensätze, die dem Alter das Vorrecht der Macht, der Jugend das Genie zubilligte, die dem Christentum die Leiblichkeit der Antike, der Antike die Seele des Christentums verlieh.

Die katholische Liga, voran die Löwenkraft des bayerischen Herzogs Maximilian und seines Feldherrn Tilly, hatte im Geiste eines neuen universalen Europas ein Bollwerk aus Feuer und Eisen gebaut, um den schwedischen Schrecken an den Pässen der Alpen aufzuhalten, »das Land des Ölbaums und der Myrte« und die Ewige Stadt vor den Wirren eines Konfessionskrieges zu bewahren. Nun hatte der Spanische Erbfolgekrieg, diese Nachgeburt des Dreißigjährigen Krieges, auch Italien beunruhigt. Aber Prinz Eugen hatte die Franzosen schnell nach Hause geschickt. Jetzt saß der Prinz in seinem Winterquartier zu Venedig und war bereit, Papst Clemens XI. für sein Bündnis mit Frankreich Generalpardon zu gewähren und einen europäischen Frieden ins Werk zu setzen.

Die üppigschöne, temperamentvolle Tochter Gustav

Adolfs, Königin Christine von Schweden, hatte die blutige Krone ihres Vaters von sich getan und war in Rom im Jahre 1655 katholisch geworden. Dann hatte sie einen Kreis von Gelehrten und Künstlern um sich geschart, diesem verstörten Europa seinen Geist und seine Anmut wiederzugeben: die ›Gesellschaft der arkadischen Schäfer zu Rom‹. Auch der Poet und Advokat Christian Postel war solch ein Schäfer gewesen, und auch der Prinz von Toscana gehörte dieser europäischen Gesellschaft an ...

Friedrich Händel hatte die Schneefirne der Alpen schon hinter sich. Nun streckte er sich erwartungsvoll der Sonne entgegen.

In Trient stieg ein vornehmes Paar in den Wagen, das sich, wie man aus der Unterhaltung erraten konnte, »auf den Carneval des Prinzen Eugen« nach Venedig begab. Die Dame, nach der Mode blond gepudert, doch schon eine recht südliche Schönheit, musterte neugierig den jungen Herrn, der ihr gegenüber saß. Man kam bald ins Gespräch. Der Begleiter fragte Händel in französischer Sprache nach seinem Reiseziel.

»Bologna!« antwortete Händel.

»Oh, musico?« fuhr die Dame auf italienisch dazwischen.

»Musico!« nickte Händel.

»Sänger, cantore?«

»Kein Sänger!«

»Beato lei, beato lei!« lachte die Dame befriedigt. Doch Händel war sich der schönen Frau gegenüber nicht im klaren, warum er sich glücklich preisen sollte, in Bologna kein Sänger zu sein.

Bononien oder Bologna, die hauptstadt in gantz Romagna, ist eine der fürnehmsten, größten und reichsten städten in Italia, an dem fluß Sapina, hat ansehnlich häuser, palatien und weite gassen, auch wird hier ein gewaltiger handel getrieben mit seidenen waaren und seiden-würmern. Es sollen sich über 70 000 personen hier aufhalten, darunter viel von adel, marggrafen und hertzoge. Insonderheit ist auch zu sehen die große prächtige haupt-kirchen zu S. Petronio, worinnen Kayser Carolus V. die Crone vom Papst Clemente VII. empfangen. Unter andern raren sachen kan auch die statua der Päpstin Joannae auf einem großen viereckigen platz vor dieser kirchen betrachtet werden. Die stadt gehört dem Papst, welcher von ihr jährlich 300 000 Cronen Einkommens hat.

Also las Friedrich Händel am Abend dieses 5. Januar 1707 in seiner Herberge am Großen Platz von S. Petronio in Bologna. Vor ihm, neben Krug und Teller, lagen *Die Memorabilia Europae eines curieusen Reysenden* des Rektors Eberhard Roth, die Barthold Heinrich Brockes seinem Freunde Händel in Hamburg mit auf die Fahrt gegeben hatte.

Unser »curieuser Reysender« fühlt sich recht passabel bei einer schmackhaften Mahlzeit aus Risotto und Fleisch, trank seine Flasche Roten bis auf die Neige und fiel müde in einen traumlosen Schlaf.

»Signor – la messa!«

Die große Messe am heiligen Dreikönigstag! Händel sprang beidbeinig aus dem Bett, wusch sich und schlüpfte in sein Gewand, während das Geläute der Glocken die Gläubigen schon in den Dom rief. Mit offenen Augen und noch offeneren Ohren wohnte er nun seinem ersten katholischen Gottesdienst bei, bekam auch eine Wolke von Weihrauch in die Nase und hörte zum erstenmal – Kastraten singen.

Die Capella sang an diesem Tage vierstimmig und in achtfacher Besetzung geistliche Chöre. Händel erkannte an den Stimmen der acht »außerordentlich starcken Soprane« sogleich »die anderen Töne«. Er hörte mehrere Stimmen, die einen Umfang vom A bis zum dreigestrichenen C erkennen ließen, ja ein Diskant allein erkletterte sogar eine Quint über zwei Oktaven von F bis zum dreigestrichenen D. Die Stimmen verrieten eine außerordentliche Schulung und glitten mühelos über die Register. Die Kehlfertigkeit war bewunderungswürdig. Auch die hohen Koloraturen erklangen alle »wie aus der Brust gehoben«. Kein gequetschtes Falsett, Kunstmittel einer vergangenen Zeit, näselte hinein. Dennoch wirkten die Töne etwas befremdlich in Händels Ohren. Das Timbre schien zwischen der Stimme eines Knaben und der eines Frauenzimmers zu liegen, oft schien es auch, als hätte der Atem eines Riesen schmetternde Klänge durch die Kehle eines Knaben getrieben. So hell und stark erklangen die Stimmen, doch zugleich unräumlich und geisterhaft, eindringlich zwar, doch auch hart und trocken.

Zuletzt schien es Händel, als wäre »die Un-Natur selbst zur Virtuosität gebracht«, und voreilig mischte er die abfällige Meinung Brockes in sein eigenes Urteil.

Als der Dom sich geleert hatte, stieg er nach internationalem Organistenbrauch auf die Empore zu S. Petronio und bespielte die Orgel.

Klein an Ausdehnung, nicht üppig an Klangfülle, einmanualig nur und ohne selbständiges Pedal, ergab sich das Orgelchen auf der Riesenempore dem jungen Deutschen. Friedrich Händel geriet sofort in eine leichte und flotte Spielart. Die Finger tanzten ihm auf den Tasten, die Register, in Quinten und Oktaven bestehend, ertönten in klingenden, weiten Chören.

Eine italienische Orgel war keine deutsche Compenius-, Förner- oder Silbermannorgel, die eine große Anzahl von Charakterstimmen in polyphoner Gewalt zusammenfügten und auch für den nötigen Wind Sorge trugen, um die wuchtigen Pedale und die tausendfünfhundert Zungen zum Sprechen zu bringen. Die italienische Orgel war, bei aller Disposition für ein weites, polyphones Spiel, doch vor allem einer hellen Klarheit der Obertöne zugewandt. Sie betonte besonders die singenden Regale – Vox humana, Vigesima und Fiffaro – im Gegensatz zu dem alten, deutschen ›Werkprinzip‹ einer universalen Anordnung *aller* Stimmen, von den Engelszungen bis zu den naturhaft unpersönlichen und hart kontrastierenden Bläserklängen.

Doch die Kirche füllte sich wieder mit Menschen, und Händel zeigte den Bolognesern, daß auch ihre Orgel zwar keine starke Seele, kein Pedal, doch eine Stimme und eine Lunge habe. Bald stand ein großer breitschultriger Mann neben ihm, der sich schreiend und gestikulierend als Jacopo Perti, Kapellmeister von S. Petronio, zu erkennen gab.

Als Händel sein Stegreifspiel beendet hatte, umarmte ihn der kräftige Perti: »Admirabile, admirabile! – Tedesco?« plapperte er durcheinander.

»Kennt Ihr Signor Pistocchi?« fragte nun Händel.

»Pistocchi, Pistocchi – er ist mein Freund! Ja, Pistocchi muß Euch sehen – und hören! Er muß Euch hören! Kommt mit mir, caro amico! Wie spielt Ihr die Orgel – virtuos, virtuos! Und Ihr seid ein Deutscher? O diese Deutschen!«

Bald saß Friedrich Händel in der Accademia Filarmonica von Bologna, dem »Vater des Gesanges« gegenüber. Francesco Antonio Pistocchi, ein etwas korpulenter, doch schöner Mann, Großmeister des Bel canto, stand in seinem achtundvierzigsten Lebensjahr. Er trug sein mächtiges Haupt stolz auf gewölbten Schultern und blickte etwas melancholisch in die Welt. Er hatte mit einer unnatürlich hohen, wenig artikulierenden Stimme seine Gäste begrüßt. Nun betrachtete er mit verhaltenen

Blicken den jungen Deutschen, den Perti mitgebracht hatte, und überließ ihm bald seinen Platz am Cembalo.

Händel spielte zuerst eine Kantate von Zachow. Pistocchi spendete Beifall. Nun spielte Händel eine eigene Improvisation. Pistocchi nickte. Über leichte Unebenheiten, Banalitäten in der Melodieführung, über eine allzu betonte Vorliebe für das Dur ging der Meister von Bologna großzügig hinweg. Denn dieser Händel entschädigte durch eine Volltönigkeit, eine harmonische Vertiefung der Begleitung, die den geschulten Kontrapunktisten verriet. Im Pathos aber gewann er auch in der Melodie eigene Art, fortreißenden Schwung, dramatische Fülle. Und sein Spiel war meisterhaft. Pistocchi klatschte, und hundert Hände klatschten Beifall.

Händel blickte auf und sah sich in eine höchst merkwürdige Gesellschaft versetzt: Junge Männer, kaum jünger als er selbst, bartlose Gesichter, Knaben in langen weißen, violetten und schwarzen Talaren umstanden ihn – »Kolosse mit Kinderstimmen«. Manche waren weich und rundlich in ihrer Erscheinung, andere lang aufgeschossen mit leidenschaftlich bewegten Mienen, andere wirkten eitel und kokett wie verwöhnte Weiber. Alle redeten, genau wie ihr Herr und Meister, mit hohen und hohlen Stimmen, alle deuteten auf Händel und verschlangen ihn mit den Blicken.

Hier also waren sie versammelt, »die Opfer einer musikalischen Wollust«, die Verschnittenen aus der ›Hölle von Bologna‹, die hübschen Knaben mit den girrenden Stimmen, an denen man nach dem Willen ihrer eigenen Eltern, doch gegen das Gesetz der Kirche »das schamlose Verbrechen wider die Natur« heimlich begangen hatte.

Bologna besaß eine Universität mit einer berühmten medizinischen Fakultät, »insonderheit die Chirurgie betreffend«. Viertausend Knaben, darunter allein zweitausend aus Bologna, wurden alljährlich in Italien den heimlichen Ärzten zugeführt, um den schmerzlosen Eingriff der ›ablatio testis‹ an ihnen zu vollziehen. Bologna war die Opernbörse für die ganze Welt, und die ganze Welt begehrte die hohen Stimmen. –

Als Händel einen Tag später, alleine die Stadt durchstreifend – mit dem wissenschaftlichen Interesse, das den Menschen des siebzehnten Jahrhunderts neben der Abenteuerlust so sehr auszeichnet, nach den »dunklen Orten« fragte, an welchen die Mannbarkeit bedauernswerter Jünglinge der Habgier ihrer Eltern geopfert wurde, da wollte ihn kein Bologneser verstehen. Man verwies ihn sogleich auf Neapel und Venedig. In den Straßen der Stadt aber sah Händel des Abends alte Stutzer mit jungen Männern promenieren, deren kokette Manieren nicht mehr auf eine Zukunft voll Glanz und Ruhm, sondern auf eine Gegenwart voll Schmutz und Schande gerichtet schienen. Auch in den Weinlokalen drängten sich junge Leute, die parfümiert und gepudert waren. Die ganze männliche Jugend Bolognas schien verschnitten und verkehrt zu sein. Händel begriff jetzt, warum ihn jene Dame auf der Reise so glücklich pries, daß er in Bologna kein Sänger sei.

Dennoch fand er sich anderen Tages mit großen Erwartungen wieder in der Filarmonica ein. Pistocchi und seine besten Schüler wollten ihren Gast nach S. Petronio begleiten. Wieder schlug Händel die kleine Orgel, nein, er bespielte sie mit tausend gelenkigen Fingern. Das war kein Häufen und Türmen mehr wie jenseits der Alpen, das war nur noch ein Laufen und leichtes Glätten. Und die Kastraten saßen da und mucksten sich nicht.

Dann ging es zurück in die Filarmonica. Und nun führte »der Vater des Gesanges« Händel »die Musterschule der italienischen Oper« vor.

Stimmbildung, Stimmansatz, Vokalisation, Aussprache und dramatischer Ausdruck – hier in Bologna war die schulmäßige Ausbildung der menschlichen Stimme zum erstenmal in ein totales System gebracht. Minelli, Riccieri, Francesco Tosi, der seit Jahren in London Gefeierte, hatten dem Meister Pistocchi ihre Karriere zu verdanken. Nun erweckte der siebzehnjährige Antonio Bernacchi aus Bologna die Hoffnung, »ein König der Sänger« zu werden.

Im Unterricht war Pistocchi mehr ein Mann als ein Entmannter. Er befahl wie ein Diktator. Von Anfang an hielt er bei allen Schülern auf eine starke Tongebung, »denn das Piano lockt nur, um zu betrügen«. Solmisieren bis zur Ermüdung, ja bis zum Überdruß, zwei, drei, vier Jahre lang, das war die zweite Forderung, die Pistocchi an seine Schüler stellte. Es galt, »die Stimme metallisch zu hämmern«. Dann erst kamen die Verzierungen, die Triller, die Passagen. Zuletzt, und wenn der Brustkorb des Knaben voll entwickelt war, die wichtige Anpassung des Atems an den geformten Ton.

›Messa di voce‹, das An- und Abschwellen der Stimme, oder, wie Pistocchi rundweg sagte, »die Gewalt der Stimme«, sie allein machte den König der Sänger. Und nun erst lehrte Pistocchi sein tiefstes Geheimnis, das ›Tempo rubato‹, die individuelle Vortragsart, das Wissen um »die Vorschrift des Herzens«.

Sinngebung und Wortprägung stehen obenan. Das ›Recitativo‹, der musikalische Sprechgesang, muß von jedem Schüler so wie der Gesang selbst gemeistert werden; das dramatische Zwischenspiel, das ›Recitativo secco‹, nur von einem Cembalo begleitet, ist in seiner Weise der höchsten Arie an Melos gleich. –

Ein üppiges Abschiedsmahl für Friedrich Händel beschloß diesen reichen Tag. Zwischen dem Meister Pistocchi und dem Meisterschüler Bernacchi sitzend, vergaß Händel vor dem geistvollen Witz des einen, der schüchternen Anmut des andern, daß er zwischen zwei Verschnittenen saß.

Pistocchi sprach fließend Deutsch und erzählte, daß er vor einigen Jahren Kapellmeister am Markgräflichen Hof zu Ansbach gewesen war. Er kannte Karoline. Und nun war es an Händel, selbst einmal sein Jugenderlebnis mit dem kleinen Mädchen an der Spree zum besten zu geben. Zuletzt zeigte der junge Bernacchi eine Probe seines Könnens. Er sang einige Partien aus der Oper *Prinz Paris* von Francesco Cavalli, dem Schüler des erhabenen Monteverdi. Der *Paris*, 1665 geschrieben, war die erste Männerrolle für Diskant, der drei weibliche Altstimmen gegenüberstanden. Virtuosität bestrickt! Händel erschien es plötzlich gar nicht mehr sonderbar, daß ein Opernheld und erster Liebhaber seine drei weiblichen Gegenüber nicht nur in der Leidenschaft, sondern auch in den hohen Tönen übertraf. Und es schmeichelten diese hohen Töne auch seinen empfindlichen Ohren, so jugendlich strahlend, spielerisch mitreißend war die Stimme dieses Paris-Bernacchi, so gepflegt und voll Spannung sein Rezitativ.

»Ein Held muß in ewiger Jugend erstrahlen!« sagte Meister Pistocchi mit einem leisen Lächeln.

Florentz ist die hauptstadt in dem großhertzogthum gleichen namens, an dem fluß Arno, über welchen vier schöne steinerne brücken erbauet. Die gassen seyn schön und allenthalben mit statuen besetzt. Die stadt ist voller Raritäten. In dem palatio de Pichi (Pitti!), welches ein prächtiges, fast königliches Gebäu, residieret der hertzog. Darinnen wird eine köstliche Capella gewiesen, so mit Edelstein aufs zierlichste besetzet. Das Theatrum, worauf die Comoedien gespielet werden, ist ein herrliches Werck. Hinter dem palatio ist ein überaus schöner und großer Lustgarten. Es sind auch zu sehen die Dom-Kirch, welche 461 Staffeln hoch ist. Doch die Kirche zu S. Lorentz ist die allerschönste und alles darin von gold, marmor, porzellan und lasur. In der Capella stehen die Fürsten von dem Haus Medici in marmor und ertz gehauen. Die Florentiner treiben eine starcke handlung und die vornehmen leute reden dort gantz zierlich und rein. Auch hat es eine Universität so von Cosimo de Medici anno 1438 gestifftet worden.

Friedrich Händel hatte durch Pistocchi und Perti Empfehlungen an den Domorganisten Gio Maria Casini von Florenz in der Tasche, doch seine Kutsche rollte geradewegs vor die geharnischte und langgestreckte Renaissancefassade des Pittipalastes.

Giovanni Gaston de Medici, Prinz von Toscana, hatte schon von Hamburg aus Vorsorge treffen lassen, daß »seinem lieben Sachsen«, wie er Friedrich Händel nannte, in Florenz das Quartier aufs beste bereitet sei. Und so bewohnte Händel im Pittipalast zwei Zimmer, deren hohe rundbogige Fenster auf den prächtigen Garten hinabschauten, den der große Cosimo 1450 mit viel Kunst angelegt hatte. Im Wohnzimmer standen ein Clavicembalo und ein Portativ, das vielleicht noch aus der Zeit des großen Lorenzo stammte. Im Schlafzimmer hing, dem Bett gegenüber, eine Venus von Botticelli.

Giovanni Gaston de Medici betrat, in einen goldbestickten Hausrock gehüllt, das Zimmer und begrüßte seinen Gast.

»Ah, Signor Händel – il caro Sassone! Mon cher Händel, je vous salue!« Und er parlierte seine eleganten französischen Komplimente herunter. Zuletzt schmunzelte er, schaute seinen lieben Sachsen mit etwas müden Blikken an und tupfte verlegen mit dem Zeigefinger ein paar Töne auf dem Klavizimbel ...

»Ein Instrument von Domenico da Pesaro«, sagte er etwas zerstreut, »doch« – er fand seine höfische Haltung wieder – »der Fürst erwartet uns!«

Sie begaben sich in das erste Stockwerk hinab, schritten

unter festlichen Himmeln, in deren schwebender Bläue ein Künstler der Medici, Pietro Berettini da Cartona, fürstliche Helden im Kreis der Götter, goldene Lilien zwischen Putten, Titanen, nackten Frauen und springenden Pferden gruppiert hatte. Die vier Zeitalter, das goldene, silberne, eiserne und eherne, nahmen als kostbare Szenerien Friedrich Händel in die Mitte. Gaston führte seinen Gast durch den Saal der Venus, den Saal des Jupiters, den Saal des Mars, und immer wieder erhob Händel den staunenden Blick über köstliche Wandfresken, glänzende Lünetten zu den leuchtenden Decken empor.

Im Saale des Apoll und in der Gemeinschaft der neun Musen empfing Cosimo III. seine Künstler. Er war ein Mann von sechsundsechzig Jahren, mit der stumpfderben Nase aller Medici, doch sonst nur der Schatten einer Renaissancegestalt. Soeben hatte er seinen Beichtvater und politischen Berater entlassen, als sein Neffe Giovanni Gaston mit Friedrich Händel durch die Portiere trat.

»Ihr spielt das Clavicembalo wie ein Scarlatti und die Orgel wie ein Palestrina, so wird mir berichtet!« sagte Cosimo mit bedeckter Stimme. »So laßt Euch einmal vor mir hören und seid mein Gast!« Nur flüchtig hatte der Fürst sein Auge auf Händel gerichtet. Nun senkte er den Blick, und der junge Deutsche konnte sich wieder zurückziehen.

Abends nach einer Rundfahrt durch Florenz fand sich Gaston von Medici mit Händel im Musikzimmer des Pittipalastes ein, wo die Tafel für drei Personen gedeckt war.

»Der Fürst liebt es, allein zu speisen, aber die Virtuosa del Principe, Lucrezia d'Andrè, wird uns bei Tisch unterhalten!« sagte Gaston, während er einen prüfenden Blick über die Gedecke warf.

Lucrezia d'Andrè war eine reife Frau von zweiundvierzig Jahren, groß, sehr gepflegt. Geist und Witz durchsprühten ihr leidenschaftliches, dunkles Antlitz, doch ihr ungezwungenes Wesen nahm dem jungen Deutschen bald alle Verlegenheit. Schon vor Beendigung der Mahlzeit ging es ans Musizieren.

Lucrezia d'Andrè legte Händel ein Madrigal von Claudio Monteverdi vor, dem großen Meister, der als erster die Fülle der Polyphonie im Sturme der Melodie mit sich fortzureißen vermocht hatte. Händel, selbst ein Sprößling aus solch gegensätzlicher Paarung, spielte Monteverdi mit solcher Bravour, daß ihm die Primadonna beide Hände herzlich drückte und sogleich noch einen zweiten Monteverdi herbeiholte.

Sie liebte »diese rhetorische und bilderreiche Lyrik«, sang die verklungenen Weisen aber mit ihrer neuen und großen Kunst. Ihr Sopran hatte noch immer eine Mittellage von berückendem Schmelz. Hervorragend war der dramatische Ausdruck, voll Klarheit, voll Leidenschaft.

»Sie sind in der Geburtsstadt der Oper, mein Freund!« sagte Lucrezia etwas selbstgefällig zu ihrem Begleiter.

Die antike Tragödie des Sophokles und Äschylos war in Florenz vor hundert Jahren mit neuer Musik belebt worden, war wiederauferstanden, doch nicht als ›Musikdrama‹, als Zwitterwerk, das Musik und Drama ineinander verkoppelt hätte, sondern als ›Dramma per musica‹, als »Drama des Wortes, doch aus der Musik geboren«. Das Wort stand als Monolog, als Chor in Florenz obenan, das Wort allein gab dem Drama seine erhabene Bedeutung, formte die Charaktere der handelnden Personen, trug sinngebend die Handlung. Musik gab den Rhythmus, die Umrahmung, die letzte Steigerung in der Form der Arie. Sprechkunst und Gesangskunst fanden sich zusammen im ›stilo rappresentativo‹ eines Giulio Caccini und seiner Oper *Euridice,* die im Jahre 1600 in Florenz uraufgeführt worden war. Caccini befreite die Stimme aus den Fesseln der Kontrapunktik, unter deren Notengetürmen das Wort zu ersticken drohte. Doch der gleiche Caccini entriß in seinem ›recitativo secco‹ die Stimme auch »dem Getümmel der Instrumente« und forderte »una nobile maniera di cantare«.

Der singende italienische Mund, die sprechende italienische Zunge, die sinnlich geformten Lippen, die maßvolle Leidenschaft, der betörende Triumph dieser Stimme – die Primadonna Lucrezia d'Andrè, sie wurde für Friedrich Händel zur ersten Offenbarung hochdramatischer Kunst. Und er begleitete diese Stimme mit dem rasenden Eifer eines Besessenen.

»Madrigale müßt Ihr studieren!« hatte Postel immer gesagt. Händel begriff nun Postel: Dieser Monteverdi verband in seinen Madrigalen die Fülle der Musik mit der Gewalt der menschlichen Stimme in äußerster Meisterschaft.

Wie klein war das Talent der Madame Sbüllens, verglichen mit der großen Kunst einer Lucrezia d'Andrè! ...

»Un homme pathétique!« sagte indessen Lucrezia, und sie meinte Friedrich Händel, während Gaston de Medici Beifall klatschte.

»Er soll uns ein Werk schreiben, nennen wir es – *Lucrezia!*« antwortete der Prinz und machte zur Primadonna hin eine Verbeugung.

»Vraiment – une idée!« rief Lucrezia, und ihre dunklen Augen blitzten begierig. Konnte Lucrezia doch mit einer *Lucrezia* dem alten Fürsten selbst eine Huldigung erweisen.

Friedrich Händel wußte nicht, daß der Text, den er schon am nächsten Tage vorgelegt bekam, zwar von einem der vielen florentinischen Hofdichter verfaßt, doch von Cosimo III., seiner Primadonna zu Ehren, mit eigenen Versen ausgeschmückt war, die einem Dichter alle Ehre machten.

Lucrezia d'Andrè wollte schon lange eine Solo-Oper für sich haben, eine »Cantata für eine Sopranstimme«, in

Rezitativ und Arie der Form des alten Madrigals nachgebildet. Der Text bestand aus vier Rezitativen und vier Arien und behandelte das Selbstbekenntnis der schönen und unglücklichen Römerin Lucrezia, deren Verhängnis es war, daß sie einem lüsternen König gefiel ... –

Friedrich Händel hat eine gewaltige Vorlage. Es gilt, den Schmerz und die Verzweiflung eines geschändeten Mädchens zu gestalten, das die Welt, ja die Unterwelt mit seiner Klage erschüttern will. Die Tragödie einer Stimme, von einem Basso continuo, von Händel selbst, am Cembalo begleitet! Schon spürt er in seiner Brust die Flammen dieser Verzweiflung. Der antike Stoff, maßlos in seiner Schicksalhaftigkeit und doch erhaben einfach, gibt dem zweiundzwanzigjährigen Händel den großen Anstoß. Diese Lucrezia ist nicht der weibliche Gegensatz eines »durch Bluth und Mord schreitenden Nero«, sie ist die edle Römerin, die den Schänder ihrer Ehre vernichten will.

Händel geht ans Werk. Die Töne bedrängen ihn. Die schweren deutschen Klotzköpfe mit den langen dünnen Schwänzen zerfließen ihm unter den Fingern. Bald schreibt er punktartige, hastige Gebilde – ganz wie ein Italiener – flüchtige, hauchdünne Zeichen, die dennoch bedeutungsvoll zwischen den fünf Linien auf und ab steigen.

Einmal musiziert er im Dom zu Florenz mit dem Organisten Gio Maria Casini, einmal spielt er in der Kirche von San Lorenzo, weiß nicht, daß Cosimo von Medici ihm zuhört. Dann steht er lange vor dem Grabmal, das die Hände Michelangelos formten: Giuliano von Medici in der Gestalt des Herrschers, Lorenzo von Medici in der Haltung eines Denkers; zu ihren Füßen und auf den Sarkophagen vier nackte Leiber: der Tag und die Nacht, der Abend und die Dämmerung – ewige Trabanten menschlicher Vergänglichkeit, die sich an zwei Gräbern zu flüchtiger Begegnung gefunden haben. Die ›Nacht‹ träumt tief in sich versunken, um ihre Brüste spielt ein müdes Licht, ihr zur Seite wacht die tragische Maske ...

Lucrezia? Und Händel erschaut seine eigene Lucrezia in einer Gestalt Michelangelos. Doch die ›Dämmerung‹ dort, das ist wieder eine Lucrezia in schmerzlichem Erwachen. Ein Schatten senkt sich über die kaum geöffneten Augen, und die Hand, die leicht erhobene, krampft sich schon zu einem Fluch.

Vielfältig in Licht und Schatten, vielfältig in Dur und Moll wird Händel seine Lucrezia ins Leben rufen, die entehrte, die ihre Schande den Göttern klagt.

»Zerschmettert Rom, ihr Götter!« ruft sie, aus ihrer Schande erwacht, in einem schrillen Cis-Dur.

»O numi eterni!« Lucrezia klagt in Dis-Moll zu den ewigen Sternen. Aber die Götter hören sie nicht. Nun ruft die geschändete Tugend die Unterwelt zu Hilfe, steigt selbst – als Gestalt Michelangelos in den Rhythmen Händels – in den Orkus hinab, die Gewalten der Verdammnis gegen die Stadt und den König des Lasters zu entfesseln. Deklamatorisch gewaltig und neu ist der Schluß dieser Kantate. Einem Feuerball, »dem Haupte der Gorgo gleich, von abenteuerlich schlängelnden Coloraturen umzüngelt«, bricht das abschließende Arioso aus der Unterwelt empor: »Rache, Rache!« gellt die Stimme. –

Der Erfolg der *Lucrezia* hob den Namen Friedrich Händels steil empor und versetzte ihn mit dem schnellen Urteil eines selbstbewußten Jahrhunderts in die ruhmreiche Galerie von Scarlatti, Carissimi, Leo und Bononcini. Und Händel, der auf dem Titelblatt der Kantate seinen Namen – den italienischen Zungen zuliebe – in ›Hendel‹ verändert hatte, fand sich nun über Nacht als Favorit einer glänzenden Gesellschaft. Selbst Cosimo III. nannte ihn jetzt »mio caro Sassone« und verehrte ihm ein Geschenk von fünfzig Dukaten. Lucrezia d'Andrè aber, die Königin dieses Abends, durfte Händel an der festlichen Tafel zu ihrem Pagen erklären.

Der Thronfolger und gran principe Fernando war aus seinem Bergschloß Pratolino im Mugnonetal ebenfalls nach Florenz gekommen. Dreißig Jahre alt, klug, doch sehr verwöhnt und eitel, galt er als hochmütig und wenig umgänglich. Er glich mit seinem süffisanten Lächeln aufs Haar seinem Vorfahren Giuliano de Medici, den Botticelli so treffend porträtiert hatte. Zu Händel war der Prinz jedoch sehr gnädig und rühmte ihn als »dreifachen Scarlatti«, während seine reizende Gemahlin Violanta Beatrice dem neuen Hofkomponisten sogar eine Privataudienz gewährte.

Gaston aber weihte seinen Schützling in eine Hofintrige ein, über welche der berühmte Alessandro Scarlatti kürzlich gestolpert war. Eine jüngere Sängerin, aus Florenz gebürtig, Vittoria Tesi, war von Scarlatti protegiert, jedoch von der Geliebten Fernandos, der Secundadonna Vittoria Tarquini, nicht nur wegen ihrer Namensgleichheit, sondern auch wegen ihrer lieblichen Erscheinung abgelehnt worden. Scarlatti, obgleich bestellter Hofkapellmeister der Medici, hatte daraufhin seine Stellung verlassen und die Tesi, an deren Talent er glaubte, ohne weiteres nach Venedig entführt ...

Vittoria Tarquini aber war nach Händels Florentiner Erfolg begierig, den jungen Meister und seine weiteren Pläne kennenzulernen. Händel, der zum Auferstehungsfeste in Rom sein wollte, versuchte vergeblich, sich »auf französisch« aus der Schlinge zu ziehen. Schließlich verdankte er Gastons Geschicklichkeit einen kurzen Urlaub nach Rom.

Vittoria Tarquini besaß das Textbuch der Oper »Rodrigo«, das ein Poet der Medici nach ihren Angaben verfertigt hatte und das ihr nun endlich Gelegenheit geben sollte, in einer Hosenrolle zu glänzen. Sie wußte es so einzurichten, daß sie Händel zu seiner Abreise in ihrer eigenen Kutsche nach Florenz brachte. Im Anblick der erhabenen Stadt fiel sie ihm um den Hals und gestand ihm ihre Liebe.

Roma, das ist Rom, die hauptstadt in Italien, durch welche der Tyber fließet, liegt im Kirchenstaat, welche Stadt vor zeyten fast den gantzen erdkreis unter ihrer bottmäßigkeit gehabt, ist noch heutigentags eine über alle maßen große und schöne stadt.

Und ist keine stadt in der welt, in welcher die kirchen und palläste so prächtig, die anderen häuser so schlecht gebauet sind, hat auch eine Citadelle, so die Engelsburg genannt, worin Kaysers Adriani begräbnus.

Der Papst hat in Rom drey palläst, nemlich Il Vaticano an der Peterskirchen, allwo St. Petri begräbnus, Il Monte Cavallo, gleichfalls ein prächtig gebäu und S. Johannis beym Lateran, allwo vor zeyten die Päpste residieret. Auch hat Rom 350 kirchen bei 300 000 Seelen, und sind 7 kirchen die fürnehmsten von allen.

Sind noch gar viele merckwürdige sachen und große plätz und allerhand raritäten, also der marckt des Vaticans, der lustort belvedere und viel antikische stück.

Doch ist nichts in Rom, welches die fremde mehr belustiget als die großen und fürtrefflichen fontänen, dergleichen an allen ecken stehen.

Die Kutsche näherte sich, von Perugia kommend, gemächlich der Siebenhügelstadt. Sammetblauer Himmel umkoste die hellgrün behaucht dunkle Erde. Ein Jubilieren war in der Luft.

Friedrich Händel genoß diesen Frühlingsmorgen in der Campagna, immer wieder durchbohrten seine hellen Augen den dunstigen Vorhang am westlichen Horizont: Dort lag Rom, die Ewige Stadt.

Zweiräderige, hochbeladene Karren, Bauern in Ziegenfelle gehüllt, Bauernmädchen in bunter Tracht begleiteten die Florentiner Kutsche. Nicht mehr weit konnte das Ziel sein ...

Da, eine Kirche mit viereckigem Turm, von wuchtigen Gemäuern umgeben: die Basilika von San Lorenzo! Ein Hirte mit seinen Schafen! Doch dann wuchsen majestätisch Mauern und Türme empor. An der Porta Maggiore gab es ein Gedränge ländlicher Pilger, die zu Ostern in der Heiligen Stadt beichten wollten. Friedrich Händel verließ respektvoll seinen Wagen und betrat mit den Pilgern das Ewige Rom.

Eine päpstliche Wache hielt ihn auf, doch Brief und Siegel der Medici gaben ihn sofort wieder frei. Vor ihm stand hochgetürmt eine zweite Basilika. Es war S. Maria Maggiore am Monte Esquilino. Im Blickfeld ihrer Türme erhob sich im Hintergrund der Monte Cavallo mit der Sommerresidenz des Papstes. Und dort stieg der Mauerring des Kolosseums empor, das Forum Romanum mit dem Triumphbogen des Septimus Severus, dahinter das Pantheon, von dem Kreuze der Christen bekrönt. Doch jenseits des Tiber überragte eine Kuppel alle Kuppeln der Ewigen Stadt, es war Michelangelos majestätisches Gewölbe über dem Grabmal des Apostels Petrus.

Singende Schifferknechte, schreiende Bettler, lachende Mädchen drängten sich in den engen Gassen von Trastevere. Ein Trompetenstoß, die Menge wich zur Seite – ein Kardinal fuhr seines Wegs.

Friedrich Händel hatte auf den Rat seines Freundes Barthold Heinrich Brockes in der deutschen Herberge von Trastevere Quartier genommen, denn dort unten an den gelben Fluten des Tiber kühlte des Abends ein frisches Lüftchen die Fieberglut der Gassen.

Eine Vorahnung des Karfreitagszaubers lag über der Stadt, als der Mond aufstieg und mit weißem Licht die grauen Hügel des Albaner Gebirges bemalte, die Türme und Kuppeln der Ewigen Stadt, ihre Ruinen, ihre Hütten freundlich umspielte, dunkle Pinien mit seinem Silberglanz umflorte und sich an den Efeuranken entlang heimlich in die Weingärten schlich ...

Das von Luther verfluchte Rom! So fröhlich, so friedlich kam die Nacht über die Stadt, und die Töne einer Flöte hüpften, gepaart mit den Lichtern des Mondes, auf den dunklen Fluten des wallenden Stromes.

Friedrich Händel erwachte im Lärm des neuen Tages. Noch eine lange Woche trennte ihn von dem Fest der Grablegung des Herrn. Doch auf den Kanzeln der Kirchen waren die Fastenprediger erschienen und mahnten das Volk zur Einkehr und zur Buße, während die Ministranten Kreuze und Bilder mit violetten Tüchern verhängten.

Der Organist am Dom zu Florenz, Gio Maria Casini, hatte seinen alten Lehrer Bernardo Pasquini bei S. Maria Maggiore auf Händels Ankunft vorbereitet. Und Händel fand einen Greis mit dem Profil von Dante Alighieri. Pasquini war ein musterhafter, tiefgelehrter Organist und Meister der altrömischen Schule, getreuer Nachfolger Palestrinas, der auch einst 1561–71 auf der Orgelbank von S. Maria Maggiore zu Hause war.

Als Händel seine Kunst gezeigt hatte, vor allem seine Doppelfugen, erkannte Pasquini, daß dieser junge Deutsche im Handwerk des Orgelspiels und in den alten Kirchentonarten recht wohl bewandert war. Er klopfte ihm vertrauensvoll auf die Schulter und lud ihn als Gast in sein Haus.

Friedrich Händel hatte noch in seiner letzten Hamburger Zeit, als er sich schon mit der Absicht trug, nach Italien zu gehen, ein paar lateinische Texte in Musik gesetzt,

122

so den 109. Psalm *Dixit Dominus,* weiter den 112. Psalm *Laudate pueri Dominum,* zuletzt den 126. Psalm *Nisi Dominum.* Er fühlte sich nun ermutigt, seinem Gastgeber diese Arbeiten vorzulegen. Es waren, nach der Mode der Zeit, fünfstimmige Chöre, mit Instrumentalmusik reich verziert. Doch Pasquini, jetzt als Kritiker auf den Plan gerufen, ließ sich weder durch Künste des Kontrapunkts noch durch einige neue, erst in Florenz von Händel eingeflochtene Ostergesänge betören. *Nisi Dominum,* das nach Art einer deutschen Kirchenkantate gesetzt war, verwarf er als eine in sich unfertige Arbeit. *Dixit Dominus* lobte er zwar seiner Kontrapunktik wegen, jedoch tadelte er an der Arbeit Mangel an Musikalität und Fülle. *Laudate pueri Dominum,* eine Kantate mit zwei Violinen und zwei Oboen, wünschte er noch reicher instrumentiert und die Chöre von Fanfaren getragen.

Händel hatte wohl selbst nicht gehofft, in der Stadt Palestrinas und gerade am heiligen Osterfest mit einigen schnell zusammengerafften Kompositionen öffentlich zu Gehör zu kommen. So beugte er sich willig dem Urteil Pasquinis und begleitete ihn weiterhin als gelehriger Schüler durch die sieben Hauptkirchen Roms: St. Peter, St. Paul, St. Sebastian, St. Johann im Lateran, Heilig Kreuz, St. Lorenz und S. Maria Maggiore. Pasquini aber rief nach Palestrina noch einen zweiten Mächtigen vor ihm auf: Giacomo Carissimi, Organist von Tivoli, Meister des römischen Chor-Weihespieles, der 1674 in Rom gestorben war.

»Oratorio!« nannte Pasquini das Werk *Jephta* von Giacomo Carissimi, dessen Vorführung er mit dem jungen Händel in S. Maria Maggiore besuchte. Ein Chor von zweihundert Sängern, angeführt vom Erzähler, dem ›Historicus‹, brachte – unterstützt von einem Orchester mit acht Fanfaren – die biblische Geschichte vom Kampf Jephtas gegen die Ammoniter und dem Opfertod seiner

Tochter Iphis. Händel hörte schicksalhafte Töne voll pathetischer Wucht, und es war ihm, als schlüge sein eigenes Herz in den leidenschaftlichen Stößen eines Carissimi. Dann stiegen Chöre auf, von Fanfaren gesteigert. Menschlicher Opfertod und göttlicher Triumph, bittersüße Schwermut und heller Jubel klangen ineinander. Es gab mehr als nur Melodie, auch bei den Welschen ...

Am Mittwoch vor Karfreitag führte Pasquini seinen eifrigen Schüler in die päpstliche Hauskapelle bei St. Peter. Sie war von Sixtus IV. 1473–81 erbaut, von Michelangelos *Propheten und Sibyllen,* seiner *Schöpfung* und seinem *Jüngsten Gericht* zu einem Raum höchster Andacht gestaltet und mit Wandfresken von Perugino, Botticelli, Rosselli, Signorelli und Ghirlandajo geschmückt.

Dieser Mittwoch vor dem Freitag brachte die größte musikalische Feierstunde in der Heiligen Stadt: Papst Clemens XI., ein hochgewachsener Mann mit faltenreichem Gesicht, erschien, umgeben von allen Kardinälen, in höchstem Prunk, um nach der heiligen Messe der *Lamentation* von Palestrina und dem *Miserere* von Allegri beizuwohnen.

Aus tiefstem Mittelalter hallt der Ruf der Päpstlichen Sänger herüber, die ohne Instrumentalbegleitung im ›Falso bordone‹ seufzen und klagen um den Leib des Herrn.

Letzte Abendröte liegt matt auf den Teppichen Raffaels und funkelt auf den vergoldeten Balustraden. Dort in der Loge an der rechten Seitenwand erkennt man die violetten Soutanen alter Männer. Sie halten die Blicke gesenkt, doch kein Notenblatt zittert in ihren Händen. Der Chor der Sixtina ist dort in der kleinen Loge zusammengedrängt: zweiunddreißig Köpfe, vierstimmig in achtfacher Besetzung.

Zwei uralte Männer beginnen in hohem Diskant, doch

mehr deklamierend als singend, eine antiphonische Psalmodie. Ein *Pater noster* folgt.

Feierliche Dämmerung umhüllt jetzt alle Gesichter. Die *Lamentation* Palestrinas, von zwei Sopranen, einem Alt und einem Tenor gesungen, steigt klagend empor. Langsam, getragen beginnt der Alt. Anschwellend, zurückflutend fallen die Soprane ein. Der Tenor läuft parallel ... Wie zarte Linien ziehen sich die Stimmen, klar und leicht zu verfolgen, durch das Gewebe des ganzen Satzes. Kein noch so unbedeutender Druck verrät das Bedürfnis nach Atem, denn selbst der Seufzer schweigt vor der Tiefe dieser Klage.

Nun singt der volle Chor einen *Cantus firmus,* der nur in der Tradition der Sixtina lebt, der in einem Baß von zwanzig Takten seit der Vorväter Zeiten notiert ist. Schauder der Reue, Hoffnung und Schwermut – so verschmelzen die Töne, auf und nieder im Messa di voce wallen die Stimmen.

Die nächste und letzte Lamentation singen zwei Sopranisten nach uralter gregorianischer Weise, »wie die Neumen sie uns überliefern«. Und so parallel laufen die Stimmen der beiden alten Männer, daß man auch im Triller und Mordent noch meint, nur eine einzige Stimme zu hören.

Der Höhepunkt der Feier naht: das *Miserere* von Allegri. Die Dämmerung wird fast zur Nacht. Ein langer Akkord in c-Moll erklingt wie eine Stimme aus einer anderen Welt. Zwei Takte Quinten folgen. Das erste Versett ertönt. Harmonien steigen aus den Klängen, zartestes Piano, langes Verhalten hoher Töne, die ans Innerste rühren. Das zweite Versett erklingt. Und wieder ziehen die Stimmen in feinen Linien nebeneinander hin, klingen ab, verhauchen. Doch schon hat ein neuer Hauch den sterbenden Ton erfaßt, trägt ihn schwellend wieder empor ... Ein Vergehen, ein Werden, ein Klagen, ein Flehen – selbst ein Heidenherz muß jetzt christlich schlagen!

Friedrich Händel hat den Papst gesehen. Nun steht er

vor dem gewaltigen Tabernakel des Bernini und unter der Kuppel von St. Peter, dem ›Gewölm‹ Michelangelos, und schaut hinauf in die hohe Laterne, in der das Himmelslicht noch leise spielt. Und die Kuppel wächst und wächst empor, als wolle sie sich wölben in die Sphären des Himmels.

Händel hat vergessen, daß es Kastraten waren, die ihm die Klage des Herrn so tief ins Herz gesungen. Überirdische Stimmen glaubte er zu hören und Chöre, so übermächtig, als ob sie die Räume von St. Peter und diese gewaltige Kuppel dort oben zu füllen schienen – und doch waren es nur zweiunddreißig armselige menschliche Stimmen gewesen. In seinem Innersten hört er einen Chor von tausend Stimmen: Ein Volk, ein auserwähltes Volk singt zur Ehre Gottes. –

Ostern war längst vorüber, und Friedrich Händel hatte sich immer noch nicht entschlossen, dem Fürsten Ruspoli, an den er durch den Kronprinzen Fernando von Medici empfohlen war, seine Aufwartung zu machen. Immer wieder verlor er sich in den lärmenden Gassen der Ewigen Stadt, lauschte den Gesängen der Schiffer von Trastevere, dem Lachen der jungen Ölverkäuferinnen oder dem Gemurmel des alten Stromes, der ihm von Rom erzählte, der Ewigen Stadt.

Und dann saß er eines Tages doch auf dem Monte Esquilino mitten unter den Schäfern und Schäferinnen der ›Arcadia‹.

Der Erfolg seiner *Lucrezia* war ihm vorausgeeilt. Nun machte ihn sein Spiel auf dem Cembalo schnell zum Favoriten dieser Gesellschaft. Man wollte ihn sogleich zum »römischen Schäfer« erklären, aber Händel war nach den Statuten noch zu jung, um als ordentliches Mitglied in die ›Arcadia‹ aufgenommen zu werden. Doch war er »ein Jungschäfer« gleich am ersten Tag, und die Schwester des Fürsten Ruspoli hatte auch schon einen Schäfernamen für ihn gefunden; denn keiner trug in der ›Arcadia‹ seinen eigenen Namen. So hieß Friedrich Händel ›Sylvio‹, der »aus dem Land der Wälder«, also aus Deutschland, kam. Seine Schäferin aber, die schöne Maria Ruspoli, war ›Galathea‹, die Nereide. Fürst Ruspoli war ›Olinto‹, seine Gemahlin Isabella ›Almiride‹; Roberto, der Bruder des Fürsten, ›Aegon‹, der Hirt, in dessen Gefilden einst Zeus geboren; seine Gemahlin, mit lieblicher Stimme begabt, ›Echo, die zarte Nymphe‹. Der große Geiger Archangelo Corelli, der sich vor der Welt stolz »il Bolognese« nannte, hieß auf dem Esquilin nur ›Arcomelo‹. Alessandro Scarlatti hörte auf ›Terpandro‹, Bernardo Pasquini auf ›Protico‹, Antonio Caldara, ein junger Komponist aus der Schule des Legrenzi, verbarg sein großes Talent hinter dem kleinen Schäfernamen ›Driante‹.

Crescimbeni, der Erzpriester und Poet, an den Händel schon in Hamburg durch den Schäfer Christian Postel, genannt ›Almone‹, empfohlen war, verewigte Sylvios Ankunft in einem längeren Distichon. Die schöne Galathea krönte ihren Sylvio mit einem Ölzweig, und dann war Händel durchaus kein Händel mehr.

Er tollte und sprang mit all den anderen Halbgöttern und Titanen, Nymphen und Najaden in den lauschigen Irrgärten des Esquilin, blies unter duftenden Magnolienbäumen die Panflöte – seine geliebte Oboe – und ritt allabendlich im Anblick der Ewigen Stadt mit seiner Galathea auf Eselsrücken von Hügel zu Hügel. Sein hallischer Exerzitienmeister Millié la Fleur hätte seinem langen Schüler wohl lieber ein stattliches Pferd gewünscht, aber bei einer solchen Galathea war auch ein Esel recht.

Die ›Arcadia‹ war im Jahre 1680 von Christine von Schweden nach ihrem Übertritt zum Katholizismus im Palazzo Corsini als ›Römische Akademie‹ feierlich gegründet worden. Nun aber lebten Schäfer und Schäferinnen nur noch der Improvisation eines arkadischen Lebens. War der denn ein Künstler, der zu Hause hockte, sich an fremden Weisheiten genugtat, Pläne auf Pläne machte, hochtrabende Verse skandierte, Passaggien übte, Konzertstücke einpaukte ..., um dann vor einer zusammengetrommelten Gesellschaft am Abend glänzen zu können? Nein! Nur der war ein Künstler, der unvorbereitet und aus der Allgegenwart des Augenblicks mitten ins Leben zu springen wagte und das Herz hatte, aus dem Stegreif ein Stück zu improvisieren. Der Schäferpoet Felici Zappi zum Beispiel konnte täglich ein vollendetes Gedicht aus dem Ärmel schütteln, das Antonio Caldara sogleich in eine gefällige Musik setzte ... Kaum hatte der eine seinen Vers gesprochen, so folgte schon der andere mit der Melodie. Und auch ›Sylvio‹ war solch ein Könner. Im Gartensaal des Schlosses auf dem Esquilin, wenn durch die offenen Fenster das Immergrün des Efeus, das vergängliche Rot der Granatblüte schimmerte und seine Galathea neben ihm stand, erfand er auf dem Cembalo die heitersten Weisen.

»Wie heißt deine neue Oper, mein lieber Schäfer?« fragte dann Galathea.

»Sie heißt – *Rodrigo!*« antwortete Sylvio.

Papst Clemens XI. hatte die Theater Roms geschlossen und das Verbot Sixtus' V. vom Jahre 1588 erneuert, »daß keine Weibsperson fürder bei hoher Strafe auf einem Theatro soll erscheinen oder Musik aus Vorsatz lernen, um sich als Sängerin gebrauchen zu lassen; denn Keuschheit auf dem Theatro zu bewahren ist ebenso gegen jede Vernunft wie der Vorsatz, in den Tiber zu springen und trokkenen Leibes zu bleiben«.

So improvisierte Sylvio-Händel mit seinen Schäfern und Schäferinnen private Opernspiele in den Gärten des Esquilin. –

Jeden Montag aber wurde er von seinem Mentor Protico auf den Monte Cavallo und zu den Prälaten entführt.

Im Palast des Kardinals Ottobuoni versammelte sich eine männliche Gesellschaft, als deren Oberhaupt der kleine Corelli dominierte. Der kleine Corelli mit der Nase eines Fauns und den Augen eines Gottes! Unter dem Bogen des kleinen Dreiundfünfzigjährigen beugten alle ihre Häupter.

Dieser, in einen schwarzen Frack und einen alten blauen Mantel gehüllt, war die Pünktlichkeit selbst. Zu strebsamen jungen Künstlern konnte er reizend sein, doch war er ebenso rücksichtslos gegen »junge Genies«, für deren eitles Gebaren er nur schroffe Ablehnung hatte. Aber der alte Pasquini wußte seinen Händel recht gut an das schwierige Männlein heranzubringen, und so durfte Händel schon am ersten Montag vor den Prälaten seine Kunst zeigen.

Doch zuerst spielte Corelli. Er geigte auf seiner kleinen gewölbten Amati eine seiner berühmten Sonaten in vier Teilen, die geistliche und weltliche Motive ineinander verwoben.

Ein ›Grave‹ begann mit schweren Strichen. Corelli spielte mit liegendem Bogen und bevorzugte dessen obere Hälfte. Die Geige klagte wie eine menschliche Stimme. Nicht laut war ihr Ton, doch von berückender Weichheit. Nun folgte ein ›fugiertes Allegro‹. Der Meister hielt den Bogen straff und führte ihn mit kräftigen Strichen. Ein Menuett schloß sich an. Corelli spielte das tänzerische, figurenreiche Stück aufgelockert und in reicher Phrasierung. Doch Doppelgriffe, Vibrato, rutschenden Lagenwechsel vermied er völlig, wie er auch nie mehr als zwei Noten mit einem Bogenstrich band. Ein ›fugiertes Presto‹ beschloß das Konzert, und jetzt zeigte der Meister die Wucht seines Bogens in einem klaren, bündigen und kanonischen Stil.

Er liebte den lauten Beifall nicht. Seine schwarzen Augen glitten etwas verloren an den Gesichtern entlang. Er verbeugte sich kurz. Doch dann zog er Händel, der ihm am nächsten stand, schnell ans Cembalo.

Sylvio-Händel spielte eine seiner Kantaten. Er wählte mit natürlicher Klugheit eine *Fugue facile,* eine einfache Fuge also, die in ihrer mitreißenden Kraft und ungekünstelten Fülle dem großen Meister eine gute musikalische Kinderstube erwies.

»Wer etwas kann, der bleibt einfach!« rief Corelli und gab das Zeichen zum Beifall. Welch ein Kompliment für den zweiundzwanzigjährigen Händel! Allerdings wußte er nicht, daß Corelli jede Gelegenheit benutzte, gegen die virtuose Verwilderung der Italiener zu protestieren und Biagio Marini den Kampf zu erklären, dessen leere Fingerfertigkeit, dessen endlose Variationen und geschmacklose Doppelgriffe jetzt überall Beifall fanden.

Corelli war in München und Heidelberg gewesen. Er hatte die einfache und ungekünstelte Art der Süddeutschen aus eigener Anschauung kennengelernt. Und so fand er auch Händel einfach, großzügig, charaktervoll.

Eines Tages stellte sich der Sohn des großen Alessandro Scarlatti, Domenico, zum Wettstreit ein. Schmalköpfig, vornehm und hager war er ein Meister auf dem Cembalo. Im Stegreifspiel aber besiegte Friedrich Händel seinen Altersgenossen Domenico – und sie wurden Freunde von dieser Stunde an.

Dann erschien in der ›Arcadia‹ ein zwölfjähriger römischer Wunderknabe und zeigte sich ebenfalls am Cembalo. Doch Corelli hielt nichts von Wunderkindern, und seine harte Stimme störte den Beifall der Gesellschaft. –

Auf Betreiben der Kardinäle gelangte sodann in San Lorenzo di Damaso Händels Psalm in D-Dur *Laudate pueri Dominum* in erneuerter Form zur ersten Aufführung. Die besten Singeknaben des Kardinals Ottobuoni, die ›Putti‹ von San Lorenzo, sowie die besten Kastraten von Rom waren aufgeboten, Gott den Allmächtigen auf Händelsche Weise zu loben.

Eine andere Aufgabe gelangte aus dem Kreis der Arcadier an Sylvio heran. Der Domherr Dionigi Erba, ein Komponist aus Liebhaberei, hatte über der Arbeit an einem zweichörigen Magnificat das Zeitliche gesegnet. Sein Bruder Benedetto, römischer Schäfer und Kardinal von Mailand, trug Händel die Vollendung des gewaltigen Torsos an. Zwei Orgeln (im Dom zu Mailand!) im Wettstreit miteinander, Chöre, die wie Fahnen im Sturm flatterten! Wer in Italien besaß noch die kontrapunktische Kraft, ein solches Getümmel der Töne zu entfesseln, zu türmen und wieder zu glätten? Händel vollendete das *Magnificat*.

Dann widmete »das lutherische Subjekt« seinem hohen Gönner, dem lachenden Kardinal Ottobuoni, ein *Salve Regina* für Sopransolo und Streichorchester. Für Corelli schrieb er eine Sologeige hinein, für sich selbst eine Doppelfuge – und die hallische Orgelburg erklang über den Dächern der Ewigen Stadt.

Welch ein Sommer! Auf dem Monte Esquilino hatte Fürst Ruspoli das Schäferspiel *Il Pastor fido* von Guarini vom Jahre 1579 neu inszeniert, und Schäfer und Schäferinnen der ›Arcadia‹ spielten – ihrer Tradition gemäß – dieses älteste und erste aller Schäferspiele der Welt.

Ende Juni dieses Jahres 1707 schmetterten die Fanfaren des Spanischen Erbfolgekrieges über die Campagna. Prinz Eugen hatte dem Grafen Daun Befehl erteilt, die Bourbonen aus Neapel zu vertreiben. Papst Clemens XI. aber, wiederum der Freund Frankreichs, tat alle deutschen Soldaten in den Bann, die seinen Kirchenstaat betraten. Nunmehr befahl der Papst, die achtzehn Tore Roms zu vermauern.

Händel nahm Abschied von seinen Freunden und der

Ewigen Stadt und schickte sich an, seinem Versprechen gemäß wieder nach Florenz zurückzukehren.

Florenz! – Leidenschaft und Pathos, diese beiden Elemente hoher Kunst hatten den Erfolg der *Lucrezia* getragen. In seiner Oper *Rodrigo* aber wollte sich Friedrich Händel nun dem Leichtsinn und der Heiterkeit verschreiben.

Er kam von Rom, aus dem Kreis der Schäfer und Schäferinnen, und sein Herz lachte. Ein himmlisches Orchester rauschte in seinen Ohren, olympische Flöten und Geigen, Amorettengeflüster, Puttengegirr ...

Vier Freier begehren die schöne Esilena, doch nur der eine, Rodrigo, kommt ans Ziel. Giuliano, Fernando und Evaneo müssen auf der Tonleiter des Verzichtes als Alt, Tenor und Baßbuffo bis zur schallenden Komik herabsteigen. Zwar ist Fernando nicht der leibhaftige Prinz Fernando. Doch Vittoria Tarquini, die Secundadonna, für die der *Rodrigo* eine Glanzrolle bedeutet, will ihren Triumph auch über Fernando. Denn sie selbst ist ja jener Rodrigo – in Hosen: der sieghafte Liebhaber, der die schöne Esilena zuletzt glücklich macht. Und daß der Kronprinz von Florenz auch Fernando heißt wie der Tenor in der Oper, erhöht nur die Pikanterie der galanten Szene. Der Kronprinz selbst liebt solche Kaprizen seiner Mätresse vor den Augen des ganzen Hofes. Doch fein in den Mantel der Kunst gehüllt!

Vittoria Tarquini verfolgt Sylvio-Händel auf Schritt und Tritt. Sie, die Secundadonna und Darstellerin des Rodrigo, macht ja eigentlich diese Oper. Ihr Sopran allein bestimmt die Höhe aller Gesangsstimmen, die sich stufen vom zweigestrichenen A, zum zweigestrichenen H, zum dreigestrichenen C. – Der Liebhaber singt drei Töne höher als die Liebhaberin, denn Esilena, die Begehrte, darf nur zum zweigestrichenen G singen.

Dieser Händel ist der »musikalische Leibschneider« für die Geliebte des Kronprinzen von Florenz. Der Leibschneider des Kronprinzen dagegen paßt dem Herrn Hofkapellmeister Händel einen violetten Frack mit goldenen Borten an, dazu schwarze Kniehosen und violette Strümpfe, um ihn den Damen des Hofes noch augenfälliger zu machen ... Die Secundadonna ist ihrem Sachsen schon wieder einmal um den Hals gefallen: »Mio caro Sassone!« Es ist ein nervenpeitschendes Geheimnis.

Die Primadonna Lucrezia d'Andrè hat ebenfalls kein Sitzfleisch mehr. Vor den Ohren des Allerdurchlauchtigsten Herzogs Cosimo III. hat sie kürzlich von Händel eine neue Kantate verlangt. Nun taucht sie überall auf, um mit dem lieben Sachsen ein paar Worte zu wechseln. Der aber ist gerade zur Prinzessin befohlen und hat keine Zeit, denn Violanta Beatrice wünscht zu ihrer nachmittäglichen Siesta ein Stegreifspiel auf dem Cembalo.

»Sie sind ein Paris, treffen Sie Ihre Wahl!« sagt Gaston de Medici zu seinem Freund Händel. Aber ein junger Herr aus Halle, lutherischer Konfession und von gutbürgerlichen Eltern geboren, kann mit zweiundzwanzig Jahren noch kein Paris sein. Auch hat ein Künstler, wenn er schafft, von den Menschen fast nichts, von sich selbst fast alles zu erwarten. Die Musen sind selten irdisch.

Ist Händel aber allein, dann bricht die Fröhlichkeit in ihm aus. In verrückten Takten – und das ist hochmodern – springt sein Herz. Dann umkreist die Oboe kapriziös die zierlichen Füße der schönen Esilena: 5+6+2 und 2+2+5 und 5+6+2 und 2+2+5 – so gehen die Takte. Ohne einen Schrittwechsel von ⅜ zu ¾, oder umgekehrt, will sich Esilena überhaupt nicht auf der Bühne zeigen. Und Rodrigo klagt der Geige sein Leid, klagt bis zum hohen C. Giuliano begehrt in Fanfarenklängen, Fernando wimmert mit der Flöte, Evaneo fällt mit dem Fagott dem Gelächter anheim: ha, ha, ha, ha! ...

Die Kronprinzessin erweist ihrem Höfling Nr. 140 – als dieser rangiert ›Signor George Hendel‹ in der Hofliste der Medici – den allergrößten Gefallen: Sie stellt ihm das Hoforchester zur freien Verfügung. Diese Solisten folgen sonst nur dem persönlichen Befehl des Kronprinzen. Aber da ist jetzt »einer vom Bau« über ihnen und reißt sie mit sich fort. Das ist nicht mehr jenes Zufallsorchester der Renaissance mit einer Vielzahl von Instrumenten. Hier am Hof zu Florenz hat Alessandro Scarlatti ein modernes Opernorchester gebildet, das sich aus vierundzwanzig Instrumenten zusammensetzt: vierzehn Geigen, zwei Harfen und acht Bläsern. Den Klangkörper formen die Streicher. Die Bläser aber – zwei Flöten, zwei Oboen, zwei Fagotte, zwei Posaunen – sind solistisch besetzt, und solistisch sind auch ihre Aufgaben. Ein ›Dazwischenblasen‹, ein ›Überblasen‹, wie anderswo und sonderlich in Deutschland, gibt es um 1700 in Florenz schon lange nicht mehr. Arien und Rezitative werden allein vom Cembalo und von den Harfen begleitet. Die Ritornelle spielen die Geigen und Flöten zusammen, Tutti und Tusch tragen Oboen, Fagotte, Posaunen.

»Zur Bändigung der Sänger aber und auf daß die großherzoglichen Solisten dem jungen Komponisten nicht über den Kopf wachsen«, wird Friedrich Händel der florentinische Professor Redi beigesellt, dessen »klassische Strenge« in ganz Italien gefürchtet ist und an dessen Schule Vittoria Tesi ihre Ausbildung erfahren hat …

Zwanzigtausend Florentiner erwarteten mit Spannung die Aufführung des *Rodrigo,* obgleich durch die dicken Mauern des Pittipalastes nicht der Ton einer Flöte nach außen drang. Aber Vittoria Tarquini, die das Volk ihres geräuschvollen Auftretens wegen ›La Bombace‹ nannte, pflegte oft nach Premieren ihre Arien und Arietten öffentlich zum besten zu geben. Manchmal, auf einer Spazierfahrt, saß Händel neben der Bombace in der Kutsche und lachte wie Friedrich im Glück. Er hatte gute Nachrichten aus Hamburg erhalten: Seine Doppeloper *Florindo und Daphne* war von Sauerbrey in einer glanzvollen Aufführung zu einem Doppelerfolg gemacht worden.

Doch am 10. Januar 1708 rauschte der Beifall eines prächtigen Hofstaates im Theatersaale des Palazzo Pitti. Dort hatte der *Rodrigo* sein Publikum gefunden. Es war ein ausgelassener und festlicher Abend, Karneval in Florenz. Vittoria Tarquini durfte ihre Hosenrolle auch in der Gesellschaft weiterspielen, und nach der Tafel glänzte an ihrem linken Zeigefinger ein kostbarer Diamant. Die Kronprinzessin Violanta Beatrice überreichte ihrem Hofkapellmeister im Auftrag des Fürsten ein Geschenk von hundert Dukaten und ein Kaffeeservice aus feinem Porzellan. Die Ehrung war außerordentlich und eines Scarlatti würdig.

Händel machte sich schon auf einen neuen Auftrag gefaßt – vielleicht wieder die Primadonna betreffend –, als die Secundadonna ihm ins Ohr flüsterte, der Kronprinz habe ihr gestattet, schon am kommenden Tag in Händels Begleitung den Karneval von Venedig zu besuchen. Verblüfft hob dieser den Blick und suchte die Tafel der Fürstlichkeiten. Da fühlte er zwei Augen auf sich gerichtet. Die Kronprinzessin Violanta Beatrice lächelte ihm zu ...

Venedig, die hauptstadt der Republique dieses namens, ist über alle massen volckreich und zählt zur zeyt des Carnevals oft an 300 000 Seelen, liegt in dem meer, anderthalb teutsche meilen von vesten land. Sie ist auf kleine insuln, 72 an der zahl, und auf pfählen erbauet, dergestalt, daß man nicht anders als zu Wasser dahin komen kann, hat auch sehr schmale gassen, welche durch 500 brücken aneinander hangen, deren grösste Il ponte Rialto. Jedoch gebrauchet man mehrentheils der Gondolen, um auf denen Canälen von einem orth zum andern zu kommen. Hat einen Platz, heisst Marcus-Platz, und ist die vornehmste zierde der stadt, an dessen einer ecke liegt S. Marco, daneben des hertzogs palast, ein gar künstlich gebäu. Der hertzog aber, den sie Doge nennen, führt ein aristocratisch Regiment. Man treibet allhier eine sehr starcke handlung, sodass man diesen orth vor einen der reichsten in Europa kan halten. Ferner ist die stadt auch wegen des Carnevals berühmt, so den anderen Weynachts-Feyertag anfängt und bis gegen den Ascher-mittwoch währet.«

Mit einer Mätresse der Medici war Friedrich Händel am zweiten Februar 1708 nach Venedig gekommen. Die Erfolge seiner *Lucrezia* und seines *Rodrigo* waren ihm vorausgeeilt. Im Anblick der Lagunenstadt, als sich jeder vor der Überfahrt verkleidete, wußte Vittoria Tarquini auch ihn zu überreden, in einen Domino zu schlüpfen und sich die schwarze Larve auf die hellen Wangen zu setzen. Sie selbst nahm eher eine Entkleidung als eine Verkleidung vor. Als Venus und wie eine Venus von Tizian war sie gewiß – bot sie ihren Beschauern einen Fruchtgarten der Nacktheit dar. ›Sylvio‹ wurde als Besitzer einer solchen Fülle von allen Herren der Schöpfung glücklich gepriesen.

Der Himmel schüttete die Perlmuttschale seiner Farben freigebig über die Stadt, auf deren Kanälen, in deren Gassen sich eine entfesselte Menschheit in buntem Widerspiel tummelte. Neben Trugbildern waren die Göttergestalten des Olymp und die Figuren der Commedia dell'arte reichlich aufgeboten.

Orient und Okzident gaben sich ein Stelldichein – und nicht nur in den Freudenhäusern am Canal Grande. Auch die vornehme Dame hatte ihren Eunuchen, ihren Haremswächter, ihren nächtlichen Begleiter, der sie aus einem verschwiegenen Lokal in der Via di S. Marco abholte, wenn die Gnädigste – es war die Mode der Zeit! – mit einem in

Frauenkleidern versteckten Kastraten soupiert hatte, um dann auf dem Canal Grande einem als Gondoliere verkleideten richtigen Liebhaber in die Arme zu fallen, ehe sie von ihrem braven Ehemann zuletzt den Gutenachtkuß empfing.

Frauen in Männer-, Halbmänner in Frauenkleidern, Kastraten und Eunuchen, Ehemänner und Gondler ..., keine Pikkoloflöte hätte mit schnelleren Läufen die Skala ihrer Töne erklettert als ein Karneval von Venedig die Skala verliebter Torheiten.

Vier Operntheater spielten gleichzeitig Tag und Nacht. In dieser verkehrten Welt waren sie nach heiligen Männern benannt: dem Eiferer Chrysostomus, dem heiligen Paulus, dem heiligen Salvator und dem Gesetzgeber Moses. Nun im Karneval wurden diese Bühnen zu Tribunalen der Narrheit, ihre Logen zu verschwiegenen Séparées. Als Friedrich Händel mit seiner Venus das Theater des heiligen Chrysostomus betrat, standen auf der Bühne fünf halbnackte Mädchen, die alle ihr Talent zur Schau stellen wollten. Doch jetzt zog Vittoria Tarquini in goldener Maske mit ihrer Arie ›Vanne in campo‹ aus Händels *Rodrigo* die Aufmerksamkeit auf sich. Der Beifall war ihr nicht lärmend genug, und nun befahl die Bombace ihren Begleiter ans Cembalo. In rauschendem Dur explodierte jetzt das Feuerwerk einer Tanzariette – staccati, staccati –, eine Passacaille folgte ...

»Nouvauté de Paris? Venus stellt ihre Nacktheit aus!« ...

»Das ist Händel oder der Teufel!« schrie plötzlich ein junger Mann und sprang aus einer Bühnenloge in das Orchester hinab.

»Kennt Er Domenico?«

»Kennt Er Frederico?«

Und sie lagen sich in den Armen: Domenico Scarlatti und Friedrich Händel.

Domenico war in Gesellschaft der jungen Vittoria Tesi, die sein Vater kürzlich aus Florenz »entführt« hatte. Und so standen sich nun, auf dem Ballfest von S. Chrysostomo, Vittoria und Vittoria gegenüber, und es kam in Venedig und bald in aller Welt das falsche Gerücht auf, die Tesi sei Händels Geliebte. Aber die andere Vittoria, die Bombace, erfahrener im Umgang mit Männern als die kleine Florentinerin in ihrem ersten venezianischen Engagement, ließ ihren ›Sylvio‹ nicht los – bis eines Abends eine unbekannte, vornehme Maske in einer Loge des Theaters saß. Es kam zu einer Eifersuchtsszene zwischen dem Kronprinzen Fernando und seiner Mätresse. Doch hatte es Domenico Scarlatti mit Hilfe der kleinen Tesi verstanden, seinen Freund Händel rechtzeitig in das Theater von S. Salvatore und damit in Sicherheit zu bringen. Eine fürstliche Eifersucht war nicht zu unterschätzen.

Nun ging das dreiblättrige Kleeblatt jeden Abend zu einer anderen Lustbarkeit, besuchte die Faschingsopern von Carlo Polarola, von Francesco Gasparini und Nicola Porpora – seichte Machwerke einer lockeren Muse, nicht ein Haar besser als manches Singespiel auf dem Hamburger Gänsemarkt. Nur Antonio Lotti und der junge Antonio Caldara bemühten sich noch um die alte prunkvolle venezianische Karnevalsoper. *Orfeo* von Lotti, *Polifemo* von Caldara waren Ereignisse für Händel. Doch *Bella Diva, Amore e Fortuna, Semiramide, Siroé, La Danza, Le Cinesi* plätscherten vorbei.

»Wenn Sie ein Teufel sind, dann schreiben Sie uns eine Oper!« rief eines Abends die kleine Tesi voll Ausgelassenheit und rüttelte den großen Händel an beiden Schultern.

Am nächsten Tag führte sie den Sachsen in das Theater des heiligen Chrysostomus, nicht weit von der Rialtobrücke und von Händels Quartier gelegen.

Die Direktoren, Francesco Gasparini und Sebastiano Cassiano, empfingen den Komponisten des *Rodrigo* sehr liebenswürdig, worüber dieser sich wohl wundern durfte: Immerhin saß er im Büro des ersten Opernhauses der Welt. Die niedliche Tesi übersprang schnell jede Förmlichkeit.

»Er schreibt auch eine Oper – einen Nero, wenn ihr wollt!« platzte sie los.

»Einen *Nero?*« schmunzelte Gasparini.

Carlo Polarola fungierte als erster Dramaturg. Auch ihn holte die Tesi, als er einmal ins Zimmer guckte, sogleich herbei.

»Dieser Signor Händel schreibt euch die große Oper!«

»Bene, bene!« sagte Polarola etwas gezwungen und verbeugte sich höflich.

Tags darauf brachte die Tesi Händel zu dem ›Opernkönig von Venedig‹, zu Antonio Lotti. Der rundliche, fröhliche Meister der Oper und seine liebenswürdige Gemahlin Santa Stella, früher selbst eine glänzende Altistin, zeigten für den wortkargen Händel bald Sympathie. Die verwandelte sich in helle Begeisterung, als Händel am Cembalo saß, den lieblichen Diskant der Tesi zu begleiten.

»Er muß uns eine Oper schreiben, Maestro!« rief die Tesi in einer Pause.

»Ja, das muß er wirklich!« sagte Lotti.

Und der dreiundzwanzigjährige Georg Friedrich Händel durfte Venedig mit der Gewißheit verlassen, daß die Annahme seiner nächsten Oper am ersten Theater der Welt so gut wie gesichert war. Der Name Lotti öffnete alle Türen.

Rom ...

Eine blauäugige Venus wie von Tizian vermag eine gefährliche Unruhe zu bereiten. Dieser Meinung ist auch Domenico Scarlatti, und so machen die beiden Musiker einen Umweg um Florenz und kutschieren über Ravenna nach der Ewigen Stadt. Domenico Scarlatti hätte Friedrich Händel am liebsten gleich bis nach Neapel und in die Obhut seines Vaters Alessandro gebracht, aber Händel hatte dem lachenden Kardinal das Versprechen gegeben, spätestens zu Ostern – und nicht mit leeren Händen – wieder in Rom zu sein.

Noch klingt ihm das helle Dur seines *Rodrigo* in den Ohren, doch schon ertönen die Glocken des Aschermittwochs überall wie dunkles weiches Moll. In Tivoli macht er halt und skizziert mit Hilfe Domenicos die ersten Umrisse einer *Kantate von der Auferstehung des Herrn.*

»La Resurrezione«, sagt Domenico feierlich.

Luzifer, der Höllenkavalier, triumphiert über den Tod des Heilands. Der Chor der Hölle spendet Beifall. Doch der Chor der himmlischen Heerscharen jagt den Chor der Hölle davon und belehrt den Teufel in elegant geführten Kontroversen, daß er sich irre in seiner Macht. »Der Himmel ist Sieger, Christ ist erstanden!« Maria Magdalena, Johannes und Cleofe erleben in einer Szene tiefer Ergriffenheit die Auferstehung des Heilands.

Ein Miniaturoratorium, ein festliches Bild, gefällig gemalt in bunten, sinnlichen Farben, ein Al fresco im frühlingsblauen Himmel von Rom.

Sigismonde Capece, ein Freund des lachenden Kardinals, hat den geschliffenen, preziösen Text geschrieben, den Händel schon seit Monaten mit sich herumträgt. Nun wird Luzifer ein Baß mit einem Umfang von zwei Oktaven, nicht ohne Komik, denn der Teufel ist zuletzt – lächerlich. Der lachende Kardinal hat Domenico schon das Versprechen abgenommen, für die Rolle des Teufels den berühmten Boschi aus Neapel zu beurlauben. Maria Magdalena, Johannes und Cleofe aber werden von den ersten Kastraten der Sixtina gesungen.

Händel malt in glühenden Farben. Sechsstimmige

Chöre erfreuen die Ohren des lachenden Kardinals, Chöre in einer Umrahmung von vier Violinen, deren erste Corelli spielt. Viola und Kontrabaß kommen eifrig zu Hilfe, und auch die in Italien schon aus der Mode kommende Viola da Gamba führt Händel wieder ein. Nun setzt er noch die Oboe ins Treffen, und auch Carissimis Fanfaren fehlen nicht – doch ist mehr Glanz dabei als Tiefe, mehr Farbe als Fülle.

Arkaden und Prälaten streiten eifersüchtig um den Ort der Aufführung. Corelli entscheidet: Im Palast des Fürsten Ruspoli, auf der Freibühne im Olivenhain, soll *La Resurrezione* in Szene gehen.

Kutschen und Sänften eilen auf den Esquilin, Kavaliere und ihre Damen, Priester und Künstler. Mit Ottobuoni und Panfili erscheint als Vertreter der Kurie der junge Sekretär der Römischen Kongregation, Prosper Lambertini, aus Bologna gebürtig (der spätere Papst Benedikt XIV.), vor dessen Leutseligkeit und Weltklugheit selbst die ältesten Prälaten verstummen. Die Fürsten von Polen, Bayern und Portugal, Mitglieder der Arcadia, haben Vertreter entsandt. Die Privatkutsche des Fürsten Ruspoli aber bringt einen besonders illustren Gast: Es ist Agostino Steffani, Expriester der römischen Kirche, doch immer noch ihr treuer Diener, Titularbischof und päpstlicher Resident, Hofkapellmeister und Diplomat von Hannover, intimer Freund der Kurfürstinwitwe Sophia, die als Tochter des Winterkönigs von der Pfalz ein Erbrecht auf die Krone von England behauptet. Steffani ist ein Freund aller Welt, ein geschmeidiger Unterhalter und begabter Musiker, der den Taktstock zu führen weiß – auch in der Politik. Er ist ein Freund von Leibniz, und gleich Leibniz verurteilt auch er die französische Haltung der Kurie im Spanischen Erbfolgekrieg. Nicht der König von Frankreich, sondern allein der Kaiser als Vertreter des Heiligen Römischen Reiches Deutscher Nation ist der Garant eines neuen universalen Europas. Leibniz hat am Hof zu Hannover die Idee einer Vereinigung der beiden christlichen Konfessionen entwickelt, und Steffani hat ihm dabei sekundiert. Das Haus Hannover aber ist gut kaisertreu, und Steffani ist der Diplomat Hannovers und Persona grata bei dem Prinzen Eugen.

Doch seit einem Jahr ist der fünfundfünfzigjährige zappelige, kleine Mann zwischen dem Lärm der Politik und der Musik ein bißchen müde geworden. Nun sucht er in ganz Europa einen neuen Hofkapellmeister für Hannover.

Händel? Nach der erfolgreichen Premiere von *Resurrezione* bringt Ruspoli den jungen Komponisten zu Steffani. Auch Kardinal Ottobuoni und der päpstliche Sekretär Lambertini sitzen in der Runde. Ottobuoni drückt Händel vertraulich eine fette Börse als Geschenk in die Hand. Im darauffolgenden Gespräch muß Steffani die Feststellung machen, daß der junge Sachse zwar ein recht guter Musikant, doch politisch gänzlich ohne Interesse ist. Ein Europäer ist er, das scheint gewiß, doch nicht aus Berechnung, sondern aus Temperament ...

Händel zeigt gar keine Lust, nach Hannover zu gehen, obgleich dort seine kleine Freundin vom Hofe zu Kölln, Karoline aus Ansbach, mit dem Kronprinzen Georg verheiratet ist. Hannover? Warum nicht Neapel, Paris, Madrid? Oder Dresden, Warschau, Petersburg? Geld hat er genug, sein Weg ist frei! ...

Er spaziert im Olivenhain und trifft den berühmten Boschi aus Neapel. Sie phantasieren über ein ›Weltopernhaus‹. Hier müßten sich die besten Sänger und die ersten Komponisten vereinigen, um die europäische Oper zu schaffen. Dort stehen der lachende Kardinal und der lächelnde Kardinal und der kleine Corelli beieinander. Händel wird gerufen. Plötzlich zieht Panfili mit der liebenswürdigsten Miene einen Text aus der Tasche: ein eigenes Opus in Versen. Corelli liest den Titel: *Triumph der Zeit und der Weisheit – Il Trionfo del Tempo e del Disinganno* und drückt Händel das Manuskript in die Hand. Der ist schon wieder gefangen, muß in Rom bleiben und komponieren.

Schon am anderen Tag fangen in Händels Kopf und Herz die Gestalten der Sinnlichkeit (Piacere), der Schönheit (Bellezza), der Weisheit (Disinganno) und der Zeit (Tempo) zu streiten an. Jetzt endlich gibt ein allgemeines und erhabenes Thema Gelegenheit, frei zu konzertieren und zu charakterisieren. Und so entsteht das musikalische Selbstporträt eines jungen Mannes aus Halle mit dem Text eines Priesters aus Rom.

Ein Concerto Grosso in Corellis Manier schüttet vier allegorische Figuren aus: Das Trugbild eines Adagio hebt die Schönheit, die Betörung eines Allegro die Sinnlichkeit empor. Dann mahnt die Oboe zur Einkehr. Geistvoll und lebhaft dialogisieren nun Oboen und Geigen miteinander. Es gibt Passagen, bei denen selbst Corelli den Bogen absetzt und lächelnd sagt: »Das ist zuviel Feuerwerk für mich alten Mann! ...« Doch er will nur Händel am Cembalo bewundern.

Ottobuoni hat seinen eigenen Musiksaal zur Verfügung gestellt. Unter einem römischen Himmel im Kreis von Priestern und schönen Frauen siegen Zeit und Wahrheit über Schönheit und Sinnlichkeit. Auch eine heilige Cäcilia von Michele Rocca lächelt von ihrer rosengeschmückten Orgelbank gnädig herab. So tobt der Kampf, bis endlich unter dem Grollen des Donners die Zeit ihren Sieg davonträgt und die Wahrheit in einem kontrapunktisch gefügten ›Alleluja-Chor‹ in göttlicher Allmacht emporsteigt.

Beifall und Lachen folgen. Eis und Konfitüren, Liköre und Früchte werden serviert, während die kleinen Abbés nach Art der Souvenirjäger Servietten, Taschentücher und Fächer von Berühmtheiten und Schönheiten heimlich in ihren Taschen verschwinden lassen. Auch Sylvio-Händel vermißt am Ende sein Taschentuch.

Neapolis, die hauptstadt des Königreichs Neapel, in Terra di Lavoro, an einem Golfe. Sie ist schön, groß und volckreich, auch nach der neuen manier bevestiget und treibet grosse handelschaft, hat 5 citadellen und viele schlösser. Sie hat auch einen schönen meerhafen, allwo bey die 200 schiff parat liegen können. Hat auch ein ertzbissthum und eine Universität, welche anno 1239 gestifftet worden auch einen königlichen Pallast, worinnen der Vize-Roy residieret, welcher diese stelle im Namen von Ihro Kayserliche Majestät bekleidet. In gantz Italien ist keine grössere Pracht mit reiten, und von den schönsten Pferden, als zu Neapolis. Sieben welsche Meilen davon liegt der feuerspeyende berg Vesuvius, und nach Pozzuolo gehet ein unterirdischer weg, Grotti di Pozzuoli genannt, welche beyde stücke wohl sehenswürdig sind.

Domenico Scarlatti hatte seinen Freund Händel der Schlinge entrissen, die Agostino Steffani mit diplomatischer Geschicklichkeit schon um ihn gelegt hatte. Als freier Vogel zog Händel nun am blauen Meer entlang nach Süden, der Stadt der großen Oper – Neapel – zu. Eine Stadt des Lärms öffnete ihre engen und schmutzigen Gassen. Draußen im Golf badete eine goldene Sonne, und die schwarzen Felsen von Ischia, Procida und Cap Miseno glühten flammend und rot.

Dicht bei der königlichen Oper lag das ›Conservatorio di San Onofrio a Capuana‹. Hinter dessen Säulen aus marmoriertem Stuck saß Alessandro Scarlatti, der »König der Oper«, auf einem erhöhten rot- und goldverzierten Podium wie auf einem Thron. Er war schmalköpfig, schmalhändig, schmalschulterig wie sein Sohn Domenico.

Georg Friedrich Händels Geburtshaus in Halle an der Saale

Georg Friedrich Händel zur Zeit seines ersten Aufenthalts in Italien, 1706 bis 1709. Nach einer Miniatur von Christoph Platzer um 1710. (Händelhaus, Halle)

Georg Friedrich Händel. Gemälde von Philipp Mercier

(Englischer Privatbesitz)

Händels Wohnhaus, Brook Street Nr. 25 in London (Ansicht aus dem Jahre 1875). Hier lebte Händel 34 Jahre, von 1725 bis zu seinem Tode 1759. Er schrieb in diesen Räumen den »Messias«.

»King's Theatre« am Haymarket in London

Aaron Hill (1685 bis 1750), der 1711 die erste Oper Händels
»Rinaldo« in London als Direktor der Königlichen Oper am
Haymarket herausbrachte

Der Sänger Giovanni Carestini. Er trat in Händels Oper
»Ariadne« auf.

Georg Friedrich Händel. Zeichnung von G. A. Wolffgang.

Hochgewachsen und vornehm lächelnd, machte der fünfzigjährige Meister, der unter seinen römischen Schäfern den Namen ›Terpandro‹ trug, den Eindruck eines Aristokraten, verwöhnt vom Leben und von den Frauen. Hatte er nicht die junge Tesi aus Florenz entführt? Und doch war dieser lässige Mann dort oben ein Zuchtmeister der Oper. Er hatte mit den eigenen schmalen Händen fünfhundert Kantaten und hundert Opern geschrieben. Die neapolitanische Oper – in Alessandro Scarlatti war sie verkörpert! Und um ihn Kastraten und wieder Kastraten! Sechshundert Jünglinge und Knaben, an denen »der halbe Selbstmord« vollzogen war. Sie alle schienen diesem Zuchtmeister der Oper hörig zu sein: Verschnittene der südlichen, »der neapolitanischen Hölle«, Opernschüler, die täglich von morgens bis abends, jahraus, jahrein ihr ›Do re mi fa sol‹ zu üben hatten, bis endlich, nach zwei Jahren vielleicht, der Meister ihnen ein Rezitativ, nach zwei weiteren Jahren die erste Arie gnädig in den Mund legte.

Die große Da-capo-Arie eines Scarlatti! Er, der für die Oper das ›Motiv‹ erfunden hatte, baute auch als erster die berühmten »großen« Arien, sie weit abrückend von den Liedern und Liederchen der kleinen Singespielkomponisten.

Die große Da-Capo-Arie besteht aus zwei Motiven, auf drei Sätze verteilt: dem Hauptmotiv im Vordersatz, das zweiteilig in der Tonika und in der Dominante erklingt; dem Gegenmotiv im Mittelsatz, gegensätzlich in Tonart und Rhythmus; und dem Da capo im dritten Satz, das mit Bravour und in immer neuen Kadenzen zum Hauptmotiv zurückführt.

Brust-, Kopf- und Flüsterstimme werden hier nicht mehr raffiniert ineinandergeschoben ..., denn ein Falsettist hat zwei Stimmen, eine natürliche und eine unnatürliche, ein Kastrat aber hat nur eine einzige »große, helle und reine Stimme«. Bei Scarlattis ersten Schülern erreicht sie einen Umfang vom H bis zum dreigestrichenen C oder dem dreigestrichenen D, E und F.

In der Arie aber liegt der Höhepunkt des dramatischen Affekts und das Äußerste an melodischem Ausdruck. Die Singstimme, ihrer Worte ledig, strömt in Ungebundenheit dahin, jagt wie auf Flügeln der Melodie über Triller und Kadenzen. Ein Solmisieren mit lächelnd gekräuselten Lippen, ein Schwelgen in Vokalen, ein virtuoses Stammeln geht bald über ganz Europa hin.

Am Abend sieht Händel die jungen Opernschüler auf der Uferpromenade am Golf spazierengehen – in langen Talaren wie in Bologna, kokett in ihrem Gehabe, manche üppig und mit runden Brüsten. Was wird aus ihnen allen? Ein Theater hat höchstens sechs Solisten nötig. Sechshundert Schüler aber exerziert allein schon Scarlatti. – Dort läuft der große Operateur Dr. Cisillo schnellen, schleifenden Schrittes. Sein Kopf ist gebeugt, sein Blick hinter der Brille versteckt. Raubt er dem Königreich immer noch Tag für Tag fleißige Bürger und gute Soldaten?

Napoli! Du hast einst den Spaniern gehört, gestern den Franzosen, heute den Truppen des Prinzen Eugen. Du bist die Heimat der Müßiggänger, der Schlupfwinkel der Lazzaroni, der Tummelplatz der Briganten, das Vaterland der Kastraten! Dorado einer verderbten, mondänen Welt! Und doch würde sich kein Deutscher, kein Franzose, kein Spanier und kein Engländer und nicht einmal der große Scarlatti selbst dafür hergegeben haben, an sich oder seinem Sohn diesen halben Selbstmord vollziehen zu lassen für ein paar Bretter, die die Welt bedeuten sollen.

Alessandro Scarlatti, Nicolo Faso, Nicola Porpora – Männer sind sie, Vollmänner, die in den Konservatorien ›della Pietà‹, ›di Gesù Cristo‹, ›di San Onofrio‹ nach dem Vorbild ihres großen Lehrers Francesco Provenzale mit fanatischem Eifer weiche Knabenstimmen zu harten, kunstvollen Instrumenten formen. Nur Pistocchi in Bologna, der Vater des Gesanges, ist – vorläufig – der einzige Kastrat unter den Zuchtmeistern Italiens. Die schöne, »goldene Zeit« der weichen, feinen Stimmen aber ist dahin. Die »diamantene Zeit« der helltönenden, klingenden, hartpolierten Stimmen ist angebrochen. Wer läßt sich in der Oper von Neapel noch bezaubern von der Stimme einer Frau? Die Feinschmecker schwärmen nur noch für die Stimmen verschnittener Jünglinge.

Eines Abends spielte man die *Agrippina* von Porpora. Friedrich Händel, der selbst schon wieder einen *Nero* im Kopf hatte, betrat mit seinem Freund Domenico die Loge. Der erste Akt hatte begonnen: Die Szene zeigte Neros Kaiserpalast. Dienerinnen sangen einen Chor, es waren Kastraten! Keine Rolle der Oper war mit einer Frau besetzt. Auch die Agrippina spielte ein rundlicher Kastrat mit hinreißender Stimme. Manchmal zeigte er kokett sein Dekolleté, das einem Frauenzimmer keine Schande gemacht hätte.

Domenico störte den Freund. In der nächsten Loge saß eine vornehme Dame, die mit ihrem Fächer Zeichen machte. Wenige Augenblicke später präsentierte Scarlatti der spanischen Baronesse Donna Cecilia Capece Minutola Enrichez den stattlichen Händel. So lang und klangreich der Name, so kurz und ohne viele Worte war die Werbung der Dame.

Friedrich Händel saß in einer Oper, deren glanzvolle Ausstattung seine Augen blenden, deren Bravourgesänge seine Ohren berauschen, deren gesellschaftlich prunkvoller Rahmen ihn hätte verwirren müssen. Statt dessen lag Donna Cecilia in seinen Armen, und Domenico verdeckte mit elegantem Rücken taktvoll das Spiel im Spiel..., während Nero seiner Mutter Agrippina auf der Bühne eine Szene machte.

Dann mußte Händel seine schwarzäugige Donna einen

Augenblick alleine lassen. Der Vizekönig und Stellvertreter des Kaisers in Neapel, Kardinal Grimani, wünschte ihn in der Pause des zweiten Aktes kennenzulernen. Er war ein feierlicher Herr, der sein üppigrotes Gesicht nur schlecht in einer weißen Perücke verhüllte. Über Händel schien er wohl orientiert.

»Er hat auch einen Nero im Kopf?«

Händel verbeugte sich höflich.

»Hat Er schon einen Text?«

Händel verneinte.

»Wir wollen seinen Nero in S. Chrysostomo spielen. Mach Er sich keine Sorgen, den Text besorge ich!« Grimani sprach's, und Händel war entlassen. –

Wem das Glück in Fülle gibt, dem läßt es auch die Zeit, in Fülle zu genießen. Händel und seine Donna besuchten allwöchentlich die Oper. Händel selbst dachte nicht an Arbeit. Viel lieber ritt er an der Seite seiner Spanierin jeden Morgen am Vesuv entlang, ritt nach Salerno. Sie hatte ihm ein Reitpferd geschenkt, denn jeder Kavalier in Neapel besaß sein eigenes Pferd. Sie schenkte ihm einen silbernen Degen, nicht, um damit Rivalen zu erstechen, sondern um damit zu prunken.

In Portici hatte die Donna ein kleines Landhaus, ein Liebesnest. Dort erlernte Händel im Schatten des rauchenden Berges das Spiel mit dem spanischen Feuer. Das flammte empor und brannte heftiger als der Vesuv. Ein Antlitz voll Leidenschaft blickte ihn an: glühende Augen; volle, rote Lippen; Wangen wie von Bernini gemeißelt. Pathos und Leidenschaft! – Friedrich Händel schrieb Chansons für seine Geliebte auf Texte, die sie selbst gedichtet hatte. Dann lauschten beide am Golf von Sorrent dem schwermütig langen Zwölfachteltakt einer Siziliane. Auch die Hirten bei Herculaneum, die ›Pifferari‹, hatten es Händels Ohren angetan, wenn sie auf Pfeife und Dudelsack ihre ländlichen Sinfonien ertönen ließen.

»Führst du Tagebuch?« fragte eines Tages die Geliebte.

»Nein, ich lebe!« entgegnete Händel und lachte.

»Was schreibst du denn da?« fragte Cecilia und entriß ihm eine Rolle.

Es war ein ›Notizbuch der Musik‹, das sie in ihren Händen hielt, flüchtig hingeworfene ›Motive‹ von Sizilianen und Spagnuolen, kurze Sätze von Scarlatti, Lotti und Caldara, Kantaten von Steffani, Kavatinen von Bononcini, eine Szene aus der Oper *Agrippina* von Porpora und immer wieder Arien und Arien von Alessandro Scarlatti, große, dreiteilige Da-capo-Arien der neapolitanischen Oper.

»Skizzen?« sagte Cecilia enttäuscht.

»Ich brauche nicht mehr!«

»Ich brauche die Welt – die ganze Welt!«

Donna Cecilia war eine Dichterin. Und nun, als die glühende Leidenschaft in den beiden langsam erlosch, ergriff ihre Sinne ein Rausch von Poesie. Sie schufen ein Schäferspiel und nannten es *Acis, Galathea und Polifemo*, eine Serenata in Versen: zwei duettierende Herzen, umrankt von zwei duettierenden Geigen, und ein komischer Baß, Polifemo.

In *Acis und Galathea* hat das ewige Thema der sterbenden Liebe seine rührendste Fabel gefunden. Tausendfach wurde dieses Liebespaar schon besungen. Nun tat es Händel auf seine Weise: nicht mit zerrissenem Herzen, eher in lächelnder Gelassenheit und ohne zu ahnen, daß er gerade deshalb der Welt eine unsterbliche Liebesklage schenkte. –

Wieder erblühte ein neuer Sommer, und Händel, allein, saß immer noch am Golf von Neapel. Donna Cecilia hatte einen anderen Liebhaber. Händel war frei, verlebte ruhige Tage im Palast des Vizekönigs von Neapel. Der Text der neuen Oper war schon fertig. Sie würde *Agrippina* heißen, genau wie die Oper Nicola Porporas. So will es der Kardinal. Schon setzt Händel die Ouvertüre: Breiter, großmächtiger will er sein Rom erbauen, als Porpora es getan. Er sieht seinen Nero als verliebten jungen Prinzen in der Ewigen Stadt ...

Da trifft eine schwere Nachricht aus Halle ein. Die jüngste Schwester, die blasse Johanna Christiana, ist am 16. Juli dieses Jahres im Alter von neunzehn Jahren an der Schwindsucht gestorben. Händel möchte fort, weit fort.

Doch die beiden Scarlatti, Vater und Sohn, halten ihn fest. Der Vizekönig, Kardinal und Dichter der *Agrippina*, darf nicht enttäuscht werden. Händel muß in Neapel sein Meisterstück liefern, für Venedig und die ganze Welt! – Er findet sich wieder. Mit einem Ausbund jugendlicher Melodien überschüttet er seine Trauer um die geliebte Schwester. Bald sprüht das Feuer aus ihm hervor, es schmelzen die Klänge, es formen sich Gebilde.

Agrippina, die Kaiserin, Poppäa, ihre Rivalin, gewinnen Gestalt. Vittoria Tesi, die jugendliche Florentinerin, wird die Poppäa singen. Für die Agrippina aber will der Kardinal die berühmte Sopranistin Francesca Durastanti, deren Stimme ihn schon oft berückt hat. Der Kardinal will in Frauenrollen keine Kastraten hören! Er hat, wie er sagt, »ein buhlerisches Intrigantenstück« geschrieben, das will er auch buhlerisch gespielt haben – von Frauen also *und* von Männern. Der Herr Kardinal ist Venezianer, sein Geschmack ist venezianisch. Dem Händel aber ist das ganz recht.

Die Handlung ist einfach. Kaiser Claudio, Agrippinas Gemahl, begehrt die lasterhafte Poppäa, die jedoch auch von Nero, dem Sohn der Agrippina, umworben wird. Poppäa hat noch einen Liebhaber, den strammen Ottone. Er schafft zuletzt das gute Ende.

In Rezitativen entwickelt sich die Handlung. Alessandro Scarlatti zeigt sich besorgt: nur kein uferloses Auf und Ab, kein planloses Schwelgen! – Doch Händel meistert sein Rezitativ. Gerafft, rhythmisch, expressiv drängen die Dialoge auf die großen Arien hin.

Dann gelingt Händel eine Ouvertüre, die an packender Leidenschaftlichkeit und furioser Wildheit den Text des Kardinals Grimani und die Ouvertüre des Rivalen Porpora weit hinter sich läßt. Das ist die Dämonie einer Agrippina, die sich nach dem Muster Alessandro Scarlattis in einem dreiteiligen Tongemälde enthüllt.

Nero wird von Valeriano Pellegrini gesungen, einem jungen hoffnungsvollen Sopran, der erst kürzlich den Händen Scarlattis entschlüpft ist. Der Meister hat den Schüler nach Neapel zitiert. Und Händel gestaltet mit Pellegrinis Stimme – vom A bis zum dreigestrichenen D – die Rolle des Nero. Boschi, der gewaltige Bassist, wird den Claudio singen, Boschis Gattin den dritten Liebhaber Ottone.

»Es ist die erste Besetzung der Welt!« sagt mit zufriedenem Lächeln Scarlatti.

Nach drei Wochen kann Händel seine Papiere zusammenraffen. Der November rückt heran. Es gilt, noch in Rom Abschied zu nehmen, in der Arcadia *Acis und Galathea* zu dirigieren und dann schleunigst nach Venedig zu reisen zu den Proben der *Agrippina*.

Venedig! – Am 10. Januar 1710 drängten sich auf dem Canal Grande die vornehmen Gondeln, bogen in den Canal di Rialto ein, strebten eifrig der Freitreppe der großen Oper zu.

Ein buntes Volk hatte sich auf den engen Treppen gesammelt, um den Aufzug einer europäischen Gesellschaft zu begaffen. Es erschienen die Habitués der Oper, begleitet von ihren Mätressen, es erschienen vornehme Damen in Begleitung ihrer Ehemänner oder Eunuchen.

Antonio Lotti kam als erster der Künstler mit seiner reizenden Gemahlin Santa Stella, und beide lächelten ob

151

des Beifalls, der ihnen zuteil wurde. Es folgte der Doge von Venedig, Lorenzo Marini, in Begleitung des kaiserlichen Grafen Daun.

Und nun erschien in Begleitung von zwei großen schmalköpfigen Herren – Alessandro und Domenico Scarlatti – der jugendlich-stattliche Komponist der *Agrippina:* Georg Friedrich Händel. Kurz darauf schaukelte auch die Gondel des Dichters heran. Kardinal Grimani, dessen Familie die Mehrheit der Aktien am Theater des heiligen Chrysostomus besaß, begab sich in Gesellschaft der Direktoren Gasparini und Cassiano in seine Loge.

Es folgten die Künstler: der selbstbewußte Giovanni Bononcini mit dem stechenden Blick, der elegante, knabenhafte Antonio Caldara, der breitschultrige »Stier« Nicolo Porpora, der sanfte Leonardo Vinci. Und hinter ihnen drängten sich Impresarios, Komödianten, Sänger aus aller Welt.

Doch ein blasser junger Mann von schmaler Gestalt wurde nicht bemerkt, als er ins Theater schlüpfte. Es war Aaron Hill, der Direktor der königlichen Oper zu London.

Nun erschienen die Florentiner: voran Kronprinz Fernando von Medici mit seiner Mätresse Vittoria Tarquini, hinter ihnen der immer lächelnde, immer zerstreute Gaston von Medici.

Jetzt gab es Bewegung. Sechs Gondeln wollten zugleich die Freitreppe gewinnen. Deutsche und Engländer bildeten Spalier; ein rundlicher, etwas protzig aussehender Herr von fünfzig Jahren mit einer pompösen Dame an der Hand – einer Riesendame, die ihn um Haupteslänge überragte – machte sich etwas umständlich breit. Es war Kurfürst Georg Ludwig von Hannover mit seiner Mätresse, der einzigen, die ihm treu blieb.

Georg Ludwig war ein »Lebemann aus Bequemlichkeit«, doch liebte er den Karneval in Venedig und bezahlte auf Betreiben seines Hofdirigenten und Diplomaten Agostino Steffani eine erste Loge im Theater des heiligen Chrysostomus. Da erscheint Steffani auch schon, gibt der gaffenden Menge das Zeichen zum Applaus und gleitet geschmeidig an die Seite seines hohen Herrn.

Das Orchester stimmt. Die Theaterzettel knistern: »Anno 1710, d'inverno. Agrippina 441 (= die 441. Oper) di Teatro S. Gio. Crisostomo 56 (= die 56. Uraufführung) Poesia d'Incerto (= Grimani will als Verfasser anonym bleiben) Musica di Giorgio Fred. Hendel 1. (= Händels 1. Werk für dieses Theater)«

Da! Schon entlädt sich die Ouvertüre, noch ehe die hohen Herrschaften alle zu ihren Logen gefunden haben! Welche Kraft, welche Fülle! ... Eine solche Eingangsmusik ist neu für welsche Ohren, nirgends Ziererei, nirgends Zwang, überall nur Leben und freie Bewegung!

Der erste Akt: Kaiser Claudius ist auf einem Kriegszug im Meer ertrunken. So die Meldung! – Sein Weib Agrippina will ihrem Sohn Nero die Krone verschaffen. Es gilt, den Hof für Nero zu gewinnen, denn Nero ist nur der Stiefsohn des Kaisers. Die schöne Agrippina wirft ihre Netze aus. Ein Thema der Zeit! Wird es ihr gelingen, mit den Künsten des Weibes die Politik zu lenken und die kaiserlichen Stellvertreter Narzissus und Pallantes zu betören? Schon singt Narzissus: »Auf Flügeln der Liebe, o Königin!« Flöten und Violinen locken. Eine Sirene trillert die Antwort. Die Durastanti singt diese Kaiserin, der Kastrat Pellegrini den jungen Nero. Nero, der wohlgeratene Sohn! Das ist neu, das ist unerhört interessant: der junge Nero *vor* seinen Verbrechen, der zärtliche Nero! Doch Poppäa, die Mätresse des Kaisers, hofft auf Ottone, den kaiserlichen General, obwohl Ottone auch der Kaiserin verliebte Briefe schreibt. Schlauer Ottone! ...

Der zweite Akt. Eine Schreckensmeldung: Der Kaiser ist gerettet, kehrt mit seinem General aus siegreicher

Schlacht zurück! Ein Chor mit Fanfaren: »Di timpani e trombe.« Boschi, der mächtige Baß, hat Erfolg als Claudio. Seine Gemahlin singt den General Ottone. Beifall auf offener Szene für Claudio, für Ottone. Dann höchste Spannung und Verwirrung! Lautlos sind die Köpfe im Parkett während der Rezitative über die Texte gebeugt, Kerzen flackern in zitternden Händen: Die junge Vittoria Tesi feiert als Poppäa Triumphe, »also treibt ihr natürliches Gefühl sie zu immer zärtlicheren Actionen«. Das Publikum rast.

Der dritte Akt. Nun muß die Liebe alles in Ordnung bringen. Eine Neuheit: Die Rivalinnen arbeiten sich in die Hände! Bravo, Grimani, welch gute Idee! Agrippina entläßt Ottone, Poppäa beruhigt den stürmischen Nero und führt den alten Claudio seiner Gemahlin zu. Dann ergibt sie sich dem gefährlichen Ottone, nicht ohne vorher Nero noch schnell einen Blick zuzuwerfen: Einst wird sie *seine* Geliebte. Und Nero wird Thronfolger. Das Volk von Rom bricht in Jubel aus. Die Göttin Juno selbst bringt eine Glückwunscharie. Ein Ballett beschließt das gefährliche, das dämonische, das verliebte Spiel …

Die Mischung gefällt. In den Logen stehen die Habitués der Oper und klatschen unermüdlich Beifall. Der Vizekönig von Neapel lächelt geschmeichelt, während er Antonio Lotti die Hand reicht. Alessandro Scarlatti, Domenico Scarlatti umarmen ihren Händel vor den Augen ganz Europas. Gaston de Medici will seinen lieben Sachsen einer hübschen Herzogin präsentieren. Da eilt Agostino Steffani herbei, um die junge Berühmtheit schleunigst in die Loge des Kurfürsten von Hannover und damit in Sicherheit zu bringen.

Doch ein blasser, schmaler junger Mann kommt Steffani zuvor. Aaron Hill hat Händel zwischen die Kulissen des Kaiserpalastes von Rom gedrängt und macht ihm das Angebot, sofort nach London zu kommen. Mit breiter englischer Zunge, doch in überstürzten französischen Worten verspricht er dem verblüfften Händel goldene Berge – und nicht nur Gipfel des Ruhmes, sondern auch Benefizvorstellungen, Massenverkauf Händelscher Arien, prozentuale Beteiligung ...

»London ist die größte Stadt der Welt!« fügt Hill hinzu.

»London?« fragt Agostino Steffani und drängt sich zwischen Händel und Hill. »Der Weg nach London, meine Herren, führt über das Pflaster von Hannover!«

Viertes Kapitel

Hannoveranischer Kapellmeister

Die gefiederten Sänger kehrten in ihre Wälder zurück, an der Etsch blühten Märzenbecher und Primeln. Der Frühling kletterte über Felsen und Klüfte.

Eine geräumige Überlandkutsche des kaiserlichen Reichspostmeisters von Thurn und Taxis rollte der Stadt Trient zu, warf den Staub einer ärmlichen Straße hinter sich und lärmte gewichtig unter der Last von vier Männern.

Drei Engländer und ein Händel! Doch die vier Herren schwiegen: der Blaufrack, Herr Händel aus Halle, und die drei Graufräcke aus London. Engländer kleiden sich dunkel wie die Hamburger, nicht bunt wie die Italiener, und abends gehen sie sogar in feierlichem Schwarz in die Oper. Händel betrachtete die drei schmalen Köpfe, die jetzt, ihrer Perücke entblößt, recht locker in den hohen Hüten steckten und ein wenig zu frösteln schienen. Da hielt der Wagen vor einer Herberge, zerlumpte Buben zeigten Purzelbäume und bettelten um Geld.

Als die Fahrt weiterging, streckten die Engländer wie auf Kommando ihre langen Beine aus. Da tat Händel das gleiche, und so saßen sie alle vier recht faul und bequem. Eigentlich kam der eine Engländer aus Indien und der zweite aus Ägypten. Der dritte aber besaß eine Pelzfarm in Neukaledonien. Was hatten die drei stocksteifen Knaben in Venedig zu suchen gehabt? Sie waren dort in das Gefolge des Kurfürsten von Hannover geraten und hatten als eifrige Parteigänger der Whigs und waschechte Puritaner dem protestantischen Anwärter auf die Krone Englands den Hof gemacht. Dann waren sie auf den Karneval geführt worden und hatten viermal die *Agrippina* gesehen. Von den siebenundzwanzig Aufführungen, welche Händels Oper im Theater des heiligen Chrysostomus erlebte, hatten diese drei Gentlemen vier Abende mit ihrem Besuch beehrt. Der jüngste der drei, den sie ›James‹ nannten, hatte auch die im Druck erschienenen Arien erworben und wollte nun in London die Ohren einer Lady damit beglücken.

London? Eigentlich hatte Händel die Absicht gehabt, seine musikalischen Wanderjahre in Wien bei Johann Joseph Fux, dem Autor Classicus im Geiste Palestrinas, oder in der Pariser Opernschule von Jean Baptiste Lully fortzusetzen und noch ein paar Jahre frisch-fröhlich zu vertun. Doch da hatte neben diesem Aaron Hill der zappelige Steffani gestanden und ihn kurzerhand in das Gefolge des Kurfürsten von Hannover verpflichtet.

Tausend Taler im Jahr! Zweitausend Dukaten hatte ihm Grimani für die *Agrippina* überweisen lassen, verbunden mit der Einladung, noch länger in Venedig zu bleiben. Doch Händel drängte nach Hause. Italien war für ihn nicht nur eine Ergänzung, es war für ihn das Sprungbrett in eine Epoche geworden. Jetzt galt es, sich zu beweisen. Der Komponist der *Agrippina* fühlte sich freier, froher, sicherer als je zuvor in Hamburg und in Halle. Lachen hätte er mögen vor Übermut, ganz laut, wären nicht diese drei fischkalten Engländer in seiner Nähe gewesen.

Seine drei Schatten begleiteten ihn auch in den Dom von Trient und verharrten steif nebeneinander in einer Kirchenbank, während die Fugen und Doppelfugen raumgreifend die Gewölbe füllten.

Nun fuhr die Reisekutsche schon durch die schneebedeckten Schluchten der Alpen. Friedrich Händel war in den Anblick weißhäuptiger Riesen versunken und zählte die mächtigen Gipfel, die rings um ihn emporstiegen. Gipfel und Werke! Dort der steile Fels, das war die *Lucrezia*, die beiden schmuckvollen Hügel waren *Acis und Galathea*, der *Rodrigo* erhob sich wohlgeformt, dort ragte das Massiv der *Agrippina*, hinter ihr erstrahlte der weiße Firn der *Auferstehung* und noch weiter am Horizont reckte sich der *Triumph der Zeit und der Weisheit* majestätisch zum Himmel empor. Gipfel und Werke!

In fünf musikalischen Skizzenbüchern hatte der junge Deutsche die besten Musiken der Italiener gesammelt: Solosonaten, Triosonaten und Concerti grossi von Archangelo Corelli, Kantaten und Arien von Alessandro Scarlatti, Madrigale und Arien von Antonio Lotti, dem venezianischen Opernkönig, der vor aller Welt die Instrumentation der *Agrippina* mit lauten Worten gerühmt hatte, um alle jene zu belehren, die vorgaben, nur noch in galanten, dünnen Melodien die echten Perlen der Musik zu finden.

München! Auch jenseits der Alpen konnte der Himmel blauen. Fröhlich schauten die Frauentürme in die tanzenden Wolken empor. »Frau Mutter, da habt Ihr mich wieder!«

»Mein Friedrich – du bist ja ein Mann geworden!«

»Macht nicht zuviel aus mir, Frau Mutter, es könnt' Euch gereuen!« Er streichelte zärtlich ihre Wange.

»Bist du immer gesund gewesen?«

»Ihr seht es ja!«

»Hat dich kein Fieber befallen?«

»Doch, das Musikfieber!« Sie lachten beide.

»Und spielst du noch die Orgel?«

»Wie ein protestantischer Kantor!« Sie lachten aufs neue.

Doch dann fand die Mutter, daß ihr Sohn nicht wortreicher war, als ihr Mann es gewesen. Auch wenn seine hellen Augen funkelten und sein Mund schelmisch lächelte, saß oder stand er doch ohne viele Worte zumeist am Fenster und schaute auf die kleine Gasse hinab. Manchmal auch pfiff er sich eins, als wollte er damit sagen, daß in dieser Welt schon zu viel geredet, aber viel zuwenig musiziert worden sei.

Zachow kam und schwelgte in der Freude des Wiedersehens. Recht ärmlich, abgerissen und müde sah er aus.

Onkel Taust kam aus Oppin und hielt eine kleine Begrüßungsrede auf den Komponisten der *Agrippina,* dessen Ruhm über Hamburg auch schon nach Halle gedrungen war. Der Vetter August Roth hatte erst jüngst einen Brief von Brockes erhalten, worin eine Zeitung aus Venedig, die *Agrippina* betreffend, enthalten war. Das Blatt machte die Runde. Alle, voran die Mutter, waren beglückt, daß Friedrich in ihrer Mitte weilte und nun in der deutschen Stadt Hannover eine Bestallung als kurfürstlicher Kapellmeister auf ihn wartete.

Im Collegium musicum führte August Roth den Vorsitz. Sonst erblickte Händel nur neue Gesichter, die aufmerksam und andächtig um ihn geschart waren. Es wurde fröhlich musiziert. Friedrich gab selbst ein paar Arien aus der *Agrippina* zum besten, große Da-capo-Arien, wie man sie in Halle noch niemals gehört hatte. Wie klein war diese Welt, die jetzt hinter verschlossenen Gardinen in Händelschen Melodien schwelgte!

Die Kutsche rollte weiter nach Hannover an der Leine: in die kleine Residenz, mitten in einer bäuerlichen Landschaft gelegen.

Der französische Abbé Tolland sang das *Loblied Hannovers* in ganz Europa:

»Alles ist in Hannover bey Hofe in guthem Zustand. Es ist allda ein großes Theatrum mit schönen Logen und zahlet kein Mensch, der in die Comödie gehet, sondern der Churfürst thut alles auf seine Kosten, wie solches auch an anderen Höfen in Teutschland gebräuchlich, sowohl denen Leuten in der Stadt, als denen bei Hof ein Vergnügen zu machen. Der Hof ist durchgehends sehr polit und wird in Teutschland wegen seiner Civilität in allen Dingen für den besten gehalten. Zu gewöhnlicher Hofzeit geht jedermann von Façon dahin, ohne den geringsten Zwang, und wer nur weiß, was zwischen Leuten von mancherley Stand für ein Unterschied zu machen, der kann von allen Sachen auch mit der Churfürstin selbst reden. Die Damen sind vollkommen wohlerzogen, höflich und meistentheils schön von Gestalt.«

Auch Geist, Wissenschaft und Kunst wurden in Hannover von den Damen betreut. Kurfürstin Sophia, die Tochter des Winterkönigs Friedrich von der Pfalz und seiner englischen Gemahlin Elisabeth Stuart, die Freundin von Leibniz und Steffani, war kürzlich mit ihren achtzig Jahren Urgroßmutter geworden. Sie liebte die Musik; je älter sie wurde, um so mehr. Wie sie sagte, bringt uns die Musik »dem Übersinnlichen näher und streift die Grenze zwischen Ahnung und Denken«. Mit ihrem vornehmen Antlitz präsidierte sie noch immer bei den Gesellschaften des Hofes. Ihre philosophische Tochter Charlotte, Königin in Preußen, hatte das »Wunderkind« Georg Friedrich Händel einst im Schloß zu Kölln der großen Welt vorgestellt. Kurfürstin Sophia war nun begierig, den Komponisten der *Agrippina* als »Churhannöverischen Kapellmeister« kennenzulernen.

Steffani bewirkte die Vorstellung. Das war also Händel: ein großer junger Mann, ein bißchen wuchtig in seinem Auftreten, doch recht weltmännisch in den Manieren. Ein ›Mordskerl‹ sozusagen und recht nach dem

Goût der Zeit. Wenn Karoline jetzt in den Salon träte und ihren kleinen Tänzer von Anno dazumal ...

»Da ist ja unser Händel!« sagte die Kurprinzessin Karoline, als sie jetzt das Zimmer betrat. Sie reichte ihm die Hand zum Kuß.

»Durchlauchtigste Prinzessin!« stotterte der große Friedrich.

»Hätten Sie Ihre Karoline wiedererkannt?« fragte sie in heiterem Fränkisch.

»Durchlaucht, nein, ich ...« Nein, er hätte sie nicht wiedererkannt. Rötlichgold schimmerten die Ringellokken durch den dicken weißen Puder, mit dem sie bestreut waren. Auch die langen Wimpern, welche die blauen Augen umgaben, schimmerten rötlichgold. Die Wangen zeigten lustige Grübchen, kirschrote Lippen waren üppig geschwellt. Ein Weib stand vor ihm, wie von P. P. Rubens gemalt! Es wurde ihm heiß bis unter die Perücke.

»Sie wollen für uns Musik machen, sagt Steffani! Darauf freue ich mich!«

Ja, er wollte für sie Musik machen, soviel ihre hübschen Ohren nur hören mochten! Doch er sagte nur: »Gern bin ich Eurer Durchlaucht ergebenster Diener, aber Herr Steffani hätte wohl einen Besseren als Hofkapellmeister empfehlen mögen!«

»Was tut Er bescheiden!« lachte Karoline zur Kurfürstin hinüber, die lebhaft schmunzelte.

»Er ist der Komponist der *Agrippina* und der *Lucrezia* und mit seinen fünfundzwanzig Jahren schon ein weltberühmter Mann! Mon Dieu, das ist uns vorerst genug!« meinte diese.

Die Männer weilten nicht in Hannover. Der regierende Fürst Georg Ludwig, Sophias Sohn, verweilte mit seinem Lieblingsgeiger Farinelli und der Riesendame noch immer an der Riviera oder in seinem Palazzo Foscarini in Venedig. Sein Sohn aber, Kurprinz Georg und Gemahl der Karoline, ein Haudegen von Gottes Gnaden und kaiserlicher General, befand sich bei den verbündeten deutsch-englischen Truppen des Fürsten Marlborough, die der spanischen Erbfolge wegen immer noch gegen Frankreich im Felde standen. Doch war der Kurprinz erst kürzlich mit seiner englischen Maitresse Henriette Howard in Hannover zu Besuch gewesen.

Ein kaiserlicher General, der die Politik seines Hauses einem Italiener überließ, dessen Lebensart französisch war, der zudem eine englische Mätresse hatte – das war der kleine Gemahl der heiteren Karoline von Ansbach. Sie hatte dem Kurprinzen schon einen Thronfolger geschenkt: den Prinzen Friedrich. Auch Händel durfte das Kind sehen und fand es recht fränkisch und der Mutter ähnlich.

»Sie mögen recht haben«, lachte Karoline, »kein Hannoveraner ist dem andern gleich!«

So war es in der Tat: Auf den weltmännischen Gemahl der Sophia von der Pfalz war sein spießbürgerlicher Sohn Georg Ludwig gefolgt, der »Lebemann aus Bequemlichkeit«. Auf ihn wird sein Sohn Georg folgen, kaiserlicher Haudegen mit französischen Manieren, dann König von England – vielleicht. Und der kleine Friedrich? Doch dieser Friedrich war erst drei Jahre alt ...

Wie konnte Karoline plaudern! Überall führte sie Händel herum. Sie fuhren nach Herrenhausen. Der Frühling blühte. Im Gartensaal des neuen Schlosses stand ein Cembalo von Steffani aus Venedig.

Dur und Moll! Für jedes Gefühl, jede Regung, jeden Rhythmus haben die Italiener, allen voran Agostino Steffani, treffende Wörter geprägt: piano, andante, largo, vivace, allegro, forte, furioso! Kein Wunder, daß italienische Musik jetzt – wie eine neue Sprache der Liebe – in einem Siegeslauf die Welt durcheilt! ...

Im blühenden Garten von Herrenhausen dichtet und komponiert Händel deutsche Lieder für die »kleine« Prinzessin Karoline. Ist das die ganze Arbeit eines Hofkapellmeisters mit tausend Talern Gehalt im Jahr? Aber die Oper hält ihre Pforten geschlossen. Der Kurfürst, der Kurprinz sind nicht im Land. Und rundum und überall lacht ein Vorsommer der Lust.

Ein Duett! ... Ein neues Duett! Liebesklage für zwei Soprane, doch dann auch für Sopran und Baß. Der Baß hat stürmische Koloraturen auf ›tempeste‹ dem weichen ›dolce‹ des Soprans entgegengestellt.

Und wieder ein Duett für Baß und Sopran, eine Doppelfuge: *Che vai pensando – woran denkst Du, thörichtes Herz?* In jubelnder Kraft, in bezaubernder Grazie verschlingen sich die beiden Stimmen.

Trügerische Hoffnung, ich traue dir nicht. Ein Lied in Rundstrophe, in Dur. Es ist ein Vokalgesang in Moll, den besten Kantilenen Steffanis ebenbürtig. Sopran und Baß wandern in innigem Einklang, dann schmerzvoll getrennt, dann in sich versunken.

Dur und Moll! – Denken beide schon ans Scheiden? Er wird ihr Vorbote sein: drüben über dem Meer in der großen Stadt, wo sie ja einst als Königin einziehen will, als Königin von England.

Das Orchester stimmt, der Hof wird erwartet. Der Kurfürst hat in Venedig eine italienische »Bande« engagiert. Man wird den *Orfeo* von Alessandro Scarlatti spielen.

Während der Oper wird Händel in die Hofloge zitiert. Der Kurprinz, klein wie sein Vater, zwei Jahre älter als Händel, ein Held der Schlachtfelder und der Boudoirs, betrachtet etwas protzig diesen stattlichen Musikanten, den Karoline als »Orpheus unserer Zeit« begrüßt hat.

Dur auf Dur! Zwei Männer stehen sich gegenüber, die beide ihre Welt behaupten.

In der großen Pause wird Händel vor dem ganzen Hof als der neue »Würkliche Churhannöverische Hoffkapellmeister« ausgerufen und erhält Nr. 93 der Hofliste.

Der Hof war auf der Falkenjagd. Händel saß allein in seinem Zimmer im alten Schloß und komponierte ein Oboenkonzert, als plötzlich Barthold Heinrich Brockes in der Tür stand. Das gab ein Wiedersehen.

Brockes, verheiratet, war Deichhauptmann von Ritzebüttel. Seine Mußezeit vertrieb er sich damit, deutsches Naturgefühl in achtbare Verse zu bringen. So legte er auf den Schreibtisch seines Freundes Händel »ein Häuflein teutsche Lieder, neun an der Zahl« und las seine Reime vor, bis Händel Feuer fing und sich ans Klavizimbel setzte.

»Das Zittern der glänzenden, spielenden Wellen/
Versilbert das Ufer, beweget den Strand ...«

Und spielend ging die Melodie Händel aus den Fingern.

»Süße Stille, sanfte Quelle/
Ruhiger Gelassenheit ...«

Es war, als höre man ein Larghetto mit einer Flöte – ein Vorspiel zu der Weltharmonie von Leibniz, gedichtet von Brockes, von Händel in Musik gesetzt. –

Eines Tages – Karoline hatte die Jagdgesellschaft vorzeitig verlassen und war zurückgekehrt – unterbreitete Händel der Prinzessin seine Bitte um Urlaub nach London.

»Er sei Ihnen gewährt!« sagte Karoline, und der Blick ihrer blauen Augen ruhte befangen auf ihm.

Händel vergaß nicht, vor seinem Abschied aus Hannover Gottfried Wilhelm Leibniz einen Besuch abzustatten. Dieser hatte kürzlich seine *Theodizee* vollendet und schrieb nun im Anschluß an seine Monadenlehre ein Werk über Differentialrechnung. Der große Europäer, Denker und Weltmann fand für den Komponisten der *Agrippina* Worte der Anerkennung. Er wünschte in besseren Tagen selbst nach London zu reisen und Isaak Newton einen Besuch zu machen.

Ein Brief Aaron Hills trieb Händel zu schleuniger Abreise. Und während er in der Kutsche saß, studierte er den Entwurf einer Oper *Rinaldo*, den Hill seinem Schreiben beigefügt hatte.

Das Kernstück aus Tassos *Befreitem Jerusalem*, der Kampf zwischen Christentum und Heidentum, zwischen Europa und Asien, war hier an der Liebe zweier junger Menschen – des Helden Rinaldo und seiner Almirena – dargestellt. Der Schauplatz der Handlung war das von Gottfried von Bouillon belagerte Jerusalem. Welch ein Thema der Zeit: Orient und Okzident, Heldentum und Verführung, Heiliges Grab und Hexenzauberei! –

Der *Rinaldo* und London ließen ihm keine Ruhe mehr.

In Düsseldorf, am Hof des Kurfürsten Johann Wilhelm von Pfalz-Wittelsbach, wartete Agostino Steffani, um Händel noch einmal auf London vorzubereiten. Die politische Lage Englands war verworren. Die Anhänger der hannoverisch-protestantischen Erbfolge, die Whigs, standen in unversöhnlicher Gegnerschaft zu den Tories, die eine katholische Thronfolge erwarteten. Königin Anna war dem Haus Hannover seit dem Ableben ihres einzigen Sohnes, des Herzogs von Gloucester, nicht mehr wohlgesonnen. Sie eiferte um ihre Krone.

Als Händel endlich in der Kutsche saß, hatte er die hohe Politik bald vergessen. Er fuhr ja anderen Zielen entgegen!

Als der Hofkapellmeister Georg Friedrich Händel am Abend des 9. Januar 1711 endlich mit der Flut in die Themse einfahren konnte – widrige Winde hatten die Überfahrt von Rotterdam um zwei volle Tage verzögert –, fand er sich zwischen den winterlichen Ufern des grauen Stromes in eine andere Welt versetzt. Das war nicht mehr der alte Kontinent, der da auf hellen Kalkfelsen aus der Brandung des Meeres ragte. Das war ein anderes Land jenseits des Kontinents: England.

London war nicht wie Paris, Wien, Berlin, Rom, Madrid, Kopenhagen oder Neapel eine geschlossene Stadt. London war eine offene Stadt. Es hatte seinen Mauerring niedergelegt und seine Tore aller Welt geöffnet. Die große Rivalin Antwerpen war 1585 von dem Herzog von Parma zerstört worden. Jetzt war London der »Mittelpunkt der Erde«, und die Handelsschaft aus aller Welt kam hier zu Gast. Selbst der englische König – wollte er der Stadt einen Besuch abstatten – kam als Gast. Er wurde von dem Lord-Mayor an der Grenze der City in Empfang genommen und für wenige Stunden mit dem ›Schwert der City‹ betraut.

Das Schiff hatte indessen seinen Platz gefunden, tat sich gewichtig mit Segelreffen, mit Tuten und Blasen, lag endlich still. Der Nebel hatte sich geteilt. Undeutlich erkannten die Reisenden vor sich die gewaltigen Bögen und Brückenhäuser von London Bridge.

Gestalten kamen und gingen. Der Lärm ringsum übertönte das Gurgeln der Wasser. Eine Treppe polterte an Deck. Die Reisenden verließen das Schiff.

Friedrich Händel stand zwischen zwei Schuppen, die mit Ballen und Kisten bis obenhin gefüllt waren. Es roch nach Kaffee, es roch nach Pfeffer, es roch nach vielerlei Gewürzen und Waren. Friedrich Händel schaute in eine breite Straße, auf der zu dieser Stunde mehr Menschen dahineilen mochten, als Halle an Einwohnern zählte.

Er war allein. Kein Mensch schien Interesse an dem kurhannöverischen Hofkapellmeister zu finden. Und er sprach keine Silbe Englisch – ›Haymarket‹ war das einzige Wort, das er sich eingeprägt hatte: die Straße, in der sich die Oper befand. Er redete den nächstbesten Passanten französisch an. Aber auch das eleganteste Französisch vermochte im Hafen von London offenbar keinen Eindruck zu machen. Nein, das war nicht mehr das galante Europa à la mode de Paris. Das war eine andere Stadt, ein anderes Land. England!

Doch schließlich fand sich auch für Händel eine Kutsche, die bereit war, ihn um klingendes Geld nach dem Haus Haymarket Nr. 4 zu bringen. In London waren die Häuser numeriert.

Die mächtige Brücke verschwand, die dürren Rahen der Schiffe versanken im Nebel des dampfenden Flusses. Durch endlose Gassen ging die Fahrt: über holpriges Pflaster, über sanfte Erde, vorbei an den rötlichen Backsteinhäusern der ›City of London‹, die aus der Asche der großen Feuersbrunst des Jahres 1660 neu, doch nicht eben freundlicher wiedererstanden war. Eine neue, eine ungastliche Stadt!

Nun sperrte der mächtige Leib einer Kirche das Gewühl der Wagen und Menschen. »Saint Paul's Cathedral!« rief der Kutscher hinter sich in den Wagen. Weiter, weiter! Noch eine Kirche! Und wieder Nebel, der zur Linken aus den Tiefen des Flusses emporzuquellen schien in die engen Gassen der Stadt. Dann stand die Kutsche still.

»Haymarket Nr. 4, please, Sir!« sagte der Kutscher und öffnete den Wagen.

Händel betrat ein enges Haus. »Madam Mary« – so nannte sich ein älteres Fräulein – empfing ihren Gast und führte ihn in ein Zimmer im ersten Stock: ein erstaunlich geräumiges Wohnzimmer mit einem Cembalo, einem

Tisch am Fenster, einem Lehnstuhl am knisternden Kamin. Ein kleines Schlafzimmer lag nebenan. Madam Mary zeigte die seidene Schnur der Signalglocke ›Pour le service‹, dann empfahl sie sich mit einer theatralischen Verbeugung. Sie konnte ihre Herkunft vom Theater nicht verleugnen. Sie war eines von den vielen Mauerblümchen, die im Schatten des Rampenlichts einer Weltoper ihr Dasein fristeten. Dafür hatte Madam Mary Talent für eine gute Küche, und so war sie auf Befehl Aaron Hills zur Betreuerin Friedrich Händels ernannt worden. Nun zeigte sie ihre Künste an zwei Beefsteaks nicht zu kleinen Formats, die »der große Herr der Musik« zu ihrer Freude mit allem Wohlbehagen verzehrte. Madam Mary wußte: Mister Händel weilte in London, um eine Oper zu komponieren. Oh, sie wollte ihn schon bei Kräften halten.

Aaron Hill stellte sich ein. Dicht hinter ihm folgte ein Italiener, etwas älter als Händel und Hill, eitel herausgemacht: Giacomo Rossi, der Textdichter des *Rinaldo*.

Händel fragte nach dem neuen Manuskript. Hill erklärte in schwerfälligem Französisch, daß er sich von dem neuen Werk Außerordentliches erwarte. Er habe ein Schreiben an Königin Anna gerichtet, worin er um die Gunst gebeten habe, das Theater am Haymarket von nun an ›Das Theater der Königin‹ nennen zu dürfen. Eine neue Oper, eine *englische* Oper solle jetzt unter der Gönnerschaft der Königin ins Leben treten. Doch hatte Aaron Hill seiner Königin vorläufig verschwiegen, daß der Textdichter dieser neuen englischen Oper ein Italiener, der Komponist aber ein Deutscher war. –

Jenseits der Straße lag das Opernhaus der Königin.

Drei Portale, von mächtigen Quadersteinen umrahmt, von drei rundbogigen Fenstern überhöht, die ihrerseits mit drei Ochsenaugenfenstern bekrönt waren, gaben der schmalen Fassade innerhalb der öden Häuserzeile ein recht augenfälliges Gepräge.

Man spielte die Oper *Pyrrhus und Demetrius* von Alessandro Scarlatti. Aaron Hill saß mit seinem Gast in der Bühnenloge. Die Titelrollen oblagen zwei berühmten Kastraten mit hohen und schmetternden Stimmen: Den Pyrrhus, eine Altpartie, sang Nicolo Grimaldi, genannt ›Nicolini‹; den Demetrius, eine Sopranpartie, Valentini Urbani, der zugleich die Regie führte …

Die Oper war schon zum zwanzigsten Male ausverkauft – ein Triumph der Italiener. Nicolini lockte Abend für Abend seine dreitausend Bewunderer ins Theater am Haymarket, dessen Parkett mit einem internationalen Publikum, dessen Logen mit dem englischen Hochadel, dessen drei Ränge mit dem Volk der Gassen besetzt waren. Seit 1708 sang der berühmte Nicolini mit schmeichelnder Stimme unter dem grauen Himmel von London. Seit 1709 dominierte eine italienisch-englische Mischoper, in der zur Hälfte italienisch, zur Hälfte englisch gesungen wurde. Am 23. Mai 1710 aber führte Francesco Mancini, ein Römer, mit seinem *Hydaspes* die italienische Oper zum endgültigen Sieg. Nicolini sang den Hydaspes.

Heute, am 10. Januar 1711, war ein Benefiz für Nicolini. Die Crème von London schien versammelt. Aaron Hill zeigte seinem Gast die Koryphäen in den Logen und im Parkett. Da war der Herzog von Chandos mit seinem ganzen Gefolge. Da waren Joseph Addison und Richard Steele, die gefürchteten Kritiker des *Spectator* und des *Tatler*. Da war der krüppelhaft kleine Dichter Alexander Pope, Sohn eines Leinenhändlers, geistiger Führer der katholischen Intelligenz, gefürchteter Spötter. In seiner Nähe saßen Jonathan Swift, der Satiriker, und Daniel Defoe, der Autor des weltberühmten *Robinson*.

Nun betrat eine vornehme Dame von etwa fünfunddreißig Jahren in Begleitung eines sechzehnjährigen jungen Mannes die Loge. Es war Lady Burlington mit ihrem Sohn Henry. Das hochfrisierte kastanienbraune, leichtgepuderte Haar, die zart gewölbten Wangen, die tiefblauen Augen, der hellrote Mund, das feine Dekolleté schienen eine Göttin zu offenbaren.

Jetzt kam die Königin. Das Parkett erhob sich zu ihrer Begrüßung. Anna dankte gnädig und ließ sich in den Sessel gleiten. Auch sie war zweifellos einmal eine schöne Frau gewesen. Jetzt lagen Schatten auf ihren Wangen: Die Königin hatte – kaum fünfundvierzig Jahre alt – den Gemahl und acht Kinder verloren, erst jüngst den Prinzen von Wales. Nun sah sie die Krone Englands im Streit der Parteien, sah das Haus Hannover im Gegensatz zu dem Haus Stuart, das Land selbst in einen endlosen spanischen Krieg verwickelt.

Trotzdem liebte Anna die Oper. Sie teilte die Neigung ihres Volkes für geräuschvolle musikalische Darbietungen. Auch die Anthems und Hymnen von Henry Purcell gehörten zur sonntäglichen Musik der königlichen Kapelle. Henry Purcell, der 1695 verstorbene Hofkomponist und Organist von Westminster, hatte seinen Engländern auch nationale Singspiele geschenkt, ›Halbopern‹, unter denen eine Bearbeitung von Shakespeares *Sommernachtstraum* obenan stand.

Demetrius war aufgetreten, gesungen von Valentini Urbani, dem Kastratensopran, dessen Umfang von E bis zum zweigestrichenen A reichte. Diese diamantene Stählung der Stimme war neapolitanische Schule, auch die blitzenden Läufe, die überreichen Kadenzen. Nun folgte Nicolini in der Rolle des Pyrrhus. Groß, schön, ergreifend war sein Spiel. Seine schmelzende Altstimme mit einem Umfang von C bis zum zweigestrichenen E bewegte alle Herzen, brach alle Frauenherzen. Zahllos waren die Liebesbriefe, die der Sekretär des berühmten Kastraten täglich zu öffnen hatte.

Ein musikalischer Taumel hatte um das Jahr 1700 London ergriffen. Nicolini vermochte diese Begeisterung bis zur Raserei zu entfachen.

Auch heute tobte nach dem Finale ein Beifall, wie ihn Händel selbst in Neapel und in Venedig nur selten erlebt, in dieser frostigen Stadt an der Themse aber niemals erwartet hatte.

Die Bühne am Haymarket mußte eine Maschinerie besitzen, die imstande war, Himmel, Hölle und Erde zugleich in Bewegung zu setzen. Die Verwandlungen folgten einander in gedrängter Eile, und dennoch waren alle Schauplätze der Welt und selbst das bewegte Meer mit größter Täuschung vorgestellt. Hill zeigte seinem Gast in der Pause den fünfzehn Meter tiefen Bühnenraum, der mit drei Versenkungen auf der Mittelbühne und mit zwei Flugmaschinen auf der Hinterbühne ausgestattet war. Die Dekorationen erwiesen die Hand erster Künstler. Geld? »Geld darf beim Theater keine Rolle spielen!« sagte lächelnd der Direktor.

Unter tausend Pfund war eine erste Ausstattung in London überhaupt nicht zu bekommen, unter tausend Pfund war kein guter welscher Sänger bereit, sich auf ein Jahr in das neblige London zu verpflichten. Zweitausend Pfund pro Jahr bezog Valentini, dreitausend Pfund aber betrug die Gage eines Nicolini.

Mit der Unbekümmerheit seiner sechsundzwanzig Jahre ging Friedrich Händel dem *Rinaldo* zu Leibe. Diese Weltstadt London hatte ihm die Unruhe ins Blut geimpft. Nun wollte er sie in seine Gewalt zwingen. Das Leben war auf Dur gestimmt und marschierte in kräftigen Takten. Und so fand Georg Friedrich Händel seine Stimmung und seinen eigenen Rhythmus.

Für einen Erfolg stand alles zur Verfügung: voran die besten Sänger der Welt; sodann ein Orchester von vierzig Solisten, darunter erste italienische Geiger und vorzügliche deutsche Bläser; zuletzt eine Bühne, die jede Möglichkeit bot, die umfangreichsten und außergewöhnlichsten Schauplätze vorzustellen.

»Jerusalem!« – Auch Hill war erregt, wenn er das Wort nur aussprach. Er sah seine Londoner im Bann der Heiligen Stadt. Die Tugenden eines christlichen Europa traten in Wettstreit mit den Zauberkünsten des Orients. Wenn schon im Theater von ›Lincoln's Inn-Fields‹ die großen Revuen mit ihren schwarzen, gelben und roten Menschen volle Häuser machten, wieviel mehr mußte dann in der königlichen Oper am Haymarket der Kampf um das Heilige Grab die Geister eines gut christlichen Volkes entflammen! Hill hatte selbst das Libretto entworfen und die englischen Chöre verfaßt, denn der Chor in der Oper war englisch. Giacomo Rossi hatte die Handlung gestaltet, die italienischen Arien eingebracht. Er war mit seinen drei Akten noch längst nicht fertig, als Händel begann. Der holte ihn auch bald ein und zog ihm ein Blatt nach dem anderen naß unter der Feder weg ...

Das belagerte Jerusalem! Trompeten und Oboen enthüllen die Szenerie. Die Geigen malen die Pracht eines südlichen Himmels, ein Tanz anmutiger Dienerinnen eröffnet die Handlung. Dann verlobt sich der christliche Held Rinaldo im Lager der Kreuzfahrer mit Almirena, der Tochter Gottfrieds von Bouillon.

Fanfaren zerreißen die glückliche Stimmung: Kampf ist das Gebot der Stunde. Argante, der feindliche König, der Jerusalem in seiner Macht hat, verfügt über Kräfte der Hölle. Armida, die Zauberin, ist seine Verbündete. Sie entführt die schöne Almirena und bringt sie dem feindlichen König.

So will Rinaldo zuerst seine Braut, dann die Heilige

Stadt befreien. Doch Armida – sie kommt als Zauberin durch die Lüfte – lockt Rinaldo in ihren Zaubergarten. Vogelgezwitscher erklingt in den Geigen, Bratschen und Flöten. Der christliche Held Rinaldo aber überwindet alle Künste der Verführung. Die Treue siegt. Im Marschrhythmus erschallt des Helden Racheschwur. An dieser Stelle wird Händel sich selbst ans Cembalo setzen, den Höhepunkt der Oper in freier Improvisation vorzubereiten. Ein ›Mago cristiano‹, ein christlicher Sterndeuter, hat dem König Gottfried von Bouillon den Weg zur Befreiung der Heiligen Stadt gezeigt. Das liebende Paar, Rinaldo und Almirena, aber hat sich schon selbst befreit. Jetzt werden vier Trompeten, vier Oboen, zwei Pauken und alle Streicher eine ›Battaglia-Musik‹ inszenieren, die kein Scarlatti, kein Bononcini, kein anderer als Georg Friedrich Händel zu dieser Zeit in Szene setzt: Jerusalem ist frei! ...

Händel ist nicht allein. Boschi steht immer treu an seiner Seite, der phänomenale Baß, der vom D bis zum eingestrichenen G reicht. Er ist Händels besonderer Freund seit Rom und Neapel. Er wird den komisch-bösen Argante singen. Zugleich aber hilft er Händel bei der Ausführung der Partitur.

Draußen fallen die Flocken. Die Lampenanzünder eilen schon früh am Nachmittag durch die Gassen. Die Musikanten aus London-Ost blasen noch immer an allen Ecken »a Christmas carol«. Händel ist an der Arbeit.

Abends sitzt er manchmal in der Oper, sieht ein Schäferspiel von Mancini, dann den *Triumph der Liebe,* ein Puppenspiel des lachenden Kardinals Ottobuoni, von Valentini für die Oper hergerichtet. Zuletzt sieht er den *Etearco* von Bononcini. Sein Auge sucht in der Loge neben der Königin eine schöne Frau mit zart geröteten Wangen und einem hellroten Mund. Und er sieht Lady Burlington wieder: die junge Witwe – wie Aaron Hill ihm ins Ohr flüstert –, die so zurückgezogen in ihrem Schloß lebt, doch für die Musik ein so empfängliches Herz hat.

Händel bleibt bei der Arbeit. Jetzt kommen die Stars mit all ihren Wünschen. Boschi selbst ist schon zufriedengestellt. Sein Argante poltert in fauchenden Koloraturen. Aber seine Gemahlin wird den christlichen Heerführer Gottfried von Bouillon spielen. Es gilt, ihre Altstimme der männlichen Rolle anzupassen. Valentini singt den Eustachius, den tapferen Bruder Gottfrieds; er will in der Kunst der Arie hinter seinem Rivalen Nicolini nicht zurückstehen. Elisabetta Pilotti als Zauberin Armida, Isabella Girardeau als verliebte Almirena sind zwei weibliche Soprane, die miteinander rivalisieren. Zuletzt kommt Nicolini selbst, der berühmte Altkastrat, Rinaldo in Person, »ein Riese an Gestalt, doch ein Kind im Herzen, verwöhnt von den Frauen und doch ohne Eitelkeit«. Nicolini und Händel verstehen sich gleich recht gut. Und so beugen sich auch die Primadonnen der Musikalität des jungen Deutschen, und alle Arien, Duette und Rezitative werden zur Zufriedenheit der Direktion ohne Zeter und Mordio bis auf die Bühne gebracht. Dort aber führt Valentini eine strenge Regie.

Händel durchquert mit dampfendem Kopf die Stadt von einem Ende zum andern. In vierzehn Tagen vierzig Arien! Da möchte nicht nur Rinaldo-Nicolini im Zaubergarten der Armida, sondern auch Rinaldo-Händel im Gewirr der Gassen auf einen »Höllenhund« losgehen. Aber London ist groß. Der Haymarket liegt mitten in der Stadt zwischen St. Paul's Cathedral und Westminster Abbey, zwischen der Themse und den schneebedeckten Hängen im Norden – wo in der Oxford Street Andreas Roner wohnt, ein verbummelter Bremer Musikant und Literat, bei dem Händel Englisch lernt. Auf dem Heimweg durch die Bond Street überquert er den Piccadilly bei Burlington House und wirft oft einen Blick durch das Gitter des Portals zur vornehmen, grauen Fassade.

London wartet auf den *Rinaldo*. Der königliche Buchdrucker I. G. Walsh hat Händel für das Recht der Veröffentlichung seiner Musik zweihundert Pfund geboten, eine höchst respektable Summe zu einer Zeit, in der Hamburg eine Partitur für fünfzig Taler, Venedig eine solche für vierhundert Species erwirbt. Nun druckt Walsh auf fünfundsechzig Folioseiten ›The Songs in the Opera of Rinaldo compos'd by Mr. Handel‹.

Mr. Handel! So sollte also der Name ›Händel‹ auf seiner europäischen Wanderung wieder eine Veränderung erfahren und über einen italienischen ›Hendel‹ in einen englischen ›Handel‹ verwandelt werden.

Rinaldo wirft seine Schatten voraus. Am 15. Februar bringt Joseph Addison im *Spectator* eine kritische Vorschau über die Zulässigkeit des musikalischen Dramas als wirklicher Kunstgattung. Es fällt der Name Shakespeare, dessen Tragödien im Theater ›Drury Lane‹ kaum noch die Häuser füllen.

Händels Premiere rückt heran. Aaron Hill hat keine Subskription veranstaltet. Die Preise der Plätze betragen bei erster Besetzung: Loge 8 Shilling, Parterre 5 Shilling, 1. Galerie 3 Shilling, 2. Galerie 2 Shilling, 3. Galerie 1 Shilling. Die Spannung wächst. Seit Tagen ist das Theater ausverkauft. So naht der 24. Februar 1711. Die Königin, die Mitglieder des Hochadels sind am Haymarket versammelt. Lady Burlington thront in ihrer Loge. Ein internationales Publikum füllt das Parterre.

Schon die Ouvertüre mit dem stattlichen Largo, dem lebhaft figurierten Mittelsatz, einem Adagio mit Oboensolo und dem sieghaften Finale reißt nicht nur den Vorhang der Bühne, sondern auch alle Ohren auf. Das ist nicht mehr die »Opernbäckerei« der Italiener, wie Richard Steele erst jüngst im *Tatler* gemeint hat. Der Anblick der belagerten Stadt Jerusalem zwingt sogar die Galerie zu ernstem Schweigen. Als Händel im Höhepunkt des zweiten Aktes selbst auf dem Cembalo zu hämmern beginnt, geht das Publikum mit. Da spielt ja einer wie der selige Purcell und besser noch! Wer ist denn dieser junge Feuerkopf? ... Es folgt ein Trinklied des Rinaldo, von Nicolini mit höchster Bravour gesungen: »Mundschenk, bring uns blanke Gläser!« Beifall! Und Nicolini singt den Refrain auf englisch: »Let the waiter bring clean glasses!« Er wiederholt den Refrain, die Galerie summt schon mit. Erfolg, Erfolg! Händel hat das Volk der City gewonnen. Der dritte Akt füllt mit seinem Siegesmarsch den Pokal des Beifalls bis an den Rand.

Fünfzehnhundert Pfund verdient I. G. Walsh in drei Tagen an den ›Songs of Rinaldo‹. Eilig druckt er eine zweite, eine dritte Auflage. Und bald ist Händel – und nicht Nicolini – der ›Rinaldo‹ der ganzen Stadt.

Doch die Kritik verhält sich ablehnend. Im Anblick dieses Bombenerfolges der Königlichen Oper am Haymarket glaubt man, die englische Schaubühne, den alten Shakespeare, ja, alle jüngeren Talente des englischen Dramas verteidigen zu müssen.

Aber dieser Händel ist doch eigentlich kein Gegner Shakespeares und der englischen Schaubühne und beileibe kein Konkurrent galanter Dichterlinge! Er gibt sich in seiner Kunst nicht sittenlos, sondern gesund und einfach wie der beste Puritaner – obgleich er ein ›Operiste‹ ist, allerdings voll dramatischer Wucht und volkstümlich wie Purcell.

»Das ist nicht die englische Oper!« schreibt Richard Steele. Nein, das ist die »diamantene Zeit des Gesanges«, der große Triumph der welschen Stimmen, und die Götter des Londoner Theaterhimmels heißen Nicolini, Valentini, Boschi und Pilotti.

»Zufallserfolg einer ersten Besetzung?« meint Addison. Und doch ist es ein Erfolg, der den Namen Händels neben den Shakespeares stellt. In der Londoner Presse triumphiert allein Nicolini! Nicolini über alles! ...

> »Was Unsinn war, ward schön durch seine Kunst/
> Und wandte selbst von Shakespeare unsre Gunst!«

so zieht sich Richard Steele im *Tatler* aus der Affäre.

Doch William Babel, ein junger Organist und Cembalist, hat im Auftrag von I. G. Walsh Händels freie Improvisationen im zweiten Akt des *Rinaldo* zu Papier gebracht. »Ein Meister der Oper, an Einfachheit unserm Purcell gleich, an Schwung und Fülle ihn weit übertreffend!« so urteilt er über Händel. –

Am 2. Juni schließt die Oper der Königin ihre Spielzeit mit dem *Rinaldo*. Das Stück ist zum fünfzehnten Male ausverkauft. Auch die Königin und Lady Burlington sind anwesend. Am folgenden Tag wird Friedrich Händel auf die Direktion gebeten und erhält eine Tantieme von dreihundert Pfund. Da macht ihm Aaron Hill die überraschende Mitteilung, daß er selbst nicht mehr die Leitung der Königlichen Oper behalten wolle. Die politischen Mißhelligkeiten – besonders der Thronfolgezwist der Whigs und der Tories, die endlosen Meinungsverschiedenheiten zwischen den Anhängern einer protestantischen und denen einer katholischen Thronfolge – seien für das öffentliche Leben von London und insbesondere für die Kunst nicht förderlich. Sicher sei auch Händel, so meint Hill, nach seinem großen Erfolg deswegen nicht bei Hof eingeführt worden, weil Königin Anna und ihr Anhang einen »kurhannöverischen Kapellmeister« für einen ihrer Gegner hielten.

Für Hill ist das Leben ein Abenteuer. Als Sohn reicher Eltern hatte er seine Jugend in Konstantinopel verbracht und war dann nach London gekommen. Der Orient aber hatte ihn zum Dichter gestempelt. Er hatte eine Reihe von Sensationsdramen verfaßt, die in ›Drury Lane‹ gespielt wurden, und als eleganter Poet gelebt, bis sein Vermögen vertan war. Dann war er nach Amerika gegangen und hatte eine Ölkompanie ins Leben gerufen, bei der das Öl aus Bucheckern gewonnen werden sollte. Als das Geschäft florierte, fand er keinen Gefallen mehr an ihm, kehrte nach Europa zurück und suchte Beziehung zur italienischen Oper. Jetzt hatte er auch die Oper schon satt und wollte sich wieder als Dichter versuchen. Am Haymarket aber würde nun der Schweizer Felix von Heidegger das Szepter in die Hand nehmen.

Händel bedauert diese Veränderung. Er hätte gern mit Aaron Hill in der nächsten Spielzeit wieder eine Oper herausgebracht. Ihm gefällt dieser geschmeidige, bleichwangige Mr. Hill mit seinen unruhigen, dunklen Augen, der mit der ganzen Stadt London und auch mit Lady Burlington wohl bekannt ist.

Doch der Abschied kommt. Händel und Hill schwören sich ewige Freundschaft. Hill steht noch lange am Ufer des grauen Flusses, während Händel auf seinem holländischen ›Dickbauch‹ schon wieder dem Kontinent und seinem eigentlichen Bestimmungsort entgegenschaukelt.

Am 11. Juni traf Händel in Hannover ein. Dort vermißte ihn niemand. Kurfürst Georg Ludwig war mit seinen Mätressen – er hatte jetzt deren zwei: die Riesendame und noch eine kleinere Dame – schon wieder auf Reisen. Kurprinz Georg befand sich auf einer Parforcejagd im Harz, wo auch Prinzessin Karoline, die seit ihrer Jugendzeit der Falkenjagd mit Leidenschaft huldigte, weilte.

Steffani war in Italien. Das Kammerorchester war auf

zehn Mann zusammengeschrumpft, meist italienische Geiger, die der Kurfürstin manchmal des Abends vorzuspielen hatten. Alle Bläser waren zur Jagd abkommandiert. Die ganze Oper war in Urlaub. Die französischen Musiker hatten wegen des andauernden Kriegszustandes zwischen dem Reich und Frankreich ihre Kontrakte gelöst und sich nach Hause begeben. Auch Romeo Farinelli, der Lieblingsgeiger des Kurfürsten, weilte in Italien.

Friedrich Händel hatte wieder Zeit für sich selbst. Die geliebte Oboe wurde hervorgeholt, und in der Stille von Hannover formten sich nun die anmutigsten Oboenkonzerte. Der Dichter John Hughes aus London ließ anfragen, ob Händel bereit sei, mit ihm eine ›Masque‹ zu verfassen, wie man in England ein Schauspiel mit Musik nannte. Händel erteilte eine zustimmende Antwort, um wenigstens mit irgend jemand in der großen Stadt in Verbindung zu bleiben.

Endlich kehrte der Hof nach Hannover zurück. Karoline befahl ihren Hofkapellmeister nach Herrenhausen. Es gab Spaziergänge im Park, neue Duette, neue Klavierkonzerte.

Doch die Politik störte auch diese Idylle. Alles drehte sich nur noch um die Krone der Stuarts. Man sprach von geheimen Verhandlungen zwischen Frankreich und den Tories, über einen Sonderfrieden gegen Kaiser und Reich. Prinz Eugen wollte nach London reisen, um den schmachvollen Sonderfrieden zwischen England und Frankreich in letzter Stunde zu verhindern. Aber würde es dem Genie des Prinzen gelingen, die europäische Politik noch einmal in den Bannkreis des Heiligen Römischen Reiches Deutscher Nation zu zwingen?

Inzwischen kehrte Händel heim in seine Vaterstadt, er hatte sich Urlaub erwirkt. In der Wiege lag ein kleines Mädchen, seine Nichte Johanna Friederike Michaelsen.

Friedrich und Friederike! Kinderweisen erklangen am Klavizimbel der Familie Michaelsen.

In der Familie Zachow aber spielte der Tod seine bittere Melodie. Ein Künstlerleben ging zu Ende, noch ehe es ganz vollendet war. Friedrich Wilhelm Zachow, der Schwindsucht verfallen, umklammerte die kräftigen Arme Friedrich Händels. Dann fiel er in die Kissen zurück. Fiebrig glänzten die dunklen Augen, die hohe Stirn leuchtete weiß.

Am Hof zu Hannover lösten die Berichte aus England keine freudige Stimmung aus. Prinz Eugen war in London gewesen. Königin Anna hatte dem »Türkensieger« einen diamantenen Degen verehrt. Die Gassen hatten dem Retter des Abendlandes zugejubelt. Doch Eugens politische Mission war als gescheitert zu betrachten. Ein Sonderfrieden zwischen England und Frankreich war schon angebahnt. Nun fanden die Jakobiten auch den Beifall des Hochadels. Man sprach von einer »fröhlichen Stuartzeit«, in der man weiterhin leben wollte, von einer »ruhmreichen Königin-Anna-Zeit«. Es gab ja noch einen anderen Stuart, der saß zu Versailles beim Sonnenkönig.

Es war keine Stimmung für Musik in Hannover!

Händel erhielt durch Andreas Roner Berichte von London. Der Nachfolger Hills, Heidegger, hatte die neue Spielzeit mit der venezianischen Oper *Antiochus* von Gasparini-Zeno eröffnet. Das Werk war kein Erfolg geworden.

Die Londoner verlangten den *Rinaldo*. Und Heidegger setzte den *Rinaldo* auf den Spielplan. Der Beifall war noch größer als vorher. Roner berichtete, Jon Andrews, ein vermögender Londoner Bürger, der sich sommers in Surrey auf seinem Landgut aufhalte und winters ein eifriger Besucher der Oper sei, wolle dem Komponisten des *Rinaldo* seine Londoner Wohnung in Charing Cross zur

Verfügung stellen. Eine dritte Oper, *Hamlet,* durch Nicolini an Gasparini in Auftrag gegeben, konnte wieder nur vier Häuser füllen. Hamlet war keine Gestalt dieses robusten Jahrhunderts. Doch auch *Herkules* fiel durch.

Roner berichtete von Quertreibereien gegen Händel. Die Opposition hatte einen anderen Mann entdeckt: John Ernest Galliard. Für ihn hatte der geschäftige Dichter John Hughes bereits einen Text geschrieben. Die ersehnte nationale Oper: *Calypso und Telemach.* Telemach, Sohn des Odysseus, war schon immer eine Lieblingsgestalt der seefahrenden englischen Jugend gewesen. Aber da die italienischen Sänger fast alle kein Englisch konnten, erlitt die nationale Oper in englischer Besetzung einen jämmerlichen Durchfall. Heidegger klagte über Geldsorgen und schrie nach den Kastraten. Aber Nicolini hatte London schon im Sommer verlassen.

»Es ist alles so recht außer Façon mit diesem Heidegger, der wohl ehedem ein Lakai gewesen und sich jetzt Graf nennet. Gibt gar viel Geschrey um die Oper, aber keine Oper dazu«, schrieb Roner an Händel und traf den Nagel auf den Kopf, als er beifügte, es sei wohl das Beste, wenn Händel wieder nach London käme und selbst die Leitung der »Weltoper am Haymarket« übernehme.

Händel, nicht von solch tollen Plänen besessen, doch von innerer Unruhe über seine Untätigkeit erfüllt, bat Steffani, sich für ihn neuerlich um einen Urlaub nach London zu verwenden. Kurfürst Georg Ludwig gewährte auch diese Bitte, sparte er doch Händels Gage dabei. Die alte Kurfürstin aber sprach den Wunsch aus, der kurfürstlich-hannöverische Hofkapellmeister Georg Friedrich Händel möge sich in London nicht nur als Opernkomponist, sondern auch als guter Hannovermann betätigen. Händel bestieg sein Schiff, ohne zu ahnen, in welchen Sturm er geriet.

London glich einem Tollhaus. Whigs und Tories suchten Stimmung gegeneinander zu machen. Man warf Geld in die Gassen, man sorgte für Vergnügungen aller Art. »Panem et circenses!« war der Ruf eines schlechten Gewissens. Eine ganze Welt schien aufgeboten, das Volk von London zu unterhalten. Die Neuwahlen für das Unterhaus wollten vorbereitet sein, sogar die Allongeperücken gerieten in Unordnung.

London! In dreitausend Kaffeehäusern dieser gewaltigen Stadt fanden die täglichen »Sprecher« Worte der Huldigung für Anna. Die Hannoveraner aber mußten ihre Zungen wahren und sich mit Geflüster begnügen. Im Grunde meinten alle Parteien das gleiche: »Geschäft, Geschäft!« Waren die Whigs für eine englische Vormachtstellung in Europa und für eine Thronfolge der Welfen, so waren die Tories für koloniale Ausdehnung in Amerika, in Indien, dafür aber in Europa für »splendid isolation«.

Die Politik machte das Unterhaus. Wer dort sitzen wollte, mußte zuerst den Beutel öffnen und seine Wähler kaufen. Die Intelligenz aber, die sich keinen Platz im Unterhaus erwerben konnte, traf sich im Kaffeehaus. Im ›Ozinda‹ saßen die Tories, im ›Smyrna‹ die Whigs, im ›Nandos‹ die Rechtsanwälte, im ›Old Slaughter‹ die Künstler, im ›Jonathan‹ die Kaufleute. In der ›Piazza‹ traf sich alle Welt: Italiener und Franzosen, Schotten und Deutsche, Musiker und Schauspieler, Dandys und Literaten. Hier lernte Händel John Hughes, John Gay und Sheridan kennen, ebenso den jungen Organisten William Babel, doch auch den dürren Hochstapler Felix Heidegger und den fetten Hochstapler Owen Swiney. Auch Christoph Pepusch aus Berlin saß dort, Direktor einer ›Academy of ancient Music‹, einer internationalen Gesellschaft, der auch Agostino Steffani und Antonio Lotti als Ehrenmitglieder angehörten.

Viel lieber als ins Kaffeehaus ließ sich Friedrich Händel

von William Babel zu dem alten Papa Britton schleppen. Thomas Britton, ein Kohlenhändler, der in seinem Heim bei St. Paul allwöchentlich donnerstags ein Hauskonzert veranstaltete, spielte das Lieblingsinstrument der alten Generation, die Viola da Gamba, selbst noch meisterhaft und machte sich bald die Ehre, Händel an das Klavizimbel zu bitten. Mittwochs und freitags aber spazierte Händel mit seinem neuen Freund Babel zu St. Paul, der feierlichen Kathedrale im Herzen der City, die Christopher Wren erst 1710, »überlang und prächtig, größer als St. Peter in Rom und mit gewaltiger Kuppel«, vollendet hatte. Mr. Greene, der Organist von St. Paul, öffnete den beiden jungen Männern die Orgelbank. Und so konnte Händel der großen Orgel des Father Smith, eines Süddeutschen, Ehre erweisen.

Auch in England hatte der Puritanismus – genau wie der Pietismus in Preußen – die Tradition des Orgelspieles und -baues fast völlig vernichtet. Die neue englische Orgel war einmanualig wie die italienische. Auch wurde das Pedalspiel nur wenig gepflegt. Doch Father Smith hatte sein Werkprinzip der »totalen Fülle« mit nach England gebracht. Die engen Mensuren der Orgel kamen Händels schlanker, eleganter Spielweise zustatten. So kannte bald die ganze City den jungen Hexenmeister von St. Paul. Oft spielte er nach dem Abendgottesdienst für eine größere Hörerschaft; so auch einmal, ohne es zu ahnen, für die Herzogin von Queensbury und ihre Freundin, die Gräfin Burlington.

Aaron Hill kehrte mit dem jungen Lord Burlington von einer Italienreise zurück, und Lady Elisabeth Burlington, die hübsche Mama, öffnete ihr Haus in Piccadilly einem Kreis von Dichtern und Künstlern, den sich der junge Lord Henry selbst auswählen durfte.

So stand auch Friedrich Händel eines Tages der Frau

gegenüber, die er am Haymarket in der Loge neben der Königin schon oftmals hatte bewundern dürfen. Lady Burlington behandelte den Komponisten des *Rinaldo* besonders zuvorkommend.

Auch Alexander Pope war anwesend, jünger als Händel, doch schon ein Verskünstler von Rang. Sein krüppelhafter Körper machte ihn jedoch oft ungerecht gegen andere.

»Ein Genie der Oper!« sagte Lady Burlington zu Pope, als sie mit ihm über Händel sprach.

»Ein Deutscher – und ein Genie?« gab Pope zurück und verstummte.

Mitten in den schönen Tagen von Piccadilly erreichte Friedrich Händel die schmerzliche Nachricht, daß sein Freund und Lehrer, Friedrich Wilhelm Zachow, am 7. August 1712 das Zeitliche gesegnet hatte.

»Ruhe, Friede, Freud und Wonne ...«, so schwebte nun Zachows Kantate Nr. 4 durch die Kuppeln von St. Paul, ihr charaktervolles Adagio, ihr klingendes Vivace huschten durch die Räume.

Doch die Welt liebt das Theater und verweilt nicht an Gräbern. Am Haymarket war nach dem dürren Heidegger der dicke Mac Owen Swiney eingezogen, Spekulant und Impresario in einer Person. Er verkündete »ein königliches Programm« der Königlichen Oper – und begann mit Revuen, die aus englischen und italienischen Schlagern zusammengesetzt waren. Das gute Publikum blieb fern, die teuren Logen standen leer. Francis Colman, einst englischer Konsul von Venedig, beredete Händel, für Swiney das Allerweltsstück *Il Pastor fido* aufs neue zu bearbeiten.

Er schuf eine Ballettoper mit neuen Tänzen: Chaconne, Sarabande, Gigue und Ballo wechselten in launigen Takten. Für die Bewegung schöner Beine war gesorgt. Am

12. November 1712 fand die Premiere statt. Die F-Dur-Ouvertüre war mitreißend, viel zu gut für das billige Stück, das vielleicht in Edinburgh, Livorno und Wolfenbüttel noch Eindruck gemacht hätte, nicht aber in London … »Die Opera war kurz. Die Dekorationen repräsentierten allein nur die Landschaft Arkadien. Die Kleider waren alt. Ist sechsmal gespielt worden.«

Eine zweite Pastoraloper, *Dorinde*, von Nicola Haym aus italienischen Arien zusammengesetzt, brachte es nur auf vier Vorstellungen. Owen Swiney tobte.

Ein anderer hätte jetzt seinen Ranzen geschnürt und sich wieder zu den Fleischtöpfen seines kurfürstlichen Herrn begeben. Nicht so Händel. Er wollte den Erfolg des *Rinaldo* noch einmal erzwingen, und die Burlingtons bestärkten ihn in seiner Absicht.

Eine neue Oper! Den Liebesknäuel hatte diesmal Nicola Haym aufgerollt und die Sagen von Theseus und von Medea ineinander vermengt. Eine Zauberoper sollte Gestalt gewinnen. War ja auch im *Rinaldo* der Liebeszauber zur Hauptattraktion geworden. Theseus und Agilea, von der Zauberin Medea getrennt, Agilea dem König Egeo in die Arme geworfen …

Händel komponierte in drei Tagen eine dramatisch glanzvolle Ouvertüre: ein schmelzendes Largo, ein wildes Allegro, das in ein Concerto grosso führte; im Finale ein Streicherchor, von zwei Oboen und einem Fagott umrahmt.

Medea! Lady Burlington selbst nahm sich im Geiste dieser Gestalt an. Und Händel zeichnete eine Medea von unheimlicher Leidenschaft und düsterer Größe. Er schaffte – als erster! – eine musikalische Charakterrolle, beispielhaft für alle Zeiten: Medea …

Theseus wird diese Oper heißen – nach einem Helden, nicht nach einer Frau benannt. Cavaliere Valeriano Pellegrini, der Nachfolger von Nicolini, wird diesen

Theseus singen. Medea aber ist die berühmte Vittoria Albergatti.

Auf den 10. Januar ist die Premiere festgesetzt. Aber Owen Swiney jammert schon auf den Proben über die hohen Gagen, die prunkvollen Kostüme und Dekorationen – und eröffnet eine Subskription für sechs Abende. Doch die erste Gesellschaft will keine Subskription, sondern ein Rennen um die Plätze. Auch Lady Burlington kann das Haus nicht füllen. Der dicke Swiney setzt darauf die Preise herunter. Nun drängt sich alle Welt ins Parkett. Das Haus ist übervoll und bringt doch nicht genügend Geld. Nach zwei Aufführungen verschwindet Swiney trotz seiner Korpulenz und läßt Sänger, Musiker, Dekorateure und Schneider unbezahlt.

Doch Händel ist da. Mitten in der Weltstadt London bleibt er auf seinem Posten: am Cembalo. Aaron Hill steht hinter ihm – und eine Dame. Händel setzt die Preise wieder auf ihre normale Höhe. Heidegger wird beauftragt, die Geschäfte provisorisch zu führen. So geht die Spielzeit zu Ende. Die zwölfte Aufführung des *Theseus* am 15. Mai ist ein Benefiz für Händel. Er spielt eine neue Zwischenaktsmusik am Cembalo, »an entertainment at the harpsichord«, daß sich alle Ohren am Haymarket aufs neue öffnen. Lady Burlington sitzt in der Loge und lächelt zufrieden. Der Beifall lärmt. Und doch ist dieser *Theseus* ein halbes Werk, ein Stück ohne Substanz und mit dem *Rinaldo* nicht zu vergleichen. Eine Medea ragt einsam empor ...

»Zuviel für einen Ignoranten, zuwenig für ein Genie!« schreibt Addison im *Spectator*. Und Alexander Pope lächelt spöttisch.

Auf den Gassen lärmt die Politik. Engländer und Franzosen sind in Utrecht zusammengetreten, um einen Sonderfrieden zu schließen gegen den Kaiser Karl VI. und seine

Weltmonarchie. Philipp von Anjou wird die Krone Spaniens erhalten, England dafür die übrige Welt. Gibraltar, Menorca, Neuschottland, die Hudsonbay und Westindien. Man will den Kaiser im Besitz seiner italienischen Länder Neapel, Mailand, Sardinien belassen, selbst die Niederlande sollen ihm verbleiben. Man beugt sich den Forderungen Prinz Eugens und gibt dem Reich Freiheit nach Osten.

Das alles ist das Werk der Königin Anna. Die Tories singen Loblieder auf sie. Ihr Geburtstag am 6. Februar 1713 soll durch einen feierlichen Gottesdienst begangen werden. Diese Feier soll eine neue festliche Kantate umrahmen. Gräfin Burlington schlägt als Komponisten dieser »Geburtstagsode« Friedrich Händel vor.

Doch Mr. Eccles, der seit Jahren die Geburtstagsoden auf königliche Häupter komponiert hat, legt gegen den Ausländer Friedrich Händel feierlich Protest ein. Aber gerade dieser Ausländer hat die Oper der Königin verteidigt, als Owen Swiney davongegangen ist. Und an seiner Musik vermag auch Mr. Eccles nicht viele Zweifel anzubringen. So setzt sich Gräfin Burlington durch.

Die Zeit drängt. Aber der Dichter John Hughes hat gute Tage. Er legt nach zwei Wochen einen Hymnus in sieben Sätzen vor. Nun hat Händel drei Wochen Zeit. Mit dem englischen Lexikon in der Linken, schüttet er mit der Rechten die Melodien in siebenfacher Verwandlung aus. Soli und Chöre, Trompeten, Oboen und Streicher wetteifern miteinander. Englische Sänger der Royal Chapel des St. James' Palastes werden den Hymnus zu Gehör bringen ...

Die Kritik schweigt. Doch nein: Von Henry Purcell ist die Rede, dessen *Welcome Songs* diese Ode Händels nachgebildet sein soll, ohne sie jedoch an Flüssigkeit der Vokalmusik zu erreichen. Aber Händel kann kein Englisch, noch nicht, und die Arbeit mit dem Lexikon hat ihm manchmal Mühe bereitet. Dennoch ist die Ode gelungen und ein Werk reicher, reiner Musik. Und während Händels Kritiker versuchen, seinen Ruhm als Nachfolger Purcells zu dämpfen, tritt Händel durch eine verschwiegene Pforte in den St. James' Palast ein. Königin Anna empfängt ihren neuen Komponisten in Privataudienz.

Die Ode erregt Aufsehen in Europa. Doch während London von den Beziehungen eines jungen Deutschen zu einer hohen englischen Dame auf dem Piccadilly erzählt, ist Hannover über seinen Kapellmeister sichtlich verstimmt. Steffani schreibt seinem Schützling einen Brief und rät zu schleuniger Heimkehr. Aber Händel bleibt, bleibt mit dem Trotz seiner achtundzwanzig Jahre in der Weltstadt London. Steffani schreibt ein zweites, ein drittes Mal, aber Händel antwortet nicht mehr.

Wohl mag er fühlen, daß sein Verhalten nicht ganz richtig ist. Aber er ist jung und voll eigenwilliger Kraft. Jetzt ist er der junge Musikant einer großen Welt und trägt einen Frack vom ersten Schneider Londons. Seit Wochen wohnt er als Gast in Burlington House, ganz nahe der Frau, die er nun täglich bewundern darf, an deren Seite er allwöchentlich zum musikalischen Tee in den Palast von St. James' fährt.

Zudem hat Königin Anna ihrem Geburtstagskomponisten einen epochalen Auftrag erteilt: für den Frieden von Utrecht ein *Te Deum* zu schreiben, dem berühmten *Te Deum* von Henry Purcell aus dem Jahre 1694 gleich. Der Frieden eilt, die Arbeit auch.

Das Hofpredigeramt liefert einen Text in vierzehn Sätzen, die – nach lateinischen Bibelworten in ein hymnisch gesteigertes Englisch übertragen – ein Danklied sind an Gott den Vater und Gott den Sohn, Gott den Richter und Gott den Tröster.

>O Herr, auf Dich steht mein Hoffen/
Nimmer will ich zuschanden werden in Ewigkeit!«

William Babel ist es, der Händel an diese neue Aufgabe heranführt, ihn tief in die Welt des allzu früh vollendeten Meisters Purcell einweist. In die fein ziselierten Formen seiner Oden und ›Anthems‹ – wie Purcell seine Motetten genannt hat –, in die schmiegsame Behandlung seiner Instrumentalmusik. Das ist nicht mehr die bunte Welt von Rom und Neapel. Zwischen Scarlatti und Purcell ist ein weiter, abgründig steiler Weg. Aber Händel, gewandt und schmiegsam wie kein zweiter, doch auch kühn und kraftvoll, meistert sein *Te Deum*. Er zwingt den schmalen Pfad, der die lärmende Virtuosität der neapolitanischen Schule verläßt, um hinauf in die Schlichtheit Purcellscher Chöre zu führen.

Händel findet sich wieder in der Welt eines anderen und übertürmt dessen Werk mit eigener Kraft. Über einer Grundmauer von vierzehn Stützen baut sich – weitgespannt – der Lobgesang des Volkes wie ein lichtvolles Gewölbe. Halbsäulen gleich schießen die Solostimmen empor. Aber die Chöre bauen den Tempel Gottes. Die Instrumente schmücken, verzieren und malen. Dur ist die Grundstimmung dieser feierlich-fröhlichen Chorkantate, die in verschleierten Polyphonien, in bewegten Doppelfugen und eleganten Figuren ihre Fülle, in den Chören aber ihre zwingende Einfalt erweist. Purcell steht hoch über Zachow, das ist Händel bald offenbar, und er steigt frei empor in diese andere, neue Welt.

Vom vierten Satz an werden die Chöre fünfstimmig, sechsstimmig, siebenstimmig, so spannen sich die Bögen höher und weiter.

»To Thee all angels cry aloud – zu Dir flehen alle Engel laut!« Händel komponiert mit dem Wörterbuch in der Hand. »Cry aloud« übersetzt er in Gedanken mit

»schmerzvollen Schreien«, es ist dem Sinn nach jedoch »inbrünstiges Rufen« gemeint. Was schadet es? Auch ein Künstler darf irren. Doch welche Steigerung dann in dem »Heilig, heilig, heilig, Herrgott Zebaoth!« mit seiner kühnen dramatischen Folge von D-Dur, C-Dur, H-Dur. Es tönt wie aus alten Psalmen der Ambrosianischen Ordnung: Phrygisch und aeolisch mischen sich die Klänge wie auf der Palette eines altes Meisters.

Händel aber ist noch nicht am Ende, fügt seinem *Te Deum* noch ein *Jubilate* als triumphierenden Abschluß hinzu.

»Gehet zu seinen Toren ein mit Dank!« Es ist der hundertste Psalm.

Die Königin hatte den 7. Juli zu dem Tag der kirchlichen Friedensfeier bestimmt. Am 5. Juli erkrankte sie. Doch schon aus Protest gegen die Whigs, die der Andacht sämtlich fernzubleiben gedachten, sollte das *Te Deum* auch ohne Beisein der Königin am 7. Juli abgehalten werden.

»Wir wollen endlich Frieden!« rief das Parlament und begab sich in feierlicher Prozession zur St.-Pauls-Kirche. Die Kathedrale war überfüllt. Ein Chor von fünfhundert Sängern – Männer und Knaben – war aufgeboten. An der Orgel saß William Babel, am Cembalo Friedrich Händel. Die Feier glich einem Gottesdienst.

Die Königin ließ das *Te Deum* für sich und den Hofstaat am 17. Juli in der Royal Chapel wiederholen und setzte tags darauf ihrem Komponisten eine Jahresrente von 200 Pfund aus.

Das war das *Te Deum des Friedens von Utrecht,* den halb Europa bejubelt, halb Europa verdammt hatte. Er erhielt durch Friedrich Händel zwar nicht erst seine Bedeutung, doch die ewige Weihe. Hier hatte dieser Friedrich Händel sich zum erstenmal in seiner eigenen, ursprünglichen Kraft gefunden.

Bald zeigte die Weltgeschichte ihre Tücke, Unerwünschtes zu überstürzen, Unerwartetes zur falschen Zeit herbeizuführen. Kurfürstin Sophia von Hannover war, vierundachtzig Jahre alt, am 28. Mai 1714 in ihrem Stadtschloß zu Hannover gestorben.

Und am 1. August desselben Jahres verschied ebenso plötzlich Königin Anna von England, erst neunundvierzig Jahre alt, in ihrem Lustschloß zu Kensington.

Schon am Nachmittag desselben Tages rief eine Whig-Majorität im Unterhaus den Kurfürsten Georg Ludwig von Hannover als König Georg I. von England aus.

Nun folgten Ereignisse, die so paradox waren, daß sie in ihrem ungestörten Ablauf nicht einmal ein englischer Historiker zu begreifen vermag: Ein landfremder Fürst, der kein Wort Englisch verstand, der England noch niemals in seinem Leben betreten hatte, vermochte es, am 18. September mit Kind und Kegel und seinen beiden Mätressen in Greenwich zu landen und mit einer Karawane von hundert Wagen – trotz der Wegelagerer und Jakobiten – Westminster gemächlich zu erreichen.

»Wir haben einen König!« Am 20. September wurde Georg Ludwig vom Lord-Mayor von London empfangen und für zwei Stunden mit dem Schwert der City betraut. Zu einer Zeit, in der Frankreich noch einen Sonnenkönig und jedes deutsche Nest seinen Despoten hatte, besorgten sich die Engländer einen König aus Hannover, der sich verbürgte, ihre Geschäfte nicht zu stören und als Privatmann zu leben.

Die Gassen schrien: »Hannover, das ist die Freiheit!«

Kein Wort hörte man mehr von Jakob »dem Prätendenten«, der in Paris auf sein Erbe wartete. Walpole übernahm das Ministerium. Sein Gegner Bolingbroke hatte bei einer schönen Frau, sein zweiter Gegner Harley bei einem Kruge Wein die entscheidende Stunde verschlafen.

Aufruhr in Irland und Schottland? In London kamen nur drei Hinrichtungen vor.

»Alle Glückssterne sind für Hannover!« Georg Ludwig hätte seine Fahrt nach England in einem Fischerboot antreten können, so ruhig war der Kanal. Und alles schleppten diese Hannoveraner mit herüber, sogar die großen Landratten, die bis dahin in England unbekannt waren.

»Hannover-Ratten« nannten die Gassen bald die neuen Günstlinge Georgs I. Die beiden Mätressen aber waren sogleich zu englischen Herzoginnen befördert worden.

Und die Theater spielten, die Lotterien spielten, die Nachtclubs tagten in Permanenz. Aber Georg Friedrich Händel saß in seinem Versteck in Burlington House ...

Die Königliche Oper begann mit dem *Rinaldo*. Händel ließ sich berichten, daß Kurprinz Ludwig, jetzt ›Prince of Wales‹, und seine Karoline, jetzt ›Princess of Wales‹ im Theater am Haymarket gewesen wären. Karoline hatte zum Schluß sehr geklatscht. –

Am 20. Oktober wurde Georg Ludwig in Westminster zum König Georg I. von England gekrönt.

Das Jahr 1714 verging. Eines Tages erschien der dürre Heidegger in Burlington House und überreichte Händel den Text einer neuen Oper, die er selbst entworfen, die Nicola Haym aber in Verse gebracht hatte.

Amadigi wäre ein schöner Titel. Der Inhalt – eine Zauberoper nach dem Muster von *Rinaldo* und *Theseus* – dürfte vielleicht auf Beifall hoffen. Doch konnte Händel es wagen, mit einer neuen Oper am Haymarket zu erscheinen?

»Sie dürfen – die Prinzessin von Wales wünscht es sogar!« sagte Heidegger und lächelte indiskret. Auch der König von England sei nicht mehr böse auf seinen treulosen Hofkapellmeister. ·

»Wer soll den Amadigi singen?« fragte nun Händel.

»Nicolini ist schon auf der Fahrt nach London!« –

Händel machte sich sofort ans Werk. Was ihn reizte, war der klare Aufbau der Handlung und die vier Gestalten, die allein diese Handlung bestritten. Das war neu und überraschend: eine große Oper mit nur vier handelnden Personen! Das gab eine besondere Möglichkeit, vier ausgeprägte Charaktere zu schaffen: Amadigi und Oriana, Melissa und Dardanus.

Die Zauberin Melissa entführt ein zärtliches Paar: Oriana, die Herrin der glücklichen Insel, und Amadigi, ihren Geliebten. In eine böse Zauberwelt verbannt, sitzt Oriana in einem Flammenturm, Amadigi im Boudoir der Zauberin gefangen. Nun begehrt Dardanus, Prinz von Thrazien, von Melissa herbeizitiert, die schöne Oriana, während Melissa den Helden Amadigi zu verführen sucht. Aber Amadigi zerreißt alle Bande der Verlockung. Er durchschreitet die Feuer des Flammenturms. Der Turm stürzt ein! Doch wo ist Oriana? Dämonen haben die Ärmste in das Tal des Grauens entführt. Amadigi folgt der Geliebten. Er überwindet alle Hindernisse der Wildnis, kämpft mit Ungeheuern. Da tritt ihm der Rivale Dardanus entgegen. Dardanus fällt in einem heroischen Zweikampf. Und jetzt wendet sich das Schicksal. Der tote Dardanus erscheint als Geist vor der bösen Zauberin Melissa und fordert sie im Namen der Götter auf, endlich von den beiden Liebenden abzulassen. Amadigi findet seine Oriana wieder –, und die Zauberin Melissa ersticht sich in ihrer Verzweiflung.

Händel behielt die bündige Handlung seiner Oper bei und zeichnete vier markante Gestalten. Den Amadigi sang Nicolini, der berühmte Altkastrat, Oriana wurde von der reizenden Robinson, dem Liebling des Londoner Publikums, dargestellt. Der unglückliche Prinz Dardanus hatte in Diana Vico, einer venezianischen Altistin, seinen Darsteller gefunden. Melissa endlich war Elisabetta Pilotti mit ihrem Sopran voll Verlokkung und Leidenschaft.

Das Textbuch war dem jungen Lord Burlington gewidmet, wurde aber von der Öffentlichkeit der Lady selbst zugeschrieben. Die Premiere am 25. Mai fand ein ausverkauftes Haus. Der Erfolg der Vierpersonen-Oper war überraschend. Alle Arien mußten dreimal gesungen werden, es gab Beifall auf offener Szene. Vier Darsteller schienen vollends zu genügen, um die Aufmerksamkeit eines Publikums drei Stunden lang zu fesseln. Auch Prinzessin Karoline saß in der Loge und klatschte begeistert. Als sie im Zwischenakt einen Cercle gab, stand Händel für einen Augenblick als Held des Tages zwischen der Prinzessin und Lady Burlington.

Baron Kielmannsegge, Maître de Cour, besprach nun mit dem jungen Lord Henry die Möglichkeit, Friedrich Händel wieder vor die Augen des Königs zu bringen. Aber der König verkehrte nicht mit der englischen Gesellschaft. Es fiel ihm nicht einmal ein, Englisch zu lernen. Er haßte die Engländer und ließ keinen in seine Nähe. Ein Franzose, Monsieur Roberton, war sein Geheimsekretär. Zwei riesenhafte Türken, Mustafa und Mahomed, bildeten die Leibwache, die den kleinen protzigen Mann völlig unnahbar machte.

»Eine neue Gewohnheit haben Seine Majestät in London angenommen: das Spazierenfahren auf der Themse!« meinte der Baron.

»Und? Was soll unser Händel auf der Themse?« fragte etwas verständnislos Lord Burlington.

»Er könnte dem König bei dieser Gelegenheit eine Wassermusik vorspielen!«

Als die königliche Barke am 22. August 1715 von Westminster aus themseaufwärts fuhr, wurde sie unauffällig von einem zweiten Ruderboot begleitet. Es war mit fünfzig Musikern besetzt. Der König befand sich auf der Fahrt nach Chelsea, denn die Mätressen wünschten ein Picknick im Grünen. Auch der neue italienische Geiger Francesco Geminiani war an der Seite des Königs. Aber Geminiani war ein Freund des jungen Scarlatti und ein Bewunderer Händels. Er war in den Plan eingeweiht.

Dann hub plötzlich mitten auf der Themse eine Musik an, die den König und seine Mätressen entzückte. Ein Menuett der Wellen tanzte nach einer zierlichen Miniaturouvertüre über die alte Themse hin, ein geruhsames Geplätscher fröhlicher Töne an einem sommerhellen Tag, leichtes Geflüster der Flöte, der Pikkoloflöte, ein Wogen der Oboen und Fagotte. Hörnerklang rief über das Wasser, dann fielen die Streicher ein – und Geminiani begleitete das Finale mit seiner Geige.

»Was ist das?« fragte der König.

»Das ist die Wassermusik Eures Hofkapellmeisters Händel, Majestät!« erwiderte Geminiani und deutete mit dem Fiedelbogen in den zweiten Kahn. Dort konnte man Händel erblicken, mit einer Geige am Kinn.

»Händel?« Majestät schien sich kaum zu erinnern. Doch die Mätressen klatschten Beifall, und deshalb befahl der König, diese *Wassermusik* noch einmal zu spielen.

In Chelsea wurde Händel vor Georg I. gebracht. Der König bequemte sich, das Wort an ihn zu richten und ihn zum Essen einzuladen. Zuletzt mußte er Händel vor aller Augen auch noch ein königliches Geschenk machen. Schweren Herzens setzte er auf die zweihundert Pfund seiner Vorgängerin Anna die Summe von zweihundert Pfund. Dann wurde befohlen, die *Wassermusik* noch ein drittes Mal hören zu lassen.

Doch die Politik duldete auch jetzt kaum Musik bei Hofe. Trotz aller Bemühungen Geminianis wurde Händel mit keiner großen Aufgabe betraut. Zweimal spielte er bei Karoline. Doch das durfte der König nicht wissen. Er war mißgelaunt.

Eine Jakobitenverschwörung wurde aus Schottland gemeldet und schien kriegerische Vorbereitungen in England zu fordern. Das Gerücht ging um, Jakob Stuart sei heimlich in Edinburgh gelandet.

»Wir haben schon einmal einen König enthauptet!« riefen die Gassen von London. Sie meinten das Jahr 1649 und König Karl.

Aber Georg I. wußte nicht, welchen König diese unruhigen Londoner jetzt wieder meinten. Er konnte sich überhaupt nicht an diese Stadt gewöhnen mit ihren langen schmalen Gassen und an diese Engländer mit ihren langen und schmalen Gesichtern. So saß er faul und leicht vergrämt in seinem Lehnstuhl in St. James, und sehnte sich zurück nach seinem gemütlichen, stillen Hannover. Übrigens konnten die Engländer auch allein mit ihrem Jakob Stuart fertig werden ...

Endlich am 1. Juli dieses Jahres 1716 gewährte das Parlament seinem König den langersehnten Urlaub. Auch Händel hatte Befehl, sich am 9. Juli beim königlichen Gefolge einzufinden.

Er nahm Abschied von Lady Burlington.

»Wenn ich Sie so vor mir sehe«, sagte sie lächelnd, »so ist es mir, als kehrten Sie nicht mehr zurück!«

»O Mylady, no, no – si, si, je reviens, ich komme zurück!« Wenn Händel temperamentvoll war, radebrechte er oft in vier Sprachen.

»Vielleicht ruft Sie der König von Polen nach Dresden und Warschau, oder der Kaiser befiehlt Sie nach Wien, oder Zar Peter holt Sie nach Petersburg?«

»Ich bin kurhannöverischer Hofkapellmeister!«

»Sie sind ein Europäer, mein Freund! Man spielt Ihren *Rinaldo* demnächst in Hamburg, in Paris, in Venedig, in Neapel! Am Ende kehren Sie nach Neapel zurück?«

»Neapel ist schön, Mylady!«
»Doch die Weltoper heißt – London!«

In Hannover wartete Barthold Heinrich Brockes. Auch er teilte die Befürchtung, daß die englische Thronfolge der Welfen noch mancherlei Überraschungen nach sich ziehen könne. Aus seinen Worten klang der heimliche Wunsch, Händel irgendwo in Deutschland auf einen guten Posten und an eine Frau zu bringen. Er selbst hatte reich geheiratet und äußerte die Meinung, eine Ehe brauche ja nicht nur ein sicherer Hafen, sie könne sogar eine Idylle sein.

»Du hast eine Kantorei für mich!« lachte Händel und dachte an Lübeck.

»Nein, nein, aber vielleicht einen Hofkapellmeisterposten in Berlin! ... Oder Hamburg?«

Das wäre Brockes am liebsten gewesen. Aber in Hamburg stand Reinhard Keiser wieder am Dirigentenpult, und Johann Mattheson meckerte »gegen einen gewissen berühmten Mann in London, der sich als Orpheus titulieren läßt«. Hamburg wartete mit Spannung auf den *Rinaldo*, da mußte Mattheson doch etwas Gegenstimmung machen. Auch den *Amadigi* wolle man in Hamburg spielen, erzählte Brockes. Nur solle er dem galanten Brauch am Gänsemarkt zuliebe nach der Heldin *Oriana* betitelt und um ein drittes Paar und einen Narren bereichert werden.

Nein, nach Hamburg wollte Händel nicht zurückkehren. Brockes hatte ein großes geistliches Drama geschrieben, das er im Gedenken an den Dreißigjährigen Krieg die *Deutsche Passion* nannte. Das Bibelwort war durch freie Reime ersetzt worden. Er hatte Strophen von Kirchenliedern in seine Worte geflochten und in Anlehnung an italienische Vorbilder eine moderne Leidensgeschichte des Herrn geschrieben.

Schon in London hatte Händel von diesem berühmten

Werk gehört. Georg Philipp Telemann – noch immer in Leipzig – hatte sich an dieser Brockesschen Passion versucht, dann auch Reinhard Keiser in Hamburg. Und mit Madame Keiser, der ersten Frau, die in Hamburg in einer Kirche singen durfte, war das Werk kürzlich in St. Kathrin aufgeführt worden.

Aber Brockes war unzufrieden »mit soviel galantem Geziere um die Leiden des Herrn«.

Da erklärte Händel sich bereit, als dritter die *Deutsche Passion* in Musik zu setzen. Er hatte Urlaub nach Halle genommen. Ein persönlicher Auftrag von Prinzessin Karoline sollte ihn sogar bis nach Ansbach führen. Die *Deutsche Passion* mochte ihn also auf seiner Reise durch Deutschland begleiten.

Schon in seiner Kutsche nach Halle machte er sich ans Komponieren. Eine vor kurzem geschriebene Klavierfuge fiel ihm ein. Er nahm die Melodie auf und formte mit ihren schlichten Klängen die Eingangssymphonie seines neuen Werkes.

Als die Kutsche am Händelhaus in Halle hielt und der Kutscher mit der Peitsche knallte, kam ein liebliches kleines Mädchen aus dem Tor gehüpft.

»Johanna Friederike!« rief der große Onkel und hob das Kind zu sich empor. Er fand seine Mutter bei bester Gesundheit, doch seine Schwester Dorothea Sophia, Friederikes Mama, war bleich und abgezehrt. Dr. Michaelsen hatte das Gut Stichelsdorff bei Halle gekauft, um seiner Frau ein gesundes Landleben in Luft und Sonne zu bereiten. Friedrich Händel riet zum baldigen Umzug. Er lieh seinem Schwager eine beträchtliche Summe – galt es doch, Friederike die Mutter zu erhalten. –

Deutsche Passion! Er komponierte den ersten vierstimmigen Choral: »Ach wie hungert mein Gemüte!« Und die kranke Schwester ließ es sich nicht nehmen, beim Schreiben der Noten wie ehedem behilflich zu sein.

Auch das große Duett zwischen Jesus und Maria entwarf Händel im Haus der Mutter ...

> Maria: »Soll mein Kind, mein Leben, sterben
> Und vergießt mein Blut sein Blut?«
> Christus: »Ja, ich sterbe Dir zu gut/
> Dir den Himmel zu erwerben!« ...

Weiter ging die Reise über Nürnberg nach Ansbach. Prinzessin Karoline wollte ihren Komponisten und Hofkapellmeister in der markgräflichen Familie präsentieren, war aber durch die Bittschrift eines gewissen Christian Händel beunruhigt worden.

Auf der Wülzburg, der ›Bastille‹ der Ansbacher Markgrafen, saß besagter Generalsuperintendent Christian Händel seit dem Jahre 1714 in Haft, weil er sich eine Schmähschrift gegen die Willküakte des Markgrafen Wilhelm Friedrich erlaubt hatte. Nun erhoffte er von jenem anderen Händel am Hofe zu Ansbach Hilfe. Doch dessen Empfang verlief höchst förmlich. Markgraf Wilhelm Friedrich überließ es seiner Gemahlin, mit dem Hofkapellmeister fertig zu werden. Die Markgräfin schenkte Händel einen schönen Ring, aber den armen Generalsuperintendenten Händel auf der Wülzburg gab sie nicht frei.

Um so herzlicher war der Empfang, den Händel bei seinem alten Studienfreund Johann Christoph Schmidt fand. Der umgängliche Schmidt mit den freundlichen, braunen Augen hatte ein Wollwarengeschäft erheiratet, fühlte sich aber unter dem Willkürregiment der Ansbacher Markgrafen und seiner eigenen Ehehälfte gar nicht zum besten.

London, das war die Stadt der Freiheit, Ansbach dagegen ein markgräfliches Nest ...

Händel kehrte nach Hannover zurück, aber die Stadt

war inzwischen zu einem der belebtesten Orte der Welt und Herrenhausen zu einem politischen Mittelpunkt Europas geworden.

Deutsche Passion! Händel komponierte den tragischen Höhepunkt: »Mein Vater, ist es möglich, so laß den Kelch an mir vorübergehen!« Christus singt eine ergreifende d-Moll-Arie im Garten von Gethsemane. Auch die Oboe klagt in Moll, das fortan für Händel zum Ausdruck tiefen Leides wird. Der Mann des Dur entdeckt das Moll!

Andreas Roner hatte wieder aus London berichtet: Das Leben ging dort seinen Weg weiter zwischen Tories und Whigs. Auch im Hause Burlington mischte sich die Gesellschaft. Owen Swiney spielte laszive Opernkomödien im Theater von Lincoln's Inn Fields, Heidegger spekulierte im Covent Garden mit französischen Balletten, Pepusch, der schlaue Berliner, spekulierte mit alter Musik. Ganz London aber spekulierte mit Kolonialaktien: Die Werte lagen in der unbekannten Südsee, die Papiere stiegen in der City.

In einem neuen Brief berichtete Roner, daß man jetzt in London überall Parodien auf Händels *Amadigi* zum besten gäbe ...

Die *Deutsche Passion* ging indessen ihrer Vollendung entgegen. Aber Händel, der endlich wieder auf deutsche Worte und ohne das verfluchte Lexikon in der Hand komponieren durfte, fand in den Versen Brockes' doch nicht den rechten Weg zur tiefen Tragödie des Heilands. Zwischen großen Ansätzen zerfloß ihm alles wieder ins Kleine, ins Opernhafte. Nur die Chöre blieben stehen, gewaltigen Blöcken gleich ...

In Hannover spielte kein Theater, die Welt war selbst eine Oper, der König ihr erster Tenor, die Mätressen die Primadonnen.

Eines Tages wurde Händel zu Leibniz gerufen. Abseits von dem Getriebe eines höfischen Lebens saß der Schöpfer der *prästabilierten Harmonie* kahlköpfig, vom Alter gekrümmt, in seinem Arbeitszimmer vergraben. Leibniz hatte ein paar Jahre lang mit Isaak Newton in einem Streit um die Priorität der Differentialrechnung gelegen, die beide unabhängig voneinander gefunden hatten. Nun herrschte Frieden zwischen den Geistern.

Händel mußte über das Leben in England berichten und über die öffentliche Stellung der ›Royal Society‹, deren Präsident Newton war und deren Leibspruch »Nullius in verba – auf keines Mannes Worte sollst du schwören« als leuchtender Satz an Europas Geisterhimmel erstrahlte.

Deutsche Passion, heroisch-christliche Passion! Als Georg Friedrich Händel am 15. November 1716 seine Leidensgeschichte des Herrn mit einem dreistimmigen »Es ist vollbracht!« gekrönt hatte, eilte die Kunde durch die Stadt, daß Gottfried Wilhelm Leibniz – geboren zu Leipzig am 1. Juli 1646, der größte Geist, den das deutsche Volk seit Albertus Magnus hervorgebracht – am Abend des 14. November 1716 im Alter von siebzig Jahren sein irdisches Dasein in seinem Haus zu Hannover friedlich beschlossen habe.

Es war ein Abschied.

FÜNFTES KAPITEL

EIN DEUTSCHER – UND EIN GENIE?

Mit dem Hofstaat, der am 12. Juli 1716 England verlassen hatte, kehrte Georg Friedrich Händel am 5. Januar 1717 wieder nach London zurück. Die Günstlinge des Königs, die Hannover-Ratten, füllten allein zwei Schiffe, auch die Frauenzimmer waren zahlreich vertreten.

Der König und der Prinz von Wales reisten getrennt und gaben so der Einigkeit der Nation nicht das beste Beispiel. Im Unterhaus kritisierte Lord Carteret dieses unkönigliche Verhalten: »Diese Familie hat sich gezankt, zankt sich und wird sich zanken von Geschlecht zu Geschlecht!«

Für Händel war es höchste Zeit, nach London zu kommen. Heidegger hatte am Haymarket den *Rinaldo* neu einstudiert. Auch Nicolini war schon da. Die neue Besetzung versprach eine erstklassige Aufführung.

Nach der Generalprobe wartete die Kutsche Lady Burlingtons vor dem Theater und entführte Friedrich Händel nach Burlington House.

»Sie sind schon fünf Tage in London, mein Freund!« sagte sie nach der Begrüßung.

»Gewiß, Mylady ...« Händel stammelte eine Entschuldigung.

»Sind Sie gerne nach London zurückgekehrt?«

»Mylady – um Sie wiederzusehen!« Händel konnte keine Komplimente machen.

Er bat, wieder in seiner alten Wohnung am Haymarket

und bei Madam Mary bleiben zu dürfen, um, wie er sagte, dem Theaterbetrieb näher zu sein. In Wirklichkeit forderte er seine Freiheit zurück, wollte wieder ganz sich selbst und seiner Oper leben, der großen Oper, die er über die modischen Begrenztheiten der Neapolitaner hinauszuführen und mit neuen dramatischen Ideen und ausgeprägten Charakteren zu erfüllen gedachte.

»Ein Genie hält man nicht mit dem Herzen, sondern mit dem Verstand!« sagte Lady Burlington lächelnd und entließ ihn.

Am Tage der Neuaufführung des *Rinaldo* meldete Andreas Roner, daß der Herzog von Chandos eine Bühnenloge bestellt habe. Dr. James Arbuthnot würde sich in seiner Begleitung befinden.

Dr. Arbuthnot! Händel erinnerte sich gerne des dicken, großen Mannes, den er als Leibarzt der Königin Anna kennengelernt, dann im Hause Burlington des öfteren an einer vollen Tafel getroffen hatte. Arbuthnot, etwa zehn Jahre älter als Händel, war Arzt und Satiriker. Seine *History of John Bull* hatte ihn berühmt gemacht: eine recht offenherzige Kritik des englischen Eigennutzes, wie er sich im Verlauf des Spanischen Erbfolgekrieges vor ganz Europa bloßgestellt hatte. Darüber hinaus aber war er ein sehr umgänglicher Mann, der das gute Leben ebenso wie die Musik zu schätzen wußte und deshalb auch gerne in Händels Gesellschaft war.

Erst zweimal aber hatte Händel den Herzog von Chandos gesehen, das zweitemal in der Erstaufführung seines *Rinaldo*. Auch der Herzog war groß und von ziemlicher Leibesfülle, hatte ein bäuerlich robustes Gesicht mit derber Nase und hellblauen Augen, die recht spöttisch in die Welt blickten. Sein lautes Gebaren, sein breites Selbstbewußtsein hätten ihn recht eigentlich zu dem John Bull gestempelt, wie er in Arbuthnots Buch stand, wäre er

nicht auch ein fröhlicher Zecher und großer Verschwender gewesen. Er lebte wie ein eigensinniger Tory in seinem Reich, damit beschäftigt, sein Geld auf originelle
Weise unter die Leute zu bringen.

Da der Herzog die Künstlerkneipen Londons besonders liebte, war er auch häufig Gast in Queen Anne's Taverne am St.-Pauls-Friedhof. Und so wurden eines
Abends William Babel und William Greene, als sie dort
ihren Schoppen tranken, von Dr. Arbuthnot an die herzogliche Tafel gerufen. Als Händel kam, holte Arbuthnot
auch ihn herbei.

Händel war es ganz recht, auf so leichte Weise die persönliche Bekanntschaft des Herzogs von Chandos zu machen. Der Herzog aber war aufgestanden, um den Komponisten des *Rinaldo* mit lauten Worten zu begrüßen. Die
Pokale klirrten. Dann ließ James Brydged, Herzog von
Chandos – einer der reichsten Männer der Welt – seine
Künstler reden und beschaute sich launig die fröhliche
Runde. Dieser große, kräftige Händel, der wohl auch ein
paar Schoppen vertragen konnte, gefiel ihm viel besser als
sein aufgeblasener kleiner Herr Pepusch aus Berlin, den
er kürzlich vor die Türe gesetzt hatte. Als Greene und
Babel nun anfingen, Händels Orgelkonzerte zu rühmen
und auch Arbuthnot sein Wort ins Gewicht warf, da äußerte der Herzog von Chandos endlich den erwünschten
Gedanken: »Mr. Händel, ich baue in Cannons eine Kapelle. Haben Sie Lust, mein Kapellmeister zu werden?«

»Sir, ich stehe zu Ihren Diensten!«

»Dann bauen Sie mir zuerst eine Orgel, mein Herr Rinaldo!«

Cannons, ein geruhsamer, englischer Landsitz, lag neun
Meilen von London entfernt an der Staatsstraße nach
Coventry bei dem Dorfe Edgware, dessen altertümliche
Kirche der Landschaft ein feierliches Gepräge gab.

Aus dieser Idylle aber ragte seit einigen Jahren das Schloß des Herzogs von Chandos empor, ein Barockbau in pompöser Aufmachung, von Christopher Wren erbaut, dessen Mittelteil und Portal mit sechs majestätischen Säulen und Halbsäulen flankiert waren, die auf ihren Kapitelen die Standbilder griechischer Götter trugen.

Die Prachträume des Schlosses – den großen Saal, die Bibliothek, das Jagdzimmer, das Spielzimmer, das Speisezimmer, das Musikzimmer – hatte der Engländer Grinling Gibbon getäfelt und möbliert, der Italiener Paragotti mit vergoldetem Stuck verziert, sein Kamerad Belluci mit Malereien geschmückt. Antike und Moderne gaben sich in Cannons ein Stelldichein. Auch die Kapelle, in der die Orgel Friedrich Händels ihre Aufstellung finden sollte, bemalte Belluci schon mit einer *Huldigung des Olymp an die göttliche Dreifaltigkeit,* während Paragotti seinen Stuck bereitete, um Friese und Rahmen mit Engeln und Putten zu zieren.

»Gott ist ein Künstler«, sagte Dr. Arbuthnot, »denn Gott erschafft verschiedene Menschen, große und kleine, gute und böse. Die Welt ist eine Bühne, die Menschen sind Akteure und Zuschauer zugleich!«

Auch der Gottesdienst sei ein künstlerisches Spiel, eine Andacht mit Musik zur Ehre des Höchsten, nicht die Zeremonie einer staatlich geförderten oder erzwungenen Glaubensgemeinschaft. Dr. Arbuthnot hätte weder puritanisch noch calvinistisch noch lutherisch sein können. Er war wie der Herzog von Chandos, wie Aaron Hill, wie Daniel Defoe ein ›Dissenter‹, ein ›Nonconformist‹, und als solcher wurde in England seit dem Jahr 1673 jeder bezeichnet, der nicht zur Staatskirche gehören wollte. Man hat diese Freigläubigen zuerst als Staatsbürger zweiten Grades gebrandmarkt, 1689 aber diese Bestimmung gemildert und ihnen nur die Staatsämter verschlossen. Doch von 1700 ab fanden die Dissenters aus allen Kreisen großen Zulauf.

»Mögen die Staatsbeamten zu ihrem Gott beten und uns den unseren lassen!« sagte Dr. Arbuthnot und stützte sein breites Doppelkinn, das ein jugendlich wirkendes Gesicht umrahmte, während zwei graue Augen etwas zerstreut ihre Runde machten.

Händel hatte den dicken Mann sehr ins Herz geschlossen. Auch dessen Christentum – diese »freie Fasson, selig zu werden« – war ganz nach seinem Geschmack. Er war längst kein »lutherisches Subjekt« mehr aus der engen Orgelburg zu Halle, er war in Italien ein »freies, musikantisches Subjekt« geworden. Und so wollte er jetzt, frei und unbeschwert, in der kleinen Kirche von Cannons seine Orgel disponieren.

Händel ging aus von dem italienischen Prinzip der leichten Spielbarkeit und brachte dazu das deutsche Prinzip der inneren Fülle. Er opferte den Weitchor – besonders die theatralisch hellen, vordringlichen Stimmen – und gab dafür seiner Orgel eine dunklere, herzhaftere und vollere Tönung. Mixturen waren vermieden, jede Gewichtigkeit war abgetan, doch die mit der Terz ausgestattete Sesquialtera wies den Schöpfer dieser Orgel als Deutschen aus. Italienisch war das einmanualige Positiv, englisch der Klangaufbau, der neben einer solistisch zu gebrauchenden 8° Fußstimme ein in seine Einzelchöre zerlegtes Kornett aufwies.

Ein Leben hub an in Cannons, wie es ein König von England nicht besser kennt: »Die Herren reiten des Morgens, um am Mittag zu schlemmen, und sie jagen am Nachmittag, um des Abends bei einem halben gebratenen Ochsen nicht hungrig zu sein!«

»Der Herzog von Chandos liebt die feierliche Musik, denn feierliche Musik befördert die Verdauung!«

»Der Arbuthnot ist ein Epikureer, er glaubt wie Dr. Harvey an den Kreislauf des Blutes, aber mehr noch an den Kreislauf des Weines!«

»Händel? Der ist der dritte im Bunde, ein Genie im Musizieren, im Essen und Trinken!«

Swift, Pope und Defoe, nicht zuletzt auch Christian Pepusch machten in boshaften Versen und Pamphleten ihre Anspielungen auf das Herrenleben von Cannons. Denn Frauen sah man nur selten in ›Timons Villa‹, wie der Landsitz des Herzogs genannt wurde. James Brydged hatte es wohl in jüngeren Jahren August dem Starken gleichgetan – und es gab schon zu seinen Lebzeiten um seine Erbschaft manch komisches Gezänke. Nun aber lebte er als Hagestolz, der kein Frauenzimmer mehr um sich duldete. Dr. Arbuthnot war ein Epikureer und schon deshalb ein Verächter des unruhestiftenden anderen Geschlechts. Händel aber – nun, Händel verlor sein Herz nicht so leicht.

Er spielte fleißig auf seiner neuen Orgel. Am Sonntag zum Gottesdienst pilgerte ganz London zum Schloß von Cannons, um Händel an der Orgel zu hören oder auch, um den spleenigen Herzog zu sehen.

Der Pfarrer von Edgware, Thomas Hall, war zugleich der Hofprediger des Herzogs. Auch er war ein Rauhbein und Epikureer und paßte in diese Gesellschaft. Sein Gotteswort aber kannte er wie kein zweiter – und die Bibel, von John Brady seinen Engländern ebenso gut wie von Martin Luther seinen Deutschen übersetzt.

»Gott, der Vater, war ein Herr der Herren!« Keine pietistische Frömmelei, kein geheimnisvolles Getue konnte diesem Pfarrer den Geist verwirren. Kräftig, männlich und unverbraucht schlug das Wort Gottes an Händels Ohr ...

»I will magnifie Thee, o God!«

»Have mercy upon me, o God!«

»O praise the Lord yee Angels of his!«

»The Lord is my light!«

So tönten die Worte des 145., des 51., des 148. und des 27. Psalms in Händels Ohren, und dreistimmig, vierstimmig, fünfstimmig erklangen bald seine Chöre. Die sonntäglichen Motetten in der kleinen Kirche stiegen wie deutsche Kantaten an den Gewölben empor, von englischen Sologesängen durchflochten. Auf Wunsch Händels wurde der Tenor Eilfurt nach Cannons eingeladen. Und Händel fand sich im Geiste wieder mit Henry Purcell verbunden in einer Landschaft und in einer Welt.

Er komponierte in rascher Folge zwölf Anthems, davon acht in Dur, vier in Moll. Auch das Moll erlebte in der männlichen Umgebung eine kraftvolle Gestaltung. G-Moll liebte er besonders.

»Es geht sechs Tage lang lästerlich lustig zu bei dem James Brydged, doch am siebenten Tag hört man die Engel singen!« sagten die puritanischen Köpfe von London und pilgerten nach der Kapelle von Cannons.

Nachmittags war dann immer ein Volksfest in Edgware. Der Schmiedemeister Richard Powel, Händels besonderer Freund, stand im Mittelpunkt des fröhlichen Treibens. Händel hatte auf ihn ein Klavierstück *Der tönende Grobschmied* komponiert, das bald im ganzen Land bekannt war. Ließ sich Händel aber an einem solchen Tag in Edgware blicken, dann bedrängte ihn das Volk so lange, bis er sich im Pfarrhaus ans Klavizimbel setzte und seinen *Grobschmied* zum besten gab. Einmal erschien der König in höchsteigener Person mit einem Jagdgefolge in Edgware, um den *Grobschmied* zu hören und sich von Richard Powel einen vollen Humpen reichen zu lassen.

Er war sehr gnädig zu Händel, fand er doch selbst, daß sein Hofkapellmeister bei dem reichen Herzog von Chandos viel besser als bei einem knauserigen König von

England aufgehoben war, der schon seit drei Jahren jegliche Gehaltszahlung an seinen Hofkapellmeister vergessen hatte.

Es gab auch Konzerte in Cannons. Das Orchester bestand aus dreifach besetzten ersten und zweiten Geigen, zweifach besetzten Bratschen, Celli und Bässen, zweifach besetzten Flöten, Oboen, Fagotten, Trompeten und Hörnern. Theorbe, Harfe und Pauke erhöhten den Klangreichtum auf des Herzogs Wunsch.

»Was ist mit der Oper?« fragte Händel eines Abends seinen Freund Arbuthnot.

»Geduld, mein Lieber!« antwortete der Doktor mit Nachdruck.

Der Pfarrer von Edgware glänzte als guter und taktfester Cembalospieler. So war es für Händel eine besondere Freude, mit dem Pfarrer allwöchentlich zu konzertieren und dabei auch das ganze Orchester von Cannons aufzubieten. Er selbst saß an der Orgel, gab die Stimmung, gab das Motiv, forderte das Orchester heraus, mit ihm zu wetteifern, ihn an der Orgel zu bedrängen, zu überholen, zu übertönen. Dann überließ er das Orchester der Führung des Pfarrers von Edgware, der am Cembalo saß, zog aber bald alle Register seiner Orgel und lief Sturm gegen ein Meer von Tönen. So schuf er aus dem freien Spiel der Kräfte – im Wettstreit zwischen Orgel und Orchester – neue Musik und nannte sie seine *Orgelkonzerte.*

Er hatte sich eine leichte Orgel bauen lassen. Nun glänzte er im Sinne Scarlattis und der Arkadier mit musikalischen Improvisationen zwischen Orgel und Orchester, wobei das Cembalo als Generalbaßinstrument dem Orchester zugehörte.

Es war so ganz Händels Art, den Streichern ein Motiv zuzuwerfen, mit dem sie sich tummeln konnten, sodann die Bläser herauszufordern, die Streicher zu bedrängen, zuletzt mit der Orgel das Orchester zu überrennen, um mit ihm dann in ein rauschendes Finale zu stürzen: Weltharmonie!

Gerne begann er mit einem feierlichen Largo, dem ein buntes Allegro gegenübergestellt war. So formte sich das Thema. Und nun entwickelte er sein Spiel aus dem ›Tutti‹ bei größtmöglicher klanglicher Gegensätzlichkeit der beiden wettstreitenden Klangkörper: Orgel und Orchester. Dem sechzehnfüßigen Tutti der Kontrabässe trat leicht und elegant das achtfüßig registrierte Soloinstrument, die Orgel, entgegen. Die Händel-Orgel aber wurde zum vollkommensten Instrument des Jahrhunderts!

Dr. Arbuthnot bequemte sich dazu, Händel den Text einer Oper zu schreiben. Die Geschichte der Esther aus dem Alten Testament gab die Handlung. Als Arbuthnot seine Oper in sechs Szenen beendete, nannte er das Werk eine ›Masque‹: *Haman and Mardochai, a masque*. Händel fand schnell die noch treffendere Bezeichnung: ›ein biblisches Spiel‹.

Die Vorlage war ihm gerade recht. Was brauchte er jetzt eine Oper und für welch ein Opernhaus?

Ein biblisches Spiel blieb noch immer eine vornehme Aufgabe. Racine hatte schon eine *Esther* gedichtet. Es ist etwas Eigentümliches und Eigenmächtiges an dem Stoff, eine Substanz, die bis in das Schicksal eines Volkes reicht.

Schon die Ouvertüre umriß die Handlung in drei flüssigen Sätzen: Andante, Larghetto, fugiertes Finale – ein Konzertstück! Der Chor der Juden fiel vierstimmig ein – in Händels ureigener Art.

Vier Personen tragen die Handlung: Ahasver, der asiatische König, Herr über hundertsiebenundzwanzig Reiche; Esther, die Königin der Juden; Haman, der brutale Günstling Ahasvers; Mardochai, der jüdische Seher. Haman quält die besiegten Juden, doch schielt er dabei lüstern nach der schönen Esther. Aber Mardochai gibt

Esther den Rat, vor dem König Ahasver zu erscheinen, obgleich das Gesetz den Tod über den verhängt, der ungerufen dem König vor die Augen tritt.

»Fürchten soll man Gott allein!« sang Mardochai.

»O Gott, so nimm mein Leben und schone mein Volk!« antwortete Esther mit einer Inbrunst, die an die *Deutsche Passion* erinnerte.

Auch der Chor des Volkes bat nun die Königin in tiefster Verzweiflung, vor Ahasver hinzutreten.

Ahasver erblickt Esther – und aus dem orientalischen Tyrannen wird ein europäischer Schäfer. Die Schönheit siegt. Doch nicht Schönheit allein, sagt Händel. Der Gott Jehova kommt Esther zu Hilfe, Ahasvers herrischen Sinn vollends zu beugen.

»Erde erzittere, Jakob, erhebe dich und gehe deinem Gott entgegen!« Und Gott kommt im Feuer wie eine Naturgewalt. Auch Händels Musik sprühte feurig auf: In den Instrumenten war tosendes Leben, die Bässe fauchten. Haman ist gestürzt, in Ungnade gefallen. Der vierstimmige Chor der Juden trug das Finale zu einem Gloria empor.

Das vornehme London kutschierte zur Aufführung der *Esther* nach Cannons. Der große Saal war in ein Theater verwandelt. Alle Welt gab sich ein Stelldichein. Die *Esther* wurde ein Erfolg, es gab eine Wiederholung nach der anderen ...

Eines Tages erschien im Schloß zu Cannons – begleitet von MacHart, dem Bankier des Herzogs von Chandos – ein eleganter Stutzer, ein ›Incroyable‹, der an einem goldenen Stock einherschritt und ein Pariser Französisch sprach. Es war John Law, Finanzminister von Frankreich – ein Genie des Geldes und jeder Art, es zu beschaffen. Von Geburt Schotte und doch ein Verschwender, hatte Law in der Lombard Street in London das Spekulieren gelernt. Er ging dann nach Frankreich. Nach dem Tod

Ludwigs XIV. erwarb er die Handelsberechtigung mit der französischen ›Mississippi-Gesellschaft‹ und gründete nach dem Vorbild der Bank von Amsterdam einen ›Aktienverein zur Ausbeutung kolonialer Länder‹.

Da die schlechte Wirtschaftslage der Welt – wie Law meinte – nur vom Mangel an Zahlungsmitteln herrühre, machte er dem französischen Staat den Vorschlag, durch Schaffung eines Bodenkredits den Papiergeldumlauf zu erhöhen, Landgüter nach ihrem zwanzigfachen Jahresertrag zu bewerten und mit Assignaten zu beleihen.

Papiere bringen Vermögen! Bald begann ein wüstes Treiben in der Börsengasse von Paris, rue Quincampoix. Die große Welt fand sich ein und spielte mit Schatzanweisungen. Aktien zu einem Nennwert von fünfhundert Livres wurden in Kürze auf zwanzigtausend Livres gesteigert.

Auch der Herzog von Chandos und sein Bankier Mac-Hart hatten bei der Südsee-Gesellschaft von London in zwei Tagen bare dreihunderttausend Pfund gewonnen. Ganz Westminster wollte nun spekulieren.

Über sechzig neue Firmen, »Wasserblasen – bubbles«, blähten sich auf und klebten mit ihren Büros in der City. Selbst der Prinz von Wales, Georg von Hannover, erschnappte vierzigtausend Pfund als Präsident einer Walliser Kupfer-Gesellschaft.

In Cannons aber begann ein Treiben wie nie zuvor. Jeder lebte wie ein Herzog. Für den vierunddreißigjährigen Händel war es nur gut, daß er sich auf den allwöchentlichen Parforcejagden von seinen üppigen Mahlzeiten erholen konnte. Als eines Tages die Prinzessin von Wales, Karoline von Ansbach, bei einer Treibjagd zu Gast war, ertönte eine Waldmusik in fröhlichem Dur: »a forest music of Master Handel«.

Doch bald drängte das Leben die Stimmung wieder in ein gedämpftes Moll. Dorothea Sophia, die geliebte Schwester, war am 8. August 1718 an der Schwindsucht gestorben. Friedrich Händel dachte an seine Mutter, die drei ihrer Kinder dieser fürchterlichen Krankheit geopfert hatte – bis auf den einen, der im roten Frack eines Jagdreiters seinen grünen Sommer verlebte.

In seinem ersten Eilbrief an Frau Händel kündigte er seinen baldigen Besuch in Halle an. Doch schon in einem zweiten Brief, gerichtet an seinen Schwager Michaelsen, mußte er mitteilen, daß seine Ankunft sich nunmehr wieder verzögert habe. Wichtige Angelegenheiten, von denen seine Existenz abhinge, machten sein Verbleiben in London jetzt unbedingt notwendig.

A Monsieur Michael Dietrich Michaelsen,

Docteur en Droit à Halle en Saxe.

Mon très Honoré Frère!

Ne jugez pas, je vous supplie, de mon envie de vous voir par le retardement de mon départ, c'est à mon grand regret que je sois arrêté icy par des affaires indispensables et d'où j'ose dire, ma fortune dépend …

Londres,
ce 20 de février
1719.

Votre
très humble et très obéissant
Serviteur
George Frideric Handel.

Am 5. Januar desselben Jahres hatte der Herzog von Chandos eine Besprechung mit dem Hofmarschall des Königs, dem Herzog von Newcastle, gehabt: Subskribenten sollten zur Neugründung einer Oper gewonnen werden. Der Herzog von Chandos hatte sich bereit erklärt, einstweilen alle laufenden Unkosten aus seiner Schatulle zu decken, falls der König bereit wäre, dem neuen Unternehmen seinen Namen zu leihen.

»Wir kaufen uns die besten Sänger Europas und machen die erste Oper der Welt!« Man konnte ja auch mal mit der Kunst spekulieren.

Der Herzog von Queensbury sah in der Gründung eines solchen Unternehmens die Möglichkeit, die feindlichen Parteien der Whigs und der Tories endlich unter ein Operndach zu bringen. Der Herzog von Newcastle wollte das Wort ›Oper‹ nicht genannt wissen und schlug den Titel ›Royal Academy of Music‹ vor. Der Bankier MacHart plädierte dagegen für die Gründung einer ›Gesellschaft königlicher Musikfreunde‹, die zuerst einmal ein Stammkapital von fünfzigtausend Pfund auf zehn Jahre, zahlbar durch Aktien von hundert Pfund, aufzubringen habe. Jede Aktie sollte dann zu einem Platz in der Großen Oper berechtigen.

Man einigte sich. Nun galt es, Subskribenten zu werben, das Haus am Haymarket neu herzurichten, ein Orchester aufzustellen, Gesangskräfte zu verpflichten.

Dr. Arbuthnot hatte mit Zustimmung des Herzogs von Chandos dafür gesorgt, daß alle künstlerischen Angelegenheiten des neuen Unternehmens seinem Freund Händel anvertraut wurden. Zum Geschäftsführer der Oper bestimmte man den Schweizer Felix von Heidegger, der wiederum in seinen Ausgaben dem Bankier MacHart unterstellt war.

Friedrich Händel ging an die Zusammenstellung eines Orchesters. Da es ihm weder an Geld noch an musikalischer Erfahrung fehlte und auch seine künstlerischen Absichten die größten und mannigfaltigsten waren, schuf er in wenigen Wochen sein ›Großes Händelorchester‹, das bald überall in Europa Aufsehen und Schule machte.

Es war ein Orchester der »chorischen Besetzung«, bei welchem die Streicher und Bläser sich in fast gleicher Zahl als zwei Klangkörper gegenüberstanden. Viele deutsche Bläser, voran der Leipziger Fagottist August Lampe, fanden sich im Vorzimmer Händels am Haymarket ein, während die Streicher, meist Italiener, noch aus der vergangenen Oper zur Verfügung standen. Den ersten Geiger Carbonelli aber engagierte der Herzog von Chandos selbst mit einer Jahresgage von tausend Pfund. Das war eine fürstliche Bezahlung.

Händels großes Orchester setzte sich so zusammen:

Bläser:	Streicher:
4 Flöten	8 erste Violinen
8 Oboen	8 zweite Violinen
6 Fagotte	4 Bratschen
2 Hörner	4 Celli
2 Trompeten	4 Bässe
22 Mann	28 Mann

Theorbe, Harfe, Pauken
Cembalo

Dieses »kräftige« Orchester von rund sechzig Mann exerzierte Händel zuerst mit seinen *Orgelkonzerten*. Mr. Greene von St. Paul lud ihn ein, die gewaltigen Räume der Kathedrale mit dem Wettstreit seiner Bläser und Streicher zu füllen.

Die Bläser! Während die Streicher das Motiv zu illustrieren, zu tönen haben, müssen die Bläser dem Thema Säulen und Stützen, Bögen und Brücken bauen. Darüber aber wölben sich die Chöre gleich gewaltigen Kuppeln. Denn auch die Chöre von St. Paul stellte Mr. Greene zu manchem Kantatenkonzert zur Verfügung. Dann saß der blasse Babel am Cembalo, Händel aber baute an der Orgel eine »prästabilierte Harmonie« über alle seine Musikanten.

Mitte Februar dieses Jahres 1719 erhielt er den Auftrag, sich auf seine erste Engagementreise zu begeben. Ausgestattet mit den Vollmachten »eines ersten Direktors der Königlichen Oper von London«, war cs seine Aufgabe, berühmte Gesangskräfte des Kontinents für die ›Royal Academy of Music‹ zu verpflichten.

Agostino Steffani rief ihn nach Düsseldorf. Dort war der leutselige Wittelsbacher Kurfürst Johann Wilhelm gerne bereit, Händel »seinen allertheuersten Kastraten«, Benedetto Baldasari, leihweise zu überlassen. Baldasari hatte zwar ein sehr weibisches und keineswegs heldenhaftes Aussehen, aber er stieg ohne Zwang gleich Nicolini bis zum zweigestrichenen E empor. So wurde er engagiert.

In München sangen die Kastraten Ferrucci, Fregosi, Tinti, Ventini und Barbarino in Männer- und Frauenrollen. Aber Kurfürst Johann Wilhelm widerriet Händel, nach München zu gehen. Er würde bei dem Kurfürsten Max II. Emanuel kein Glück haben.

Vielleicht in Dresden? Antonio Bernacchi hatte Händel bei seinem schnellen Abschied aus London – er litt in der nebligen Stadt immer an Schnupfen und Heimweh – auf seinen Schüler Francesco Bernardi verwiesen, ›Senesino‹ genannt, der als erster Altist an die Oper Augusts des Starken verpflichtet war.

Also lenkte Händel seine Kutsche nach Dresden und kam nach beschwerlicher Reise am 10. März dort an. Er bezog Quartier nahe der Residenz im ersten Gasthof der Stadt, Hotel de Saxe. Der Hof weilte in Wien und Warschau. Aber da schon im September die Vermählungsfeier des Kurprinzen mit der Erzherzogin Maria Josepha von Österreich stattfinden sollte, hatte Antonio Lotti, der derzeitige Hofkapellmeister, alle seine Gesangskräfte in Dresden versammelt, um die musikalischen Veranstaltungen vorzubereiten.

Händel beschloß, zuerst Lotti seinen Besuch abzustatten, den er ja von Venedig her noch gut kannte. Aber Lotti war soeben nach Italien abgereist. So sah sich Händel ganz auf sich selbst gestellt und beschloß, über die wahren Gründe seines Dresdener Besuches keine offizielle Auskunft zu erteilen. Bald kam das Gerücht in Umlauf, der berühmte Händel weile in Dresden, um die schönste Frau Europas für seine Oper in London zu engagieren. Wer aber galt als die Schönste? Als der Bassist Boschi bei Händel zu Besuch gewesen war, hatte er die Damen Francesca Durastanti und Maria Salvai mitgebracht. Maria Salvai war sehr schön. Aber die Durastanti hatte schon in Venedig in Händels *Agrippina* die Hauptrolle gesungen. »Händel hat ein Verhältnis mit der Durastanti« – so ging das Gerücht an der Elbe.

Händel machte seinen Pflichtbesuch bei Hof und wurde von Generalfeldmarschall Graf Flemming empfangen. Auch Flemming wunderte sich über die Zurückhaltung und Unnahbarkeit Händels. Aber dann forderte er den ›Direktor der Königlichen Oper von London‹ zu einem Konzert bei Hofe auf. Händel gab ein Konzert auf dem Klavizimbel und empfing ein »Douceur« von hundert Dukaten. Dann arrangierte man einen Akt aus seiner Pastorale *Acis und Galathea*. Und nun hörte Händel endlich den berühmten Francesco Bernardi, den Flemming bisher sorgfältig vor ihm versteckt hatte. ›Senesino‹ war erst neunzehn Jahre alt, groß und etwas dick. Doch hatte der Schüler Bernacchis eine äußerst gepflegte biegsame Altstimme, die bis zum zweigestrichenen A reichte, dazu ein ausdrucksvolles Spiel. Händel glaubte sich bei Senesinos metallischen Trillern wahrhaftig nach Neapel versetzt.

In heimlich geführten Verhandlungen gelang es Händel, die Damen Durastanti und Salvai, sodann die Kastraten Senesino und Berselli, zuletzt auch seinen guten Freund Boschi – den großen Baß –, wenn auch nicht sofort, so doch für die dritte Spielzeit der ›Academy of Music‹ nach London zu verpflichten. Die Durastanti versprach, schon früher in London zu sein.

Graf Flemming beklagte sich in einem Brief an seine Freundin Melusine von Schulenburg, Mätresse des Königs von England, über Händels merkwürdiges Betragen: »Je me suis servi de votre nom pour le faire venir chez moi, mais tantôt il n'était pas au logis, tantôt était malade! Il est un peu fou, il me semble!«

Doch Händel war keineswegs »verrückt«, wie der Baron glaubte, sondern recht froh, wieder aus Dresden fortzukommen, ehe der ganze Hofstaat August des Starken dort versammelt war. Sänger hatte er vorläufig keine bekommen, doch immerhin fünf Verträge in der Tasche. Überdies war ihm von einem Organisten erzählt worden namens Johann Sebastian Bach, der am Hof zu Dresden den berühmten Franzosen Marchand auf dem Klavizimbel besiegt hatte. Es gab also noch Deutsche an den deutschen Höfen, die ihren Mann stellten. Und in der Kutsche fiel es ihm ein: Von diesem Johann Sebastian Bach hatte auch der alte Buxtehude in Lübeck einst schon erzählt!

Händel fuhr nach Halle, um seine alte Mutter Dorothea und seine verwaiste Nichte Johanna Friederike zu besuchen.

Aus London kam die Nachricht, eine Armee von Sängern dränge sich im Wartezimmer am Haymarket, um bei der Königlichen Oper engagiert zu werden. Doch Händel hatte noch keine Eile, dorthin zu kommen. Er dachte an Dresden zurück. *Acis und Galathea,* sein neapolitanisches Pastorale, klang ihm wieder in den Ohren, während er unter den frühlingsgrünen Bäumen des Giebichensteins spazierenging. Neue reizvolle Melodien kamen ihm in den Sinn, und neben Acis, Galathea und Polifemo tanzten Schäfer und Schäferinnen ihren Reigen. Er beschloß, sein Jugendwerk zu erweitern, in drei Akte einzuteilen und mit einem Chor der Schäfer zu krönen.

Acis und Galathea – eine Oper? Vielleicht das erste Werk der Königlichen Akademie von London? Er schrieb und schrieb ...

Aus Köthen kam einer nach Halle, um den großen Händel zu sehen: der Organist Johann Sebastian Bach. Doch er kam zu spät. Im Haus am Großen Schlamm wurde ihm bedeutet, daß der »Herr Sohn« vor zwei Tagen nach England abgereist sei.

In Rotterdam traf Händel seinen Jugendfreund Johann Christoph Schmidt. Er hatte sein Wollwarengeschäft zu Ansbach verlassen, um mit Händel nach London zu reisen.

Dort galt es, zuerst eine Wohnung zu suchen. Andreas Roner war nicht mehr unter den Lebenden. So zogen die beiden Freunde zuerst in eine Herberge. Doch bald hatte Dr. Arbuthnot ein dreistöckiges Haus, Brook Street Nr. 25, dicht bei Hannover Square, ausfindig gemacht, das Händel für sich und Schmidt um dreißig Pfund im Jahre mietete. Auch Madam Mary fand sich wieder ein und war bereit, den beiden Herren die Wirtschaft zu führen.

Am 6. November 1719 fand im Stadtpalast des Herzogs von Chandos, Cavendish Square Nr. 1, die Gründungsversammlung der ›Royal Academy of Music‹ statt. Zum ersten Vorsitzenden der Gesellschaft wurde der Hofmarschall des Königs, Herzog von Newcastle, zum zweiten Vorsitzenden Lord Bingley gewählt. Schatzmeister war der Bankier des Herzogs von Chandos, MacHart. Heidegger wurde zum technischen Leiter bestimmt. Italienische Sekretäre der Akademie, deren Hauptaufgabe die Pflege der großen italienischen Oper sein sollte, waren die Dichter Nicola Haym und Paolo Rolli. Haym war mit Apostolo Zeno, dem kaiserlichen Hofdichter in Wien, befreundet. Man hoffte, auch Zeno zur Mitarbeit zu gewinnen.

Die Versammlung sah sich gezwungen, dem Herzog von Newcastle als Vertreter des Königs eine Theaterzensur, die Auswahl der Textbücher betreffend, zuzugestehen. Dann willigte König Georg ein, das Unternehmen als ›Königliche Akademie‹ und das Theater als ›Hoftheater‹ zu betiteln.

Am 15. Dezember stieg unter dem Vorsitz von Lord Bingley eine Pressekonferenz. Die Kritik verhielt sich abwartend. Steele und Addison schienen verblüfft. War es wirklich gelungen, Whigs und Tories, König und Parlament, das reiche und vornehme, das mächtige und mondäne London in einer Aktiengesellschaft für Kunst zusammenzubringen?

Am 18. Dezember fanden die ersten Einzahlungen statt. Der Herzog von Chandos hatte zweitausend Pfund, der König, Lord Burlington, Lord Queensbury je tausend Pfund eingezahlt. Fünfhundert Aktien zu je hundert Pfund lagen zur weiteren Verteilung bereit. Sie waren in drei Tagen an hundert Subskribenten vergeben, die mit ihrem Anhang siebenhundert Plätze des Theaters zu füllen gedachten. Der Haymarket konnte nach seiner Erneuerung nur noch elfhundert Zuschauer fassen. So verblieben vierhundert Plätze zum freien Verkauf: das Parterre zu zehn Shilling, die Galerien zu fünf und drei Shilling der Platz.

»Musik ist eine doppelte Spekulation, auf den Beutel und auf die Seele!« hatte John Law zum Herzog von Chandos gesagt.

Die Aktionäre drängten. Doch der Vorbereitungen waren viele. Zwei Jahre hatte die italienische Oper in London pausiert. Was sollte man jetzt spielen? Einen Italiener, einen Engländer? Händel hatte die erweiterte Fassung von *Acis und Galathea* vorgelegt. Doch das Konsortium hatte keine Lust, mit einem Schäferspiel zu beginnen. Man verlangte ein Heldenstück.

Die Proben haben kaum angefangen, und schon setzt Richard Steele in seiner neuen Zeitschrift *Das Theater* mit einer ironischen Betrachtung ein: »... In der Probe ging Signor Nihilini Benedetto gestern eine halbe Note über seinen früheren Umfang hinaus: Opern-Compagnie 83½, als er begann, 99, als er endete.«

»Nihilini« – gemeint ist, mit einer Anspielung auf den unvergeßlichen ›Nicolini‹, der neue Alt-Kastrat aus Düsseldorf, Benedetto Baldasari. Er hat sich auf der Probe schon einen Auftritt geleistet. Er soll in Händels neuer Oper *Radamisto* einen General Tigrane singen. Nun tritt er an die Rampe und erklärt den versammelten Operndirektoren, er sei eigentlich nur verpflichtet, Prinzen von Geblüt, nicht aber gewöhnliche Generale darzustellen. Der Herzog von Chandos grinst, der Regisseur Thomas Roseingrave, ein temperamentvoller Irländer, flucht, Händel aber lacht und ruft: »Singen Sie nur, mein Verehrter, und wir machen einen Gott aus Ihnen!«

Die Situation ist gerettet.

Die Handlung ist einfach und von dem Textdichter Nicola Haym den Annalen des Tacitus entnommen: In einer Stadt des Orients sitzt ein liebendes Paar: Radamisto, Feldherr der Perser, und Zenobia, seine Gemahlin. Aber Tiridate, der eigene Schwager, begehrt in schamloser Weise die schöne Zenobia und belagert die Stadt. Die Verherrlichung der Stadt wird zum Thema für die Weltstadt London; die Gattentreue wird zur

Sensation all dieser galanten Damen und Kavaliere, die am 27. April 1720 die Logen am Haymarket füllen.

Der Hof ist anwesend, der König sitzt zum erstenmal in seiner Loge, der Prinz von Wales erscheint in der Nebenloge, Whigs und Tories drängen sich Seite an Seite, Massen stehen zwischen den Portalen, Massen in den Gängen. Man stürmt die Oper. Reifröcke werden zerdrückt, Perücken kommen in Unordnung, Galadegen verfangen sich in duftigen Volants. »Vornehme Damen bewahrten keinen Schatten von Zeremonie, ja kaum Anstand und Sittlichkeit! Manche fielen in Ohnmacht und in die Arme fremder Herren! Habitués, die für einen Platz auf der Galerie zwei Pfund boten, wollten sich nicht abweisen lassen, andere hatten ihre Diener vorausgeschickt, für sie Plätze zu belegen ...«

Die Ouvertüre bändigt das Getümmel. Das große Händelorchester entfesselt sich in den Chören der Bläser und Streicher. Händel selbst sitzt am Cembalo wie ein dräuender Gott.

Die Szene öffnet sich: Polissena, die Verschmähte, singt ihre Klage. Welch innige Melodie! Dann die Stadt – und das liebende Paar! Ein einfacher Basso continuo begleitet diese zarten Liebesgesänge. Das ist Händel, ein Meister der Einfachheit!

»Die Poesie ist fürtrefflich!« Nicola Haym ist der Dichter.

»Die Musik ist von antiker Schönheit!« Friedrich Händel ist der Komponist.

Im zweiten Akt werden die Liebenden getrennt. Zenobia hat ein Largo mit Solo-Oboe. Dann singt Radamisto sein »Ombra cara« in f-Moll, den Trauergesang um die verlorene Gattin.

»Ombra cara di mia sposa ...«

Ewigkeit des Augenblicks! Beifall auf offener Szene! Das ist die Oper: eine Zwiesprache der Affekte, ein alfresco-Gemälde der Leidenschaft, eine Fabula des menschlichen Herzens. Gleich wie die Landschaft im Sturm eines Gewitters ihre frischen und lebhaften Farben zurückgewinnt, so zeigt auch der Mensch im Affekt seinen wahren Charakter.

Im dritten Akt finden die Liebenden zusammen. Ein Duett! Jubelhörner erschallen, die in London zum erstenmal die Gesänge begleiten. Die Stadt ist befreit ... Händel am Cembalo sitzt mit glühendem Kopf, mit fiebernden Händen. Ein schmetterndes Finale! – Es wird ein Erfolg!

Man schleppt den Komponisten nicht vor das Publikum, um sich für den Beifall zu bedanken. Wichtiger ist, in welchen Logen ihm Audienz erteilt wird. Der König und auch der Prinz und die Prinzessin von Wales empfangen Händel.

Er wird den kleinen Prinzessinnen jetzt Klavierunterricht geben, wünscht Karoline. Der lustige *Grobschmied* von Cannons soll bald auch in Leicester House erklingen.

Dann fährt Georg Friedrich Händel zusammen mit Dr. Arbuthnot in der Kutsche der Lady Burlington davon ...

Die erste Spielzeit wird mit einer italienischen Konzertoper beendet: *Narciß* von Domenico Scarlatti, dem Sohn des großen Alessandro. Doch dessen welsche Tändelei vermag das Haus nur achtmal zu füllen. Mit zweiundzwanzig Vorstellungen insgesamt schließt die Spielzeit.

Immerhin prangt neben dem Namen Händel nun auch der Name Scarlatti. Die Weltoper wird zum europäischen Gespräch ...

Bononcini kommt bald nach London. Der junge Lord Burlington hat den Großmeister der Oper in Rom für eine Jahresgage von zweitausend Pfund verpflichtet. Friedrich Händel hat – nur – zwölfhundert Pfund, ist jung und voll unbändiger Kraft. Er wird mit Bononcini in einen Wettstreit treten.

IL

RADAMISTO

OPERA

RAPRESENTATA NEL REGIO
TEATRO D'HAY MARKET

COMPOSTA DAL

RE
SIG, GEORGIO FREDRICO HANDEL

Publiſht by the Author.
Printed *and Sold by* Richard Meares *Musical-Inſtrument-Maker*
and Musick-Printer in St Pauls Church y° & by Chriſtopher Smith
at y Hand & Musick-Book in Coventry Street near y Hay-Market.
N3 Not to be sold any where else in England

Titelblatt der gedruckten Partitur der ersten von Händel für Lon-
don geschriebenen, im Jahre 1720 erstmals aufgeführten Oper »Il
Radamisto«.
(Archivexemplar in der Stadtbibliothek Leipzig)

Bononcini trifft in London ein. Er ist sechsundfünfzig Jahre alt, hager, mit gelbem Gesicht, aus dessen flammenden Augen immer noch der Ehrgeiz sprüht. Bald steht er Händel am Heumarkt gegenüber. Aber Händel ist nicht mehr das schüchterne, elfjährige Wunderkind vom Jahre 1696 in dem kleinen Kölln an der Spree. Heute ist er ein Kerl von fünfunddreißig Jahren und doppelt so breit wie Bononcini.

Bononcini und Händel werden die beiden künstlerischen Leiter der Oper am Haymarket sein. Auch Francesco Tosi weilt in London, der berühmte Konzertsänger und Gesangsmeister aus Bologna, der die Töchter des englischen Hochadels mit seinen *Cantatas* zur Schönheit der Stimme führt. Solmisation bis zur Vollendung, das ist Bologneser hohe Schule. Bald ist London führend in der Kunst des Gesanges.

Die neue Spielzeit beginnt am 16. November mit der Oper *Astarte* von Bononcini, Text von Apostolo Zeno. »The famous Italian Eunuch« Senesino, inzwischen aus Dresden angereist, singt die Hauptrolle. Man verzeichnet einen durchschlagenden Erfolg. Bononcini steht im Mittelpunkt des Triumphes. Er wird über Nacht zum geistigen Oberhaupt aller Welschen in London. Und so gelingt es ihm, Anfang Dezember einen zweiten italienischen Komponisten, dessen Name vorläufig ungenannt bleibt, in den Spielplan zu bringen. Bald jedoch weiß jedermann: Es ist Filippo Mattei, genannt Pippo, der erste Cellospieler der Akademie, dessen Oper *Amore e Maestà* einen Achtungserfolg erzielt.

Händel ist vollauf beschäftigt. Er hat als Lehrer der Prinzessinnen Anna, Maria und Karoline seine besten Klaviersuiten mit Hilfe Schmidts zu Papier gebracht, auch der *Grobschmied* darf nicht fehlen. Die Oper *Radamisto* muß neu bearbeitet werden. Roberto Cassani hat seinen Vertrag gelöst. Die Hauptrolle soll für Senesino aus dem Diskant in den Alt umgeschrieben werden. Auch der englische Tenor Gordon muß seine Rolle abgeben, der Bassist Boschi tritt an seine Stelle. Bald laufen *Astarte* und *Radamisto*, Bononcini und Händel, miteinander um die Wette. Der Herzog von Chandos lacht und hat eine, wie er meint, glänzende Idee: »Wir werden die beiden in einer Oper zusammenspannen!« ...

Mucius Scaevola – der tapfere junge Römer, der vor den Augen des feindlichen Königs Porsenna seine rechte Hand dem Feuerbrand opfert, um römischen Heldenmut zu zeigen und den Feind zu schrecken – wird zur Gestalt einer Oper. Paolo Rolli schreibt das Manuskript und versteht es, auch seinem Freunde Pippo einen Akt zuzuschanzen. Das hochdramatische Thema wäre für Händel allein genug. Jetzt aber komponiert Pippo den ersten Akt, die Exposition, Bononcini den zweiten Akt, den Höhepunkt, Händel den dritten Akt, das Finale. Das Ganze ergibt – einen Durchfall.

Die Aktionäre schreien Zeter und Mordio und sehen schon ihre Dividenden davonschwimmen. Ein Echo antwortet tausendfach: Das Welttheater falliert! In Paris hat die Papiergeldwirtschaft John Laws mit einem Börsenkrach geendet. Auch in Lombardsstreet in London wackeln Tische und Bänke. Schließlich rettet der allmächtige Minister Robert Walpole, selbst der erste Spekulant seines Königs, die prekäre Situation. Und am Heumarkt rettet Bononcini mit seiner Oper *Ciro oder Liebe und Haß* die Dividenden der Aktionäre.

In der zweiten Spielzeit haben achtundfünfzig Vorstellungen stattgefunden. Weit über die Hälfte hat Bononcini an sich gebracht. »Drei zu eins für Bononcini und gegen Händel!« schreibt Richard Steele in seiner Zeitschrift *Das Theater*.

Händel belohnt die treue Gefolgschaft seines Jugendfreundes und Notenschreibers Johann Christoph

Schmidt. Er entzieht dem gewinnsüchtigen Verleger I. G. Walsh die Neuausgabe des *Radamisto* und gibt die Oper im Selbstverlag heraus: ».. . zu beziehen bei dem Drucker Richard Meares und bei Mr. Schmidt und sonst nirgendwo in England«. Es handelt sich um einen Gewinn von mehreren hundert Pfund.

Auch die Solokräfte der Oper sind auf Geld erpicht. Trotz ihrer hohen Gagen – Senesino bezieht dreitausend Pfund, die Durastanti und Boschi beziehen fünfzehnhundert Pfund jährlich – wollen sie durch Konzerte noch weitere Summen schaufeln. Man gibt in Anwesenheit Domenico Scarlattis eine Matinee, ›Scarlatti-Bononcini‹, es folgt ein Potpourri-Abend, ein ›Pasticcio‹ mit dreißig Arien aus bekannten Opern, das letzte Konzert endlich bringt Arien von Steffani, Händel und Giuseppe Sandoni, dem dritten Kapellmeister der Oper.

Bononcini oder Händel, das wird der Kampfruf einer ganzen Stadt. Bononcini hat sich in Queensbury House, in Burlington-House eingenistet und mit seinem Cellospiel die Ladys entzückt. Eine Sammlung von Duetten hat er dem König gewidmet. Sein berühmtestes Chanson »Sì, sì, sì, vi rivedrò« singt man in der mondänen Gesellschaft von London.

Händel schaut dem Getue der vornehmen Welt recht gleichgültig zu. Bononcini hin, Bononcini her! Er bleibt guter Laune und ist aufgeräumter mit jedem Tag. Sechsunddreißig Jahre zählt er jetzt. Bononcini aber hat an seinen siebenundfünfzig schon schwerer zu tragen, sogar inmitten schöner Damen.

Man spielt die Zugstücke *Astarte* und *Radamisto*. Senesino feiert Triumphe. Auch in London verfallen die Frauen der verlockenden, schmetternden Stimme des berühmten Kastraten, und es gibt Abenteuer mit Senesino.

Am 9. Dezember erscheint Händel mit der neuen Oper *Floridante*, Text von Paolo Rolli, der seinerseits das Werk dem Prinzen von Wales, Georg von Hannover, zugeeignet hat.

Die Ouvertüre erobert sogleich die Herzen aller wahren Musikfreunde. Das Finale aber, mit einem großen Chor ausgestattet, zeigt Händels besondere dramatische Kraft, die ganz unitalienisch und durchaus deutsch ist. Ein solches Finale baut kein Bononcini. Aber inmitten seiner drei Akte scheint Händel dem Genie des Italieners diesmal völlig unterlegen, ja er hat ihn sichtlich mit Eifer nachgeahmt. Der Belcanto Bononcinis beherrscht auch seine Gesänge. Senesino und Francesca Durastanti schwelgen als Liebespaar in welscher Lust.

Am 12. Januar 1722 folgt Bononcini mit seiner neuen Oper, *Crispo*, Text von Paolo Rolli. Und jetzt zeigt der Italiener, wie weit er dem Deutschen an Schmelz und Wohllaut von Natur überlegen ist, kennt er doch besser als ein anderer die Schönheiten seiner Muttersprache und alle Wohlklänge des Belcanto. *Crispo* ist eine Oper für die Damen: Liebesschicksale eines kleinen Mädchens bewegen die verwöhnten Herzen. Die charmante Robinson spielt die Hauptrolle. Sie ist die Favoritin des Großmeisters Bononcini. Ihre Freundschaft mit dem Gesanglehrer Tosi, ihre niedlichen Skandalgeschichten mit dem alten Lord Petersborough, der Tosi bei London eine Villa erbaut hat – solche Neuigkeiten erhöhen das allgemeine Interesse.

Bononcini aber führt die Weltoper am Haymarket. Die Einnahmen steigen, Kastraten aus ganz Europa strömen in London zusammen.

»Wir brauchen auch Weiber, nicht nur Eunuchen!« sagt schließlich der Herzog von Chandos. –

Heidegger weilt in Venedig und berichtet alsbald von zwei Sängerinnen: Francesca Cuzzoni und Faustina Bordoni. Es sind zwei Primadonnen, die mit ihrem Wirbel alle Welt verrückt machen. Die Faustina singt zwar nur vom eingestrichenen D bis zum zweigestrichenen A, die Cuzzoni aber überspringt eine Skala vom eingestrichenen C bis zum dreigestrichenen C. Bononcini gibt der Faustina den Vorzug. Die Direktion aber ist für die größere Sensation und für die Cuzzoni. Heidegger soll engagieren.

Inzwischen bringt Bononcini eine neue Oper voll eleganter Gefälligkeiten. Der Text stammt wieder von Paolo Rolli und ist nach einem Vorwurf des Apostolo Zeno zurechtgemacht: Griselda, ein Landmädchen, wird wegen seiner Schönheit auf den Thron Arkadiens erhoben, dann wieder in seine Armseligkeit zurückgestoßen, zuletzt aber dank seiner Tugend aufs neue zur Königin erwählt. Welch eine Rolle für Miß Robinson! Und welch eine Rolle für die vornehme Welt! Selbst Lady Burlington, von Lady Queensbury beeinflußt, muß Bononcini den Vorzug vor Händel geben. Und Griselda-Robinson begeistert ihr Publikum. Täglich und täglich spielt sich das arme Landmädchen in die reichen Herzen von London.

Die Dividenden fließen. Die Aktionäre sind zufrieden, sie erhalten sieben Prozent. Mit zweiundsechzig Vorstellungen, davon einundvierzig von Bononcini, schließt die dritte Spielzeit. »Fünf zu eins für Bononcini!« schreibt Richard Steele.

Der Herzog von Newcastle kann nun in Ehren seine Präsidentschaft niederlegen, er ist von Walpole ins Ministerium berufen worden. Der Herzog von Grafton, ein lustiger Bonvivant und Freund des Herzogs von Chandos, folgt ihm auf seinem Posten.

Händel hat den Auftrag, für Francesca Cuzzoni eine Oper zu schreiben, denn Bononcini arbeitet nicht für eine Sängerin, ehe sie nicht neben ihm am Klavizimbel sitzt.

Paolo Rolli aber weiß nicht, was er nach *Crispo* und *Griselda* noch bieten soll, erst recht nicht für eine Cuzzoni, von deren Temperamentsausbrüchen allerhand zu erwarten ist. Sie hat einen Textdichter in Venedig geohrfeigt und hat nach ihrem Korrepetitor mit Füßen getreten. Man versteht, warum Bononcini Händel den Vortritt läßt.

Eine jugendliche Rolle verlange die Cuzzoni, schreibt Heidegger, denn sie sei selbst noch sehr jugendlich. 1700 in Parma geboren, hatte sie den ausgezeichneten, aber ebenso unberechenbaren Francesco Lanzi zum Lehrer, der sie schon mit sechzehn Jahren in Bologna auftreten und ihren Launen die Zügel schießen ließ. Doch ihr Spiel war vollkommen, ihre Stimme hell, ungekünstelt, von reiner Intonation und einem berückenden »Trillo«.

Die Zeit drängt. Rolli hat keine Einfälle mehr. Da springt Nicola Haym in die Bresche. Sein Gönner Graf Halifax hat ihm ein Exposé verschafft: ein europäisches Thema. Die Orte der Handlung sind Konstantinopel und Rom. Den Hintergrund stellt das Heilige Römische Reich Deutscher Nation.

Theophane, die Tochter des byzantinischen Königs Romanus, eilt von Konstantinopel nach Rom, um dem deutschen Kaiser Otto vermählt zu werden, den sie nur nach einem Bild kennt und doch schon zärlich liebt.

Spannung! Orient und Okzident in einem Liebesbund vereint! Das große, reiche Mittelalter in Bewegung gesetzt! ... Schon rumoren Händels Finger auf den Tasten des Klavizimbels. Ein Weltgebäude – das ist das Thema! Und in diesen gewaltigen Horizont hineingestellt eine kleine Prinzessin, die in ihrer ersten zarten Liebe getäuscht und um ihr Glück betrogen wird. Denn ein Feind des Reiches, Prinz Adalbert aus der Lombardei, nimmt die kleine Theophane in Rom als falscher Kaiser Otto in die Arme.

»Falsa imagine – Du falsches Bild!« Theophane erkennt, daß man sie getäuscht hat. Klagend huscht ihr inniges Moll über ein volltönendes Orchester. Welche Fülle der Empfindungen: Scham, Abscheu, Bangigkeit, neues Erwarten! Endlich kommt der rechte Kaiser, ihm wird sie gehören! – Theophane soll eine Paraderolle für Francesca Cuzzoni werden. Und Händel schreibt, sich selber zur Lust.

Indessen kommt Heidegger in Venedig mit der Primadonna nicht vorwärts. Er hat mit ihr einen Vertrag auf eine Jahresgage von zweitausend Pfund gemacht. Er hat ihr zweihundertfünfzig Pfund Handgeld gegeben. Doch sie denkt nicht an Abreise.

»Es scheinet da ein amouröses Abenteuer in Szene zu gehen!« schreibt Heidegger an das Direktorium in London.

Mitten in dem allgemeinen Bononcini-Rummel komponiert Händel den Schlußchor seiner Oper *Ottone*. Orient und Okzident verschlingen sich in einem Finale, dem ersten großen Opernfinale mit Chor, das Händel in diese Welt schickt. Nun erst baut er seine Ouvertüre, für die Dr. Arbuthnot schon am zweiten Tage die Prophezeiung gibt, daß man sie bald in ganz London »von der Orgel bis zum Hackbrett bei Tag und Nacht herunterspielen wird«. Händel lacht und spannt den farbigen Himmel seiner vierzig Arien in drei kühnen Bögen, in drei Akten, zwischen den Fundamenten von Ouvertüre und Finale ...

Währenddessen feiert Bononcini Triumphe, nicht nur in den vornehmen Häusern. Er dirigiert auch bei Hof. Ihm ist die Trauermusik für die Totenfeier des großen Feldherrn John Churchill, Herzog von Marlborough, übertragen worden.

Man schreibt den 16. Juni 1722. »Marlborough s'en va dans la guerre!« so tönen die Trommeln.

»Die Cuzzoni« – so nennt man sie allgemein, denn die scharfen Konsonanten passen treffend zu ihrem Charakter –, die Cuzzoni aber kommt nicht. Die Direktoren beauftragen in ihrer Verzweiflung den dritten Kapellmeister der Oper, Giuseppe Sandoni, nach Venedig zu reisen. Sandoni ist Italiener und ein netter, liebenswürdiger junger Mann. Heidegger schreibt nach vierzehn Tagen: »Die Cuzzoni hat sich mit unserem Sandoni verlobt!«

Der Herzog von Chandos wälzt sich vor Lachen. Dr. Arbuthnot lacht, daß ihm der Bauch wackelt. Und Händel, schlanker als die beiden anderen, kann noch kräftiger lachen.

Aber dann ist sie plötzlich da, fährt am Haymarket vor, schiebt ihren neuangetrauten Gatten zur Seite, rauscht die Treppe empor, schreit nach Bononcini, schreit nach Ariosti, einem anderen jungen Musiker, den sie vorausgeschickt hat, schreit nach dem Herzog von Chandos, schreit nach Lord Burlington. Zuletzt schreit sie nach einer eleganten Wohnung.

»Eine Wohnung, ja, Madame, eine Wohnung!«

Hübsch ist sie nicht, die Cuzzoni, aber sehr rassig und interessant. Ihr dunkles Haar, ihr weißes Gesicht, ihre durchdringenden, schwarzen Augen – ein Teufelsweib! Mit einer Figur wie ein Engel! Manchmal tut sie ganz selbstvergessen und läßt ihren »Trillo« hören. Dann merkt man: Das ist nicht irgendeine Sängerin, das ist die »goldene Sirene«, wie man sie in Venedig nennt.

»Mr. Handel, Madame ...«

»Wer ist Mr. Handel?«

»Er schreibt Ihre Oper, Madame!«

Sie macht ein mopsiges Gesicht – und so trifft Händel sie, der eben das Direktionszimmer betritt. Es kommt zu einer ersten Unterhaltung über die neue Oper: Nein, mit einer Klage will sie nicht beginnen, keinesfalls! ...

»Sprechen wir uns morgen, Madame!«

Der nächste Tag kommt. Doch wieder zeigt die Cuzzoni Händel ihr mopsiges Gesicht: »Wo ist Bononcini?«

»Signor Bononcini wird sich freuen, wenn Sie ihm nachher Ihre Aufwartung machen, Madame!«

»Und in welcher Oper soll ich mich in London vorstellen?«

»Hier ist Ihre Rolle, Madame!«

»Falsa imagine – Du falsches Bild!« Sie liest nicht weiter. Nein, sie will nicht, sie kann nicht mit einer Klage beginnen! Und diesem Deutschen da zu Gefallen – o non!

»Sie sind engagiert, Madame, und für diese Rolle!«

»Non, non, non!« schreit sie plötzlich und krümmt die Finger.

»Madame, je sais bien, que vous êtes une véritable diablesse, mais je vous ferai savoir, que je suis Beelzebub, le chef des diables!« sagt Händel in aller Ruhe. Er, Friedrich Händel ist hier der Herr aller Teufel, und dieses Weib da stellt nur eine kleine Teufelin dar in seinem Reich ...

Aber sie krallt ihm schon nach der Perücke. Da packt er sie an der Taille, trägt sie ans offene Fenster, hält sie auf die Gasse hinaus. So schwebt sie zwei Stock hoch über dem Londoner Pflaster. Wird er sie fallen lassen – der Unmensch? Sie schreit, sie bittet, sie fleht: »Caro Sassone!« Plötzlich ist er ihr kein Unbekannter mehr. Viel Volk läuft zusammen, steht lachend auf dem weiten Heumarkt.

Der *Ottone* wird am 12. Januar 1723 der größte Erfolg, den die Akademie bis jetzt zu verzeichnen hat. Die große Oper ist da, sie heißt: *Ottone*. Die Cuzzoni, die Durastanti, die Robinson, Senesino, Berenstadt, Gordon und Boschi tragen den Beifall.

Vergebens schmäht die Kritik über den »neuen Shakespeare mit Musik«, vergebens höhnt Herr Pepusch über »den großen Bären«, der mit seinen Tatzen die galante Oper zerbrechen will. Der *Ottone* eröffnet den Siegeszug der heroischen Oper.

»Der Große Bär ist ein Sternbild aus sieben Sternen!«
sagen die Freunde Händels und prophezeien noch größere Erfolge. Friedrich Händel aber, der stattliche, ge-
wichtige Mann vom Haymarket, ist jetzt eine bekannte
Erscheinung in der Weltstadt London: der ›Große
Bär‹! ...

Am 19. Februar stellt sich ein neuer Mann vor: Attilio
Ariosti mit seiner Oper *Coriolan*. Das Stück wird ein Erfolg der Durastanti.

Bononcini bringt am 30. März eine *Erminia,* Text von
Paolo Rolli. Es spielen die Damen Cuzzoni, Durastanti,
Robinson, es spielen »Herr« Senesino und die Herren Be-
renstadt, Gordon und Boschi. Aber der Erfolg bleibt aus.

Nun läßt sich Händel von der Direktion noch eine
zweite Oper, *Flavio,* aufbürden – nach einem Text von
Nicola Haym. Doch auch ihm helfen diesmal die besten
Sänger nichts. Kunst kann nicht befohlen werden. Und
nicht die Sänger machen die Oper. Die Oper macht der
Komponist. Das gilt für Bononcini und für Händel.
Welch eine Erkenntnis in diesem Jahrhundert! Doch nur
in diesem? ...

Die vierte Spielzeit schließt mit vierundsechzig Vorstellungen, wovon Händel vierzig bestritten hat. »Drei zu
eins für Händel!«

Die Aktionäre sind zufrieden. Auch die sonstigen Veranstaltungen am Haymarket waren gut besucht. Heidegger hat im Spätwinter an spielfreien Abenden Maskera-
den, sogenannte ›Ridottos‹, veranstaltet, die große Einnahmen erzielten. Der Lord-Bischof von London prote-
stiert zwar gegen diese »Höllenfeuer-Klubs«. Der Zeich-
ner William Hogarth jedoch ist klüger als der Bischof.
Mit seinem kleinen, rundlichen Gesicht und den freundlichen braunen Augen schenkt er der Welt – ein Lächeln.
Oft sitzt er in einer Ecke des Opernhauses und greift mit
dem Stift in diese lebensgierige Menschheit, nimmt die

Feierlichen und die Unfeierlichen, die Törichten und die Superklugen, die Liederlichen und die Spießer, die Damen und die Dirnen und erlöst sie alle aus ihrer irdischen Plage mit seiner großen Kunst ...

Dort an einer Säule lehnt auch Dr. Arbuthnot, der dicke, ironische Mann. Neben ihm steht sein Freund Händel, Herr aller Teufel.

Ein Gerücht macht die Runde: Bononcini will London verlassen! Bald darauf kommt eine Richtigstellung der Akademie: Bononcini bleibt! Noch im Hochsommer kommt eine neue Meldung: Bononcini eröffnet die fünfte Spielzeit mit seiner neuen Oper *Farnace*.

Es ist eine galante Intrigenoper, gefällig und melodiös, und wird gewiß den Mißerfolg von *Erminia* wiedergutmachen. Doch am 6. Januar 1724 wird aus dem musikalischen Kriminalstück wieder nur ein schwacher Erfolg.

Am 14. Januar folgt Ariosti mit einem *Vespasiano* mit dem Text von Nicola Haym. Ariosti hat den Ehrgeiz, dem Dramatiker Händel auf den Leib zu rücken. Doch es gibt einen Durchfall.

Jetzt rühren sich die Aktionäre. Man spannt Händels *Ottone* wieder in den Spielplan, um wenigstens die Kassen zu füllen. Warum aber gibt man nicht auch Händels *Agrippina* mit der Durastanti? Nein, keine Reprisen und vor allem keine Reprisen auf Kosten der Cuzzoni. Um Gottes willen, nur die Cuzzoni nicht reizen! ...

Das Direktorium beruft eine Generalversammlung und fordert neue Zuschüsse von fünf Prozent. »Spielt Revuen!« ruft Lord Bingley. Revuen aller Zeiten und Völker sind der große Erfolg in Lincoln's Inn Fields.

Nein! Händel soll helfen! Der sitzt schon seit geraumer Zeit mit Nicola Haym über einer neuen Oper –

*Szenenbild aus »Giulio Cesare in Egitto« mit den Sängern Senesino
als Antonio, der Cuzzoni als Kleopatra und Berenstrat als Cäsar
(Karikatur, Hogarth zugeschrieben, 1724)*

Julius Cäsar – und freut sich, einmal gemächlich arbeiten
zu können. Doch jetzt heißt es wieder hetzen. Ende Februar, in fünf Wochen also, soll die neue Oper in Szene
gehen. Die Cuzzoni als Kleopatra, Senesino als Cäsar –
das muß eine Sensation geben! Aber Händel läßt sich
diesmal nicht aus dem Gleichtritt bringen. Mit dem Senesino wird er schon fertig. Der bekommt einen Cäsar von
klassischem Format. Und die Cuzzoni? Sie findet Händel
jetzt reizend. Diesmal bringt er Arien und Rezitative für
sie, so hauchzart, so verführerisch und orientalisch, wie
sie kein Italiener besser schreibt. Sirenenklänge,

von einem vollen Orchester getragen. Gedämpfte Violinen, Gamben und Harfen begleiten die Lockrufe, mit denen diese Kleopatra ihren Cäsar in die Netze zieht.

Was will Händel mit einer solchen Fülle der Instrumentation in einer Oper? Ist er verrückt geworden? Das ist ganz und gar gegen den welschen Goût. Und diese Rezitative? Will er Shakespeare Konkurrenz machen? Cäsar steht in Gedanken an die Hinfälligkeit des menschlichen Lebens an der Urne des ermordeten Pompejus. Tut das ein Opernheld?

»Hamlet-Händel!« Welch ein Rezitativ, das in gis-Moll beginnt und fünf Kreuze und acht Be durchläuft, um in as-Moll elegisch zu enden! Welch ein Aufwand der musikalischen Sprache? Und wofür?

Die Oper ist Prinzessin Karoline, der Prinzessin von Wales gewidmet. Schmidt malt eigenhändig die Dedikation auf die Partitur.

Es folgt ein Triumph! ... »Die Cuzzoni wird als Königin Kleopatra im offenen Wagen durch London gefahren, zwei Dienerinnen verharren kniend an ihrer Seite«, so berichtet Richard Steele in seinem *Theater*.

Ein epochales Ereignis ist geschehen: Kein festliches Götterspiel, kein galantes Schäferspiel, kein Intrigenstück hat den Erfolg gemacht, sondern eine menschliche Begebenheit aus vergangener Zeit. Der Erfolg des *Ottone* scheint verdoppelt und verdreifacht.

Bononcini ist ein Stern erster Größe und der Abendstern mondäner Frauen, der ›Große Bär‹ aber steht am Himmel von London mit sieben Sternen! Nun wird Bononcini von seinen Anhängern zum äußersten angespornt. Der Poet Braccioli hat eine *Calfurnia* geschrieben, die in ihrer Leidenschaft eine zweite Kleopatra sein könnte. Nicola Haym soll das Thema für Herrn Bononcini zur Oper gestalten: Zur dämonischen Oper, voll welscher Eleganz! Aber Bononcini kann in der dramatischen

Welt eines Händel nicht atmen. Und so hat seine *Calfurnia* am 18. April einen noch schwächeren Erfolg als vordem sein *Farnace*.

Ariosti wird es schaffen. Er ist jünger und hat Händel schon manches abgeguckt. *Aquilio* soll die neue Oper heißen. Römerliebe und Römertreue ist ihr Inhalt. Aber auch dieser Griff in die Geschichte bleibt ein Mischwerk – halb Ariosti, halb Händel – und findet trotz erster Besetzung am 21. Mai nur ein Publikum mit gemischten Gefühlen. Auch die Geschichte allein tut es nicht.

Nun kracht es wieder bei den Aktionären, doch auch bei den Künstlern. Francesca Durastanti, Anastasia Robinson kündigen ihre Verträge, weichen vor der Primadonna Francesca Cuzzoni. Graf Petersborough aber hat noch für Komik gesorgt und in der Kulisse Senesino geohrfeigt, weil dieser es wagte, seine Geliebte, die Robinson, zu umarmen. »Eifersucht auf einen Eunuchen!« Ganz London lacht.

Und auch Bononcini geht, verschwindet in den vornehmen Häusern von Westminster. Die Herzogin von Marlborough versorgt ihn, auf besonderen Wunsch der Robinson, mit einer Jahresrente von fünfhundert Pfund, um ihn weiterhin in London zu halten.

Die Spielzeit aber heißt »Julius Cäsar und Friedrich Händel« und schließt mit zweiundfünfzig Vorstellungen.

»Fünf zu eins für Händel!« Dem wird am 24. Mai in einer Londoner Zeitung eine Huldigung dargebracht – ein Gedicht, das mit dem merkwürdigen Titel *Ophelia an ihren Händel* überschrieben ist. Da erscheinen vor Gott Apoll alle Größen aus dem musikalischen London: Pepusch und Galliard, Pippo und Geminiani, Ariosti und Bononcini. Nur Händel fehlt.

»Wo ist Händel, mein geliebter Sohn?« fragt Apoll.

»Wir kennen keinen Händel!« rufen die andern.

»Träum' ich oder bin ich nicht auf der Welt?« fragt Apoll und schaut um sich.

Da bringt die Göttin Fama den Jüngling Phönix herbei. Phönix aber trägt Händels Züge. Apoll lächelt und reicht Händel den Lorbeer ...

»Wer ist Ophelia?« fragen die Londoner. Ist es die reizende Miß Graham, die bei Händel Klavierstunden nimmt? Aber die hätte doch Gelegenheit genug, dem ›Großen Bären‹ ihre Liebesergüsse heimlich anzutragen. Ist es Lady Burlington, die ihren Freund nicht vergessen kann? Aber Händel verkehrt längst nicht mehr in Burlington House. Vielleicht ist es Prinzessin Karoline selbst, die ihren Jugendgespielen vor der Öffentlichkeit ins rechte Licht setzen will. Aber die Prinzessin von Wales hat sich in den letzten Jahren sehr verändert. Ihrem Herzen steht die Macht jetzt näher als die Musik. Robert Walpole ist ihr erster Favorit. –

Händel sitzt auf der Orgelbank von St. Paul und wetteifert mit seinem großen Orchester. Die Altstadt von London ist Zeuge dieser Wandlung: Er, der neue Meister der Oper, kehrt heim zu seinen Fugen und Polyphonien. Er holt sich, dem erdgeborenen Riesen gleich, die Kräfte zurück, die er mit welschen Kapaunen und Nachtigallen in lästiger Arbeit verbraucht hat.

Der blasse William Babel lebt nicht mehr. Er hat sich beizeiten davongemacht in die höheren Sphären, von denen er schon immer träumte. Aber hundert Herren der City, voran der alte Kohlenhändler Thomas Britton, haben sich unter Führung des Geigers Talbot Young und des blinden Organisten Greene zu einem ›Philharmonia-Club‹ zusammengetan. Händel ist ihr auserkorener Meister. Selbst die kleinen Prinzessinnen Anna, Maria, Karoline und Amalie finden sich in St. Paul ein, wenn der ›Große Bär‹ an der Orgel sitzt.

»Seid ruhig!« sagt dann die musikbegeisterte Anna zu ihren kleinen Schwestern, wenn Händel vor Beginn des Orgelkonzerts den Kopf noch einmal hebt. »Seid ruhig, der Meister ist böse!«

Ein Leben zwischen Kirche und Theater ist jetzt Händels Leben.

Zwei Despoten – Barbaren, Asiaten von übereuropäischem Zuschnitt – sind im Kampf um die Macht: Tamerlan und Bajazet.

Es ist ein Thema für eine Weltstadt: Bajazet ist in Tamerlans Gewalt, Asteria, Bajazets liebliche Tochter, erscheint vor Tamerlan, um für ihren Vater um Gnade zu bitten. Tamerlan aber begehrt Asteria. Doch Asterias Herz gehört schon Andronico, dem Griechenfürsten, dem Europäer. Ist es ein Thema für Europa? Ein europäisches, ein übereuropäisches Thema ist es, gespannt in die Dramatik machtvoller Leidenschaften.

Nicola Haym hat den Text geschrieben, ein guter Fünfziger, dem die Perücke schon recht ausgedient auf dem hageren Schädel wackelt, wenn er des Abends im Theater sitzt.

Am 3. Juli hat Haym seinen neuen Text abgeliefert. Schon am 23. Juli ist Händel mit der Komposition fertig: *Tamerlano* – eine Oper der Gewalt und der Leidenschaft.

Francesca Cuzzoni hat als Asteria Arien und Rezitative, die mit einer Überfülle von Melodien ausgestattet sind: eine wehmutvolle Siciliane in e-Moll »Se non mi vuol amar«; ein verzagtes Largo in h-Moll, als sie meint, auch der Geliebte habe sie verraten und dem wilden Asiaten Tamerlan als Mätresse geopfert. Bis zu einem dreigestrichenen C steigt die Schmerzensarie der Cuzzoni trillernd empor.

Senesino drängt nicht nach der Titelrolle, der brutale Asiate reizt ihn nicht. Sein griechisches Profil bestimmt ihn, obgleich er an Gestalt etwas dick, zur Darstellung des Griechenfürsten Andronico. Antikisch gemessen gibt er seine Rolle. Selbst in der Leidenschaft bleibt er beherrscht und schwelgt in der gepflegten Schönheit der Gesänge, die Händel für ihn geschrieben.

Der aber hat in Bajazet, Asterias unglücklichem Vater, seinen größten männlichen Charakter geformt. Spannend im Rezitativ, elementar in den Ausbrüchen, erhebt sich der alte Fürst bis zu einem übermenschlichen Haß. Das Orchester ist erfüllt von trotzigen und schrillen Dissonanzen einer gequälten Vaterseele: Die Tochter, die sich von ihrem Geliebten verraten glaubt, will die Gattin eines Tamerlan werden? Nimmermehr! Er wird sich opfern, er, der alte Vater, wird den Giftbecher trinken, ehe dieses frevelhafte Beilager stattfinden kann! ...

Jetzt wächst das Finale empor: Vor dem Chor des Volkes wird Tamerlan, der asiatische Gewaltmensch, von dem Heldenopfer seines Gegners besiegt, macht Frieden mit ihm und gibt selbst das liebende Paar, Andronico und Asteria, zusammen.

Gestaltet sind zwei Rollen von äußerster Männlichkeit: Tamerlan und Bajazet. Zwei Kastraten – so will es die Mode – geben ihr Debüt: Pacini und Borosini. Sie tun ihr Bestes – und wahrlich, Borosini als Bajazet folgt Händels Tonfresken in dem Fluchgesang auf die Tochter. Er steigt in kühnster Strebung mit den Violinen von a, d, f nach b, d, gis empor, die Akkorde d-Moll, B-Dur und b, d, gis miteinander verkettend, bis dann die schrille Dissonanz a, b, gis in die Ohren gellt.

Zuviel für einen Kastraten, zuviel für einen Welschen! Händel hat in seinem *Tamerlan* die Kehlfertigkeit eines Italieners mit der Gewalt eines Deutschen vereint. Kein Sänger vermag ihm zu folgen.

Da nun Pacini und Borosini nicht imstande sind, diese beiden übermenschlichen Rollen zu tragen, so bleibt auch der Oper der Erfolg versagt. Doch Schmidt, der getreue Helfer, hat die volle Partitur in mühevoller Arbeit ausgeschrieben. Der neue Verleger Händels, J. Cluer, hat sie in Druck gebracht. –

Die ›Royal Academy‹ hat einen neuen Präsidenten gewählt. Der Herzog von Manchester ist an die Stelle von Lord Bingley getreten. Man setzt *Julius Cäsar* wieder auf den Spielplan, und die Cuzzoni hat solchen Zulauf, daß Sonderplätze auf der Bühne zu einem Preise von vier Guineen verkauft werden.

Dennoch hoffen die Gegner, über Händel triumphieren zu können. Er scheint am Ende seiner Kraft. Der *Tamerlan* hat es gezeigt: Das Letzte bleibt ihm versagt. Bononcini wird jetzt die Oper aller Opern schreiben, voll Wohlklang, voll Schönheit ...

Der Literat John Byron hat einen Vers gedichtet, einen »Reim dich, oder ich freß dich«-Vers, der den ganzen Händel mit einem Schlag erledigen soll:

> »Gegen unsren Bononcini/
> Ist der Handel nur ein Ninny!«

Ein Ninny, was ist das? Ja, das ist eben ein Ninny, ein Nichts, ein Garnichts! Den Schlager kann man auch pfeifen: »Gegen unsern Bononcini ...« Händel selbst pfeift den »Ninny«, wenn er morgens zum Theater geht.

»Großartig, Herr Byron, haben Sie das gemacht!«

Händel, Schmidt und Arbuthnot treffen sich in der Künstlerkneipe von Queen Anne's Taverne. Und Arbuthnot singt in der Kopfstimme: »Gegen unsern Bononcini ...«

»Ist der Handel nur ein Ninny!« fällt Schmidt im Kontrabaß ein. –

Inzwischen hat Ariosti eine neue Oper herausgebracht – *Artaserse* – und einen achtbaren Erfolg errungen. Der

Text ist eigentlich von Apostolo Zeno. Nicola Haym hat ihn plagiiert.

Nun aber kommt Händel wieder und bringt am 20. Januar eine neue Oper, *Rodelinda, Königin der Lombardei*. Der Text ist wieder von Nicola Haym, und diesmal spielen nicht die Haßgewalten bärtiger Männer, sondern die Liebeleien einer Königin die große Rolle.

Francesca Cuzzoni hat – trotz aller Quertreibereien der Bononcini-Partei – als Rodelinda den größten Erfolg ihrer bisherigen Bühnenlaufbahn. Sie fällt vor Begeisterung dem »Caro Sassone« hinter der Bühne um den Hals. Alle Welt weiß jetzt: Händel ist der große Bändiger der Cuzzoni! Wieder gibt es Klatschgeschichten und Extraplätze um vier Guineen auf der Bühne, zuletzt ein Benefiz für die Cuzzoni, das ihr bare achthundert Pfund einbringt. Auf allen Klavizimbeln von London erschallen Rodelindas Liebesgesänge, das Rodelinda-Kostüm der Cuzzoni wirkt tonangebend auf die neue Mode – und alle vornehmen Damen von London sind nun wieder für Händel. Cluer aber druckt die ganze Oper auf Subskription für die große Welt.

Am 10. April folgt Ariosti mit seiner neuen Oper *Dario*, mit der er sich von der Akademie verabschieden will. Ein anderer Italiener ersetzt ihn am 11. Mai, Leonardo Vinci, Vertreter der neuen neapolitanischen Schule und Händel schon bekannt. Der erringt mit seiner Oper *Elpidia oder Die edlen Rivalen* einen Achtungserfolg. Das Stück vermag die acht Prozent nicht mehr zu schmälern, welche die Königliche Oper nun an ihre Aktionäre verteilt.

Man schließt die Spielzeit mit achtundsechzig Vorstellungen. Davon fallen fünfzig an Händel. Bononcini schweigt. –

Händel aber hatte am 23. Februar dieses Jahres 1725 – nach dem altenglischen Kalender war es der 12. Februar –

seinen vierzigsten Geburtstag mit seinen Freunden Johann Christoph Schmidt und Dr. James Arbuthnot gefeiert. Schmidt sprach mit fränkischer Lebhaftigkeit von vergangenen Zeiten in Halle an der Saale, und Händel dachte an seine dreiundsiebzigjährige Mutter, die »dem Herrn Kapellmeister der Königlichen Oper von London« erst jüngst mit zitternder Hand einen Brief geschrieben.

Dr. Arbuthnot sorgte für eine volle Tafel. Bald war Händel recht ausgelassen und parlierte in vier Sprachen durcheinander. Auch Latein, die fünfte, verschmähte er nicht. Arbuthnot hatte ihm ein paar Zeichnungen von Hogarth geschenkt. Händel lachte mit Schmidt besonders über einen ›Hahnenkampf‹, wie er damals in Lincoln's Inn Fields täglich für ein wettlustiges Publikum veranstaltet wurde.

»So hat mich der Bononcini auch zerzausen wollen!« sagte Händel, auf einen der Hähne deutend, »aber dann habe ich ihm den Kamm erst einmal zurechtgebogen!«

Die große Oper von London glänzt jetzt vor den Augen von ganz Europa. Das Händel-Orchester ist das beste Orchester der Welt. Ein festes Ensemble von Sängern ist gebildet. Es verspricht die höchsten Leistungen. Senesino, Cuzzoni, Boschi, Dotti, Pacini, Borosini sind die leuchtenden Namen.

Doch die Cuzzoni ist schwanger. Wer weiß, ob sie ihre Stimme behält? Der Herzog von Manchester ist schon nach Wien gefahren, um persönlich mit Faustina Bordoni zu verhandeln. Faustina Bordoni singt zwar nur bis zum zweigestrichenen A, aber sie gilt als die kultivierteste Sängerin der Welt. Ihr Liebreiz soll bezaubernder sein als das »Keep smiling« der Robinson.

»Die Cuzzoni und die Faustina auf *einer* Bühne?« fragt zweifelnd der Menschenkenner und Weiberfeind Arbuthnot.

Domenico Scarlatti hat seinem Freund Händel einen Brief geschrieben: Sein Vater Alessandro, der »König der Oper«, ist nicht mehr. Alessandro Scarlatti mit dem schmalen, aristokratischen Gesicht und den feinen, sensiblen Händen, der Hochmeister der Stimme: Er ist tot! Nicht Neapel allein, die Welt hat ihren größten Operisten verloren: den Schöpfer einer leidenschaftlich-festlichen Opernwelt, den Meister der großen Da-capo-Arie und eines melodisch-beschwingten Rezitativs, den Urheber der dreisätzigen Ouvertüre, den Erfinder der Zwischenaktsmusik. Hundertfünfzehn Opern sind seine Hinterlassenschaft. Noch auf dem Totenbett sprach er von dem »Weltkunstwerk«, das er sich zeitlebens ersehnt hatte.

Dieses Weltkunstwerk eines Alessandro Scarlatti, wer soll es fortführen und vollenden? Nicolo Porpora, Leonardo Vinci, Leonardo Leo, Georg Friedrich Händel, seine Schüler –, sind jetzt seine Sachwalter. Doch die Welt, sie scheut auch in der Kunst das Große und kokettiert mit dem Kleinen, dem Niedlichen, dem Gemeinen. Leichte Chansons, plumpe Witze, galante Spielereien finden ihr Publikum. Singspiel, Vaudeville und Schauspiel mit Musik wollen die große Oper verdrängen.

Wer wird das Erbe eines Scarlatti zu sichern und zu betreuen wissen?

Der Herzog von Manchester hatte auf seiner Reise zu Faustina Bordoni auch Nicolo Porpora getroffen und ihn zu einem Gastspiel nach London eingeladen. Der breitschulterige Altersgenosse Händels mit dem mächtigen Haupt und dem flammenden Blick traf im Oktober dieses Jahres am Haymarket ein.

Händel begrüßte den Lieblingsschüler Alessandro Scarlattis mit herzlicher Freude und gab ihm zu Ehren ein Konzert. Dann setzte er Porporas Oper *Elisa* als Neuheit des Jahres auf den Spielplan. Porpora versprach schnelle

Arbeit. Doch schon in seinem ersten Akt entlarvte er sich als erklärter Gegner seines Lehrers Scarlatti und als Vertreter der neuen Richtung. Der »Stier von Neapel« schwelgte in schmachtenden Melodien, die der galanten Tugend Reinhard Keisers recht ähnlich und den eleganten Gefälligkeiten Bononcinis nachgeäfft schienen. Schon das Thema war nichts als die Intrige um eine Frau: ein Liebesknäuel, vollgepfropft mit girrenden Arien, eingefädelt in schlechte, nachlässig behandelte Rezitative; dazu ein paar Teufeleien eines bösen Verführers und dann nichts als Liebe. Liebe bis zum Überdruß, Galanterien mit etwas Bosheit gewürzt.

Doch Porpora gefällt. Isabella Dotti und ihr Partner Senesino dürfen sich Abend für Abend begirren.

Friedrich Händel hatte indessen einen schicksalsschweren Schritt getan, der ihn für alle Zeiten zwischen zwei Völker stellen und in den nicht immer erquicklichen Rang eines Europäers heben sollte: Er hatte auf Drängen der ›Academy of Music‹ den Entschluß gefaßt, sich um seine Einbürgerung in England zu bewerben. Damit wollte er die Vorwürfe seiner Gegner, daß er ein Deutscher, Preuße, ein Sachse, jedenfalls ein Ausländer sei, endlich zum Schweigen bringen.

Doch auch er selbst schien im Innersten willens zu einem solchen Schritt. Gleich seinen Freunden war er im Laufe der Jahre ein »Dissenter« geworden, der seinen eigenen Gott im Herzen trug, dem der Zwang eines staatlich befohlenen Glaubensbekenntnisses ebenso verhaßt war wie eine Bevormundung seiner freien Meinung. England war ihm in diesen zehn Jahren zur Heimstatt seiner Glaubens- und Gewissensfreiheit geworden. Hier hatte er Gelegenheit gefunden, sich künstlerisch voll zu entfalten. Hier durfte er hoffen, nach seiner Fasson selig zu werden. Er sehnte sich nicht nach dem Kontinent zurück. So wurde am 13. Februar 1726 im Unterhaus der Antrag eingebracht »for naturalizing Louis Sechehaye, George Frederic Handel and others«. Schon tags darauf leisteten Händel und die andern Gesuchsteller im Oberhaus den Eid auf die Verfassung. Zwei Tage später bestätigte der König die vollzogene Einbürgerung und verlieh seinem früheren kurhannöverischen Kapellmeister den Titel: ›Königlicher Hofkomponist‹.

Händel beschloß nun, endgültig in London seßhaft zu werden und das Haus Brook Street Nr. 25, das er schon seit sechs Jahren bewohnte, für neunhundert Pfund käuflich zu erwerben. Er ließ das dreistöckige Ziegelhaus neu aufputzen und einrichten. Im ersten Stock wohnte er selbst. Ein Salon, ein Musikzimmer und ein Schlafzimmer dienten seiner Bequemlichkeit. Ein Harpsicord von Corbett, ein italienisches Portativ aus Florenz waren die kostbaren Zierden des Musikzimmers. Im Salon, der meist auch als Eßzimmer diente, hingen Gemälde von Rubens und Rembrandt, daneben Stiche von Hogarth. Händel hatte schon in Rom bei den Arkadiern, sonderlich aber durch den kleinen Corelli eine Vorliebe für Gemälde gefaßt und manch wertvolles Bild erworben.

Im zweiten Stock des schmalen Hauses wohnte Johann Christoph Schmidt. Ein Zimmer war dort als Gastzimmer bereitgehalten. Händel hätte wohl gern seine Mutter zu sich genommen. Aber die alte Frau schrieb, sie wolle in Halle ausharren und selig sterben ...

Im Erdgeschoß wohnte die Dienerschaft. Madam Mary blieb Hausverwalterin, Empfangsdame und Köchin in einer Person. Händel aber gedieh kräftig an Leib und Seele ...

Faustina Bordoni läßt auf sich warten. Man hat ihr zweitausendfünfhundert Pfund Jahresgage geboten, fünfhundert Pfund mehr als der Cuzzoni. Es ist eine fette Summe, die ihr Einkommen von siebentausend Reichstalern, das sie in Wien bezieht, um einiges übersteigt – nicht gerechnet die Einnahmen durch Benefizabende und Konzerte. Mit ihnen vermag sie jährlich einen Gesamtverdienst von fünftausend Pfund zu erreichen. Eine phantastische Summe ist das, selbst für eine Primadonna aus dem Welschland, zu einer Zeit, in der die Durchschnittsgage einer deutschen Hofopernsängerin zweihundert Taler im Jahr betrug. Aber die Faustina beeilt sich nicht.

Die Cuzzoni hat indessen – von einem kleinen Sandoni entbunden – ihr Wochenbett verlassen und singt ihr dreigestrichenes C heller als je zuvor.

»Eine neue Opera!« schreit sie schon wieder.

Doch Nicola Haym hat keine Einfälle mehr. Paolo Rolli ist wieder zur Stelle und bietet ein Manuskript an: *Scipio,* eine Oper der Männertugend. Händel greift zu.

Scipio Africanus major triumphiert über die Keltiberer. Zwei Frauen dieses heldenmütigen Stammes sind in seine Gewalt geraten: Fürstin Amira und Prinzessin Berenice. Lucejo, Fürst der Keltiberer, ist Berenices Verlobter. Er folgt ihr heimlich, als römischer Soldat verkleidet, wird gefangen, entlarvt und zum Tode verurteilt. Doch Scipio, der große Römer, steht beschämt im Anblick der edlen Dulderin Amira, die sich selbst als Opfer bietet. Er bezwingt seine Leidenschaft zu Prinzessin Berenice, vereint sie mit ihrem tapferen Geliebten und schenkt allen die Freiheit.

Die Tugend steht höher als jede Leidenschaft und Dämonie. Mit großartiger, männlicher Kühle bleibt Händel bei dieser Idee. Senesino spielt den Scipio. Er kennt nun die Händelsche klassische Linie, und seine beachtliche Statur gibt der Rolle, auch äußerlich, einen männlichen Anstrich. Francesca Cuzzoni spielt die Berenice mit jungfräulicher Anmut. Borosini ist der Fürst Lucejo.

Die Oper der Tugend erringt am 12. März einen starken Erfolg und beherrscht den Spielplan, als »die neue Sirene«, Faustina Bordoni, am 25. März endlich in London eintrifft.

Die Faustina erscheint. Blond, blauäugig ist sie und an Gestalt rundlicher und lieblicher als die Cuzzoni. Sie gibt vor, gleichen Alters wie ihre Rivalin und in Venedig im Mai 1700 als Tochter des reichen Bordoni geboren zu sein. Benedetto Mercello und Antonio Bernacchi waren ihre Lehrer. Dann war sie in Venedig, Florenz, München und Wien engagiert.

Man weist ihr ein Quartier in Westminster an, das weit entfernt von der Behausung der Cuzzoni liegt. –

Händel prüft ihre Stimme. Die Faustina hat einen Mezzosopran von ziemlich geringem Umfang, der vom eingestrichenen D bis zum zweigestrichenen A reicht. Als schönster Ton gilt ihr zweigestrichenes E. Ihre Aussprache ist deutlich und im Timbre etwas männlich. Aber gerade diese dunkle und schmachtende Tönung fasziniert ihre Zuhörer. Händel gibt ihr Koloraturen zwischen dem eingestrichenen G und dem zweigestrichenen G, die sie mit göttlichem Wohllaut singt. Auch ihr Rezitativ ist sehr gepflegt. Sie scheint, ebenso wie die Cuzzoni, schauspielerisch hervorragend begabt. Besitzt die Cuzzoni eine kräftigere und markantere Stimme, die Faustina hat dafür den längeren Atem, die weichere Schwellung, den lockenderen Triller.

Man nennt sie in Italien »La nouva Sirena«.

Händel mißfällt an ihr eine allzu bewußte Koketterie, die sie offenbar gegen jedermann zur Schau trägt. Er probiert mit ihr, ohne ihr besonders gefällig zu sein, sie probiert mit ihm, ohne an ihm Gefallen zu finden.

Die Cuzzoni und die Faustina! Das Direktorium der Oper hat eine Sensation befohlen. Das neue Stück heißt *Alexander*. Doch jetzt zeigt sich, daß Paolo Rolli kein Nicola Haym ist. Der Text bleibt ein galantes Geflüster zweier Frauen um den großen Alexander. Es ist kein Heldenstück. Dafür gilt es, den Senesino zwischen die zwei größten Sängerinnen des Jahrhunderts zu plazieren.

Händel macht sich ans Werk. Er beginnt die Liebesabenteuer Alexanders des Großen, des Eroberers der Welt, mit einem Getümmel von Trompeten und Oboen. Dann stürmt Alexander eine feindliche Stadt. Die beiden Favoritinnen, Lisaura-Cuzzoni und Roxane-Faustina, werden Zeugen seines Triumphes. Alexander stößt im Taumel seines Sieges Lisaura, die Geliebte, von sich und wirft sich trunken in die Arme der neuen Sirene. Es gibt Arien mit brünstigen Oboen untermalt, es gibt Duette von elegant geführten Geigen begleitet. Ein indischer König erscheint auf der Szene, exotisch färbt sich die Musik.

Händel schüttelt voller Übermut die Melodien aus den Spitzen seiner Ärmel, obgleich doch dieser *Alexander* schon wieder die zweite Oper ist, die er in einem Jahr komponieren muß. Wieder ist es eine große Partitur von hundertdreißig Seiten in Folio, von dem guten Schmidt fein säuberlich für J. Cluer zum Druck vorbereitet. Da, ein Trio: Senesino, Faustina, Cuzzoni! Eine Boudoirszene, noch eine Boudoirszene! Und jetzt der ganze Händel in dramatischer Wucht: Aufstand der asiatischen Truppen gegen diesen liebestollen Alexander! Doch der Halbgott siegt: Triumph des Jahrhunderts! Der Eroberer rafft sich auf zu neuen Heldentaten. Der ganze dritte Akt ist ein großes Finale: Duett, Terzett, der volle Chor!

Händel hat keiner der beiden Rivalinnen einen Ton über dem zweigestrichenen A gegeben. Und beide wiederholen, der Weltstadt London zu Gefallen, in Eintracht ihre Duette, lachen sich zu, umgarnen sich mit immer neuen Kadenzen.

Ganz London läuft zum Haymarket. Eine Million Menschen spricht nur noch von der Cuzzoni und der

Faustina. In acht folgenden Vorstellungen gibt es Plätze zu dem fünf- und zehnfachen Preis. Die neue Sirene – die goldene Leier! Man spielt dreimal in der Woche statt zweimal wie bisher. Die Faustina – die Cuzzoni! Senesino, den großen Alexander, scheint man ganz zu vergessen.

Friedrich Händel hat es viel Geduld gekostet, die Cuzzoni davon zu überzeugen, daß die Partie der unglücklichen Lisaura darstellerisch die größere Rolle sei. Abend für Abend erträgt sie geduldig das triumphale Girren und Schmachten ihrer glücklicheren Rivalin. Aber am 6. Juni entkommt ihr in der Koloratur, gerade neben der Faustina stehend, ein schmetterndes dreigestrichenes C. Beifall für die Cuzzoni! Die Faustina erbleicht vor Wut unter der Schminke. Händel sitzt am Cembalo und hebt den Kopf nicht. Aber gerade, daß er den Kopf nicht hebt und keine Miene macht, die freche Cuzzoni mit einem Blick zu strafen, reizt die Faustina maßlos. Hat er vielleicht etwas mit dieser Person, weil er ihr das dreigestrichene C gegen jede Vereinbarung durchgehen läßt – während er ihr Girren, ihr süßes Geflüster nur mit einem Ohr zu hören scheint? Faustina kennt ihre Gewalt über die Männer. Die besten Familien Londons reißen sich um ihre Gesellschaft. Sie verkehrt in Manchester-House, in Queensbury House, in Burlington House –, und dieser Mann am Cembalo hebt kaum einen Blick zu ihr empor.

»Er hat etwas mit der Cuzzoni!« sagt jemand in Burlington House, und Faustina nickt böswillig mit dem Kopf. Jetzt fängt sie an, diesen Händel mit der Heimtücke eines Weibes zu hassen.

Nach der achtzehnten Aufführung des *Alexander* meldet sich Senesino krank und unterbricht so die Serie des größten aller Erfolge am Haymarket. Der Nebel von London, so läßt er der Direktion melden, habe seine Stimme geschädigt. Eine Reise nach Italien zur Wiederherstellung seiner Gesundheit sei dringend vonnöten.

»Ein Kastrat nimmt Reißaus vor den Weibern!« sagt der Herzog von Chandos und verbreitet Gelächter in seiner Runde.

Es gelingt Heidegger nicht, einen Ersatz für Senesino zu finden. Das Direktorium beschließt also, die Spielzeit am 11. Juni mit der vierundfünfzigsten Vorstellung zu beenden, das Theater in der Zwischenzeit an eine venezianische Operngesellschaft zu verpachten und erst nach Senesinos Rückkunft den *Alexander* wieder auf den Spielplan zu setzen.

Ein Erfolg bleibt – die große Oper Friedrich Händels.

Eine Feindschaft bleibt – die Todfeindschaft zwischen Francesca Cuzzoni und Faustina Bordoni ...

Der Sommer ist da. Lord Derby veranstaltet ein Pferderennen, die Favoriten tragen die Namen ›Cuzzoni‹ und ›Faustina‹. Lady Walpole bittet beide Rivalinnen gleichzeitig zum Tee. Doch man placiert sie in zwei verschiedene Zimmer, setzt sie an zwei verschiedene Flügel und ergötzt sich nun an dem verrückten Gehabe zweier vor Eifersucht platzender Primadonnen. Die Literaten machen sich über die beiden Sirenen her. James Robertson singt:

> »Cuzzoni can no longer charm/
> Faustina now does all alarm ...«

Die Faustina hat sich eine Erkältung zugezogen. Sie flieht an die Riviera. So macht der Londoner Nebel auch diesem Streit ein Ende.

Die neue Spielzeit beginnt mit *Lucio Vero* von Attilio Ariosti. Männernamen als Operntitel sind durch Händels Beispiel modern geworden. Im Liebesknäuel der Handlung stehen sich wiederum Faustina und Cuzzoni als Rivalinnen gegenüber. Und nicht nur auf der Szene, auch im Parkett bilden sich Parteien.

Das Direktorium der Akademie hat den Bürgermeister der Londoner Altstadt, Sir John Eyles, in den Ehrenvorsitz aufgenommen. Händels Partei ist dadurch um einen Mann verstärkt worden, denn die City ist für Händel.

Francesca Cuzzoni hat die Habitués der Oper und den Hof hinter sich. Die Prinzessin von Wales klatscht ihr Beifall auf offener Szene. Zur Partei der Faustina aber gehört das mondäne London, gehören die Familien Burlington, Delaware, Queensbury.

Am 31. Januar kommt Händel mit der neuen Oper *Admeto*. Nach einer Fabel des Euripides von Nicola Haym gestaltet, hieße sie besser *Alceste* – wenn nicht schon durch den Titel eine Parteinahme für eine der beiden Rivalinnen ausgesprochen und so für den Frieden am Haymarket einiges zu befürchten wäre. Faustina erhält die Rolle der Alceste, Gattin des Thessalierkönigs Admet, die, um ihren Gemahl von tödlicher Krankheit zu erretten, selbst hinab in den Orkus steigt, von Herkules den Höllengeistern wieder entrissen und ihrem genesenden Gatten zugeführt wird. Der hat jedoch sein Herz schon an die junge, dianengleiche Antigone verloren, gesungen von der Cuzzoni.

Händels Thema führt über den Liebesstreit zweier Frauen in die Höhen eines Götterhimmels und hinab in die Tiefen der Unterwelt. In einem kühnen Aufriß werden Oberwelt und Unterwelt mit einer solchen Überfülle der Erfindung gestaltet, als sei die Musik allein das Reich der himmlischen und höllischen Geister. Jetzt ist ein großes Orchester effektvoll in Bewegung gesetzt. Die Ouvertüre führt aus einem Totentanz der abgeschiedenen Seelen, einem »Ballo di Larve«, hinüber in die Fieberträume des kranken Admet. Das ist einmalig in dieser Zeit: dieses Emporwachsen einer ganzen Oper aus den Fundamenten der Ouvertüre.

Wie klagt Alceste um den sterbenden Gatten, wie stirbt

sie selbst, einer Taube gleich, für den Einziggeliebten! Dann lockt Antigone wie eine Nachtigall den Genesenden mit der goldenen Leier ihrer Gesänge in ein frohes Leben zurück. Herkules-Borosini, der Retter der Alceste, steht jetzt ratlos zwischen den beiden um ihre Liebe kämpfenden Frauen. Er kann nur die Götter zu Hilfe rufen, um ein glückliches Ende herbeizuführen.

»Dir, Alceste, verdank' ich das Leben, dir, schöne Antigone, die Freude!« singt Admet-Senesino unter Beifall.

Gattenliebe und Opfertod, Glaube und Hoffnung triumphieren über Verlockung und Jugend, Wollust und Eifersucht. Und wieder siegt die Tugend über die Dämonie.

Das Volk klatscht Beifall aus vollem Herzen. Parterre und Logen klatschen in zwei Parteien, die eine für die Faustina, die andere für die Cuzzoni.

Wer aber unter den Tausenden vermag wirklich zu erkennen, welch ein Werk hier gelang? Die große heroische Oper ist Wirklichkeit. Über *Radamisto, Ottone, Cesare, Tamerlano* und *Alessandro* emporsteigend, hat Georg Friedrich Händel als erster den Gipfel erreicht. Wer wird ihm folgen? Tief unter ihm befehden sich die Parteien der Faustina und der Cuzzoni in beschämender Weise.

»Sie betrügt ihren Mann!« schreien die einen und behaupten, von einem Seitensprung der Cuzzoni mit einem jungen Lord etwas zu wissen.

»Sie verdreht den Männern die Köpfe, aber in Wirklichkeit ist sie eine Priesterin der lesbischen Liebe!« zischen die Feinde der Faustina. Man nennt den Namen einer jungen Gräfin Burlington, Nichte der Lady.

Für kurze Zeit macht der Tod den Skandalen ein Ende. Am 31. März 1727 stirbt Isaak Newton in Kensington, acht Tage später findet sein Staatsbegräbnis statt. Händel befindet sich in der Trauergesellschaft des Hofes. Man erweist der Leiche fürstliche Ehren. Sechs weiße Pferde ziehen den Wagen, vier Herzöge tragen die Zipfel des Leichentuches.

Unter den Gaffern von Westminster steht auch der junge Voltaire, der in London weilt, um die Geistesfreiheit des Landes, seine Literatur und seine Wissenschaft kennenzulernen. Auch die Oper am Haymarket ist ihm nicht fremd geblieben. Noch vor acht Tagen hat er Händels *Admet* gesehen. –

Nun ist auch Bononcini wieder zu einem Abschluß gelangt. Am 6. Mai tritt er mit seiner Oper *Astyanax* an die Öffentlichkeit. Mit einem Bukett von Arien, wovon die eine Hälfte der Cuzzoni, die andere der Faustina zugedacht ist, erringt er einen demonstrativen Beifall zweier Parteien, die sich hartnäckig die Waage halten. Es ist ein Gaudium für ein Welttheater, zwei verrückte Primadonnen so gegeneinander auszuspielen – bis endlich am 6. Juni der Tumult ausbricht, den Heidegger schon lange prophezeit hat.

»Faustina und Cuzzoni gerieten sich im zweiten Akt in die Haare und schlugen sich bei offener Szene«, berichtet Richard Steele. Klatschen und Johlen, Pfeifen und Zischen ist die Antwort der Galerie. Prinzessin Karoline erhebt sich in ihrer Loge und gibt Befehl, die Kronleuchter im Parterre anzuzünden. Aber die »Katzenmusik« dauert auch bei heller Beleuchtung an. Man hat die Rivalinnen auf der Bühne getrennt. Wer aber trennt nun die Damen und Herren im Parkett? Denn auch im Parkett sind handgreifliche Auseinandersetzungen im Gange. Merry old England! ...

Händel ist nicht im Theater anwesend. Bononcini hat seinen Taktstock niedergelegt. Heidegger, Sandoni laufen erregt über die Bühne. Nur der Herzog von Chandos wälzt sich vor Lachen in seiner Loge. Das Theater ist wie verhext. Auch der sonst so gutmütige Boschi ist mit dem jüngsten Bassisten Palmerini in eine Tätlichkeit geraten.

Und noch am selben Abend meldet Senesino einen Schnupfen an.

Die Oper schließt voreilig mit einundvierzig Vorstellungen.

»Das Aristokraten-Theater ist zu Ende!« schreien die Gassen. Jedes Kaffeehaus, jedes Tingeltangel bringt eine Szene: *Faustina gegen Cuzzoni.* Die satirische Wochenschrift *Craftsman* zeigt zwei »krächzende Hennen«, die sich wütend begackern, dazwischen einen hilflosen Hahn ohne Sporen: Faustina, Cuzzoni und – Senesino.

Das Direktorium beruft eine Generalversammlung ein. Viele Aktionäre, vor allem vornehme Damen, haben ihre Teilnehmerschaft gekündigt. »Eine muß gehen!« ... Doch Heidegger mahnt zum Frieden: »Mit der Faustina verlieren wir alle Stutzer. Wenn die Cuzzoni geht, werden die Herzöge sterben – und Händel wird uns keine Oper mehr schreiben!« Händel hat sich längst für die Cuzzoni entschieden, denn sie ist für ihn die größere Künstlerin.

Doch nun greift man plötzlich auch Händel an, wirft ihm vor, daß er die Welschen auf der Bühne, die Deutschen aber im Orchester begünstige. Händels Bläser sind lauter Deutsche. Man schreit wieder einmal nach der nationalen Oper.

»Aber wer verteidigt die Oper überhaupt, denn sie allein ist jetzt in Gefahr?« fragt Dr. Arbuthnot und schreibt ein Pamphlet mit dem Titel: *The devil to pay at St. James.* Er vergleicht den Vorfall auf der Opernbühne mit einer Schlägerei der Fischverkäuferinnen und Marktweiber und kommt zu dem Schluß, man müsse jetzt Händel die künstlerische Leitung am Haymarket wieder allein überlassen. Die Faustina erklärt daraufhin, sofort abreisen zu wollen ...

Doch wieder machte der Tod dem Skandal ein Ende. König Georg I. war Anfang Juni aus London nach Hannover abgereist, aber in Osnabrück am 11. Juni – in seinem fünfundsechzigsten Lebensjahr – einem Schlaganfall erlegen.

Ohne daß die Jakobiten einen politischen Zwischenfall herbeiführen konnten, bestieg am 12. Juni der Prinz von Wales als König Georg II. den englischen Thron, und die gute Karoline aus Ansbach wurde Königin von England.

Die Königin hatte trotz aller Machenschaften der Bononcini-Partei ihren Händel nicht vergessen. Er erhielt aus St. James den Auftrag, zur feierlichen Krönung und Salbung des Königspaares in Westminster Abbey eine *Krönungshymne* zu schreiben.

Der Bischof von London, Dr. Gibson, sonst kein Händel- und musikfreundlicher Herr, beeilte sich, dem königlichen Hofkomponisten verschiedene Bibeltexte zu übersenden, die ihm für einen so hochwichtigen Anlaß geeignet erschienen. Händel ließ antworten, er sei selbst recht bibelfest und wisse seine Texte allein zu finden.

»Er ist ein großer Heide und geht nicht in die Kirche!« ließ ihm der Bischof entgegnen.

»Ich bin ein großer Heide und habe meinen Gott zu Hause!« antwortete Händel und machte sich ans Komponieren ...

Mit Hilfe Dr. Arbuthnots schafft er eine Krönungsmusik in sieben Anthems. Sobald das königliche Paar Westminster am 11. September betritt, wird es mit Chorgesängen nach dem Psalm 122: *Ich freue mich des, daß mir geredet ist* empfangen werden. Nach der Anerkennung erschallt Volksjubel. Es folgen Trompeten und das zweite Anthem nach Arbuthnots Worten: *Der König freuet sich*. Nach der Eidesleistung folgt das dritte Anthem: *Zadock, der Priester*. Nach der Salbung ertönt das vierte Anthem, der

Psalm 84: *Wie lieblich sind deine Wohnungen, Herr Zebaoth!*; und nach der Krönung das fünfte, der Psalm 47: *Preise, o Jerusalem, den Herrn! Frohlocket mit Händen, alle Völker!*; nach der Huldigung das sechste, der Psalm 84: *Meine Seele verlanget und sehnet sich.* Nun folgen Salbung und Krönung des Königspaares, und Händel beschließt seine Feier mit dem siebten Anthem und mit Arbuthnots Worten: *Mein Herz dichtet ein feines Lied.*

Die englischen Solisten Francis Hughes, John Freeman, John Church, Samuel Wheely und Bernard Gates sind versammelt. Sie proben in Westminster unter Händels Leitung mit dem großen Opernorchester und dem königlichen Kirchenchor von sechsundzwanzig Männern und zehn Knaben, verstärkt durch zwölf Sänger des Opernchors. Der deutsche Orgelbauer Schröder hat auf Befehl des Königs und nach Angaben Händels die Orgel in Westminster erweitert.

Die Prinzessinnen Anna, Maria und Karoline und Amalie sind aus Kensington schon zweimal herbeigeeilt, »den lebendigen Gesang des Volkes zu hören«: Händels Chöre, die bald feierlich, erhaben und gewaltig, bald lieblich, mild und fröhlich ineinanderklingen. Die Urkraft der Heiligen Schrift scheint aus diesen Chören zu sprechen, die sich der Solisten gleichsam nur als Vorsänger bedienen, in ihrer Orchesterbegleitung aber königliche Pracht entfalten.

Sobald Händel eine Aufgabe hat, die ihn über das Theater hinausführt, ist er untheatralisch, einfach und mächtig.

König Georg II. hat seinen Hofkapellmeister am 1. September in Privataudienz empfangen und sich im voraus mit einem reichlichen Geschenk für die Krönungsmusik bedankt. Nun kommt der 11. September. In Westminster Abbey zieht die feierliche Handlung vorüber, die Händel mit seiner Musik verewigen hilft. Dort steht Karoline, seine Königin. Aber Karoline von Ansbach ist nicht mehr die anmutige Fee aus dem Schloßpark von Hannover. Eine Mutter von acht Kindern steht dort am Altar, in einen kostbaren Mantel aus Hermelin gehüllt. –

Auf dem ersten Hofball des Königs am 30. Oktober bringt Händel seiner Königin ein *Blumenstück* dar, ein köstliches Menuett, das er ihr zu diesem Ball gewidmet hat und nun selbst am Cembalo begleitet.

Indessen hat auch der Haymarket seine Pforten wieder geöffnet.

Händel, jetzt künstlerischer Alleinherrscher, eröffnet die Saison mit einer eigenen Oper: *König Richard.* Er selbst hat diesmal den Stoff ausgewählt. Es ist nicht, wie die Konvention es vorschreibt, ein Thema der antiken Mythologie, des Orients, der alttestamentarischen Geschichte, sondern ein englisches Thema mit einem englischen Helden, wenngleich Orient und Geschichte auch hier den äußeren Rahmen geben.

Aber welche Aktualität hat dieser *König Richard* in einer politisch bewegten Zeit! Richard Löwenherz, auf der Brautfahrt begriffen, doch von Feinden bedroht, stürmt mit seinen Engländern die feste Stadt Limisso. Das ist ein Stück für ein englisches Publikum! Die beiden Rivalinnen Faustina Bordoni und Francesca Cuzzoni sind plötzlich ganz mäuschenstill und nehmen dankbar ihre Rollen in Empfang, Pulcheria, Prinzessin von Cypern – die Faustina, Prinzessin Constanza von Navarra – die Cuzzoni. Ganz unheimlich ist ihnen Händel geworden. Senesino aber spielt den Nationalhelden Englands, Richard Löwenherz, den die Brautfahrt in Krieg und Abenteuer verstrickt.

Das ist ein Thema in Dur. Oboen und Trompeten erschallen in Dur und machen Kriegsmusik. Dann hüllen die Geigen die Gefühle zweier Frauen in ein weiches Moll. Wie kämpft Faustina mit ihren dunklen Sehnsuchtskoloraturen gegen die donnernde Brandung des Meeres! Die Cuzzoni spielt diesmal die glücklichere Partie. Die Hauptrollen tragen die Männer: Richard Löwenherz und seine Soldaten. Und diese Soldaten singen englisch! Ein Soldatenstück von der Buntheit des Mittelalters, englische Feldzeichen auf den Zinnen einer orientalischen Stadt! Eine Ouvertüre, nur aus zwei Sätzen, reißt in einem Ansturm die Fülle der Arien empor! Und das Finale: Mit den Rhythmen einer kriegerischen Symphonie stürmen die Soldaten die feindliche Stadt, retten Constanza, die Geliebte ihres Herrn.

Händel trägt seinen größten Erfolg nach Hause. Johann Christoph Schmidt bringt die Partitur anderntags zu J. Cluer. Der hat schon zweihundert Subskribenten und kann sofort drucken. Der König hat den *Richard* zu seiner Lieblingsoper erklärt und den Textdichter Paolo Rolli zum ›Hofpoeten‹ ernannt.

»Der Erfolg ist da, das Volk hat gesprochen!« sagt Dr. Arbuthnot. Denn auch das Volk hat den *Richard* zu seiner Lieblingsoper erklärt.

Bononcini und Ariosti, wo sind sie jetzt? Irgendwo in der vornehmen Gesellschaft von London stecken sie und hetzen weiter gegen Händel: »Der Bär zerschlägt die galante Oper!«

»Die Aristokratenoper ist tot!« schreien die Gassen.

Der junge Pietro Metastasio aus Rom, Hofpoet zu Wien und Nachfolger des Apostolo Zeno, hat dem Haymarket eine Dichtung überlassen: *Siroe,* ein persisches Stück. Händel greift nach dem Thema, es reißt ihn vorwärts ...

Da kommt Arbuthnot mit einer Überraschung. Der lange Literat John Gay hat eine *Bettleroper* geschrieben, ein Volksstück mit Gesang, das er vergeblich in Drury

Lane bei Cibbers angeboten hat, während er jetzt mit John Rich von Lincoln's Inn Fields wegen einer Erstaufführung in erfolgreicher Verhandlung steht.

»Ein ganz neues Ding!« sagt Dr. Arbuthnot. »Straßenräuber, Diebe, Hehler und Dirnen sind die Helden unseres Gay!« Händel schmunzelt und füllt die Becher. Und man trinkt auf die neue große Oper *Siroe*.

»Dieser Pepusch hat die Musik der *Bettleroper* zusammengestohlen!« Schmidt bringt die Nachricht, man habe auch bei Händel manches geplündert. Der große Marsch aus *Scipio* sei für einen Song mißbraucht, den der Räuberhauptmann Mac seinen Kumpanen zum besten gäbe. Der berühmte Marsch aus *Rinaldo* aber sei mit Trommeln und Pfeifen zu einem Räubermarsch parodiert.

»Man bestiehlt nur die Reichen!« sagt Arbuthnot lachend. –

Händel ist an der Arbeit. Nicola Haym hat die Oper *Metastasios* für die Londoner zurechtgemacht. Senesino spielt den persischen Prinzen Siroe, Faustina, als Jüngling verkleidet, die Prinzessin Emira, Borosini den General Arasse, die Cuzzoni dessen teuflische Schwester Laodice. Eine neue Welt persischen Heldentums, persischer Seelengröße scheint sich zu öffnen. Händel bricht in neue Räume, türmt Arien von neuer Gewalt, Arien auf Sarabandenrhythmen gebaut, Arien, die nicht mehr Selbstzweck virtuoser Kehlen, eher schon die Triumphbögen klingender Sphären sind.

Am 29. Januar 1728 findet in Lincoln's Inn Fields die Erstaufführung der *Bettleroper* statt. Und die Bretter, »die jetzt die Halbwelt bedeuten«, erleben einen lärmenden Erfolg. Die Mischung von Volksstück, Verbrecheralbum und Dirnenmilieu benebelt alle Köpfe. Logen und Galerien übertreffen sich vor Beifall: The Beggars Opera!

»Gebt acht, Kerls, gebt acht/
Wir dreh'n ein Ding heut nacht!«

Das ist die berühmte Ballade der *Bettleroper* von John Gay, ein englischer Song, der nun mit der Melodie von Händels Marsch aus *Scipio* ein lärmender Erfolg wird. Ja, das ist keine welsche Gurgelarie mehr, das ist ein simpler englischer Gassenhauer.

Seelenruhig stellt Händel am 17. Februar seine Oper *Siroe* vor. Die Ouvertüre reißt mit. Das Milieu des ersten Aktes bezaubert. Im zweiten Akt geschehen einige Ungezogenheiten im Parkett zugunsten der Faustina. Der Prinz von Wales verlacht mit seinem Anhang eine große Arie Senesinos. Prinz Friedrich von Wales, der älteste Sprößling der Karoline von Ansbach, ist im Geschmack einer radaulustigen Jugend für die *Bettleroper* und gegen Händel.

Zuletzt gibt es doch einen Erfolg für Händel.

Aber der Zulauf zur *Bettleroper* hält an. Mit der sechsunddreißigsten Vorstellung am 20. März errechnet man schon einen Verdienst von achthundert Pfund für John Gay. Das Doppelte verdient John Rich, der Unternehmer. Steele prägt das Witzwort, die *Bettleroper* habe »Rich gay und Gay rich« gemacht. Daß man in Lincoln's Inn Fields die Arien englisch singt und außerdem spricht, wie einem der Schnabel gewachsen ist, das wirkt auf die Londoner wie ein Naturereignis. Jetzt hat man in den zweiten Akt noch eine politische Szene mit bösen Witzen auf Minister Walpole eingeflickt. Der jakobitische Adel findet sich ein. Die Stutzer aber wollen Lavinia Fanton sehen, die als Polly Peachum und Braut des Räuberhauptmanns Mac ihre Beine zeigt, englische Beine.

»Der Herzog von Bolton heiratet Polly Peachum!« Nun läuft ganz London nach Lincoln's Inn Fields. –
Händel läßt sich von Nicola Haym einen neuen Text

schreiben: *Tolomeo,* ein ägyptisches Spiel. Eine Neuheit soll es sein: neue Räume, neue Welten, neue Menschen, Pyramiden, Palmenhaine, Liebesgrotten und die Burg der Kleopatra einsam am Meer. Die Dekoration darf zweitausend Pfund kosten, so versichert das Direktorium.

Tolomeo-Senesino, der von seiner lasterhaften Mutter Kleopatra-Dotti vertriebene edle Jüngling, liebt Seleuka-Cuzzoni. Doch Elisa-Faustina, die Schwester des Königs von Cypern, liebt den von Kleopatra bevorzugten zweiten Sohn Alessandro. Es ist wie ein Spiel aus Tausendundeiner Nacht, so gehen die Gestalten und ihre Schicksale hin und her. Doch hinter der prunkvollen ägyptischen Fassade verbirgt sich doch nur ein recht billiges abendländisches Liebesspiel. Das Geküsse und Gebuhle ist zuwenig für einen Händel. Auch das kunstvolle Finale der Stars – Cuzzoni, Faustina, Dotti, Senesino, Baldi, Borosini und Boschi auf einer Szene! – kann das schwache Stück nicht retten. Es geht nur siebenmal.

Aber die *Bettleroper,* die Dirnenoper, die Sixpence-Opera von Lincoln's Inn Fields findet ihr Publikum. Die Geistlichen predigen von den Kanzeln gegen das »schändliche Stück«, doch John Rich kann sechs Wandertruppen zusammenstellen, um ganz England zu bespielen. Der *Tolomeo* aber findet nicht einmal einen Verleger. Cluer ist an einem Schlaganfall gestorben. Walsh bedankt sich hämisch für die Ehre, den Mißerfolg vom Haymarket auch noch drucken zu lassen. Die *Bettleroper* jedoch kann bei John Watt schon die dritte Auflage erleben.

Gay, der Liebling aller, schreibt eine zweite Bettleroper: Die Räuber wandern nach den Kolonien aus, Europa ist ihnen nicht mehr gut genug. Polly heiratet einen Indianerhäuptling. Und auch dieser Blödsinn findet sein Publikum. Die Verbrecher-Robinsonade wird große Mode. Die Oper aber hat leere Häuser.

Die Direktion der ›Academy of Music‹ beruft eine Generalversammlung ein. Die Mehrheit fordert ihr Geld zurück und verlangt die Auflösung der Gesellschaft. Eine von Dr. Arbuthnot vorgeschlagene neue Zeichnung von fünfzigtausend Pfund wird nicht unterstützt. »The golden bubble of music« – die große musikalische »Wasserblase« – ist geplatzt. Der Herzog von Grafton, erster Präsident der Akademie, tritt von seinem Posten zurück. Der Herzog von Manchester, zweiter Präsident, verkündet, daß auch die göttliche Faustina nicht länger gewillt sei, vor leeren Häusern aufzutreten. Und auch Senesino habe seinen Kontrakt gelöst. Händel sitzt wortlos und qualmt seine kurze Pfeife ...

»Was ist mit Händel, ist er nun ein Genie?« fragt Alexander Pope eines Tages Dr. Arbuthnot.

»Macht Euch von seinen Fähigkeiten die höchste Vorstellung, und Ihr wißt trotzdem noch nicht, was ein Händel zu bedeuten hat!« antwortet dieser nicht ohne Heftigkeit.

Also beschließt die Königliche Opern-Akademie mit sechsundsechzig Vorstellungen am 1. Juni 1728 ihre neunte Spielzeit. Man gibt *Admet*. Händel sitzt am Cembalo. Die Faustina hat eine Claque bestellt. Es gibt viel Beifall für die Faustina. Auch jene, die nicht ihre Freunde sind, können sich der dunklen Stimme der neuen Sirene nicht verschließen. Ihr zweigestrichenes E ist wundervoll!

Sechstes Kapitel

Mann-Berg rettet die Oper

Trotz dieser brettererschütternden Ereignisse gab es keine Feindschaft zwischen Friedrich Händel und John Gay. Dr. Arbuthnot war mit beiden befreundet, und alle drei fühlten sich als »Überbleibsel aus der Geniezeit der Königin Anna«, wie Gay lachend meinte. Er lachte immer, der lange Gay, lachte selbst über seine *Bettleroper*, hatte für seine Freunde immer einen Witz bereit. Und so tranken die drei zweimal in der Woche ihren Tee in Batson's Café am Golden Square und spielten eine lustige Partie Billard zusammen, bis eines Tages John Gay auch Jonathan Swift, Dekan zu Dublin, in die Gesellschaft brachte, der durch seinen *Gulliver* eine Berühmtheit geworden war.

»Das ist der ›Mann-Berg‹!« rief Swift, als er Händels ansichtig wurde. Es mochte wohl ein etwas boshaftes Kompliment sein, Händel mit dem Riesen unter den Zwergen zu vergleichen. Denn der arme Riese war ja nach Swift gezwungen, mit den Däumlingen in Liliput recht artig zu leben. Doch auch Gay und Arbuthnot lachten beifällig bei Swifts Worten:

»›Mann-Berg‹ Händel, Man-mountain Handel!«

Händel überschattete sie alle drei. Er hatte die imponierende Größe von sechs Feet, das sind hundertundachtzig Zentimeter. Er wog rund fünfzehn Stones, also zweihundert Pfund. »Schwer und gewichtig kommt er daher, doch verrät sein gedrungener Körper Energie und Gelassenheit!« So etwa berichtete Swift seinen Angehörigen nach Hause … »Meist ist seine Miene unbewegt, der Blick seiner blauen Augen eigenwillig und offen. Lächelt er, so durchblitzen Geist und Witz sein Antlitz, lacht er, dann dröhnen die Wände. Nichts Grüblerisches zeigt sein Gesicht, und seine ganze Erscheinung atmet Männlichkeit par excellence!«

Der Faustina ist er unheimlich. Sie nennt ihn, im Kreise ihrer Vertrauten, »einen Unmenschen und Tyrannen«. Doch niemand ist geneigt, solche Worte ernst zu nehmen. Diese Epoche ist eine Zeit der massigen und mächtigen Männer. Man lebt gern und im Übermaß. Sogar der kleine König Georg II., sein Premier Robert Walpole, der Herzog von Chandos, der Herzog von Manchester, Jonathan Swift und Dr. Arbuthnot sind große Lebemänner und große Fresser.

Die gewaltige Leistung Händels aber beansprucht eine gewaltige Arbeitsenergie. Das Leben eines Opernkomponisten und Operndirektors ist intensiv und extensiv in höchstem Maße. Oft sind die Mahlzeiten die einzigen Feierstunden des Tages und werden nach Lust und Laune ausgedehnt. Doch Galaessen bei Hofe mit offiziellen Komplimenten an die Tischdamen sind für Händel ein Greuel. Viel lieber sitzt er allein in einem kleinen Gasthaus, das gerade am Weg liegt, und bestellt sich ein Essen für drei.

So erzählt Arbuthnot eine köstliche Geschichte: In einer fremden Wirtschaft nimmt der Boy, der Händel nicht kennt, die Aufträge entgegen, ohne sogleich zu servieren.

»Wo bleibt das Essen?« ruft Händel alsbald ungeduldig.

»Verzeihung, Sir, aber Ihre Gesellschaft von drei Personen …?«

»Mach er prestissimo, *ich* bin die Gesellschaft!« donnert Händel. –

Er hatte in den neun Spielzeiten der Academy allein

vierzehn neue Opern verfaßt und einstudiert, davon drei in der neunten Spielzeit – eine Leistung, die neben ihm wohl kein anderer Tondichter zu vollbringen wußte. Von den 487 Vorstellungen der Akademie hatte Händel 245, Bononcini 108, Ariosti 55, alle anderen Operisten nur 97 Vorstellungen bestritten.

Händel allein war es zu danken, daß die adeligen Subskribenten ihre Logen um vier Shilling den Platz behalten konnten.

Vier Shilling für einen ersten Platz im ersten Opernhaus der Welt! Die vornehme Gesellschaft von London hatte neun Jahre lang eine große Oper um ein Spottgeld und fast zum Geschenk gehabt – von Mr. Handel.

Der sitzt in Highgate, drei Meilen nördlich von London, auf dem Landgut seines Freundes Arbuthnot und ruht sich aus. Zum Jagen und Reiten sind beide zu bequem und auch zu gewichtig geworden. Aber Golf spielen sie noch gerne im Park zu Highgate. Oft betrachtet Arbuthnot seinen Freund Mann-Berg und schmunzelt, wenn der im Übereifer die kleine Kugel mit mächtigem Schlage verfehlt. Ein großer Junge ist dieser Händel geblieben trotz seiner vierundvierzig Jahre, der im Spiel ganz vergessen kann, daß er eigentlich längst schon ein berühmter Europäer ist!

Überall in deutschen Landen – in Hamburg, Dresden, Wien, Wolfenbüttel und Braunschweig –, doch auch in Italien, Holland und Dänemark laufen die großen Opern. *Kaiser Otto*, *Julius Cäsar*, *Tamerlan* sind drei Riesen, die Händels Gefolgschaft bilden. Und was bedeuten zehn Bettleropern gegen einen *Admet?* Auch die Franzosen fangen an, Händel als einen der Ihrigen zu betrachten. Seré de Rieux richtet aus Paris einen poetischen Gruß nach London:

»A Monsieur Hendel!
Flavius, Tamerlan, Othon et Caesar/
Admete, Siroe, Rodelinde et Richard/
Eternels monuments dressés à ta mémoire ...«

»La composition de Mr. Hendel, infiniment sage et gracieuse, semble s'approcher de notre goût plus qu'aucune autre en Europe! – Mehr als ein anderer Europäer entspricht uns Franzosen ein Händel in seinem Genie und in seiner Anmut!« schreibt Rieux in einem Begleitbrief an Arbuthnot.

»Ein Lockruf aus Paris!« sagt Arbuthnot zu Händel. »Man wird Euch zwischen Jean Baptiste Lully und Jean Philippe Rameau plazieren wollen!«

Aber Händel hängt an London. Sein alter Mentor und Ratgeber Agostino Steffani ist am 12. Februar 1728 in Frankfurt am Main verstorben. Nicht länger kann er jetzt das diplomatische Mäntelchen um seinen temperamentvollen Schützling halten. Auch Italien scheint Händel jetzt recht fern gerückt. Es ist, als sollten alle Fäden zerreißen, die ihn noch mit dem Kontinent verknüpft haben.

So sitzt er nun schon den ganzen Herbst in Highgate und hat endlich Zeit für sich. Auch der königliche Hof in London verlangt seine Dienste nicht. Robert Walpole bestimmt die Privatinteressen des Königs. Der Premier ist ein politisch lärmender Mann und braucht keine Musik. Und Königin Karoline? Sie ist die Freundin Walpoles – sagen die Tories. Wieder gibt es Gegensätze zwischen Tories und Whigs. Wieder sind die Tories, die Stuarts und die Boypatriots die Gegner des Hauses Hannover. Und »das dumme Luder, das widrige Vieh« – wie der König seinen Nachfolger, den Prinzen Friedrich von Wales, bei seinen Wutanfällen zu titulieren pflegt – konspiriert mit der Adelspartei gegen Vater und Mutter, während ein Stuart als Prätendent Jakob in Paris eine schottische Verschwörung schürt.

Der König von England aber lebt eigensinnig mit seiner Mätresse. Sie ist zugleich seine politische Sekretärin. Auch die Opposition – sogar Chesterfield, Bolingbroke, Pitt – liegt auf den Knien vor Miß Howard.

»Wir sollten Seiner Majestät eine harmlose Törin an die Seite geben, damit er endlich seine Howard vergißt!« sagt Walpole zynisch zur Königin.

Prinzessin Anna, einem Jugendbild ihrer Mutter Karoline ähnlich und zugleich Händels erste und liebste Schülerin, ist schon zweimal heimlich in Highgate zu Besuch gewesen.

»Geliebter Meister, Sie müssen die Opern-Akademie wieder eröffnen! Mama zeichnet tausend Pfund!« So berichtet die Prinzessin Händel. –

Einmal fährt er über Land, hinüber nach Hampstead zu einer Mrs. Grahn. Vor zwanzig Jahren hieß sie Dorothy Vernon und lebte in Hannover als französische Vorleserin der Kurfürstin Sophia. Sie war Schülerin von Agostino Steffani und verliebte sich in Händel, als sie ihn zum ersten Mal im alten Schloß von Hannover sah. Aber er beachtete die kleine Demoiselle Vernon nicht, und als er sie endlich beachtete, hatte er keine Zeit mehr für sie, denn er war schon Favorit der Karoline. Und als er endlich Zeit für sie hatte, war Dorothy mit dem Engländer Grahn verheiratet und hatte keine Zeit mehr für ihren Händel. Nun hatte Major Grahn vor kurzem mit einem Ballettmädchen von Lincoln's Inn Fields sein Glück in Paris gesucht, doch nicht, ohne gentlemanlike seiner Frau ein kleines Vermögen zurückzulassen. Jetzt, nach soviel Jahren, findet Dorothy Vernon den Mut, Händel zu sich zum Tee zu bitten. Er kommt wirklich. Sie ist immer noch eine schöne Frau, er ist inzwischen der ›Mann-Berg‹ geworden. Aber er kann noch immer herzhaft und übermütig lachen, und seine blauen Augen machen Mrs. Grahn Komplimente.

»Die Sterne, mein Händel ...« Dorothy Grahn glaubte an die Sterne.

»Die Sterne, die trag' ich alle bei mir, ich bin der Große Bär!« scherzt Händel.

Noch ein Gast erschien, der schmächtige Aaron Hill. Das scheint ein Wiedersehen unter alten Freunden! Hill ist vor kurzem aus Amerika zurückgekehrt. Er dürstet nach europäischer Kunst und Poesie: »Die Königliche Akademie muß wiederauferstehen, ich zahle jeden Preis dafür!«

Auch Mrs. Grahn will, wie sie sagt, ihr halbes Vermögen für Händel opfern.

»Meine Lieben«, sagt Händel, »genießen wir diese Stunde und sprechen wir nicht von der Oper!«

Doch die Generalversammlung der Akademie, die für den 6. Januar 1729 ausgeschrieben ist, lockt ihn dann doch in eine Kutsche und nach London. Dr. Arbuthnot hat auch den Herzog von Chandos auf die Beine gebracht. Der Herzog von Grafton erscheint als Vertreter des Königs.

Heidegger ergreift das Wort und erbietet sich, die Faustina, die Cuzzoni und Senesino zurückzuholen.

»Nur keine lesbische Taube!« ruft Händel mit grollender Stimme. Lieber will er selbst bis nach Neapel pilgern und ein Straßenmädchen zur Primadonna machen, als wieder mit dieser Faustina zu arbeiten.

»Und die Cuzzoni ...?«

»Die sitzt in Holland – im Schuldgefängnis!« Händel qualmt.

»Die Faustina feiert in Paris Triumphe auf ihre Weise!« ergänzt boshaft der Herzog von Chandos. »Sie ist in die Pastellmalerin Rosalba Carriera – verschossen!«

»Und Senesino?«

»Senesino mag zurückkommen, doch nicht um den alten Preis!« Händel ist ein anderer geworden. Er bittet

Charles Jennens, Textautor des »Messias«

»Neal's Music Hall« in Dublin. Hier wurde am 13. April 1742 der
»Messias« uraufgeführt.

Die Sängerin Susanna Cibber. Sie sang in der ersten Aufführung des
»Messias« in Dublin.

Georg Friedrich Händel. Gemälde von Thomas Hudson, 1756

Gustav Waltz, Händels »musikalischer Koch«. Nach einem Gemälde von A. Hauck.

Londoner Händel-Fest in Westminster Abbey, 1784. Aufführung des »Messias«. Stich von Collyer nach E. F. Burney.

GEORGE FREDERIC HANDEL. Esq.
born February XXIII, MDCLXXXIV
died on Good Friday April XIII MDCCLIX

*Johann Christoph Schmidt der Ältere, Händels Freund und
Mitarbeiter. Nach einem Gemälde von Johann Zoffani.*

Händels Grabmal in Westminster Abbey (von Louis François Roubillac). Stich von E. Henne.

nicht mehr, er kommandiert. Er hat seinen Bankier Gael Morris neben sich sitzen und ist bereit, bei einem neuen Opernunternehmen selbst zwanzigtausend Pfund ins Spiel zu bringen ...

Die neue Oper wird kein Aristokratentheater mehr sein! Händels Gedanken schweifen weit ab. Er träumt von einer Oper für das ganze Volk, für die Nation. Nicht mit welschen Sängern à la mode besetzt, sondern mit englischen Sängern: einem Mr. Eilfurt zum Beispiel, welcher den Ahasver, einer Miß Robinson, welche die Esther gesungen ... »Esther – a masque!« Gibt es einen Ausweg aus dem italienischen Virtuosenspiel, einen ganz anderen Weg in die große Oper? Vielleicht war es Schicksalsfügung für Händel, daß er in diesen neun Jahren neben den welschen Virtuosen auch immer englische Sänger zu betreuen gehabt hatte? ...

»Mr. Handel!« Arbuthnot reißt ihn aus seinen Gedanken. Der Vertreter des Königs spricht: »Mr. Handel wird sich im Auftrag der neuen Opern-Akademie nach Venedig begeben, um mit Hilfe des Bankiers Joseph Smith und des englischen Gesandten Francis Colman die neuen Engagements abzuschließen!«

MacHart, der Bankier des Herzogs von Chandos, macht nun den Vorschlag, die neue Akademie als freie Vereinigung zu führen. Deren Mitglieder hätten sich lediglich für mehrere Jahre zum Besuch der Oper zu verpflichten. Die künstlerische Leitung aber solle fortab frei und unabhängig von jeglicher Bevormundung ihre Maßnahmen ergreifen.

Das Orchester betreffend, nimmt Händel selbst das Wort. Bononcini hat kürzlich *Eine Anweisung für Komponisten und Sänger* veröffentlicht und in seiner Wohnung in Suffolk Street an Besucher verteilt. Darin ergeht er sich in Vorwürfen gegen Händel: Dessen Orchester sei zu groß, zu kostspielig, die Rezitative seien mit Instrumentalmusik überladen gewesen; die Arien müßten eher Sonaten genannt werden.

»So pfeift auf die Arien und singt Sonaten, aber laßt es an Musik nicht fehlen! Eine große Oper braucht ein großes Orchester wie ein rechtes Haus ein Fundament!« Händel ist nicht bereit, von seinem Orchester einen einzigen Mann zu opfern.

Niemand widerspricht. Wer sonst außer ihm kann jetzt die Vollmacht haben? In London hat die Bettleroper eine allgemeine musikalische Verrohung mit sich gebracht. Man spielt bei John Rich eine *Quakers Opera,* in Drury Lane *Love in a Riddle,* in Lincoln's Inn Fields *Hurlothrumbo or the Super-Natural,* ein wüstes Spektakelstück eines Mister Johnson, das an Tollheit und Abgeschmacktheit alle Bettleropern weit übertrifft. Die Gier des Publikums kennt keine Grenzen. Selbst Robert Walpole und sein Bruder Horace sitzen in einer Loge und vergnügen sich auf ihre Weise ...

> »Der Händel selbst muß noch dem Johnson weichen/
> Der Bononcini ihm die Palme reichen!«

Beifall und Gejohle! Man kennt dies alles! Nur zu gern entweicht ein betriebsames Allerweltspublikum aus den Gefilden hoher Kunst in die Bezirke der Plattheit und Gemeinheit.

Händel ist entschlossen. Er wird sich jetzt auf seine zweite Engagementsreise, und diesmal nach Italien, begeben. Noch ist keine große Oper ohne die welschen Sänger möglich. Johann Christoph Schmidt wird ihn auf den Kontinent begleiten. Der alte Narr muß sich in Ansbach bei Frau und Kindern wieder blicken lassen.

Am 10. Februar 1729 setzte Händel mit seinem Freund Schmidt aufs Festland über. Schon am 20. waren sie Gäste des Fürstbischofs Christoph Franz von Hutten in Würzburg und bestaunten Balthasar Neumanns gewaltigen Bau: »das Schloß des Reiches«. Anderentags gab Händel ein Konzert. Es erschien auch Neumann, der von der Fortifikation in Königshofen herbeigeeilt war, um den berühmten Händel zu sehen. Neumann, nur zwei Jahre jünger als Händel, stand ihm gegenüber wie ein ›Mann-Berg‹ dem andern. Es war ein ergötzlicher Abend.

Der nächste Morgen sollte unter Neumanns Führung einer Besichtigung des Schlosses gewidmet sein. Im Vestibül demonstrierte der Architekt dem Komponisten das kunstvolle Echo, das er dem weitgespannten, flachen Gewölbe der Vorhalle eingebaut hatte.

Neumann führte Händel in die Mitte des Raumes. Händel, der an allen akustischen Effekten und besonders am Echo seine Freude hatte, schickte nun seine Stimme – bald flüsternd und bald laut – gegen die toskanischen Pfeiler. Wie ein vielfältiges Gelispel, wie ein starker Chor kam sie zurück.

Räume sind gebannte Chöre, Chöre sind entfesselte Räume. Neumann und Händel arbeiteten beide an dem gleichen Werk ...

In Ansbach ließ Händel Schmidt bei Frau und Kindern und eilte über Donauwörth, Augsburg, Innsbruck und Trient in die Opernstadt am Lido.

Agostino Steffani war tot. Aber Antonio Lotti, jetzt Kapellmeister an San Marco, empfing Händel wie in früheren Tagen: Bis auf einen guten Baß könnte Händel wohl alle seine Verpflichtungen auf der Opernbörse in Venedig abschließen. Also saßen die beiden Abend für Abend im Theater von S. Chrysostomo und hörten die Werke der ›Neuen Schule‹: schmachtende Ergüsse eines Vinci, Porpora, Hasse, Pergolesi und Leo.

»Wer ist Hasse!« fragte Händel.

»Johann Adolf Hasse ist ein junger Mann aus Hamburg. Er hat zwei Opern – *Tigrane* und *Artaserse* – geschrieben und besitzt ein ziemliches Talent!«

Ouvertüren, kraftlos und ohne Spannung. Rezitative, nebensächlich und uninteressant! Nirgends die rauschende Fülle der Töne, die Händel so liebte, die musikalische Gewalt, die sich aus dem Orchester empor auf die Szene türmte, die von der Szene brandend ins Orchester versinkt. Nur Artigkeiten und Galanterien. Und Arien, lose verknüpft durch schwache Secco-Rezitative. Aber gerade ein Secco, nur vom Cembalo begleitet, verlangt äußerste dramatische Feinheit und höchste Bereitschaft.

Diese ›à la mode‹-Opern der Neuen Schule waren nur raffinierte Pastetenbäckereien, »Pasticcios«, leicht geknetete Potpourris aus süßen, zierlichen Melodien. Doch bei jeder großen Kunst – auch bei der Oper – ist der elementare Schwung, die Melodie des Ganzen vordringlicher und nachdrücklicher zu bewerten als das schönste Nebeneinander geschmackvoller Details. –

Unterstützt von dem englischen Gesandten in Venedig, Francis Colman, und dem englischen Bankier Joseph Smith, konnte Händel mit Lotti ein neues Ensemble für London zusammenstellen: Antonio Bernacchi, der Altkastrat, der schon 1719 in London war, wurde wieder verpflichtet. Eva Merighi, eine gepflegte Sängerin mit einem tiefen Alt, sollte ihn begleiten; sodann Anne Bertolli, eine Sopranistin, geeignet für Frauen- und Männerrollen; zuletzt der Tenor Annibale Pio Fabri. Ein Bassist als Ersatz für Boschi aber war in Venedig nicht zu bekommen. Auch eine Primadonna fehlte noch. Aber Frau Lotti erbot sich, Anna Strada und ihren Gatten Emanuele del Po in ihrem Haus mit Händel zusammenzubringen. Die Sache glückte. Anna Strada, eine nicht sehr große, etwas üppige, doch recht heitere Dame fand Gefallen an Händel und er an ihr. Sie hatte eine liebliche, leichte Koloraturstimme vom Umfang der Cuzzoni.

Nun galt es, ein Repertoire zu sammeln, das der Strada, aber auch Händel entsprach. Wieder war Lotti der beste Helfer. Er war es, der Händel jetzt nachdrücklich auf das Genie des dreißigjährigen Pietro Metastasio aufmerksam machte: ›Poeta Laureatus‹ in Wien, von dem allein, wie Lotti meinte, eine Reform der Operndichtung zu erhoffen war.

»Mit seinem Pathos, seiner Fülle und seinem Schwung ist er Euer Mann, Händel!« rief Lotti mit dem Feuereifer seiner früheren Jahre.

»Die Akademie hat ihn vergeblich nach London eingeladen!« antwortete Händel etwas zögernd.

»So will ich ihm selbst schreiben. Er muß mit Euch arbeiten!« entgegnete Lotti.–

Händel reiste nach Rom, um seine Arkadier nach so vielen Jahren wiederzusehen. Er war Gast des Kardinals Ottobuoni, Gast des Fürsten Ruspoli. Auch der angesehene Kardinal Colonna lud Händel ein. Aber Händel mußte aus politischen Gründen ablehnen: Jakob, der Prätendent der Stuarts, lebte am Hof des Kardinals.

Schon packte er die Koffer, um weiter nach Neapel zu reisen – er wollte einige Wochen bei Domenico Scarlatti verweilen und dort vielleicht einen guten Baß finden –, als ihm Bankier Smith über Venedig einen Eilbrief aus Halle zustellte. Frau Dorothea Händel hatte am 12. Mai einen Schlaganfall erlitten. Bewegten Herzens sah Händel seine achtundsiebzigjährige Mutter vor sich: wie sie gelähmt in ihrem Sessel lag und einsam den Tod erwartete. Er beschloß, sofort nach Halle zu reisen.

Am 5. Juni traf er dort ein. Nun saß der ›Mann-Berg‹ vor seiner alten Mutter. Ein armseliges Häufchen Elend war aus Dorothea Taust geworden. Erblindet war sie. Gelähmt war ihre Zunge, gelähmt die rechte Seite ... »Und also konnte sie die geliebten Züge ihres einzigen, berühmten Sohnes nur noch betasten, konnte nur noch seine Stimme hören«, erzählte Michaelsen später den Bekannten. Ihre Freude war nur noch ein zärtliches Wimmern, ihr Glück ein leises Lallen, ihr Stammeln ein Gebet. Faltenreich war das Antlitz, als sei alle Lust des Lebens eingesponnen in tiefes Leid.

Johanna Friederike umgab den Onkel mit allen erdenklichen Aufmerksamkeiten. Sie war eine sechzehnjährige stattliche Demoiselle geworden.

»Später einmal kommst du nach London!« sagte Händel zu ihr, als sie allein waren.

In diesen Tagen machte Johann Sebastian Bach einen zweiten Versuch, mit Georg Friedrich Händel bekannt zu werden. Er schickte seinen Sohn Friedemann nach Halle und ließ Händel bitten, ihn in Leipzig zu besuchen. Denn er sei erkrankt und könne nicht selbst kommen. Doch Händel erteilte eine Absage, wollte er doch jede Stunde, die ihm vergönnt war, bei seiner Mutter bleiben. –

Dann mußte er reisen. Es war der 12. Juni. Die neue Spielzeit stand vor der Türe. Die neue Operngesellschaft war schon unterwegs, und in Rotterdam saß Johann Christoph Schmidt mit seinem Sohn Christoph und wartete auf den Meister. Händel hatte noch immer keinen Bassisten. Um einen solchen zu finden, kam er am 15. Juni in Hamburg an, das er seit dem Jahr 1706 nicht mehr betreten hatte. Den Gänsemarkt und auch Herrn Mattheson mied er. Bei dem Deichhauptmann Barthold Heinrich Brockes in Ritzebüttel kehrte er ein. Dort traf er auch den Jugendfreund Johann Gottfried Riemschneider, Bassist zu Leipzig – und engagierte ihn für London. Am 25. Juni schiffte er sich mit seinen beiden Schmidts in Rotterdam ein.

Mattheson aber, gewesener Heldentenor am Gänsemarkt, jetzt Kritikaster seines eigenen Mißvergnügens, konnte es nicht verwinden, daß Händel »recht still durch Hamburg gegangen« und seiner *Ehrenpforte*, einem in

Vorbereitung befindlichen Musiklexikon, nicht die persönliche Reverenz erwiesen hatte. So trompetete der ehemalige Heldentenor nun hinter Friedrich Händel her:

> »Was machst Du, Händel, schreibst Du nichts/
> Schickt man umsonst Dir Bothen?
> An Form der schönen Kunst gebricht's/
> Und nicht an schönen Nothen ...«

Er ahnte nicht, wie er mit seinem Lästermaul Händel in seiner ganzen Größe gerade jetzt bestätigte.

Händels zehnte Spielzeit, die erste unter seiner eigenen Regie, näherte sich ihrem Anfang. Ende September waren alle neuverpflichteten Sänger in London versammelt und dem Publikum durch die Zeitungen vorgestellt. Händel hatte keinen Vertrag über zwölfhundert Pfund unterzeichnet. Soviel bekam die Primadonna Anna Strada. Deren volle, rosige Erscheinung hatte die Lästerzungen schon in Bewegung gebracht: Man nannte sie »das Schweinchen«, und auch der Name ihres Mannes »del Po« gab zu manchem Witzwort Anlaß.

Lotti schickte noch einen Bassisten aus Cremona, Roberto Commano, denn Johann Gottfried Riemschneider war im Nebel von London schon von einem Schnupfen befallen worden.

Händel aber hatte, während Dr. Arbuthnot gegen die »Drehorgelopern« der Londoner Altstadt weiterhin mit scharfen Pamphleten zu Felde zog, im Juli und August die Oper *Lothario* geschrieben – nach einem Text von Matteo Noris, der durch Lotti in Venedig Händels Bekanntschaft gemacht hatte ...

Kaiser Lothar belagert Pavia und gewinnt gegen den Herzog Berengar die Stadt und ihre Fürstin Adelaide. Ein Basso ostinato umreißt die Ouvertüre in D-Dur, A-Dur, c-moll, D-Dur, fis-Moll, A-dur, D-Dur, g-Moll und D-Dur und belebt so die weite und bunte Welt des Mittelalters. Arien, kontrapunktisch kraftvoll unterlegt, zeigen in ihrer plastischen Führung, daß Händel von der »neuen Richtung« nichts, aber auch gar nichts übernommen hat. Alle Melodien sind aus der Handlung geboren und von der Idee des Stückes durchglüht. Eine heroische Landschaft formt sich in einer großen orchestralen Musik. Schmidt Vater und Sohn, Johann Christoph und Christoph, schrieben und schrieben an der Partitur. Walsh war bereit, sofort zu drucken.

Händel erneuerte nach dem Erfolg des *Kaiser Lothar* nun auch seinen *Julius Cäsar* mit der Strada als Kleopatra, mit Bernacchi als Cäsar. Der Erfolg blieb ihm treu.

Schon der 24. Februar 1730 brachte die neue Händel-Oper: *Partenope,* Text von Silvio Stampiglia, einem alten Arkadier, der jüngst in Rom Händels Weg gekreuzt hatte. Das Thema war die Gründung Neapels durch die Sirene Partenope. Drei Liebhaber – drei Prinzen umwerben die Sirene Partenope im azurblauen Golf. Mit einer »Ouvertüre des Sonnenaufgangs« führt Händel die Zuschauer vor den Opferaltar Apollos. Dann tragen Sehnsuchtsarien voller Anmut Arien großen Stils, doch leicht geformt – die Geständnisse feuriger Herzen. Jagdhörner und Oboen erklingen. Zuletzt füllt Kriegslärm die Szene, doch nur für einen Augenblick. Dann zog die Strada in blanker Rüstung als Partenope in ihre Stadt ein: Neapel, Burg der Sirenen! Beifall rauschte auf, als Händel jetzt seine Triumphmusik erschallen ließ.

»In einer Schmetterlingsarie«, so meinte eine gefällige Kritik, »hat die Strada sogar die Cuzzoni übertrumpft und ein glockenhelles dreigestrichenes E geboten!«

Nur Prinz Armido, der erste der Liebhaber, war mit Bernacchi nicht glücklich besetzt. Er war – mit vierzig Jahren – für soviel lustige Tändelei nicht mehr jung genug, litt auch schon wieder unter dem Londoner Nebel. Jetzt kam die »Kastratenmelancholie« über Herz und Stimme.

Händel aber war fünfundvierzig Jahre alt und jung wie ein Junger. Er holte aus seiner venezianischen Opernreserve, der Strada zuliebe, am 4. April ein neues Liebesspiel von Bartolomeo Cordanus hervor: *Ormisda* – und schloß seine Spielzeit am 13. Juni 1730 mit klingendem Erfolg.

Bernacchi bat um seine Entlassung. Königin Karoline aber empfing Händel und schenkte ihm einen hübschen Ring.

Senesino kommt wieder. Es ist Francis Colman gelungen, ihn um fünfzehnhundert Pfund zu verpflichten. Mehr zahlt Händel nicht. Aber Senesino kommt gerne nach London. Er liebt die Stadt und den Haymarket, und besonders jetzt, wo ihm die beiden großen Rivalinnen den Erfolg nicht mehr streitig machen werden.

Der klatschsüchtige Kastrat weiß mitzuteilen, daß Faustina Bordoni und Johann Adolf Hasse, der neuberühmte Operist aus Hamburg, kürzlich in Parma die Ehe geschlossen hätten. Eine Reklame- und Geschäftsehe, versteht sich. Alle Freundinnen der Faustina – auch ihre Busenfreundin Rosalba Carriera – seien anwesend gewesen, auch viele vornehme englische Damen. Doch der lange und schlanke Hasse brauche sich deshalb nicht zu betrüben. Er habe viel Glück bei hübschen Frauen.

Händel stellt Senesino in seiner Glanzrolle als *Scipio* vor. Dann gibt er, ihm zuliebe, eine galante Oper von Antonio Caldara, *Wenceslaus,* nach einem Text von Apostolo Zeno. –

Zu Beginn des neuen Jahres bekommt Händel die traurige Botschaft, daß seine Mutter am 27. Dezember verschieden ist.

»Ich kann nicht umhin, allhier meine Thränen fließen zu lassen. Doch hat es dem Höchsten also gefallen, dessen heyligen Willen mit Christlicher Gelassenheit ich mich unterwerfe«, schreibt Händel am 12. Februar an seinen Schwager Michaelsen.

Die Arbeit bedrängt ihn. Er sitzt an einem Text von Pietro Metastasio, *Alexander in Indien.* Er selbst will das Stück *Poro* nennen: *Poro, der Held im Unglück.* Es behandelt das Schicksal eines indischen Fürsten, der von dem Gewaltmenschen Alexander um Freiheit, Reich und Geliebte, doch nicht um Würde und Tugend gebracht wird. Als Poro totgesagt ist, will sich seine Gemahlin Cleofide zunächst dem strahlenden Alexander in die Arme werfen. Doch sie hält Einkehr bei sich, trauert um ihren Gemahl und ist bereit, nach dem Brauch ihres Landes den Witwentod zu sterben. Da bricht Poro, der ja noch lebt, mit seinen Soldaten aus dem Hinterhalt hervor, um den Eroberer Alexander zu vernichten. Doch Alexander gewinnt die Schlacht. Und der Sieger und Halbgott findet den Edelmut, seinem großen Gegner Freiheit, Reich und Geliebte zurückzugeben!

Die Strada als Cleofide, Pio Fabri als Alexander, Senesino als Poro! Es gibt eine Händelpremiere wie lange nicht mehr. Eine Schlachtenouvertüre, ein fugiertes Allegro eröffnet donnernd die Szene. Arien und Rezitative folgen in hochdramatischer Spannung. Nirgends ist ein Leerlauf an Koloraturen zu spüren.

Händel bändigt seine Sänger. Sinngemäß steigern sich Wort und Ton, Akt und Akt, bis ein Finale höfischer Pracht und menschlicher Würde das Ganze beschließt.

Auf Bitten Aaron Hills wird nun auch *Rinaldo* mit Senesino in der Titelrolle wieder in den Spielplan aufgenommen. Er findet gleichfalls sein Publikum. Viele Zuschriften aus der Damenwelt begehren auch die *Rodelinda,* und die Strada mehrt die Schar ihrer Verehrer.

Die Gegenpartei aber hat keinen Bononcini mehr. Der mußte London endgültig und mit einer Mordsblamage verlassen. Hatte er doch vor einiger Zeit der ›Akademie für alte Musik‹ ein fünfstimmiges Madrigal dediziert, das der Geiger Geminiani sogleich als eine Komposition seines Freundes Antonio Lotti erkannte. Doch so war es nicht, daß nur von einem »simplen Plagiat« die Rede war, wie Pepusch das der Öffentlichkeit gerne vorgemacht hätte. Um »Plagiate« kümmerte sich in jener Zeit niemand. Selbst Scarlatti, Corelli, Lotti, ja Händel und Bach schrieben sich Melodien anderer Meister zu ihrem eigenen Vergnügen ab. Händel trug niemals Bedenken, seine »Studienbücher« mit Motiven anderer Tonkünstler zu füllen und sie in eigenen Werken auch zu benutzen – mochte es sich um Scarlatti, Corelli, Stradella, Muffat, Erba, Carissimi und Buxtehude handeln. Ja, Händel war immer bereit, ein mangelhaft gestaltetes Thema in eigener Arbeit zu vollenden.

Aber dieser Bononcini hatte sich mit jenem Madrigal einen glatten Diebstahl geleistet, hatte von Geminiani entlarvt, in schamloser Weise den braven Lotti des Diebstahls bezichtigt. Da sorgte Geminiani dafür, daß dem großen Herrn der Boden in London zu heiß wurde und er es vorzog, nach Paris zu verschwinden ...

In ganz England herrscht seit Mitte Mai eine ungewöhnlich große Hitze. Sie zwingt die Londoner Theater, schon am 29. Mai ihre Pforten zu schließen.

Händel gibt sich keiner Täuschung hin. Der Erfolg des *Poro* war nur einem besonders musikverständigen Publikum zu verdanken. An den lauten Triumph von *Julius Cäsar* und *Alexander* reichte er nicht heran. Ein Werk über der Zeit!? Wie vieles ist doch Mode, auch in der Kunst! Wie weniges steht abseits der großen Masse und trägt schon von Anbeginn sichtbar den Stempel der

Dauer! Kunst ohne Sensation? Die Vorstellungen des *Poro* sind nicht immer zahlreich besucht. Selten ist das Parkett des Haymarket bis auf den letzten Platz besetzt.

Je höher man bauen will, desto tiefer muß man sein Werk in sich verankern. Händel glaubt sich auf dem richtigen Weg und beschließt, seinem Publikum zum Trotz, auf diesem Weg zu bleiben. Das Ziel ist nah.

Ein vorzügliches Orchester von sechzig Mann umgibt ihn wie eine Schar eilfertiger Gehilfen. Ein Ensemble von guten Sängern steht bereit, jedem seiner Winke Folge zu leisten. Nicht die Launen weltberühmter Primadonnen bestimmen nunmehr das Schicksal der großen Oper ... Aber wie zum Hohn auf diese Erkenntnis laufen jetzt aus Eifersucht auf die Strada Eva Merighi, Pio Fabri und Roberto Commano davon. Heidegger gewinnt für die Merighi den Kastraten Antonio Campioli, für Pio Fabri den lyrischen Tenor Battista Pinacci, für Roberto Commano den ausgezeichneten Bassisten Antonio Montagnana.

Händel kann sich wieder an die Arbeit machen. Metastasio hat ihm einen neuen Text geschrieben: *Ezio*, ein Drama der Mannentreue.

Palastverschwörung in Rom gegen Kaiser Valentinian! Ezio, der siegreich heimkehrende Feldherr, soll an die Spitze der Rebellen treten. So will es der treulose Höfling Massimo, dessen hübsche Tochter Fulvia den Ezio verführen soll. Doch Ezios Treue erzwingt die Lösung aller Verwirrung und ein gutes Ende.

Händel bringt eine Siegesouvertüre, deren Klänge bald in aller Ohren haften. Er gestaltet ein Finale auf dem Kapitol, als versammle er selbst mit seinen Trompeten das Volk von Rom. Zwischen diesen Fundamenten spannt er Gesänge und Dialoge von dramatischer Schönheit und antiker Einfachheit. Kernhafte Klänge wechseln mit bunter Tonmalerei. Die palatinischen Gärten mit springenden Wassern, Blumenlauben und Statuen umrahmen die

Szene. Bestellte Mörder erscheinen zwischen blühenden Bosketts und aus lauschigen Grotten. Massimos doppelter Verrat, Ezios Verhaftung, Ezios fälschliche Beschuldigung hält die Zuschauer in höchster Spannung.

Senesino als Ezio spielt meisterhaft, die Strada als Fulvia zerreißt sich das Herz. Es folgt der Aufstand des Volkes. Ezio wird befreit und rettet den Kaiser. Ein festliches Finale; ein Chor, das ganze Volk, beschließt die Szene.

Aber das ganze Volk ist weder auf der Bühne noch im Parkett, noch auf der Galerie zu finden. Nach vier Vorstellungen ist *Ezio* abgetan, kann wieder in der Versenkung verschwinden.

Ein *neues* Stück, Text von Matteo Noris: *Sosarme,* eine Allerweltsgeschichte! König und Kronprinz sind in eine Hofintrige verwickelt, ein verführerisches, unruhestiftendes Weib steht zwischen beiden ... Montagnana, Senesino und Anna Strada erzielen einen lärmenden Erfolg. Jetzt hat London seine Sensation: König Georg und Prinz Friedrich von Wales streiten um eine neue Mätresse?! Werden am Haymarket Hofgeheimnisse ausgeplaudert? Schaut doch den Senesino an: Er spielt in der Maske des Prinzen von Wales! ... So entsteht ein Erfolg: O Welt, o Theater!

Und Händel? Diesem war am Vorabend seines achtundvierzigsten Geburtstages ein ganz anderes künstlerisches Ereignis begegnet. Bernard Gates, ein alter Händel-Bassist und Chormeister der königlichen Kapelle, hatte 1720 die Erstaufführung des Weihespieles *Esther* in Cannons mitgemacht. In seinem Haus James Street in Westminster brachte er nun am 23. Februar erneut die *Esther* in Maske und Kostüm zur Darstellung: mit den Knaben der königlichen Kapelle, den Chor »nach antikischem Muster« zwischen Orchester und Szene aufgestellt. Der Chorknabe John Randall sang die Esther.

Nicht nur Königin Karoline, auch ihr erster Kapellmeister Georg Friedrich Händel war von dieser Aufführung lebhaft bewegt. Ein Chor – das Volk! Ein Chor von vierzig englischen Sängerknaben hatte Händel und fünfhundert anderen Zuhörern ein Erlebnis geboten, das weit über jeden Opernabend hinausragte.

Esther – a masque, *Esther* – ein Weihespiel!

Die Direktion von Yorkbuildings Theatre plant sogleich eine Aufführung für breitere Kreise. Doch Händel ist schneller und kündigt eine eigene Aufführung am Haymarket an. Obwohl seine italienischen Sänger auch hier zum Teil mitwirken, wird durchweg englisch gesungen. Chor findet zu Chor, Volk findet zu Volk. Dr. Gibson, Bischof von London, sendet die Mahnung, biblische Stoffe nicht durch das Theater zu entweihen.

»Sir, es ist kein Theater!« meldet der Abgesandte des Bischofs, »es ist ein Weihespiel!«

Vater Arne, der Tapezierermeister und Theatermaler am Haymarket, bittet nun Händel um die Erlaubnis, *Acis und Galathea* mit englischen Kräften aufführen zu dürfen. Am 17. Mai hat das pastorale Spiel einen populären Erfolg.

Am 10. Juni kündigt Händel das Pastorale mit seinen eigenen Sängern an. Die Strada ist begierig, die Galathea zu singen. Aber Vater Arnes Inszenierung wird beibehalten, sie ist von höchster Einfachheit. »Das Bühnenbild wird eine ländliche Gegend darstellen mit Felsen, Laubgängen, Quellen und Grotten, zwischen denen ein Chor von Nymphen und Schäfern aufgestellt ist«, heißt es in der Voranzeige. Der englische Chor der Schäfer und Nymphen aber wird die Sensation des Abends. Wieder bleibt der Erfolg an ein chorisches Spiel gebunden, während die eigentliche Oper mit dem *Coriolan* von Ariosti, dem *Diktator Papirius* von Caldara sang- und klanglos zu Ende geht. Auf Wunsch der Königin hat Händel sogar seinem Rivalen Bononcini noch einmal die Chance gegeben, dessen Oper *Polifemo* mit seinem *Acis* in Konkurrenz zu stellen. Umsonst! Die Sänger selbst boykottieren ein Stück, das von vorneherein zum Mißerfolg verurteilt ist.

Vater Arne will Händel ermuntern, eine zweite *Esther* zu schreiben, eine *Judith* vielleicht.

»Vielleicht! ...« meint Händel.

Aber der Teufel der Oper versucht ihn schon wieder in Gestalt eines Welschen. Er heißt diesmal Dr. Grazio Braccioli. Der ehrenwerte Herr hat den Dichter Ariost geplündert: »*Orlando Furioso – der rasende Roland*«, so heißt sein Thema. Steffani, Vivaldi, Scarlatti haben den Stoff schon behandelt. Warum soll nicht auch Händel sich daran versuchen?

»Laß Er mich in Ruhe mit seinem Liebeszauber!« Das ist die erste Antwort. Doch ein Blick in den Text zeigt: ein Händelthema! ...

Der Ritter Orlando will der Sinnenlust entsagen und den Weg der Tugend beschreiten. So prophezeit es der Magier Zoroaster.

Doch Orlando rettet die schöne Angelica aus der Gewalt eines dämonischen Ungeheuers und verfällt der Schönheit der Prinzessin. Angelica erbittet sich Orlandos Ring zum Andenken an ihren Retter. Ihre Liebe aber gehört Medoro, dem anmutigen Schäferprinzen.

Um Medoro nicht zu erzürnen, schenkt sie Orlandos Ring ihrer Freundin Dorinde. Orlando findet Dorinde, erblickt seinen Ring an ihrer Hand, sieht sich von Angelica getäuscht, verfällt in Eifersucht, in Wut. Der Magier Zoroaster verwirrt seinen Verstand, um ihn vom Ziel seines Hasses abzubringen und die Liebenden vor ihm zu schützen.

Orlando Furioso! ... Das ist kein Liebesknäuel mehr, keine Galanterie à la mode. Das sind Rasereien eines verirrten Herzens, entfesselte Gewalten eines Toren. Orlando schreit nach der begehrten Frau, er glaubt, sie überall zu sehen. Doch nirgends findet er sie. Er verfällt – ein lebender Leichnam –, stürzt – ein irrender Schatten – hinab in den Hades.

In völliger Verwirrung seiner Gedanken begehrt er nun Dorinde, als wäre sie Angelica. Da tritt ihm die richtige Angelica entgegen. Wieder befällt ihn tobende Eifersucht, er will die Geliebte töten und – stürzt in Ohnmacht. Jetzt nimmt Zoroaster den Bann von ihm: Orlando findet in diese Welt zurück. Neidlos scheidet er, der erlöste Held, von dem glücklichen Paar ...

Händel hämmert an seinen Gestalten. Der rasende Roland gibt ihm die Möglichkeit, alle Gewalten zu entfesseln. Der genesende Roland aber führt ihn zu den erhabensten Melodien zurück. Und welch ein Gegensatz in den Gestalten! Rast der Wahnsinn Orlandos in Sechzehntelpassagen dahin, Angelicas Mitleid begleitet ihn in getragenen Tönen.

»Sie sollten dieses Werk dem Prinzen von Wales widmen und sich seiner Gunst versichern!« meint Heidegger.

»Ein Werk wird nicht vollkommener durch eine Widmung an den Prinzen!« antwortet Händel. Was kümmert ihn jetzt noch Prinz Friedrich?

Während die neue Spielzeit mit dem *Cato von Utika* des Leonardo Leo anläuft und sich mit *Alessandro* und *Tolomeo* von Händel fortsetzt, geht das Manuskript des *Orlando* unter der Beihilfe der zwei Ansbacher Schmidts seiner Vollendung entgegen.

Wieder laufen ein paar Sänger davon, die Sopranistin Bagnolesi, der Tenor Binacci. Doch Händel nimmt kaum Notiz davon. Er kennt jetzt die welsche Unbeständigkeit. Auch der Baßbariton Riemschneider will ihn verlassen. Ein Jugendfreund mißt sich oft eine übertriebene Bedeutung zu. Aber Kunst ist Leistung, nicht Eitelkeit! Der *Orlando* wird dennoch in Szene gehen!

Händel probt und probt, schweißt von neuem ein Ensemble zusammen. Fünf namhafte Sänger, darunter zwei neuengagierte Damen, sind eingesetzt: Senesino als Orlando, Anna Strada als Angelica, Anna Bertolli als Medoro, Celeste Ghismondi als Dorinde, Montagnana als Zoroaster.

Der Bassist spielt den Magier der Handlung. Des Basses Grundgewalt trägt die Raserei all dieser Gesänge, die, aus ihm geboren, in ihn zurückfluten. Die Komposition erweist eine Generalbaß-Gebundenheit auch der einzelnen Arien, die dem tragenden Harmoniegrund der Zauberworte Zoroasters entströmen.

Am 27. Januar 1733 ist die Erstaufführung am Haymarket. Der König, die Königin, die Prinzessinnen Anna, Maria, Karoline, Amalie und Luise sind anwesend, dazu der ganze Hofstaat. Es gibt außerordentlichen Beifall, denn auch Senesino und die Strada, die Bertolli in ihrer Männerrolle, die Ghismondi als Schäferin Dorinde zeigen ihr Bestes.

Das Einmalige wird Ereignis – die vollkommene Oper mit einem vollkommenen Ensemble! Händel aber, am Cembalo, übertrifft sich selbst. Er konzertiert mit dem Orchester, baut eine Ouvertüre in gewaltiger Architektur gleichsam bis an die Sterne empor, aus denen Zoroaster das Schicksal Orlandos liest. Ein chorisch gesetztes Quintett im Gavotterhythmus wird als großes Finale von allen Instrumenten getragen. Dazwischen spannt sich der Bogen der Handlung. Das Orchester aber füllt die Zwischenakte, Händel selbst füllt mit dem Cembalo die Pause zwischen dem zweiten und dritten Akt, bahnt den Stimmen den Weg durch die Dramatik der Handlung, ballt sie zusammen in Duetten, in Terzetten und in einem chorischen Finale.

Was I. G. Walsh als Partitur von neunzig Seiten in Folio gedruckt hat, um es der Welt und der Nachwelt zu überliefern, erscheint – äußerlich betrachtet – nur als ein spärliches Notenwerk aus Arienbündeln, durch endlose Rezitativfäden lose zusammengehalten. Dabei ist es doch ein Geheimnis der Fülle, volltönend in Wirklichkeit und aufs reichste instrumentiert. Händels Streicher, meist melodienbesessene Italiener, reißt er fort mit dem Furioso seiner Leidenschaft. Seine Bläser sind ebenfalls lauter Virtuosen, Deutsche, mit denen er deutsch reden kann. Sie folgen ihm auf den Fingerzeig. Jeder Abend ist neu und für sich selbst ein besonderes Kunstwerk.

Musik ist ein Fließendes, ein Wogendes, ein Strömendes; nichts Starres, nichts Festes, nichts allzu genau Vorherbestimmtes. Sogar die Instrumente haben niemals eine endgültige Form. Der Schotte Corbett erfindet täglich neue, die Händel in seinem Orchester ausprobieren läßt. Man hat die Oboe verbessert, hat ein ›Englisch Horn‹ eingeführt. Der Flötenmacher Stainsky hat für den Bläser Lampe ein sechzehn Fuß langes Riesenfagott gebaut. Urtöne quellen aus ihm hervor. Die Verzweiflungsarie Orlandos im dritten Akt begleitet der erste Geiger Castrucci mit einer ›Violetta marini‹, einer neuen tiefen Viola, für die Händel eigens ein Solo geschrieben hat.

Fülle, Überfülle flüchtiger Töne – wer hält sie fest? Weiße Blätter!

Am Haymarket ist der Beifall entfesselt. Händel erscheint als Gast bei Hofe. War *Julius Cäsar* vor zehn Jahren ein vorläufiger Sieg, jetzt ist *Orlando* ein Triumph für alle Zeiten. *Poro, Ezio, Orlando* – mag Liliput in Operetten schwelgen, der ›Mann-Berg‹ rettet die Oper!

Doch schon die nächsten Wiederholungen laufen vor einem halbleeren Parkett. Eine kleine Schar von fünfzig Getreuen, persönlich angeführt von Prinzessin Anna, harrt in der sechsten Vorstellung bis zum letzten Vorhang aus. Und Händel, der keinen eigenen Wagen besitzt, fährt seine erlauchte Schülerin in einer Mietkutsche nach Hause. –

Nun weilt er in Highgate bei Dr. Arbuthnot und überläßt die Oper ihrem eigenen Schicksal. Ist er enttäuscht? Aaron Hill schreibt ihm in jenen Tagen einen Brief, worin er ihn eindringlich bittet, sein Genie jetzt der englischen Oper zu widmen und England von den »welschen Banden« zu befreien.

»Gebt mir englische Texte!« antwortet Händel ärgerlich.

Doch Aaron Hill hat immer neue Interessen und kommt zu keiner eigenen Arbeit mehr. Dr. Arbuthnot liebt das Nichtstun. Pope und Swift verspotten das Theater, und John Gay, der Verfasser der *Bettleroper,* ist am 4. Dezember nach einem lustigen Leben friedlich gestorben.

Ist die Oper doch am Ende?

Der blinde Organist Dr. James Greene hatte Händel für den 15. Januar eingeladen, der Erstaufführung seines biblischen Spiels *Gesang von Debora und Barah,* aus dem Buch der Richter, in der St.-Pauls-Kathedrale beizuwohnen. Händel war mit seinem *Orlando* beschäftigt gewesen. Vierzehn Tage später kam ein Schriftsteller namens Samuel Humphreys nach Highgate gepilgert, der sich Dr. Arbuthnot mit dem Angebot aufdrängte, er habe für Herrn Händel ein Weihespiel gleich der *Esther* geschrieben. Inhaltlich aber sei es ebenfalls ein Gesang von Debora und Barah, nur in erweiterter Fassung. Nun habe ihn Dr. Greene selbst nach Highgate und zu Herrn Händel geschickt. Der gastfreundliche Arbuthnot behielt den jungen Literaten in seinem Haus und brachte die neue *Debora* selbst auf Händels Zimmer.

Dieser erklärte, er wolle von niemandem gestört sein,

selbst von Seiner Majestät dem König nicht. Tags darauf vernahm man recht lebhafte Schritte auf seinem Zimmer, und gegen Abend erklang ein rauher Baß zu einer ausdrucksvollen Cembalobegleitung: »Du Gott der Macht, Du Gott der Kraft ...«

»Hören Sie«, sagte Arbuthnot zu Humphreys, »er beißt an!«

»Immortal Lord – das ist mein Anfang!« antwortete Humphreys.

»Der Anfang ...? Dann, junger Mann, ist Euch bei Händel auch das Ende gewiß!«

Schon am 21. Februar hatte Händel seine *Debora* in Musik gesetzt. Am 23. Februar kamen die beiden Schmidt zur Reinschrift nach Highgate. Am 25. Februar ließ Händel durch Heidegger »ein dramatisches Spiel in Kostüm und Maske, betitelt *Debora*« für den 17. März als Sondervorstellung am Haymarket ankündigen. Am 26. Februar fuhr er selbst nach London. Die Arbeit mit den Sängern begann.

Die Chöre stellten Bernard Gates und Dr. Greene, denn der Theaterchor allein schien Händel nicht zahlreich genug. Er wollte »die ganze Bühne mit Menschen füllen«. Die welschen Sänger, voran Senesino, fürchteten, in ihrer Bravour durch so viel Volk geschmälert zu werden. Doch Heidegger verstand es, die Stars zur Vernunft zu bringen. So trug er eigentlich die Schuld, daß die Rolle des Barah, Feldherrn der Juden, nicht schon jetzt mit einem englischen Tenor, sondern mit dem Altkastraten Senesino besetzt wurde, die Rolle der Debora nicht mit einer englischen Altistin, sondern mit der Primadonna Anna Strada. Barahs Vater Abinoam war bei dem Riesenbaß Montagnana gut aufgehoben, die heldische Jael sang die Koloratursopranistin Ghismondi, den feindlichen Feldherrn Sissera der Kastrat Campioli. –

Am 16. März findet die Generalprobe statt und wirft

ihre Schatten voraus – übergewaltig! Der Chor der heidnischen Kanaaniter fordert die Vernichtung der Juden.
Die Seherin Debora verspricht ihrem bedrängten Volk
einen Feldherrn. Israel dankt seinem Gott: »Immortal
Lord ...« Die schöne Jael wird von Debora ausersehen,
das Schicksal ihres Volkes auf sich zu nehmen. Der
Feind naht. In zwei gewaltigen Chören prallen die beiden Heere aufeinander. Der Chor der Baalspriester erschallt barbarisch, primitiv: »Oh Baal, monarch!« Der
Chor der Israeliten antwortet wuchtig und erhaben:
»Lord of Eternity!« Es ist ein Cantus firmus. Jael tötet
den heidnischen Feldherrn. Fanatisch wild, rasend, wie
von Sinnen, treibt Händel die Jungfrau in ihre Tat. Dann
triumphiert das Halleluja der Juden in einer feierlichen
Marschweise und übertönt die letzten Schreckensrufe
der Feinde.

Dur, Dur! Achtstimmige Prachtchöre in Dur, ein
Doppelchor der feindlichen Völker, monumental in den
gleichen Tonsätzen gehalten! Chor-Rezitative voll dramatischer Wucht, darüber ein zyklopischer Bau von
Chören, emporgetragen in freien Polyphonien, zuletzt
eine Halleluja-Fuge! ... Einmal stand einer dort in
St. Peter unter Michelangelos gewaltigem Himmel. Doch
heute öffnet sich der Theaterhimmel am Haymarket unter den Schlägen eines Titanen. Der ärmliche Chor der
Oper, dieses liebedienerische Geschwänzel der Statisten
um einen Gurgelvirtuosen – jetzt hat es ein Ende! Was
bedeutet noch die Virtuosität eines Senesino, die Koloratur einer Strada, selbst die Baßgewalt eines Montagnana
in diesem einzigen Aufschrei aller Stimmen: »Du Volk,
steh auf zu deinem Gott!« Fanfaren! Sie verhallen im
Getümmel der Chöre! Die Gewalt der Stimme – jetzt
zwingt sie den Ansturm eines vollen Orchesters von
sechzig Mann weit, weit unter sich. Der »Händel-Chor«
ist Wirklichkeit geworden, jetzt zum ersten Male ist er

lebendig. Hätte der große Meister Alessandro Scarlatti dies noch erlebt von seinem Schüler Georg Friedrich Händel!

»A masque?« fragt Alexander Pope, als er solche Gewalten verspürt.

»Ein Weihespiel!« antwortet Arbuthnot feierlich.

»Ein Oratorium!« sagt der blinde Dr. Greene.

Das ist mehr als ein Spiel, ein Drama oder eine Masque. Das ist eine Zwiesprache zwischen Gott und Schicksal, ein Aufruf zum Höchsten: ein Oratorium.

»Oratorium? Das klingt mir zu fremd, zu kirchlich!« entgegnet Arbuthnot.

»Es ist ein Oratorium!« sagt Greene noch einmal mit Nachdruck. Er findet kein besseres Wort. –

Nun endlich hat Händel zu seinen Stimmen gefunden, zu seinen Mächten, zu seinen Chören.

Und noch ein anderes wird offenbar: Das Wort wird kein Vorrecht mehr an ihn geltend machen. Die anfängliche Not, nach italienischen, dann nach englischen Texten komponieren zu müssen, wird jetzt zu Händels glänzendster Tugend: Der Ton bleibt über dem Wort. Unbekümmert, männlich, musikalisch schreiten seine Rhythmen dahin. Kein grüblerischer Rückfall in das Wort beschwert die Tonalität. Keine Wortmalerei, keine Worttüftelei beengt die Erfindung. Das Wort gibt den Anstoß, es trägt den Ton – und damit ist es genug. Besser, den Worten zu gebieten, als ihnen zu erliegen. Der Deutsche Händel stolziert auf englischen und italienischen Texten. Seine Chöre ziehen daher wie himmlische Heerscharen oder apokalyptische Reiter ...

Die Erstaufführung des Oratoriums *Debora* wurde ein völliger Mißerfolg. Die Gegner Händels hatten ihren Boykott vorbereitet: ein politischer Skandal ging der Sache voraus. Robert Walpole hatte im Parlament eine

Reihe indirekter Steuern verlangt und eine starke Opposition hervorgerufen. Jetzt wollte auch »dieser Handel« für eine Premiere am Haymarket die Preise plötzlich in die Höhe setzen und das Abonnement aufheben. Warum? Nur um mit einem verstärkten Chor auf der Bühne mehr Lärm machen zu können!? Wichtigtuerei, nichts weiter!

In Pamphleten zog man Parallelen zwischen Händel und Walpole, »diesem aufgeblasenen, skrupellosen und tyrannischen Brüderpaar«. Walpole war der Premier des Königs, den mußten die Londoner wohl oder übel behalten. Diesem Händel aber hätte man gern »zu seinem Größenwahn auch noch einen Verfolgungswahn gewünscht«, damit er endlich in Begleitung seines »Schweinchens« Anna Strada aus England weichen und auf seinen Kontinent zurückkehren möge.

»So viel Lärm um Gott ist ungewohnt für unsere empfindlichen Londoner Ohren!« sagte Händel und blieb guter Laune. Es fand ein Artillerieschießen in Southwark statt. Händel, der Freude an großen Kanonen hatte, ließ sich in einem Ruderboot nach Southwark fahren, »um wieder einmal ein vernünftiges Getöse in die Ohren zu bekommen«. Noch am gleichen Abend bestellte er bei Samuel Humphreys ein neues Oratorium.

Mit zwei Opern, *Floridante* von Händel und *Griselda* von Bononcini, wollte Heidegger die Spielzeit zu einem guten Ende bringen, als es am 30. Mai zu einem Auftritt zwischen Händel und Senesino kam, in dessen Verlauf der dreiunddreißigjährige Kastrat die Frechheit hatte, seinem Direktor den Rücken zu kehren. Im selben Augenblick aber hatte Händel – er war trotz seiner körperlichen Fülle ein äußerst behender Mann – Senesino an der Türe erreicht und ihn vollends hinausgeworfen.

Senesino war entlassen. Aber nun erklärten sich der Bassist Montagnana und die Bertolli und Ghismondi mit ihrem Kollegen solidarisch und weigerten sich, ihre Kontrakte zu erneuern. Die Oper löste sich auf. –

Händel saß in Queen Anne's Taverne, qualmte seine kurze Pfeife und bestellte ein opulentes Mahl.

»Was tust du jetzt?« rief der brave Schmidt ganz aufgeregt, als er zu Händel an den Tisch trat.

»Ich fresse einen Kapaun!« antwortete Händel. Ein Kapaun stand auch vor ihm. Doch er meinte, nach seinem grimmigen Gesicht zu urteilen, wohl im Geist den fetten Senesino.

Schmidt überbrachte eine Einladung der Universität Oxford mit der höchst ehrenvollen Anfrage, ob der Meister bereit sei, das Semester nach altem Brauch mit einer musikalischen Feier zu beschließen.

»Das machen wir!« sagte Händel. »Wir pfeifen auf London und kommen den Herren in Oxford mit einer respektablen Festivität!« Und er diktierte seinem Schmidt sogleich das Programm: »Vom 5. bis 12. Juli Aufführungen von *Acis, Esther, Debora, Te Deum, Jubilate,* am 16. Juli eine Neuaufführung – *Athalia.*

Händel hatte durch Samuel Humphreys wieder einen Text aus dem Buch der Richter in die Hände bekommen: die Geschichte der Athalia, der königlichen Tyrannin, die dem Dienst des Baal verfällt und zur Kindermörderin wird. Schon Racine hatte den wuchtigen Stoff in einer Tragödie vorgeformt.

Händel bedauerte nun doch den Abgang seines Bassisten Montagnana. Er liebte die Bässe. Und gerade die Chöre seiner *Athalia* wollte er auf zwei Solo-Bässen begründen – hatte er doch vor kurzem erst in dem Deutschen Waltz einen zweiten Riesenbaß gefunden. So mußte er jetzt den einen Baß in Alt übertragen. Doch er ließ sich auch dadurch nicht aus der Laune bringen.

Die Oper war geschlossen. Händel hatte achttausend Pfund zugesetzt. Nun saß er wieder in Highgate.

»Immer noch besser, als einem Goldmacher in die Hände zu fallen!« sagte er humorvoll zu Arbuthnot. Bononcini war nämlich in Paris dem Alchimisten Graf Ughi in die Netze gegangen und hatte sein ganzes Vermögen verloren.

In London sprach man von einem Zerwürfnis zwischen Händel und Heidegger.

»Händel ist opernmüde!« schrieb der junge Schmidt an Mrs. Grahn, die jetzt in Dublin ansässig geworden war.

Die Gegner frohlockten: »Der ›Große Bär‹ ist zu Fall gebracht, jetzt triumphiert er nicht mehr an Londons Himmel!«

Am 13. Juni 1733 besaß die *Daily Post* die Dreistigkeit, zur Gründung einer neuen welschen Oper aufzurufen, die unter dem Protektorat allerhöchster Persönlichkeiten demnächst in Szene gehen sollte. Senesino und Montagnana, die Bertolli und die Ghismondi wurden als Mitwirkende namentlich genannt. Ein Gerücht sprach davon, daß Prinz Friedrich von Wales gegen den Willen seiner Eltern das neue Unternehmen protegieren würde und daß auch Francesca Cuzzoni für die neue Oper schon einen Vertrag unterzeichnet habe.

»So ein charakterloses Weibsbild!« sagte Händel und bestieg seine Kutsche nach Oxford.

In zwanzig Wagen folgten die Mitwirkenden, zuerst die Solisten: Frau Strada, Frau Wright, Fräulein Susanne Arne und die Herren Selway, Waltz und Rochetti; sodann die Musiker. Zusammen über achtzig Personen.

Oxford, zwischen grünen Hügeln und grauen Wassern, zwischen einem Fluß und einem Flüßchen gelegen, die gotische, die bischöfliche, die gelehrte Stadt.

Cherwell und Themse fließen hier ineinander wie der

wohlerzogene Verstand eines Gentleman und der große Geist eines Gelehrten.

Die neuerbaute Magdalenenbrücke führt alle Besucher geradewegs in die enge Stadt. Dann steigt die Kathedrale würdig empor mit ihren hellen Spitzen, wie das Mahnbild einer altersgrauen, gottfrommen Wissenschaft.

Aus den sonnigen Höfen der feierlichen Kollegienhäuser dringt frohes Lachen und munteres Gespräch. Jung-England ergeht sich auf seine Weise in den Sphären der Philosophie und Theologie, der Politik, Literatur und Geschichte.

Saint Edmunds, Balliol, Merton, Exeter, Oriel, Queens, Lincoln, All Souls, Magdalen, Corpus Christi, Christ Church, Trinity, Saint Jones, Jesus, Worcester – so reihen sich die Kollegienhäuser nach Alter und Rang aneinander.

Sechstausend Studenten bevölkern die kleine Stadt an der oberen Themse. Berühmte Lehrkräfte – keine Freunde Hannovers – unterrichten und erziehen die kommende Führerschicht des Empire ...

In Oxford, der »Stadt der Jakobiten«, hatte Händel einen Erfolg nach dem andern. Das neue Ensemble fand sich rasch zusammen, die Chöre stellte die Hauptkirche der Stadt, die Kathedrale. *Acis, Esther* und *Debora* waren von je dreitausend Zuhörern besucht. Obgleich der Platz fünf Shilling kostete, war das Universitätstheater täglich überfüllt. Händel selbst zeigte in seinen Improvisationen auf der Orgel, daß er in allerbester Laune war.

Doch seine Gegner fanden auch hier einen Wortführer in der Person des Altertumsforschers Professor Dr. Hearne, der in einem jakobitischen Käseblatt seine verschimmelten Bosheiten verewigen durfte: »5. Juli 1733: Ein Händell, ein Ausländer, wie man hört zu Hannover geboren, sucht mit seiner lausigen Sippschaft in unserer altehrwürdigen Stadt Oxford durch lärmende Musik guten Leuten das Geld abzunehmen, fünf Shilling für das Billet.

NB! Sein Textbuch – keinen Pence werth! – verkauft er für einen Shilling. 12. Juli: Gestern spielte dieser Händell sogar in der Halle der Christ-Church, das Billet zu drei Shilling, und Mr. Powel, der oberste Pedell der Geistlichkeit, sang mit der Sippschaft, solange sie hier war.«

Am 16. Juli errang *Athalia* bei ihrer Erstaufführung im Universitätstheater vor dreitausendfünfhundert Zuhörern einen wahrhaft epochalen Erfolg.

»A spick and span new oratorio – ein funkelnagelneues Oratorium, von einer Bande quieksender ausländischer Singeleute prostituiert!« meinte nun wieder Professor Hearne.

Aber Händel hatte Oxford bezwungen. Rektor Dr. Holmes trug ihm die höchste Ehrung an, welche die Universität zu vergeben hatte: den Doktor honoris causa. Aber Händel lehnte ab. Orden und Titel seien zu früheren Zeiten, doch vergeblich, Ziel seiner Wünsche gewesen. Jetzt aber, schon in runden Jahren, wolle er nur noch Herr Händel sein und nichts weiter. Sehr höflich also und sehr weltmännisch zugleich schlug er dem Rektor die große Ehrung aus. Der Herzog von Manchester aber, Abgesandter des Königs, war über die Weigerung etwas verstimmt, denn man erwartete in London durch den Oxforder Festakt eine Annäherung der Universität an das Haus Hannover.

»Was gibt es in London, Christopher?« fragte Händel am selben Abend den jungen Schmidt, der seit kurzem Student der Musik und zugleich sein Privatsekretär war.

»Die neue Adelsoper hat Herrn Johann Adolf Hasse aus Venedig berufen!«

»Und?«

»Herr Hasse hat angefragt, ob Herr Händel schon tot ist!«

Die Universitätskneipe dröhnte, so lachten Arbuthnot und Händel.

»Jezt verhandelt man mit Porpora!« fuhr Schmidt fort.

»Der Stier mag kommen – der Torero ist bereit!« Händel war in bester Laune.

»Bereit? fragte der alte Schmidt und wollte bedenklich den Kopf schütteln.

»Bereit, mit dir nach Italien zu fahren und wieder ein paar welsche Turteltauben und Kapaune nach London zu bringen!«

»Vivat unserer dritten Händeloper!« lachte Dr. Arbuthnot und hob sein Glas.

Noch einmal lockte die Bühne Friedrich Händel. Die Oper – die glänzende, gleißende Sirene – schloß ihren ›Mann-Berg‹ in ihre Arme.

Händel war mit seinem Freund Schmidt in der englischen Botschaft zu Venedig abgestiegen. Als er abends im offenen Fenster lag, um die Kühle der Dämmerung und die schillernden Farben des Canal Grande zu genießen, hörte er, wie die Gondoliere ihre Serenaden in den höchsten Fistelstimmen erschallen ließen.

»Sind die Kerle alle verrückt geworden?« fragte Händel den Gesandten Colman.

»Besessen sind sie, unsere Gondoliere, besessen von ihrem großen Landsmann Farinelli, der sich morgen die Ehre geben wird, in persona vor uns zu erscheinen!«

Händel empfing also an einem heißen Augusttag einen jungen Mann, der ihn um Haupteslänge überragte, dessen rundes Gesicht hübsch und kokett, dessen sehr schlanke Gestalt etwas puppenhaft steif und auch wenig männlich war. Die schlanken Hände schmückten kostbare Ringe, ja, selbst die Handgelenke zierten ein paar goldene Reifen. Eine selbstbewußte, doch hohl klingende Stimme diskantierte den Namen: Carlo Broschi Farinelli.

Die Familie Farina, so erzählte der Jüngling, habe ihn mit sieben Jahren zum Sänger ausbilden lassen. Er selbst sei jedoch von Adel und in Andria im Königreich Neapel 1705 auf einem Schloß geboren. Porpora sei sein Lehrer gewesen, später Bernacci. In Rom habe er ein paar Jahre lang als Frauendarsteller gewirkt, doch schon in Venedig, Mailand und Wien Helden und Götter gespielt, bis er dann vor einem Jahr in Bologna als »König aller Sänger« ausgerufen worden sei.

Eigentlich habe er die Absicht, fuhr Farinelli selbstgefällig fort, sich auf persönlichen Wunsch des Kaisers Karl VI. und seiner Tochter Maria Theresia nach Wien zu verpflichten, aber wenn London ein besseres Angebot mache, so sei er auch bereit, dorthin zu gehen.

Farinelli sang. Er sang den *Dario* seines Bruders Riccardo Broschi, dann den *Artaserse* von Johann Adolf Hasse. Er sang einfache Arien voll schmelzender Schönheit, er sang Rouladen, Fanfaren, Trillos in schmetternder Vollkommenheit. Er gab selbsterfundene Koloraturen zum besten. Er rühmte sich, sein langer Atem vermöge auch einen guten deutschen Trompeter zuschanden zu machen, und hielt zum Beweis ein zweigestrichenes A fünfzig volle Sekunden aus. Er sang ein Paradestück von Leonardo Vinci mit einem Bravour-Adagio in tiefen Tönen und demonstrierte vor Händel »sein Instrument«: seine Stimme. Ohne Zwang umspannte sie einen Umfang von mehr als drei Oktaven vom C bis zum dreigestrichenen D. Ja, die Koloratur mit der Brust stoßend, erreichte sie ein dreigestrichenes E, F und selbst ein G. Es war eine Stimme, deren Kehlfertigkeit in weiten Sprüngen die größten Intervalle, durchbrochene Passagen, Trillerserien scheinbar mühelos überquerte, die in langen Schwelltönen wie die aufgehende Sonne erstrahlte, in schluchzenden Kadenzen selbst die Nachtigall übertraf.

Händel hörte sich diesen Farinelli eine Stunde lang an, dann entließ er ihn mit höflichem Dank.

»Er verlangt mindestens dreitausend Pfund im Jahr!« sagte Colman, seiner Sache fast schon gewiß.

»Die mag ihm ein anderer bezahlen!« antwortete Händel gelassen.

»Sie verschmähen dieses Wunder an Gesang?« fragte Colman verblüfft.

»Ich meine, Sir, Sie sollten mir nach dieser Maschine jetzt einen Menschen präsentieren!« erwiderte Händel.

Der Sopran-Kastrat Giovanni Carestini, der sich tags darauf vorstellte, war von schöner, männlicher Erscheinung. Auch er war 1705, in Ancona, geboren. Er war ebenfalls ein Schüler von Bernacchi und, wie er alsbald mit einem Loblied auf seinen Lehrer bekundete, ein Sänger, dem auch die Darstellung seiner Rollen am Herzen lag. Er machte überhaupt den Eindruck eines klugen und fleißigen Menschen, und sein offenbarer Mangel an Eitelkeit gewann ihm bald Händels volle Sympathie. Auch er besaß einen Bühnennamen: ›Cusanino‹. Seine Laufbahn hatte ihn schon durch ganz Europa, über Rom und Neapel nach München, Prag, Wien, Dresden, Warschau und Berlin geführt.

Seine Stimme reichte zwar – nur – vom D bis zum dreigestrichenen C, aber sie verriet in ihrer guten Technik die hohe Schule von Bologna. Cusanino forderte zweitausend Pfund im Jahr, eine Summe, die ihm Händel bewilligte.

Am selben Tag machten ein talentierter Jungsopran, Carlo Scalzi, sowie die reizenden Schwestern Maria und Rosa Negri aus Venedig ihre Abschlüsse mit dem ›Großen Bären‹. Händel war als ›Großer Bär‹ in ganz Europa bekannt.

Auf der Rückfahrt, im Anblick mächtiger Alpengipfel, träumte er nicht mehr wie als Jüngling von seinen Werken, die sich, einem Gebirge gleich, vor seinem Geist breiteten – Werke ohne Zahl. Jetzt schwärmte Händel vor den Ohren Schmidts von dem neuen Ensemble, mit dem er die Welt überraschen wollte: Anna Strada als Primadonna, Cusanino als Primo uomo, Johannes Waltz als Bassist, Carlo Scalzi, Maria und Rosa Negri als zweite und dritte Stimmen. Vergessen schien alle Enttäuschung und aller Ärger, selbst das verräterische Treiben seiner früheren Sänger. Auch der Verlust von achttausend Pfund wurde mit keinem Wort erwähnt.

Der Theaterteufel hatte ihn aufs neue gepackt, und so trieb er den Schwager auf dem Bock zur Eile an. Es galt, nach dreizehn wechselvollen Spielzeiten zum drittenmal eine Oper auf die Beine zu bringen.

Prinzessin Anna, Händels Lieblingsschülerin, hatte den Hofmarschall Herzog von Grafton empfangen und von ihm gefordert, »das gegen Händel gerichtete neue Opernunternehmen der Aristokratenclique kurzerhand zu verbieten«. Aber Prinz Friedrich von Wales, der seine Schwester nur als »blöde Kuh« zu titulieren pflegte, fuhr eines Tages auf der Rennbahn den Herzog von Grafton mit derben Worten an und verbat sich jegliche Quertreibereien gegen die ›Adelsoper‹. Sein Mann war Lord Cooper, der sich gern für einen zweiten Herzog von Chandos hielt, aber von Dr. Arbuthnot nur ›Lord Büffel‹ tituliert wurde – welcher Name ihm dann auch verblieben war.

›Lord Büffel‹ also hatte den Überläufer Senesino als Impresario der ›Adelsoper‹ aufgestellt. Senesino hatte sich mit Paolo Rolli verbunden. Der hatte Händel wohl einst seinen Titel »Königlicher Hofpoet« zu verdanken gehabt, beeilte sich aber nunmehr, eine höchst treulose Gesellschaft ehemaliger Händel-Größen um sich zu versammeln: Francesca Cuzzoni, Antonio Montagnana, Anna Bertolli, Celeste Ghismondi.

Die längst verflossene Anastasia Robinson schürte das

Komplott gegen Händel in allen Adelshäusern. Man erwartete Porpora, der mit seiner Oper *Ariadne auf Naxos* das neue Unternehmen eröffnen sollte.

Aber ehe das geschah, hatte Händel am 30. Oktober, gerade am Geburtstag des Königs, den Haymarket mit *Semiramis* von Caldara eröffnet, um der Strada den ersten Erfolg zu geben. Königin Karoline saß in ihrer Loge.

»Der Bär ist wieder da!« riefen die Gassen.

Schon am 4. Dezember folgte *Cajus Fabricius* von Vinci. Cusanino stellte sich vor und gefiel. Es folgte *Arbaces* von Vinci. Und nun triumphierten die Strada und Cusanino zum ersten Male zusammen.

Jetzt wollte die Gegenoper zu Lincoln's Inn Fields mit ihrer *Ariadne auf Naxos* zum Gegenschlag ausholen. Aber schon zeigte Händel selbst eine *Ariadne* an.

»Alle Teufel, wann hat er denn die gemacht?« schrie Porpora wütend. »Und woher stammt der Text?«

Der Text stammte von Lord Colman aus Venedig. Auch die Durastanti war wieder bei Händel eingetroffen. Sie sang die Ariadne.

»Hat man keine anderen Sorgen am Haymarket?«

»Man lacht, man singt, man geigt, man bläst! Händel selbst hat sechs neue Oboenkonzerte geschrieben! Gestern hat man einen Wettlauf zwischen Cusanino und dem deutschen Oboisten Lampe veranstaltet. Und Cusanino gewann! Er hielt seinen Ton achtzig Sekunden!« ...

Endlich eröffnete Porpora am 29. Dezember mit seiner *Ariadne*. Der Stier fand sein Publikum. Doch am 26. Januar erschien Händel mit seiner *Ariadne*. Cusanino und Anna Strada gewannen als Teseo und Ariadne den Beifall aller Opernfreunde. Der Stier hatte seinen Torero gefunden!

Doch im Augenblick dieses Triumphes überließ Händel das Theater sich selbst. Prinzessin Anna, ihrer Mutter Karoline so ähnlich, will am 14. März ihre Hochzeit feiern. Händel wird der Prinzessin eine Festoper schreiben, *Parnasso in Festo,* und bei der Trauung selbst die Orgel spielen ...

Anna hatte nicht viel Glück mit ihren Freiern gehabt. Erst sollte sie einen Hessen zum Gemahl bekommen. Dann verhandelte der König mit dem Hof zu Kölln zwecks einer Doppelehe zwischen Anna und dem Kronprinzen Friedrich einerseits, Wilhelmine von Bayreuth und dem Kronprinzen von Wales andererseits. Der Plan zerschlug sich aber, und nun mußte Anna mit dem Prinzen von Oranien vorliebnehmen, einem kleinen und häßlichen Menschen, »der nicht einmal eine Begabung für die Musik hatte«.

Friedrich Händel schrieb für seine erlauchte Schülerin die erlesenste Musik, die jemals bei einer Hochzeitsfeier zu hören war. Als er am Cembalo erschien, erhob sich Anna und erwies ihrem Meister die Reverenz, und alle Herren und Damen der Hofgesellschaft waren gezwungen, es ihr gleichzutun. Händel lächelte der Prinzessin zu und verbeugte sich tief vor ihr. Dann dirigierte er sein Hochzeits-Anthem in der heitersten Laune.

Doch nun kamen Sorgen. Mit einem Mal waren sie da. Die hohen Eintrittspreise der neuen Händeloper hielten – trotz aller Erfolge – viele Besucher fern. Die Sensationslust des Stammpublikums wollte eine Neuheit nach der andern. *Ariadne* hatte einen großen Aufwand beansprucht, der Opfergang der jungen Athener und Athenerinnen ins Labyrinth des Minotaurus auf Kreta Unsummen verschlungen. Jetzt kam Händel zur allgemeinen Enttäuschung am 18. Mai mit einer Wiederaufnahme seines alten, anspruchslosen Schäferspiels *Il Pastor fido*. Es gab nur einen matten Erfolg, der die Spielzeit schon am 20. Juni vorschnell zu beenden drohte. Da eilte Händels jugendliche Gönnerin, Prinzessin Anna, aus ihren Flitterwochen in Friesland herbei, um durch ihre Anwesenheit noch drei Sondervorstellungen des Hofes zu ermöglichen.

Händel war in Geldsorgen. Er hatte den Rest seines Vermögens, eine Summe von zwölftausend Pfund, in sein drittes Opernunternehmen gesteckt. Nun stand er allein gegen eine mächtige Gesellschaft: gegen die Cuzzoni und ihren Anhang, gegen Senesino und Porpora. Dr. Arbuthnot blieb sein bester und tatkräftigster Freund. Nicht nur in offenen Briefen »an Mr. Handel, Esquire, Meister der Oper« suchte er die Öffentlichkeit aufzurütteln, sondern er ließ auch aus seiner eigenen Schatulle manchen Sovereign für Händel springen. Schmidt hatte längst sein letztes Pfund geopfert. Nun boten Mrs. Grahn und Aaron Hill aufs neue ihre Hilfe an. Händel aber wollte von niemandem mehr Geld annehmen. Plötzlich schien er enttäuscht, entmutigt.

Auch die Gegenoper hatte Geldsorgen.

Heidegger träumte von einer Vereinigung beider Opern und war verstimmt, daß Händel von dem Plan nichts wissen wollte. Prinzessin Anna besuchte Händel in Bad Tunbridge.

»Es tut mir weh, den sonst so heiteren und scherzhaften Mann so schweigsam und gedrückt einhergehen zu sehen!« schrieb sie an ihre Mutter. Da Anna selbst kein Geld hatte, bettelte sie bei ihrem Abschied am 21. Oktober bei Lord Herwey, dem Marschall der Königin, um nachdrückliche Hilfe für Händel. Aber was konnte Lord Herwey tun, wenn schon die Königin von ihrem Gemahl so knapp bei Kasse gehalten wurde, daß sie kaum ihre Loge bezahlen konnte?

Indessen hatte die neue Spielzeit mit einem reinigenden Gewitter begonnen. Heidegger hatte sich von Händel getrennt. Er glaubte, wie er sagte, nicht mehr an ihn. Da Heidegger aber als geschäftlicher Leiter nominell über den

Haymarket verfügte, war Händel plötzlich ohne Theater. Er durfte froh sein, ein Notquartier in Lincoln's Inn Fields beziehen zu können, das die Gegenoper geräumt hatte, um mit Pauken und Trompeten – in den Haymarket überzusiedeln.

Ein Lausbubenstreich war geglückt. ›Mann-Berg‹ war von den Aristokraten aus dem königlichen Haymarket verdrängt worden! –

Aber nun reckt Händel sich empor, eröffnet in Lincoln's Inn Fields ein Volkstheater mit Preisen von zehn bis zu einem Shilling. Er gibt bei vollen Häusern *Ariadne* und *Alexander,* in neuer Inszenierung. Er verbündet sich mit John Rich, mietet dessen neues Etablissement, den Covent Garden, und bringt den *Pastor Fido* als großes Schäfer-Tanzspiel unter dem Titel *Terpsichore.* Nun sitzt der ›Große Bär‹ als »galanter Apoll« zwischen den Ballettratten der Madame Sallé, einer sehr beliebten Pariser Tanzmeisterin. Getanzte Musik nimmt Händel jetzt ganz gefangen. Ja, der schwere Mann findet sich selbst wieder in leichten Rhythmen. Madame Sallé aber läßt sich von Händel gerne hofieren und besucht mit ihm in der Kutsche die schöne Umgebung von London. Jeden Abend soupieren sie zusammen.

Die Folge ist die etwas mittelmäßige Oper *Orestes.* Aber Lincoln's Inn Fields liegt der City näher als der Haymarket, und so findet auch der Orestes in großer Ausstattung sein Publikum. –

Thomas Hudson, der Porträtmaler des Londoner Bürgertums, malt Händel, malt ihn so, wie alle Welt ihn kennt: aufrecht sitzend, ein Notenblatt in der Hand, die Linke in die Hüfte gestemmt. Der mächtige Körper trägt einen Kopf, der in der Lebendigkeit seines Ausdrucks der weißen Perücke zu spotten scheint. Das Antlitz lächelt, der Mund hat ein Schmunzeln bereit. Der helle Blick scheint erwartungsvoll, doch nicht allzu begierig.

Da! Jetzt blitzt der Schelm auch aus den Augen hervor. Der Kopf dreht sich leicht zur Seite, so daß die Locken der Perücke nach vorne und hinten über die breiten Schultern rollen: Terpsichore und ihre Nymphen schweben auf die Szene!

»So lächelt der Freund der Tänzerin Sallé!« sagt Arbuthnot.

Doch dann wird es plötzlich wieder still um Händel. Am 8. Januar 1735 kommt er mit einer neuen Oper: *Ariodante,* nach einem Text von Dr. Sabri. Es ist die seltsame und romantische Liebesgeschichte der schottischen Königin Ginevra, getragen von zwei Bombenrollen: Cusanino als Ariodante und Anna Strada als Ginevra.

Und schon am 16. April bringt Händel wieder eine neue Oper – die dritte in dieser Spielzeit! –, *Alcina.* Text von Antonio Marci nach Ariost, »von dem unnachahmlichen Mr. Handel sehr schön in Musik gesetzt«, wie eine Zeitung der City schreibt. Die verführerische Alcina wird von der Zauberin Melissa in eine Mißgestalt verwandelt, um den verliebten Helden Rogero wieder auf den Weg der Vernunft und der Tugend zurückzuführen. Ein Händel-Thema und ein Händel-Erfolg! Cusanino als Rogero, die Strada als Alcina schwelgen in Melodien von verschwenderischer Fülle. Madame Sallé aber tanzt den Dämon Sinnlichkeit.

»Die Harmonie hält unsere Aufmerksamkeit bei der Sache, die Sprache ist verständlich und bildet die rechte Mitte zwischen dem Schwulst der Tragödie und dem niederen Witz der Komödie, die Opera schwebt bis zum Schlußchor in leichter Freiheit und reizvoller Schönheit«, schreibt die *Daily Post.*

Porpora hatte seinen Schüler Farinelli aus Venedig herbeigerufen, und Farinelli war gekommen. Von Händel verschmäht, hatte der jugendliche »König aller Sänger«

trotzdem nach London und zu Porpora gefunden. Für die Riesengage von fünftausend Pfund im Jahr hatte Farinelli das kunstvolle Instrument seiner Stimme der ›Adelsoper‹ geborgt. In einer Soirée war er im St. James' Palast dem König und der Königin vorgestellt worden. »Und von diesem Abend, dem 7. Oktober, datierte nun der Wahnsinn, den Farinelli in London entfesselte und der sich mit Worten nicht leicht schildern läßt« – so Richard Steele.

Prinzessin Anna, um Händel besorgt und stets seiner eingedenk, hatte auf dieser königlichen Soirée Farinelli ersucht, auch eine Händelsche Arie vom Blatt zu singen. Die Arie war im Altschlüssel geschrieben. Farinelli weigerte sich mit der Ausrede, daß ihm der Altschlüssel nicht geläufig sei. Er, der sich sonst einen Spaß daraus machte, »durch alle Schlüssel hindurch zu singen«, gab nun auf diese Weise seiner Mißachtung gegen Händel Ausdruck. Und das in einer Zeit, in der jeder Dorfkantor imstande war, nach beziffertem Baß einen vierstimmigen Choral zu spielen! –

Was aber hatte die ›Adelsoper‹ in ihrer zweiten Spielzeit und mit der Zauberstimme Farinellis zu bieten? Es waren Arien, Potpourris und Pasticcios, nichts weiter. Ganze Füllhörner von Arien schüttete Farinelli – »die regierende Tollheit der Saison« – über sein Publikum aus. Selbst Hasses beste Oper *Artaserse* wurde zu einem Arienbündel von siebenundzwanzig Nummern zusammengezogen, von denen Farinelli zehn, Senesino fünf, die Cuzzoni fünf, Montagnana vier, die Bertolli drei, die Segatti zwei Nummern zu singen hatten.

Diese »Nummernoper« aber lief vierzigmal hintereinander und fand ihr begeistertes Publikum. Die besten Stimmen der Welt standen in einer Front gegen den Mann, der seit fünfzehn Jahren bemüht war, die große Oper zum Sieg zu führen und vor den Staralüren einzelner Sänger zu schützen.

Die Fastenzeit machte dem Spuk ein Ende. Nun betrat wieder Händel mit seinen Oratorien *Esther, Debora* und *Athalia* die Bühne der Öffentlichkeit und füllte die Zwischenakte mit seinen Orchesterkonzerten. Er selbst saß an der Orgel. Vergebens rannte der Stier Porpora mit seinem Oratorium *David* auch auf dieser Arena gegen den Meister an. Er kehrte schnell wieder in seinen Arienstall zurück.

Dann aber gab es zu Ende der Spielzeit zwischen Händel und seinem ersten Sänger Cusanino eine Auseinandersetzung über ein einfaches Lied in der *Alcina,* das Cusanino in der von Händel veränderten Form nicht singen wollte. Händel ließ sich hinreißen und nannte seinen Heldensopran einen »Esel«. Cusanino packte seine Koffer und floh aus London. Er floh in Wahrheit vor Farinelli. –

Schlimmer aber war für Händel bald darauf der Verlust seines treuesten und besten Freundes. Dr. James Arbuthnot hatte am 27. Februar 1735, vier Tage nach Händels fünfzigstem Geburtstag, den sie beide noch fröhlich gefeiert hatten, das Zeitliche gesegnet ...

Händel übergab nach der Neuaufführung der Oper *Alcina* die künstlerische Leitung seinem ersten Cembalisten Ristori. Er schien am Ende seiner Kräfte.

Arienbukett oder große Oper, Komödiant oder Genie, Farinelli oder Händel!?

Farinelli hat an einem Benefizabend die schwindelhafte Summe von zweitausendfünfhundert Pfund verdient. Er wälzt sich in Gold.

Händel sitzt in Bad Tunbridge und weiß nicht, wie er seine Mitglieder bezahlen soll. Die Strada ist Gast der Prinzessin Anna in Friesland.

Pasticcios bringen Geld! Schlagermusik bringt Geld! Die neue Mode will prunkhafte Revuen mit Arien bespickt! Hat Händel nicht selbst Arien genug geschrieben, um sich jetzt mit leichter Hand goldene Sträuße zu binden? Er tut es nicht.

Sein Kurgenosse in Tunbridge, ein blasser, hagerer, gallenlauniger Mann namens Charles Jennens, reicher Schöngeist und Literat, gibt dem ganzen Opernrummel kein langes Leben mehr: Die epische Kunst ist die ewige Kunst, das Drama ist nur Mode! Alles ist vergänglich – auf dem Theater! Es gibt dort nur Shakespeare oder ein Arienpotpourri. Ein Drittes gibt es nicht!

Händel kann seinem hartnäckigen Partner keine rechte Antwort geben. Sein Gesundheitszustand ist so mangelhaft, daß auch die geistigen Kräfte gemindert scheinen. Er sitzt meist allein auf seinem Zimmer. Er leidet an Gleichgewichtsstörungen, sein Gang ist schwer und schwankend. Auch seine Gedanken sind schlaff und müde. Drei Premieren und ein Todesfall in einem Jahr – das war zuviel.

Aus dem Hofstaat der Königin Karoline kommt eine ermunternde Nachricht. Prinz Friedrich von Wales hat endlich die väterliche Erlaubnis und das nötige Geld erhalten, sich mit Prinzessin Auguste von Sachsen-Gotha zu verloben. Die Prinzessin aber ist, wie ihre Freundin Anna, eine begeisterte Verehrerin Händels. So gelingt es Königin Karoline mit Hilfe ihrer zukünftigen Schwiegertochter, die grundlose Antipathie des Thronfolgers gegen Händel aus der Welt zu schaffen.

Händel erhält einen großen Auftrag, und schon fühlt er sich wieder gesund. Er soll zur Verlobungsfeier des kronprinzlichen Paares am 19. Februar eine Ode von John Dryden in Musik setzen, *Alexeander's Fest* betitelt, eine Verherrlichung der Musik und ihrer Schutzgöttin, der heiligen Cäcilia.

Händel sitzt an der Orgel und führt den himmlischen Chor. Es ist, als habe die heilige Cäcilia ihn selbst mit ihren Kräften begnadet. Auch der erlauchte Bräutigam vergißt den Beifall nicht. Als dann das kronprinzliche Paar am 27. April in Westminster getraut wird, schreibt Händel auf Wunsch der Königin auch das *Hochzeits-anthem.* Karoline erteilt ihm außerdem den Auftrag, er möge bald die neue Spielzeit beginnen. Der Hof würde zu Ehren der allerhöchsten Vermählung die ersten zehn Vorstellungen für sich reservieren.

Händel läßt sich durch Francis Colman eilig einen neuen Sopankastraten aus Neapel besorgen: den erst zwanzigjährigen Giachino Conti, der sich, nach seinem Lehrer Gizzi, ›Gizziello‹ nennt.

So begann also die neue Spielzeit am 5. Mai mit der Oper *Ariodante.* Aber der kleine Gizziello, der erst kurz vorher Farinelli am Haymarket gehört hatte, bekam auf der Probe einen Weinkrampf und weigerte sich aufzutreten. Er könne – nur – bis zum dreigestrichenen C singen. Händel gab ihm mit Engelsgeduld in langen Proben sein Selbstvertrauen zurück. Gizziello hatte Erfolg.

Nun erschien Händel mit seiner Hochzeitsoper *Atalanta.* Die Szene war Hymens Tempel. Liebesgötter traten auf. Ein fürstliches Paar und ein Schäferpaar verirrten sich in den Labyrinthen des Liebesgartens, fanden sich nach allerlei Verwechslungen wieder – und eine Saujagd mit Hörnern und Oboen ergötzte als Finale das Publikum. Welch ein Humor, welch ein frohes Gelächter, welch ein neuer Händel! Gizziello als Amor verlockte alle Damen mit seiner süßen Stimme. Zuletzt erstrahlten in einem Feuerwerk auf der Bühne die Namen »Friedrich und Augusta«, während ein mächtiger Chor das festliche Spiel beendete.

Auch Porpora hatte – mit einem schnell zusammengerafften Arienbukett, betitelt *Imeneo* – den Versuch gemacht, die Aufmerksamkeit des Hofes zu erregen.

Aber Händels »Göttliche Saujagd« im Covent Garden gefiel besser als Farinellis unendliche Triller.

Farinelli sang als Schäfer Imeneo zum erstenmal vor leeren Bänken. Händel aber holte sein Publikum zurück – und konnte nun endlich seine Theaterschulden bezahlen.

Porpora, der Stier von Neapel, entwich als erster aus der unheimlichen Arena der Weltstadt und verschwand im Dickicht des Kontinents. Die Altistin Bertolli und der Trompeter Snow liefen zu Händel über.

Die Spielzeit rollte ihrem Ende zu. Senesino, voll Eifersucht auf Farinelli, ging auf und davon, und keine Aristokratenoper konnte ihn halten. Horace Walpole erlebte, wie des Sängers Galakutsche bei Coffano auf schlechtem Wege umfiel. »Wir hielten die Person in dem roten Mantel für eine fette Frauensperson, aber es redete aus enger Kehle in einem schrillen Ton und entpuppte sich als Senesino.«

Es folgte die Cuzzoni mit ausrangierter Stimme, verschuldet, zerfallen mit ihrem Gatten. Nicht lange darauf meldete die Londoner *Daily Post:* »Mrs. C-z-i ist in Frankreich unter dem Verdacht verhaftet worden, ihren Gemahl vergiftet zu haben.« Sie wurde begnadigt und fand noch einmal einen Freier – den letzten.

John Fielding hatte auf »das seltsame Mannweib«, gemeint war Farinelli, und auf dessen »Frauenfreundschaften und Männerfreundschaften in hohen und höchsten Tönen« eine beißende Satire geschrieben und ganz London zum Lachen gebracht. Es war gerade zu der Zeit, als Johann Adolf Hasse, gebürtig aus Bergedorf bei Hamburg, Gemahl der berühmten Faustina, »lang von Person und fast dick von Körper«, siebenunddreißig Jahre alt, den Londoner Schauplatz betrat, um an Stelle Porporas den Kampf der neuen Neapolitaner gegen Friedrich Händel weiterzuführen.

Hasse hatte sich mit König August dem Starken nicht mehr vertragen, mit seiner Gemahlin Dresden verlassen und sich nach Neapel begeben. Nun kam er nach London: mit drei jungen Sängerinnen, doch nicht mit der Faustina. Ein eitler Pascha, der siegesgewiß und bereit war, der Händeloper den Todesstoß zu versetzen.

Doch Händel erwartete seinen Gegner mit geschlossenem Ensemble: Anna Strada, Maria und Rosa Negri, John Beard, Waltz, Gizziello und dem neuen Primouomo Domenico Annibali, der aus Dresden eingetroffen war und ein reines dreigestrichenes F in seiner Kehle hatte, ein F wie Farinelli!

Händel bereitete seinem Gegner einen gehörigen Empfang mit seinen Publikumsopern *Alcina*, *Ariodante* und *Atalanta*. Nun würde Annibali auch noch den *Poro* singen.

»Am letzten Dienstag, den 20. November, hatten wir in der Oper *Atalanta* von Mr. Handel, und beim Erscheinen dieses großen Fürsten der Harmonie erhob das zahlende Publikum ein allgemeines Beifallsklatschen«, berichtet die *Daily Post*.

Hasses erste Tat war, das Orchester der Adelsoper zu vergrößern. Er hatte schon in Dresden Händels großes Orchester kopiert, nun erweiterte er auch das Orchester der Adelsoper von dreißig auf fünfzig Mann. Nur in den Oboen zeigte er eine Beschränkung von vier gegenüber den acht Oboisten Händels. Hasse präsentierte sich am 23. November mit seiner Oper *Siroe*. Farinelli sang. Als neues Reizmittel waren komische Zwischenspiele eingelegt, die in Italien das Publikum anlockten. Auch London war voller Neugier.

Händel hatte mit großem Energieaufwand seine Einnahmen und Ausgaben wieder in Ordnung gebracht. Freilich mußten die Solisten einstweilen mit geringeren Gagen zufrieden sein. Lincoln's Inn Fields beanspruchte erstklassige Inszenierungen, das zweite Unternehmen in Covent Garden aber war »durch die starcken Musiken außerordentlich belastet«. Für neunzehn Abende der vergangenen Spielzeit hatte Händel zudem an Direktor Rich 1553 Pfund an Mietgeldern zu entrichten, nämlich jeden Abend für das Haus 72 Pfund, für Bedienung 7 Pfund 5 Shilling, sodann aber für die Tage, die dem englischen Schauspiel reserviert waren, nämlich Dienstag und Samstag, außerdem noch 33 Pfund als Beitrag für die Schauspieler.

Aber Händels Bilanz war dennoch in der Waage. Die ›Adelsoper‹ dagegen war längst ein Unternehmen geworden, das nur noch die Aufgabe hatte, Farinellis Taschen zu füllen. Dabei sang er zuweilen vor einem Parkett, das nicht einmal seine eigene Gage zu decken vermochte. Hasse drohte mit Abgang.

Seine Majestät König Georg II., der ängstlich wie sein Vater auf dem Geldbeutel zu sitzen pflegte, sobald königliche Gunst nicht nur mit Worten zu beweisen war, hatte sich zwischen den beiden Opernunternehmen nie recht behaglich gefühlt. Er hatte die leeren Häuser am Haymarket, doch bald auch den Covent Garden und Lincoln's Inn Fields gemieden. Ihre Majestät die Königin aber war kränklich.

Karoline aus Ansbach hatte ihrem Gemahl fünf Töchter und vier Söhne geboren. Ihr Ältester, Prinz Friedrich von Wales, schien den Leichtsinn seines Großvaters geerbt zu haben; Prinz Georg von Cumberland, ihr zweiter Sohn, die brutale Natur des wilden Markgrafen von Ansbach. Die Töchter Anna, Maria, Karoline, Amalie und Luise waren entweder unglücklich verheiratet oder gemütskrank und menschenscheu. Karoline aber hatte sich bei der Geburt von Luise im Jahr 1724 ein Unterleibsleiden zugezogen. Denn auch in schweren Wochen nahm der König auf seine Frau keinerlei Rücksicht: Kaum vom

Wochenbett genesen, mußte sie alle höfischen Verpflichtungen übernehmen.

»Wenn ich sterbe, dann sollst du dich wieder verheiraten!« sagte Karoline besorgt zu ihrem Gatten.

»Nein«, antwortete er weinerlich, »ich werde – noch eine Mätresse nehmen!«

Dubourg, Musikdirektor zu Dublin, gab Händel auf der Probe des *Poro* – auch im Namen von Mrs. Grahn – den Rat, die Opernspielzeit in London früher abzubrechen und mit seiner ganzen Gesellschaft nach Dublin zu kommen.

»Irland ist die grüne Insel, jung und kunstbegeistert! Irland bringt Geld!«

»Nein«, sagte Händel, »jetzt muß ich bleiben!«

Am 12. Januar 1737 kam er mit einer neuen Oper: *Arminio*. Es war die Familientragödie des Germanenfürsten Armin, der durch Verrat in die Hände der Römer fällt. Händel hatte selbst aus alten Chroniken die Fabel zusammengetragen. Er hatte länger, als es sonst seine Gewohnheit war, und eine schwache Oper geschrieben. Der Stoff allein erzwingt die Form nicht.

Schon am 16. Februar aber folgte eine zweite Neuheit: *Giustino*, der fröhliche Landmann, den vom Pflug weg das Schicksal ruft, Held seines Kaisers zu werden und zuletzt des Kaisers schöne Schwester zur Gemahlin zu erhalten. Der Mann des Volkes in bukolischer Landschaft! Traum und Kampf, Götterspiel und Menschenglück! Es ist wieder ein Händel-Thema! Und die Oboe triumphiert über dem Orchester!

Aber auch dieser neue, männliche Stoff entglitt den Händen seines Gestalters.

Die Fastenzeit brachte Oratorien in wechselnder Aufführung. Händel saß zweimal wöchentlich auf der Orgelbank.

Wieder war er mit einer neuen Oper beschäftigt: *Berenice*. Endlich brachen wieder Melodien von bezaubernder Schönheit aus ihm hervor. Ägyptisch ist das Thema: Der römische Senat will die ägyptische Königin Berenice zu einer Staatsehe zwingen. Doch Liebe geht eigene Wege. Anmutig, auserlesen spannen sich Arien und Duette, chorische Schlußsätze krönen die Akte. »Ein Meisterwerk voll Schönheit und Mannigfaltigkeit!« schrieb die *Daily Post*.

Friedrich Händel litt an rheumatischen Schmerzen, doch er schonte sich nicht. Am 13. April erkrankte er ernsthaft. Auch seine Geisteskräfte waren gestört. Gegen Mittag hatte er einen Anfall von Tobsucht. Weder der alte noch der junge Schmidt waren imstande, den gewaltigen Mann zu beruhigen. Peter Le Blond mußte zu Hilfe gerufen werden, den Rasenden ins Bett zu bringen.

»Wo ist Euer Porpora?« schrie Händel immer wieder und schlug um sich. Dann lag er bewußtlos. Am Nachmittag lähmte ein Schlaganfall die rechte Körperseite. »Und die feine Hand, deren Spiel so viele Tausende beglückt hatte, lag schwer auf dem Kissen«, erzählte der junge Schmidt seinen Freunden.

Der bedächtige alte Schmidt gab die Nachricht an die Presse, daß Mr. Handel an rheumatischen Übeln, wie schon vor einem Jahre, erkrankt sei, daß jedoch eine baldige Besserung zu erhoffen bliebe. So war London über Händels Zusammenbruch nicht genau unterrichtet.

Fred Ristori, Händels erster Cembalist, sprang nun mit der eigenen Oper *Dido* in die Bresche und hatte einen Achtungserfolg.

Am 4. Mai wollte der König die Oper *Giustino* hören. Händel saß schon wieder am Cembalo. Da die rechte Hand noch immer gelähmt war, führte er mit der linken die Melodie.

Am 6. Mai erlitt er einen neuen Zusammenbruch. Nun inszenierte Augustin Arne, der Sohn seines Theatermalers Arne, eine eigene kleine Oper. Die Londoner City war zufrieden, endlich wieder ein englisches Singspiel auf der Bühne zu sehen. Der Covent Garden erlebte ein zahlreiches Publikum.

Am 18. Mai folgt die Erstaufführung von *Berenice*. Es gab einen Achtungserfolg für den abwesenden Händel, doch weder der Hof noch das Stammpublikum hatten sich im Covent Garden eingefunden.

Noch schlechter ging es der ›Adelsoper‹ am Haymarket. Dort hatte, nach Hasses schnellem Abgang, Paolo Rolli die »Opernbäckerei« übernommen. Rolli stellte ein Arienbukett nach dem andern zusammen, umsonst. Als letzte Anstrengung folgte die Oper *Sabrina*, ein Plagiat aus sämtlichen Opern der Welt, die Händelschen nicht ausgenommen – ein Mischmasch solcher Art, daß man in London noch lange ein derartiges Produkt mit *Sabrina* bezeichnete. Die Oper war keine Oper mehr. Und auch die Zauberkraft eines Farinelli sank schnell dahin. In der dritten Vorstellung der *Sabrina* sang er vor leeren Bänken. Am letzten Abend betrugen die Einnahmen fünfunddreißig Pfund.

Farinelli hatte sich von seinem Freund Amiconi malen lassen: in einer Säulenhalle sitzend, mit Rosengirlanden behängt, von Amoretten umschwärmt. Eine Muse setzt ihm den Lorbeerkranz auf das lockig frisierte Haupt – Farinelli liebte die Perücke nicht –, die Göttin Fama aber verkündet im Hintergrund den Ruhm des »Königs aller Sänger« über die ganze Welt.

So ging Farinelli nach Paris, um vor König Ludwig XV. seine Stimme erschallen zu lassen. Mit Diamanten geschmückt, kehrte er nach London zurück, um – heimlich seine Koffer zu packen.

Händel aber war am Ende seiner Kräfte.

Der alte Schmidt hatte jetzt mit den ungeduldigen Sängern zu verhandeln, denen ihre Gagen nicht voll ausgezahlt werden konnten. Vor allem del Po, der Gatte der Anna Strada, war recht ungebärdig in seinen Forderungen. Da zeigte Schmidt, der geborene Franke, seine Kunst der Menschenbehandlung in bester Weise.

»Zuletzt waren Anna Strada, Domenico Annibali und die andern mit Schuldscheinen Händels zufrieden und verließen England mit Händels Versicherung, daß ihnen das Geld in einiger Zeit nachgeschickt würde. Und Händel entledigte sich bald aller seiner Verpflichtungen«, so berichtet später der junge Schmidt.

Händels Orchester aber schloß sich unter dem Trompeter Lampe zu einem eigenen Unternehmen zusammen und blieb dem Covent Garden verpflichtet. Lampe spielte, angeregt durch »Justins Kampf mit dem Drachen« aus Händels Oper *Giustino*, eine eigene muskalische Posse: *Der Drache von Wantley*, mit englischen Texten und Sängern. Die Posse kam am 26. Oktober 1737 zur Aufführung. Der Zulauf war so groß wie bei der *Bettleroper*.

Siebentes Kapitel

Welt und Überwelt

Oh sanft, Ihr Lüfte, sanft bewegt
Die goldnen Flügel. In den Zweigen
Sey alles stille, was sich regt
Und Zephyr's Flüstern selbst mag schweigen.
Wollt Orpheus einst der Verse Klang/
Süß tönend auf der Harf' begleiten/
Der Fels erkannte Gottes Sang/
Natur stand auf vor seinen Saiten.
Laßt ab denn Stümper in der Kunst
Des großen Händel, spart die Flügel/
Ihn zu erreichen hilft nicht Gunst
Der Lords; denn hier lenkt Er die Zügel.

Ein kleines Schmierenblatt aus einer schmutzigen Gasse der Londoner City, *Grubstreet Journal*, in dessen Pfennigspalten sich die Pamphletisten der Gosse und die Poeten der Dachkammer zu Wort meldeten, brachte am 8. Mai 1737 diesen Herzenserguß auf Händel.

Der findige junge Schmidt hatte die Zeitung in London gekauft. In der alten deutschen Kaiserstadt Aachen, im Kurpark der munteren Römerquellen, las Christopher seinem Herrn und Meister dieses Gedicht eines Unbekannten beim Frühstück vor.

Aber Händel vertrug jetzt weniger als sonst, daß man ihn umschwärmte. Er wollte keine Hymnen hören, am allerwenigsten Lobeshymnen auf seine Person. Er fühlte sich krank und elend, wurde grob, wenn man ihn mit zuviel Aufmerksamkeit umgab und wollte am liebsten allein sein. Vor einer Woche hatte er den alten Schmidt mit barschen Worten, er solle sich endlich um seine verlassene Familie kümmern, nach Ansbach heimgeschickt. Auch jetzt noch sträubte er sich gegen alle, die es gut mit ihm meinten.

»Man muß den schweren Mann behandeln wie ein Kind, immer wieder versinkt er in starres Grübeln und ist zu keinem Schritt zu bewegen!« So berichtete der junge Schmidt seinem Vater nach Ansbach.

Der Schlaganfall war überwunden. Nun erhofften die Ärzte in den Thermalbädern Aachens eine völlige Behebung auch der rheumatischen Beschwerden. Die beiden Schmidts, Vater und Sohn, hatten den Schwerkranken nach Aachen gebracht. Auch dem französischen Diener Peter Le Blond – dienstfertig, rothaarig und aus Rouen gebürtig – war es gestattet worden, seinen Herrn zu begleiten. So hatte die kleine Gesellschaft am 15. August im Kurheim der Ursulinerinnen Unterkunft und Verpflegung gefunden.

Da saß nun Friedrich Händel zwischen grünen Bäumen, schaute zur Kuppel des San-Salvator Berges empor und horchte auf die Töne der kleinen Orgel, die aus der nahen Klosterkirche an sein Ohr drangen ...

Er dachte an seine eigenen Orgelkonzerte, die er so oft zugunsten der Armen der City von London in der St. Paul's Kathedrale veranstaltet hatte, Wettkämpfe der Orgel mit dem großen Orchester. Eben jetzt druckte I. G. Walsh in London, von Händel autorisiert, eine erste Sammlung dieser Konzerte – *Six concertos for the Harpsichord or Organ* –, in deren homophoner Schreibart Händels spielfreudige Beweglichkeit, seine reiche melodische Erfindung, nicht aber seine kontrapunktische Kunst und die Fülle seiner polyphonen Kräfte zum Ausdruck kamen. Doch das Generalbaß-Instrument, das Cembalo, begleitete, als »bezifferter Baß«, als »thorough-bass« markiert, das Orchester auf Schritt und Tritt, gab den Geigen und Bratschen, den Flöten und Oboen Stütze und Bindung; es war zugleich Ansporn zu freier, vielstimmiger Entfaltung, bis endlich die Generalbaß-Vollmacht der Grundharmonie alle verspielten Motive, Passagen und Kadenzen wieder in ihren Ursprung zurückholte.

Charles Jennens, den Händel vor einiger Zeit in Bad Tunbridge kennengelernt hatte, ein reicher, hagerer und gallenlauniger Mann, beschäftigte sich in seinen Mußestunden mit der attischen Tragödie, doch auch mit alttestamentarischen chorischen Dichtungen. Erst jüngst hatte er zusammen mit dem Sprachforscher Dr. Richard Bentley den biblischen Text *Saul*, der aus der Feder des Dichters Hamilton Newburgh stammte, mit »Chören« ausgestattet und das Werk aus angeborener Feindschaft gegen das Theater und nach dem Vorbild des blinden Organisten Greene ein ›Oratorium‹ genannt. Der junge Schmidt hatte den *Saul* dann in Händels Reisesack gesteckt und mit nach Aachen gebracht. Und so saß dieser in dem Kurheim der Ursulinerinnen und blätterte in guten Stunden in dem Oratorium *Saul*. Es war ein biblisches Spiel in drei Akten, das die Eifersucht des alten Königs Saul auf den jungen, siegreichen Helden David abhandelte. Dabei trug der Chor des Volkes in der Art der attischen Tragödie die Handlung und ergriff zuletzt für David Partei.

Ein Text in englischer Sprache, mit englischen Sologesängen und englischen Chören ...

»How excellent Thy name, o Lord!« David hatte Goliath erschlagen, das Volk preist Gott.

Händel glaubte plötzlich, die hellen, festlichen Fanfaren wieder zu hören, unter deren Klängen sich vor soviel Jahren in S. Maria Maggiore zu Rom der *Jephta* von Giacomo Carissimi vor seinen Ohren abgespielt hatte. Nun sah er vor sich einen David in michelangelesker Gestalt, doch nicht allein, sondern umgeben von einem Volk, das ihm zujubelte. Händel hörte Jubelgeschrei, getragen von Fanfaren.

Der Chor als Fundament eines legendären Spiels und als Träger der Handlung. Der Chor als großes musikalisches Erlebnis! Das führte weit hinaus über die attische Tragödie, führte hinein in die dramatisch-bewegte barocke Welt eines Carissimi ...

Aus London traf die gute Nachricht ein, daß Händels großes Orchester unter Leitung des Trompeters Lampe wiederum für ein Jahr bei John Rich im Covent Garden verpflichtet sei. Auch für Vauxhall Gardens, dem neuen Vergnügungspark an der Themse, sollte das Orchester allwöchentlich einen Abend mit Händelschen Konzert- und Opernstücken bestreiten. War doch Mr. Tyers, der Unternehmer, ein eifriger Bewunderer Händels.

Das Orchester hatte also zu leben, das war vorläufig die Hauptsache. Für Händel selbst schien die pekuniäre Lage weit weniger geklärt. Er besaß keinen Shilling mehr. Der alte Schmidt hatte den Kuraufenthalt in Aachen aus dem Rest seines Ersparten bezahlt. Da traf ein Brief aus Venedig ein, den der junge Schmidt lange für sich behielt, so lange, bis er die Gewißheit hatte, daß der Meister wieder bei Kräften sei. Der Gatte von Anna Strada, Emanuele del Po, machte eine Restforderung seiner Frau geltend und drohte zugleich mit einem englischen Gesetz, das den säumigen Schuldner dem Schuldgefängnis überantwortete. Der junge Schmidt schlug vor, sich unmittelbar an die Königin zu wenden. Aber Händel war nicht der Mann, Lord Herwey mit einem solchen Fetzen Papier zu belästigen. Auch bettelte er nicht um Almosen der Königin, obgleich er wußte, daß Karoline über einen kleinen Staatsfond verfügen durfte und an große bedürftige Männer der Nation – so an Steele, Ockley, Bingham, Johnson – alljährlich Subsidien verteilen ließ. Selbst der katholische Alexander Pope erhielt wie zu Zeiten der Königin Anna eine geheime Staatspension.

Aber Händel machte seine Schulden mit sich selber ab. Durch den Verleger I. G. Walsh allerdings war kein Vermögen zu verdienen. Der gewöhnliche Honorarsatz für jede Oper, für jedes Orgelkonzert hatte in den Jahren von 1721 bis 1738 etwa dreißig Pfund betragen. Nur *Floridante* erzielte ein Honorar von zweiundsiebzig Pfund, das *Alexanderfest* brachte sogar ein Höchsthonorar von hundertfünf Pfund ein. Doch war die Summe dieser Honorare noch nicht einmal die Hälfte dessen, was die noch ausstehende Gage der Strada betrug.

Ein neues Oratorium – *Saul?* Aber wer fragte in London nach einem Oratorium? Geld war nur zu verdienen mit neuen Opern.

Der unermüdliche Heidegger hatte den Haymarket wieder eröffnet. Er schickte Händel das Angebot, ihm zwei Opern zu schreiben, zwei Opern auf einmal, die er mit je tausend Pfund zu honorieren gedachte. Auch sollte Händel ein Benefizabend garantiert sein, den Heidegger ebenfalls mit tausend Pfund veranschlagte.

Der verflixte Heidegger! Er brachte alles zustande. Es gab keine guten Opernsänger weit und breit, selbst in Italien waren die Virtuosen rar. Und doch hatte Heidegger schon wieder ein Ensemble mit einem neuen Primouomo, Gaetano Majorane, genannt ›Caffarelli‹.

Trotzdem war es sehr schwierig geworden, in London ein Theater zu führen. Seit kurzem übte Robert Walpole, »der Ehebrecher und politische Schieber«, Premier des Königs, neben einer schamlosen Briefzensur eine ebenso rücksichtslose Theaterzensur aus: »zur Hebung der Moral und der öffentlichen Ordnung«. Der Dramatiker John Fielding, ein begabter, doch fesselloser Dichter, war diesem Dekret schon zum Opfer gefallen. Pope und Swift verwahrten hinfort die Schärfe ihrer Zungen.

Der junge Schmidt unterbreitete Heidegger im Auftrag Händels ein Thema, das die Liebesgeschichten eines französischen Königs, eines »Roi Soleil« mit dem Namen Faramondo, in fabulierender Weise behandelte. Heidegger mußte das heikle Thema der Zensur unterbreiten. Aber Walpole hatte, wie sich bald herausstellte, sein Augenmerk nur auf die politische Satire gerichtet, soweit sie ihm persönlich unangenehm war. Sonst aber prahlte er mit Freiheit und Ungebundenheit und hatte nichts gegen die Abenteuer der Liebe. Erotik war immer ein bequemes Ventil politisch unruhiger Zeiten.

Händel aber brauchte Geld, und so schrieb er die leichtfertige Geschichte des Königs Faramondo. Er diktierte Christopher Schmidt eine vielversprechende Ouvertüre, reichte ihm ein Bündel von Arien und Rezitativen – und saß in den freien Stunden eifrig in den heißen Bädern von Aachen.

Der wohltuende Einfluß der Quirinusquelle machte sich bald bemerkbar. Nun blieb Händel dreimal solange in seiner Wanne sitzen, als der Arzt es erlaubte, und schwitzte länger, als je ein Mensch in Aachen geschwitzt haben mag.

Man sah ihn alsbald am Arm einer jungen Dame auf der Kurpromenade spazierengehen, und der Klatsch wollte wissen, es handle sich um die jüngst verheiratete Prinzessin Anna, Händels Lieblingsschülerin. Aber Anna war erst vor zwei Wochen inkognito bei Händel in Aachen gewesen, und nur für einen Tag.

Jetzt aber hatte Händel den Besuch seiner fünfundzwanzigjährigen Nichte Johanna Friederike Michaelsen, die selbst eine Prinzessin an Gestalt und von heiterer Blondheit war.

»Du bist meine Herzdame, Rike, weißt du es auch?«
fragte Händel munter wohl zum fünfzigsten Mal.

»Ich weiß es, Oheim. Und Ihr seid mein erster Kavalier!« scherzte Friederike.

»Der erste? Das lass' ich mir gefallen. Doch das glaubt
uns die Welt nicht. Auch mag dich ein zweiter wohl besser unterhalten, als ich es kann.«

»Oheim – es gibt keinen zweiten!« sagte Friederike errötend.

»Er wird nicht auf sich warten lassen!« antwortete
Händel.

Sie standen vor dem Badehaus der Quirinusquelle.

»Ihr dürft nicht zu lange bleiben, Oheim, der Arzt ...«

»Der weiß genau wie ich: Man kann den Teufel nur mit
Beelzebub austreiben! Christopher, bring Er Mamsell
Michaelsen nach Hause!«

Und der junge Schmidt schaute galant an der stattlichen
Demoiselle aus Halle empor und brachte sie mit einem
Redeschwall nach Hause.

Eines Tages kam auch Mrs. Grahn aus Dublin in diese
Idylle. Nun war Händel die Weiberwirtschaft schon wieder müde.

»Christopher, führe die Damen spazieren! Christopher, die Damen wünschen eine Patience! Christopher,
die Damen wollen musizieren!«

Dorothy Grahn hatte immer noch Geist und Anmut,
aber sie war jetzt in einem Alter, in dem die Frau ihre
schwindende Jugend gerne durch Neugier ersetzt.

»Wie geht es Ihnen, mein Teurer?«

»Wie einem Mr. Handel, Esquire, den kennen Sie
wohl, Madame?«

»Sie schreiben sehr kurze Briefe, mein Bester!«

»Ich will Robert Walpole nichts zu lesen geben!«

»Sicher führen Sie ein Tagebuch!«

»Madame, ich bin zu diskret!«

»Sie hätten der Welt so viel zu erzählen!«

»Dazu bin ich nicht Poet genug!«

»Denken Sie an die Nachwelt, Meister?«

»An die Nachwelt? Nicht einen Augenblick!«

»Es geht Ihnen wieder gut, ich merk' es!«

»Wie kann es mir schlechtgehen, Madame, wenn Sie um mich sind!« –

Die Lähmungen waren von ihm gewichen, die Gicht hatte ihre letzten Schlupfwinkel in dem gewaltigen Körper verlassen. Nun saß Händel an der Orgel der kleinen Klosterkirche, und sein Spiel erhöhte den wunderbaren Eindruck seiner schnellen Genesung, so daß die Ursulerinnen das Ereignis fast zum Mirakel erklärten.

Im Kirchenschiff warteten Abgesandte der Stadt Elbing. Sie waren zu Händel gefahren, um ihn zu bitten, für die Fünfhundertjahrfeier ihrer Stadt eine Festmusik zu schreiben. Nun erhielten sie ein Vorspiel für ihre Festmusik.

Die Damen waren indessen auf ihrem Spaziergang mit Christopher Schmidt in ein Gespräch darüber geraten, warum Georg Friedrich Händel in seinem reichen Leben die Gelegenheit nicht wahrgenommen hatte, sich in das Glück des Ehestandes zu begeben.

»Er ist charmant, unser Meister«, sagte Mrs. Grahn zu Friederike, »aber zur Ehe fehlt ihm ein kleines Talent – oder auch eine kleine Schwäche: sich ein bißchen verwöhnen zu lassen!«

Friederike konnte nicht finden, daß ihrem geliebten Onkel in seiner männlichen Vollkommenheit noch irgend etwas fehle. Selbst die kleine Schwäche für das andere Geschlecht vermißte sie nicht. Vom frühen Morgen bis zum späten Abend durfte sie den Onkel mit kleinen Aufmerksamkeiten verwöhnen, und er ließ sich alles recht gerne gefallen.

»Er ist verliebt in Sie!« meinte Mrs. Grahn etwas boshaft.

»Das dürfte er nicht hören!« antwortete Friederike, und sie errötete schon wieder. –

Plötzlich aber, mitten in der Arbeit an der Festmusik der Stadt Elbing, endeten die schönen Tage von Aachen. Eines Tages befahl Händel Christopher Schmidt, schleunigst die Koffer zu packen. Und der kannte auch den Grund zu dieser überstürzten Maßnahme.

Der König in Preußen, Friedrich Wilhelm I., war mit dem Kronprinzen Friedrich zu einer Kur nach Aachen gekommen. Händel aber wollte einem König nicht die Referenz machen, der seiner verehrten Prinzessin Anna die Hand des eigenen Sohnes »refüsiert« hatte. Er reiste ab. In der Kutsche freute er sich, daß die Pferde so lustig trabten. Friederike saß neben dem Oheim, ihm gegenüber Mrs. Grahn und Christopher Schmidt. Auf dem Bock aber, neben dem Schwager, saß Peter Le Blond, der lustige Franzose.

»Blas Er Allegro!« herrschte Händel den Schwager an, als die Kutsche das Weichbild von Aachen verließ.

Es ging zurück nach London.

Friederike erlebte die große Stadt an der Themse: nebelgraue Tage in endlos scheinenden Gassen, festliche Abende am Haymarket, in Lincoln's Inn Fields, in Drury Lane. Christopher Schmidt war ihr ständiger Begleiter.

Doch dann, in der Kathedrale von St. Paul, saß der Oheim bei einem Wohltätigkeitskonzert für die Armen der City an der großen Orgel von Father Smith und wetteiferte mit einem Orchester von sechzig Musikanten. Es war das große Händelorchester, das der Trompeter Lampe in Abwesenheit seines Herrn so fürsorglich betreut hatte.

In Vauxhall Gardens fand an einem schönen Oktobertag eine Ehrung für den Oheim statt. Friederike saß unter Tausenden von Menschen und sah den Oheim über den

Tausenden stehen – ein ›Mann-Berg‹ über den Zwergen. Eine Statue Händels, von Roubiliac gemeißelt und festlich mit Girlanden und Kränzen behängt, war erst kürzlich in Abwesenheit Händels enthüllt worden. Sie zeigt den Meister in einem leichten Gewand, eine Leier schlagend. Ein Amor zu seinen Füßen lauscht den Tönen.

Kehrte Friederike dann aus der lärmenden Stadt in das stille Haus in der Brook Street zurück, dann war sie glücklich und froh. Es war ihr gestattet worden, die Hausfrau zu spielen. Gerne vernahm sie bei ihren Geschäften die höflichen Worte Peter Le Blonds, wenn er ihr ein Kompliment machte oder ungebetene Besucher von der Türe wies. Der Oheim hatte Schmidt die Festmusik der Stadt Elbing schon in die Feder diktiert, nun saß er über seiner Oper *Faramondo,* und heitere Klänge durchschwebten das Haus. Heidegger war schon dreimal vorstellig geworden. Die Zeit drängte.

Man schrieb den 15. November. Der Oheim zog seinen Staatsrock an, setzte die neue Perücke auf und fuhr zu einem Antichambre der Königin. Karoline von Ansbach war sehr, sehr krank. Hofmarschall Lord Herwey hegte die schlimmsten Befürchtungen. Auch Händel durfte die Königin nicht sehen.

Doch am Abend erzählte der sonst so schweigsame Mann Friederike, wie er Karoline als kleines Mädchen im Schloß zu Kölln zum erstenmal gesehen, wie er sie zwölf Jahre später als Prinzessin von Hannover im Park von Herrenhausen wieder getroffen und wie er sie dann als Königin von England oft in ihre Loge geleitet hatte ...

Sie hat Gutes in ihrem Leben getan: hat ihren Gemahl mit sanfter Hand regiert, ihren ungeratenen Sohn, den Prinzen von Wales, in die zarten Bande einer vernünftigen Frau verstrickt, hat selbst den unbeherrschten Walpole vor allerlei Torheiten bewahrt. Die Königin war es, die den Hochverräter Savage begnadigte, den Eidesver-

weigerer Carte aus der Verbannung zurückrief und dem
Ariander und Staatsfeind Whigton eine Pension ver-
schaffte...

»Auch der große Leibniz hat Ihrer Majestät gar manches zu danken – und auch ich!«

Am 20. November 1737 starb Karoline von Ansbach,
vierundfünfzig Jahre alt. Der kleine König Georg II. verlor seine königliche Haltung und brach in lautes Gejam-
mer aus. Robert Walpole aber, der seine große Gönnerin
verloren hatte, verhandelte schon am selben Abend mit
der königlichen Mätresse Miß Howard und versicherte
sich ihres Wohlwollens.

Händel erhielt am 7. Dezember den Auftrag, das Be-
gräbnis der Königin mit einer Trauermusik zu umrahmen. Nur acht Tage blieben ihm zu einer letzten Zwiesprache mit der erlauchten Freundin. Sein Herz schenkte
ihr einen erlesenen Kranz von Psalmen.

Im Banketthaus zu Whitehall, zwischen Kolossalge-
mälden von Peter Paul Rubens, fand die Generalprobe
statt. Die ersten Solisten Englands, Mr. Leigh und Mr.
Bayly, waren aufgeboten, mit achtzig Chorsängern der
königlichen Kapelle und Händels verstärktem Orchester
von hundert Instrumenten zusammenzuwirken.

Die Beisetzung in Westminster am 17. Dezember dauerte von sechs Uhr nachmittags bis neun Uhr abends. Wie
aus ewigen Sphären strömten die Trauerklänge auf die
höfische Gesellschaft herab, bis ein Largo in feierlichem
g-Moll Diesseits und Jenseits voneinander trennte.

Acht Tage später hatte Friedrich Händel seinen *Faramondo* fertiggestellt. Dann nahm er – um seiner Verpflichtung gegen Heidegger vollends zu genügen – schon
drei Tage später, am 26. Dezember, eine zweite Oper in
Angriff: *Xerxes*, ein recht heiteres Thema, worin der

große König von Persien in eine burleske Liebeskomödie verwickelt wird.

»Wir schreiben eine Volksoper!« sagte Friedrich Händel zu Schmidt. Und als sei die Heiterkeit schon allzulang nicht mehr seine Muse gewesen oder jetzt, nach seiner Genesung, erst recht bei ihm eingekehrt, mischte Händel Scherz und Ernst. Voll Witz, voll Phantasie war sein Geist und willens, mit einem Possenspiel der Flöten, Geigen und Oboen aller Welt ein Lustspiel zu schenken: eine Oper für einen Tag. Was als Eintagsfliege, als Laune des Augenblicks gedacht war, wurde ein Dokument der Ewigkeit. Denn gerade bei *Xerxes* entfuhr Händel jenes Largo in G-Dur – »Ombra mai fu« – das, Triumph männlicher Gelassenheit, im Lauf eines Jahrhunderts die ganze Welt bezwang und in jedem Salonalbum noch Platz fand:

> »Schattige Ruh –
> Nie gab Natur sie mir
> So hold und labevoll/
> So sanft wie Du ...«

sang König Xerxes unter einer schattenspendenden Platane, sobald der Vorhang sich hob.

Eine hübsche Burleske, die mit einem ›Largo‹ beginnt, das den Hauch der Ewigkeit an sich trägt!

»Aber dieses Largo, mein liebes Mädchen, ist ein Larghetto, und du sollst es nicht zu breit und zu schwer nehmen, sondern leicht und fein, sonst kommt das Lüftchen nicht herbei, das den müden Xerxes erfrischen soll!« sagte Händel zu Friederike.

Mit Caffarelli als Xerxes wurde im Haymarket am 15. April 1738 der Erfolg gemacht. Inzwischen hatte sich Christopher Schmidt von Heidegger breitschlagen lassen, zwei Opernrevuen – *Alexander* und *Jupiter in Argos* – aus Händelschen Arien zusammenzustellen. Nun kam Geld ins Haus. Anna Strada und ihr Gatte del Po konnten zufriedengestellt werden. Händels Benefizabend – zwei Concerti grossi, die er selbst dirigierte – brachte eine weitere Einnahme von fünfzehnhundert Pfund.

Der Abend wurde zugleich ein Abschied für Johanna Friederike, die nun den Oheim und die große Stadt London wieder verließ, um auf Wunsch ihres Vaters nach Halle zurückzukehren.

Charles Jennens hatte auf seinem prunkvollen Landsitz zu Gopsall in der Grafschaft Leicester eine Truppe von englischen Schauspielern einquartiert. Mit ihnen brachte er Tragödien von Äschylos und Sophokles zur Darstellung – mit musikalischer Untermalung der Chöre. Eine Aufführung der *Elektra* von Sophokles durch Dr. Richard Bentley hatte dann zu einer Auseinandersetzung geführt. Sie gipfelte in der Feststellung, daß nicht der Einzelheld wie bei Euripides – oder bei Shakespeare –, sondern ein ganzes Volk, ein ganzes Geschlecht der wahrhafte Träger der großen Tragödie sei. Dr. Richard Bentley hatte das Interesse seines Freundes Jennens wiederum auf die Stoffe des Alten Testaments gelenkt, in denen das Schicksal des auserwählten Volkes in vielfachen Erzählungen berichtet wurde.

Eine unüberbrückbare Kluft hatte sich zwischen dem Theater der Gegenwart und dem Kultspiel der Antike aufgetan. Dieser Gegensatz wurde offenbar in der Verwendung des Chores bei Äschylos und Sophokles: Ihm kam nicht, wie dem Opernchor, eine nur gelegentliche effektvolle Verwendung zu. Er hatte vielmehr entscheidende Bedeutung im Sinne des Ganzen, während der Darsteller die Legende in attischen Jamben nur auszuspinnen, die Handlung zu fördern, die Voraussetzung für den Chor zu schaffen hatte.

Hamilton Newburgh, Jennens zweiter Freund, hatte

dem Alten Testament einen dichterischen Vorwurf entnommen: *Saul*. Er hatte diesen *Saul* mit Chören ausgestattet, die eine musikalische Begleitung erforderten. Man dachte an Händel. Aber Händel hatte den Text des *Saul* zwar in Empfang genommen, doch dann nichts mehr von sich hören lassen. Die Oper hatte ihn von neuem abgelenkt. Nun war Jennens mehrfach bei Händel vorstellig geworden und hatte ihn schon zweimal nach Gopsall eingeladen. Jennens war nicht der Mann, der sich sonst um andere zu bemühen pflegte. Aber gerade dieser Händel hatte es ihm angetan ...

Am 19. September 1738 schrieb er an Newburgh: »Händels Kopf steckt voller Grillen. Seine erste Grille ist sein Eigensinn für das Theater. Seine zweite Grille aber ist eine Orgel, die er zum Preise von fünfhundert Pfund – er hat jetzt Geld im Überfluß! – bei einem gewissen Moss of Barnet bestellt hat. Er sagt mir, die Orgel sei so gebaut, daß er, wenn er davor sitze, seine Mitwirkenden besser überblicken und leiten könne als bisher. In Zukunft wird er also, anstatt bei seinen Oratorien laut den Takt zu schlagen, die ganze Zeit über an der Orgel sitzen können mit dem Rücken gegen das Publikum. Und das freut ihn so, daß er nun täglich mit seinem Orchester konzertiert.«

Man hatte auch Händel allerlei Merkwürdiges über den Millionär von Gopsall berichtet, von seinem Prunk, von seiner Geheimnistuerei, von seinen Grillen. Es war im ganzen Land bekannt, daß Charles Jennens nur arabische Diener in seinem Hause duldete, seine Gäste in einem türkischen Salon empfing und von seinen Freunden als ›Solyman the Magnificent‹ betitelt wurde.

Wiederum lud Jennens Händel nach Gopsall ein. Und Händel kam. Er fand ›Solyman‹ und seinen Palast ganz anders, als er vermutet hatte. Gopsall war ein Landsitz für Männer, die eine reiche Tafel und ein freies Wort, dafür aber wenig weibliche Gesellschaft liebten. Händel war sogleich wie zu Hause. Auch Hamilton Newburgh und Dr. Richard Bentley waren anwesend. Man diskutierte bald über die neue Kunstform, die sich nach den Hymnengesängen Palestrinas und seiner Oratorianer, im Gegensatz zur Oper ›Oratorium‹ nannte. Diese Bezeichnung hatte auch der blinde Dr. Greene in bezug auf Händels *Debora* in Umlauf gebracht.

Newburgh willigte in Händels Forderung ein, den Stoff des *Saul* in Akte und in Rollen zu gliedern. Doch dachte er sich als Ort einer kommenden Aufführung eine gewaltige Kirche wie St. Paul's Cathedral, einen Betsaal, ein – Oratorium, von dem der Name der neuen Kunstgattung abgeleitet war.

Händel war skeptisch. Niemals würde der höchst ehrenwerte Bischof von London sein Gotteshaus für ein solches Spiel zur Verfügung stellen. Es fehlten eben seit den Zeiten der Griechen die kultischen Räume zwischen Kirche und Theater – nicht nur in England, sondern überall auf der Welt. Also sei auch das Oratorium *Saul*, das er nun in Musik setzen wolle, auf die Oper am Haymarket verwiesen, die ja die vornehmste Bühne Londons, wenn auch ein Theater sei. Jennens und Bentley, die vor allem dem Theater den Kampf angesagt hatten, widersprachen. Das Oratorium sei eben kein dramatisches Spiel, eher ein episches Werk, Dokument menschlicher Andacht, das sich der dramatischen Mittel der Rollen und Chöre zwar bediene, doch nicht in theatralischer Absicht. Die Bühne sei immer die Welt à la mode. Ein Oratorium à la mode aber trage den Widerspruch in sich. Auch einem Porpora sei es nicht gelungen, in seinem Spiel von *David und Bathseba* eine kultische Oper zu schaffen.

Händel ließ den Streit über Wesen und Würde des Oratoriums auf sich beruhen. Gespräche über Kunst waren seine Sache nicht.

Die süßliche Koloratur, mit der Porpora seinen *David* ausgestattet hatte, mißtönte ihm noch in den Ohren. Viel zu glatt schmiegte sich die Sprache des Belcanto den biblischen Gestalten an. Dieser David war ein Kavalier à la mode. Die wenigen Chöre aber waren nur »Rappresentazione«, Stimmungsmusik, um die Soli besser vorzubereiten und opernhaft zur Geltung zu bringen.

Händel fand sich bei den englischen Hymnen Newburghs wie in seine eigene urtümliche Welt versetzt. Zu lange schon hatte ihn der welsche Klang verführt. Jetzt erschallte in ihm der Widerhall anderer, herberer Worte.

»How excellent Thy name, o God!« Das klang groß, wuchtig, erhaben.

»Welcome mighty king!« sangen die Töchter Israels.

»Envy, eldest born of hell! – Neid, Erstgeburt der Hölle!« Da tobte die Finsternis mit Händelschen Gewalten ...

Ein rundläufiger Grundbaß kehrt als Basso ostinato wie in einem Taumel sechzehnmal wieder. Darüber aber erhebt sich das Orchester, über diesem der Chor, und so entsteht ein Doppelkunstwerk, welches in seiner Art ohnegleichen ist. Doch bei der Freizügigkeit seiner Gestaltung läßt es den Gedanken an einen planvollen Aufbau gar nicht mehr aufkommen. Es ist, als öffne sich der Schlund der Hölle wie auf den Bildern mittelalterlicher deutscher Maler.

Händel, der Europäer, dessen Konversation französisch, dessen Theatersprache italienisch, dessen Herzsprache aber deutsch ist, findet in den englischen Hymnen und Chören Newburghs in seine nordische Welt zurück.

Die Eifersucht des Königs Saul ist die dunkle Macht, die den siegreichen David vernichten will. Dem finsteren Hagen gleich, schleudert ein Dämon den Speer auf den jungen strahlenden Helden, hetzt ihn um den Preis der schönen Michal noch einmal in die tödliche Schlacht. Aber Saul, nicht David wird von den Feinden getötet. Der Geist Samuels hat es verkündet: Sauls eigene Kinder, sogar sein geliebter Sohn Jonathan, werden David zum König ausrufen! Doch auch Jonathan fällt ...

In einer C-Dur Symphonie entwickelt Händel diese letzte Schlacht, die in einer Totenklage Davids über Jonathan gipfelt und mit einem Trauermarsch von unübertrefflicher Wirkung schlicht und feierlich ausklingt. Es folgt ein Chor »Mourn Israel«, vierstimmig, von einem reich behandelten Orchester umrankt, bis der Priester, der Bassist, selbst zur Abkehr von der Trauer mahnt: »Yee men of Juda, weep no more! – Ihr Männer von Juda, klagt nicht mehr!« Und das Volk hebt in einem fugierten Chor, mit Thema und Gegenthema, den siegreichen David zu seinem König empor:

> »Dein starker Arm, mit Kraft gestählt/
> Macht stolzer Feinde Wangen bleich!«

Drei Akte! Doch dies ist keine Oper mehr, keine Vorstellung mit Musik, keine theatralische Darbietung. Chöre kämpfen in den Räumen. Räume, allen Kulissen weit entrückt, scheinen sich sphärischen Welten zu öffnen. Der Chor des Lichtes kämpft mit dem Chor der Finsternis. Vierstimmig bauen Juden und Philister ihre Chöre gegeneinander. Die Soli – vierstimmig in Sopran, Alt, Tenor und Baß geführt – geben den Chören Aufruf und Anlaß, sich zu entfalten.

Mit Tanz und Gesang, mit einem Glockenspiel tritt im ersten Akt das Volk der Juden auf die Szene, um Davids Sieg über Goliath zu feiern. Doch im zweiten Akt schon nimmt das Volk Stellung für David und gegen König Saul. Im dritten Akt endlich reißt das Volk die Entscheidung an sich: »David wird König sein!« Der Chor entscheidet das Spiel! –

Für einen David aber ist weder die Kehlfertigkeit eines Primouomo noch die Virtuosität einer Primadonna vonnöten, um sich wirkungsvoll in Szene zu setzen. Denn dieser David selbst ist nur ein Teil seines Volkes, Wortführer der Juden, wie auch Saul, der König, nur ein Vertreter dieses Volkes ist. Volk aber ist Substanz und Natur, Masse und Mitte. Eine natürliche Mittellage der Stimmen und Instrumente zeigt jetzt die reife, klangvolle Kunst, die männliche Kraft Georg Friedrich Händels.

Vorbei ist die Zeit der großen Blender. Sogar in Italien ziehen die Stimmartisten nicht mehr. An Höfen des Kontinents haben die Faustina, Cusanino, Gizziello ihre Schlupfwinkel gefunden: in Wien, in Paris, in Warschau, während Farinelli in seinem »goldenen Käfig« in Madrid für einen wahnsinnigen König sein dreigestrichenes F erschallen läßt. Auch die Zarin Anna, Tochter Iwans III., hat sich noch ein paar Kastraten an ihre Oper nach Petersburg geholt, König Friedrich II. in Preußen aber möchte »lieber ein Pferd wiehern hören als so ein girrendes Frauenzimmer zur Primadonna haben«.

Dieser David von Händel wird englisch singen und ein Kontra-Altist, vielleicht ein hoher Tenor sein. Die Feldherrn der Juden und Philister sind Tenöre, Männer mit männlichen Stimmen. Saul aber und der Hohepriester werden – Baß gegen Baß – die Handlung zwischen sich spannen.

Ein einziges Duett nur wird in diesem *Saul* erklingen, wenn David im zweiten Akt seine geliebte Michal in die Arme nimmt.

Während Händel mit dem Feuer einer neuen Jugend sein Oratorium zu Ende bringt, haben die beiden Schmidt – auch der »alte Narr« ist wieder in London – alle Anstalten getroffen, das Theater am Haymarket wieder in Händels Gewalt zu bringen. Die Zeit der italienischen Oper geht auch dort zu Ende.

Es ist Krieg mit Spanien. Spanien wollte den Handel mit seinen Kolonien – und das war die halbe Welt – für Spanien monopolisieren. England durchbrach diese Monopole. Seine Handelsflotte hatte sich in den letzten dreißig Jahren von 260 000 Tonnen auf 420 000 Tonnen vergrößert, seine Kriegsflotte galt mit 200 000 Tonnen als erste der Welt. Mit welchem Recht also wollte Spanien noch immer die Weltpolizei auf dem Meer spielen?

In England entfesselt der spanische Konflikt die nationalen Instinkte. Eine Hetze gegen alles Fremdländische ist die Folge. Da die Zensurgesetze Robert Walpoles nur den einheimischen Autoren Fesseln auferlegen, die ausländischen dagegen verschonen, führt die Entrüstung des Volkes nunmehr zu einer Reihe von Theaterskandalen, die vor allem italienische Sängergesellschaften und französische Komödianten zu spüren bekommen.

Am Haymarket wird im Oktober 1738 eine Pariser Posse *L'embarras des richesses* durch einen Tumult aus dem Haus gefegt, in Lincoln's Inn Fields kurz darauf eine neapolitanische Oper mit faulen Äpfeln beworfen. Auch die Presse fällt über die welschen Sirenen und Kapaune mit bösen Worten her, und kein Impresario – nicht einmal ein Heidegger – kann es noch wagen, eine italienische Oper herauszustellen.

Nun mietet Christopher Schmidt das verödete königliche Theater am Haymarket, und zwar auf unbestimmte Zeit. Händel läßt der Presse mitteilen, er beabsichtige, während der Saison in jeder Woche ein Oratorium aufzuführen.

Charles Jennens gibt Friedrich Händel die Anregung zu einem neuen biblischen Spiel. Sein Sekretär Pooley, der schon den *Saul* in Reinschrift gebracht hat, erscheint mit einem Manuskript in der Brookstraße: *Israel in Ägypten*. Das Thema behandelt, nach dem Buch Exodus, das Schicksal des Volkes Israel in seiner tiefsten Not. Händel gefällt der Vorwurf. Jennens hat den Stoff in zwei Teile gegliedert: die Knechtschaft des auserwählten Volkes – die Befreiung des auserwählten Volkes. Doch Händel will auch jetzt wieder an seiner Dreiteilung festhalten und stellt in Anlehnung an die Trauerhymne für Königin Karoline eine *Klage des Volkes Israel über den Tod Josephs* als ersten Teil voran. Es folgt das eigentliche Thema: *Die Knechtschaft*.

Rezitativisch beginnt ein Tenor über die Bedrückung des Volkes Israel in Ägypten zu berichten. In klagenden Tönen fällt ein Alt ein. Dann erhebt sich ein Doppelchor über beiden Stimmen.

»Und die Kinder Israels schrien auf in harter Plage! ... Und sie erlagen der Marter und schrien laut! ... Und ihr Schreien stieg auf zu dem Herrn!«

Drei Empfindungen – Qual, Jammer und Aufschrei zu Gott – sind in einer schroffen Steigerung übereinandergehäuft und doch zur Einheit geballt. Das ist Händels Exposition. Das Fundament ist gelegt.

Die Handlung hebt an: Es ist eine Rhapsodie der Knechtschaft und des Schreckens, von dramatischen Gewalten vorwärts gepeitscht. Mag Händel aus früheren seiner Werke ganze Tonfolgen entlehnen. Titaneneifer treibt ihn jetzt mit noch nie gezeigter Energie von Chor zu Chor. Chöre, mächtigen Blöcken gleich, erheben sich über den Fundamenten, selbst Fundamente noch mächtigerer Chöre ...

Gott befiehlt Moses und Aaron, Zeichen und Wunder zu tun, Schreckenszeichen und böse Wunder: Das Nilwasser verwandelt sich in Blut – und auf quillt ein vierstimmiger Chor des Ekels und des Grauens! Viehpest schlägt die Ägypter! Eine Froschpest fällt über sie her! Frösche überfallen das Land, hüpfen und quaken in Rhythmen und Tönen von verblüffender Realistik.

»Eine Froscharie für Kontra-Alt!« spottet die à-la-mode-Kritik. Aber wer vermochte, Nachtigallenarien zu schreiben, weiß auch eine Froscharie wirkungsvoll zu gestalten.

»Und Moses sprach das Wort: Vernichtung!« Jetzt jagen die Bässe. Das aufgescheuchte Orchester speit ein Gezeter und Gewisper von Heuschreckenschwärmen aus! Ein Hagelchor folgt! Die Erstgeburt wird vernichtet! Und das Orchester schreit auf in qualvollen Klängen. Schrecken auf Schrecken trifft die Ägypter ...

Das auserwählte Volk aber steht unter Gottes Schutz. In uraltgläubiger phrygischer Tonart singt der Chor: »Und wir ziehen durch die Wüste!« Das Rote Meer öffnet sich. Ein figurierter Doppelchor baut in übernatürlichen Klängen einen Wall der Wasser.

»Und der Herr führte durch die Tiefe trocken sein Volk!« Es ist ein Wunder.

Doch dann stürzen die Wasser wieder zusammen! Achtstimmig überströmt das Meer die nachfolgenden Feinde! Nicht ein einziger vermag zu entrinnen! Welch ein Erlebnis für Israel! Welch ein Erlebnis für die ganze Menschheit, die Gewalt des zürnenden Gottes noch einmal zu erleben in den dramatischen Visionen Georg Friedrich Händels!

Im dritten Teil dankt Israel dem Herrn. In Kantaten, in Preisliedern steigt der Jubel empor. –

Das ist ein Werk aus zyklopischen Blöcken geformt. Händel, der große Heide, hat seinen Gott gefunden und baut ihm einen Tempel.

Chöre, zwei-, drei-, vierstimmig – vierstimmig zumeist –, Lieder, Arien und Rezitative und wieder Chöre: polyphone Gebilde in Formen der Fuge, der Doppel- und

Tripelfuge; Chöre als Madrigale oder in freien Rhythmen gestaltet!

Und die Einzelstimme? Muß sie sich retten in den Strom der tausend Stimmen, die ihr drängend folgen? Einst durfte der Chor die Bravourarie einer Primadonna mit einem Finale verzieren. Jetzt aber zeigt Händel, daß eine Stimme den tausend Stimmen, die sie umtosen, nur noch flüchtig voraneilt.

Georg Friedrich Händel hatte seinen *Saul* in der Zeit vom 23. Juli bis zum 27. September 1738 fertiggestellt, in zwei Monaten also. Das war eine Leistung, die trotz der umfangreichen Partitur von hundert Seiten – bei der Vehemenz seiner Schaffenskraft – nicht ungewöhnlich war. Unbegreiflich jedoch ist, daß Händel schon am 7. Oktober desselben Jahres *Israel in Ägypten* in Arbeit nehmen und drei Wochen später, am 28. Oktober, vollenden konnte: also in knapp einundzwanzig Tagen.

Die beiden Schmidts hatten inzwischen die Solisten verpflichtet, die sich in stattlicher Zahl wieder um Händel versammelten.

Die Premiere des *Saul* rückte heran. »Organo ad libitum« stand in der Voranzeige zu lesen. In den Zwischenakten würde sich also Händel selbst in freien Improvisationen auf der Orgel hören lassen. Signora Marchesina Galli mit ihrem tiefen, vollklingenden Kontra-Alt sang den David, Signora Francesina Avoglio die Michal, Mr. Reinhold, Mr. Waltz Saul und den Hohenpriester. Chöre und Solisten – auch die beiden Italiener – sangen in englischer Sprache vor einer englischen Landschaft, mit der Vater Arne den *Saul* ausgestattet hatte.

Händel eröffnete mit dem *Saul* am Haymarket ein »neues Festspielhaus für jedermann«. Logen und Parterre wurden – wie es bei seinen Konzerten längst Brauch war – zusammengelegt. Nur die Königsloge blieb reserviert. Der Platz kostete eine halbe Guinee. Für die erste Galerie nahm Händel fünf Shilling; die billigeren Plätze stufte er bis zu einem Shilling ab. Die Galerie ließ er um vier, das Parterre um fünf Uhr öffnen. Um sechs Uhr begann das Orchester mit dem Präludium.

Am 16. Januar 1739 errang der *Saul* einen entschiedenen Erfolg. Im Parterre saß nicht mehr die auserwählte Gesellschaft des Hochadels und des Reichtums. Jetzt füllte das gutbürgerliche Publikum der City die neugepolsterten Sitzreihen. Kunstsinnige Damen gaben jetzt den Ton an. Neue Gesichter, die noch niemand am Haymarket gesehen hatte, beeinflußten mit demonstrativem Beifall die allgemeine Stimmung: Puritaner, Boy-patriots, Anhänger Bolingbrokes füllten die Ränge.

In der Pause sah man drei große, schlanke Herren mit einer reizenden Dame zu Händel in die Bühnenloge treten. Es waren Lady Shaftesbury und ihre drei Vettern James, Thomas und William Harris, die den Wunsch hegten, Händels Bekanntschaft zu machen.

Die Harris hatten einen Landsitz in Salisbury und bezeichneten sich stolz als bürgerliche Familie. James, der älteste, war ein Musikliebhaber und -förderer, Thomas, der zweite, ein bekannter Rechtsanwalt der City, William, der dritte, Geistlicher. Er hatte den Wunsch gehegt, Georg Friedrich Händel kennenzulernen.

Eine neue Welt, eine andere Welt! – Etwas zu feierlich und eigentlich recht unerwartet umgab sie Händel. Gesichter mit langen Nasen und schmalen Wangen lächelten befangen, Lippen – nicht zu einem leichten Plaudern geformt – gaben ihren Beifall kund.

Dort, wo vor kurzem noch ein feudales England Logen und Parterre gefüllt hatte, um Sensationen zu erleben, Lachen und Flirt zu tauschen, saß jetzt ein bürgerliches England, bereit, durch die Kunst ein Ethos, ja, eine Weihe zu empfangen.

Das Oratorium *Saul* konnte bis April dieses Jahres sechsmal wiederholt werden, eine Woche über die andere, während Händel in den Zwischenwochen »verschiedene Konzerte für die Orgel und andere Instrumente, insonderheit die Oboe« veranstalten ließ. Auch sie fanden großen Zulauf.

Nach einer Zeit der Veroperung der Welt hielt man jetzt neue Einkehr bei der Musik. Die Schaulust war im Schwinden, die Lust zu hören im Zunehmen begriffen. Eine Zeit geistiger Sammlung kündigte sich an. –

Händel brachte der Göttin der Musik, der heiligen Cäcilia, mit der *Kleinen Cäcilien-Ode* ein dankbares Opfer. Er erneuerte die Ode *Alexanders Fest oder Die Macht der Musik* und holte aus seinen Jugendwerken die in England noch unbekannte Arbeit *Triumph der Zeit und der Weisheit* hervor. Es war die Dichtung des Kardinals Panfili aus dem Jahre 1708, in der sich Zeit und Schönheit, Wahrheit und Vergnügen um den Vorrang streiten – bis Zeit und Wahrheit den Sieg erringen.

Thomas Morell, ein Bekannter der Familie Harris, übernahm es, die italienischen Texte ins Englische zu übertragen und das allegorische Werk auf Händels Wunsch mit einigen Chören zu ergänzen.

Dreiundzwanzig Jahre zählte Georg Friedrich Händel, als er die Altersweisheit eines römischen Kardinals zum ersten Mal in Musik setzte. Jetzt greift er, dreiundfünfzig Jahre alt, auf die Partitur zurück. Welch ein Bogen spannt sich über ein Menschenalter hin von Halle über Rom bis nach London! ...

Die Proben zu *Israel in Ägypten* begannen – mit einem verstärkten Chor von zweihundert Sängern, einem Chor, der die Bühne am Haymarket mit Menschen überfüllte, so daß für das große Orchester von hundert Mann kaum noch Platz blieb. Man hatte für den Chor Stufen hinab ins Orchester gebaut.

Israel in Ägypten aber verzeichnete bei seiner Erstaufführung am 4. April dieses Jahres 1739 einen glatten Mißerfolg. Händels persönlicher Anhang blieb ihm auch diesmal treu und spendete Beifall. Aber Parkett und Galerie vermochten keine Hand zu rühren. Fremdartig, ja unheimlich waren die Gewalten dieser Chöre, die mit der Wucht entfesselter Elemente über die Zuhörer dahinrasten.

Zuerst, so schien es, riß der Hymnus der Ouvertüre das Parkett in gewohnter Weise mit sich fort, »doch dann duckten sich alle Köpfe in Unbehagen und Erschrecken«.

Händel wagte am 11. April eine zweite Aufführung. Er hatte einige Chöre gestrichen und dafür den Solisten größeren Raum gegeben. Doch der Bann wich nicht von dem Werk.

Der Prinz von Wales befahl auf Bitten seiner Gemahlin am 17. April eine dritte Vorstellung. Der Hof war versammelt. Doch das Parkett blieb leer.

Die Zeitung *London Daily Post* brachte am 18. April eine Zuschrift, R. W. unterzeichnet, in welcher *Israel in Ägypten* als das größte aller Werke des großen Meisters Friedrich Händel gepriesen wird, »voll sittlicher Größe, einem feierlichen Gottesdienste gleich«.

Am Haymarket kämpften Händel und seine Getreuen um den finanziellen Bestand. Christopher Schmidt setzte für den 1. Mai eine Arienrevue aus Händelschen Opern, *Jupiter in Argos* betitelt, auf das Programm. Bald jedoch lähmte der spanische Krieg jede weitere Unternehmungslust.

Händel versprach seinem Orchester für den Herbst einige neue Concerti grossi, die er in Lincoln's Inn Fields aufzuführen gedachte. Er hatte zwischen Oper und Oratorium auch das Concerto grosso zu mustergültiger Form gebracht: dreiteilig mit pastoser Einleitung, der Mittelsatz ein kantilierendes Andante, das Finale ein schwungvolles, tänzerisches Allegro.

Am Cäcilientag, dem 22. November, wartete Händel mit einer neuen Cäcilienode auf – nach einem Text von Mr. Dryden –, die mit einem Concerto grosso umrahmt war ... »Logen eine halbe Guinee, Parkett fünf Shilling, erste Galerie drei Shilling, zweite Galerie zwei Shilling. Das Haus wird auch wohlgelüftet und geheizt sein, Billettverkauf am Eingang, Beginn sechs Uhr«, meldet *Daily Post*.

Im darauffolgenden Januar fanden in London wegen übergroßer Kälte keine öffentlichen Veranstaltungen statt. Händel befand sich in Gopsall bei Charles Jennens. In der »Galerie der Genies« hing jetzt sein von Thomas Hudson gemaltes Porträt zwischen den Bildern von William Shakespeare und John Milton.

»Eine feine Gesellschaft!« schmunzelte Charles Jennens.

»Yes, Sir!« brummte Händel etwas bitter, als er sich in dem schweren goldenen Rahmen sah.

»Euer Blick ist John Milton zugewandt, Meister!«

»Shakespeare wird mir darob nicht böse sein.«

»Er hat Euch nicht viel zu sagen! Aber Milton ...«

»Soll ich vielleicht als Teufel in Person unter die Londoner fahren und ihnen die Ohren öffnen?«

»Das braucht Ihr nicht! Aber Ihr habt uns im *Triumph der Zeit und Weisheit!* Euer Selbstporträt geschenkt: Händel 1708. Wie wäre es nun mit dem Selbstporträt: Händel 1740?«

»Ein Selbstporträt?«

»In allegorischer Gestalt!«

»Also ein bißchen vernebelt und geschmeichelt, Sir? Genügt es nicht, wenn uns andere malen?«

»Auch Milton hat sich einmal der Allegorie bedient, um sein eigenes Ich in einem lebendigen Zwiespalt darzustellen.«

»Wie heißt dieses Werk?«

»Ich meine das Doppelgedicht *Der Frohsinnige und der Schwermütige*. Ich füge, wenn Ihr wollt, noch einen Dritten bei, der Euch sicher gefällt: den Gelassenen.«

»Der Frohsinnige, der Schwermütige und der Gelassene – l'Allegro, il Pensieroso ed il Moderato! Großartig! Fangt an!«

»Laßt mir acht Tage Zeit!« Und Jennens zog sich lächelnd in seine Bibliothek zurück ...

Ein musikalisches Seelengemälde, von allegorischen Gestalten belebt: *L'Allegro,* der Jüngling. In seinem Gefolge ein Sopran und ein Tenor – Lust und Freiheit, Scherz und Leichtsinn. L'Allegro sagt der Schwermut ade.

Il Pensieroso, der Mann. In seinem Gefolge ein Sopran und ein Alt – Selbstbewußtsein und Wille. Er weist den eitlen Tand dieser Welt von sich, »den Mückenschwarm der Lust«. Il Pensieroso will sich finden in seiner eigenen Welt.

Ein Wettstreit hebt an auf grüner Au zwischen Grillenzirpen und Abendruf der Hirten, zwischen Schalmeien und Oboen, in heroischer Landschaft zwischen Berg und Tal.

Im zweiten Teil tummelt sich ein Chor in der geschäftigen Stadt: »Busy, busy, hum!« Wie oft hat Händel in seinem Skizzenbuch den Lärm der City, die Rufe der Zeitungsträger, der Fruchtverkäuferinnen, der Schifferknechte musikalisch festgehalten! ...

Il Moderato, der Weise, der Bedächtige, der Gelassene, der, aller Enttäuschungen des Jünglings, des Mannes zum Trotz, dennoch das Leben bejaht. Er flieht aus diesem lärmenden Treiben und findet sich bald in einer weltfernen Gegend vor einer Klosterkirche. Die Orgel ertönt im Raum. Der Gelassene versinkt in Meditation ...

»Und die Erfahrung reif und alt/
Wächst zu prophetischer Gestalt!«

D-moll, gedämpfte Instrumente, feierlicher Ernst,
dunkle Schatten, bläulich, schwärzlich, violett. Dann findet der Gelassene in diese Welt zurück. Sopran, Tenor
und Baß – Frohsinn, Selbstbewußtsein und erprobte
Kraft – mögen ihn jetzt begleiten.

Händel hatte sein »Selbstporträt« in der Zeit von zweiundzwanzig Tagen fertiggestellt. Der Datierung des Ma-
nuskriptes sind astrologische Zeichen beigefügt:

L'Allegro. Parte 1. Jan. 19. 1740/♀
                   Jan. 25. 1740/♀
             Parte 3. S. D. G.(G. F. Händel.)
                   Fev. 4. 1740/☉

Hatte modischer Geist sich gewandelt und war ins
Kosmische entrückt? Oder hatte Christopher Schmidt
sich eine persönliche Freiheit erlaubt?

Am 27. Februar fand in Lincoln's Inn Fields die Erstaufführung statt. Der Erfolg erlaubte es, die Veranstaltung noch viermal zu wiederholen.

Doch Anfang Mai war der junge Schmidt aufs neue in
Schwierigkeiten, die Orchestermusiker bezahlen zu können. Er murmelte etwas von einer neuen Oper, die Geld
bringen könnte. Doch Händel fuhr ihn grob an. Als
Schmidt aber dem Meister das Geständnis machte, er
selbst sei unter die Dichter gegangen und habe eine Oper
geschrieben, da ließ sich Händel nach einigem Widerstre-
ben den Text vorlegen. Schon zwei Tage später saß er am
Cembalo ...

Imeneo! Bei den eleusinischen Mysterien werden ein
paar hübsche Mädchen von Seeräubern entführt. Imeneo,

der junge Held, rettet die Mädchen und begehrt Rosmene, die schönste von ihnen. Es folgen Verwicklungen, Liebesschmerzen und ein gutes Ende.

»Es soll mein letztes Pastorale sein!« meint Händel launig zu Christopher Schmidt und zaubert Menuette in Dur und Moll. Taubengurren und Sperberschrei. Das Brüllen eines Löwen durchzittert die leichte Luft. Melancholisches Wellenspiel des Meeres und ein bukolisches Landleben tönen ineinander. Am Ende wollen die galanten Schäfer gar noch einen Sängerkrieg entfesseln, um ihre Allerliebsten wiederzufinden. Glückliche Idylle! ...

Doch der Zulauf ist schwach. Es ist immer noch Krieg, ja der Weltkampf zwischen Spanien und England hat sich zu einem europäischen Konflikt zugespitzt. Frankreich und Preußen stehen gegen England und das Reich.

Händel aber, nun wieder im Bann der Oper, holt seinen alten ungetreuen, noch immer durch die Gassen von London flanierenden Paolo Rolli zurück. Und Rolli hat einen Text: *Deidamia oder Der Krieg gegen Troja.* Ulysses ruft die Helden. Wo ist Achill? Bei der schönen Deidamia sitzt er, als Mädchen verkleidet und in seidenen Kissen versteckt. Doch der schlaue Ulysses macht nun der kleinen Deidamia selbst den Hof und läßt dabei vor den Toren die Trommeln rühren. Jetzt springt Achill, der junge Held, aus seinen Mädchenkleidern, entlarvt sich als Mann und folgt Ulysses in den Kampf.

Wie das geschieht, ist voller Heiterkeit, Lachen und voll Humor.

»Die große Oper, sie kehrt zurück!« ruft Rolli begeistert und besorgt ein italienisches Ensemble. Händel sitzt am Cembalo.

Doch der Erfolg bleibt aus. Man schreibt den 10. Januar 1741. Man spielt die Komödie des Achill zum dritten, zum letzten Mal. Man deckt mit Mühe die Kosten. Händel ist wieder am Ende seiner guten Laune. Eine wohlwollende, aber recht plumpe Zuschrift in der *Daily Post* verdirbt ihm vollends den Appetit: »Könnte man doch die Herrschaften von Rang und Würde bestimmen, den großen Mann wieder in Gnaden aufzunehmen und ihn zu befreien von all dem Gewürm, das ihn mit tausend Stichen reizt und quält!«

Eine Oper der guten Gesellschaft soll Händel nach dem Wunsche der *Daily Post* wieder ins Leben rufen!

»Die Herrschaften können mir alle – die Trompete von hinten blasen!« sagt er in einem Anfall von Wut, mietet sich eine Kutsche und fährt zu Charles Jennens nach Gopsall.

Jennens tat sehr beschäftigt. Er ließ Händel schon nach zwei Tagen allein am Fischwasser sitzen. Der wurde bald ungeduldig.

»Was habt Ihr denn so Geheimnisvolles, bin ich Euch im Weg?«

»O nein, gerade Euch habe ich erwartet!«

»Und was soll ich tun?«

»Fischen sollt Ihr, das bekommt Euch und bringt Abwechslung auf unsere Tafel.«

»Ich fische schon jeden Morgen!«

»Und Billardspielen!«

»Ich spiele von einer Mahlzeit zur andern!«

»Golf!«

»Ihr wollt mich zu Tode hetzen!«

»Wartet noch zwei Tage!«

»Keinen Tag länger!« –

Am Abend des 30. Mai 1741 überraschte Jennens seinen Freund Händel mit dem Entwurf eines neuen Oratoriums, das er *Messias* betitelt hatte, »a sacred oratorio«.

»Was soll das?« fragte Händel nach dem ersten Einblick. »Habt Ihr die Bibel säuberlich abgeschrieben?«

»Ich habe Euch die Gestalt des Erlösers aus den Sprüchen der Propheten, den Psalmen des Alten Testamentes und den Evangelien des Neuen Testamentes vorgestellt, ohne den Erlöser selbst in einer Rolle zu profanieren!«

»Eine Passion – ohne den Sohn Gottes?«

»Ich erlebe den Messias als unsichtbares göttliches Wesen über Euren Chören, Arien und Rezitativen. Ich sehe, wie Ihr den allgegenwärtigen Heiland allein in Euren Tönen sichtbar macht!«

»Aber ich bin kein Pastor!«

»Ihr seid mehr als ein Pastor!«

»Gehen wir fischen!«

Nun war es Händel, der seinen Freund Jennens in den folgenden Wochen zur Verzweiflung trieb. Vergebens mußte der Sekretär Pooley jeden Morgen mit einer neuen Szene seine Aufwartung machen. Vergebens mühte sich Jennens, alle Besucher von Händel fernzuhalten.

»Was macht der *Messias*, Meister?«

»Der *Messias?* Er kämpft mit dem Teufel, aber der Teufel spricht englisch, Sir!«

Doch am Nachmittag des 10. August erblickte Jennens seinen Gast, wie er, mit einem deutsch-englischen Wörterbuch bewaffnet, in der Gartenlaube über dem Manuskript des *Messias* saß.

Am 22. August vernahm Jennens aus dem Musikzimmer die feierlichen Klänge einer zweiteiligen Ouvertüre: ein majestätisches Grave in zweimal zwölf Takten, das sich in einer e-Moll-Fuge überhöhte, doch bald in einem G-Dur hoffnungsvoll verklang.

»Ich habe Eure Bibeltexte erweitert und in drei Teile gegliedert!« sagte Händel am selben Tag zu Jennens.

»Hängt Ihr immer noch an Eurem Opernschema?«

»Ich hänge an Eurem Stoff! Ihr gebt ein Vorspiel: die Ankündigung des Heilands! Ihr gebt einen Hauptteil: das Leiden und die Auferstehung des Herrn! Aber es fehlt noch ein Drittes: die Erlösung der Welt! – Nennen wir es ein Weltendrama. Doch nicht ein Drama in Rollen, sondern in Stimmen und Chören. – In dem Plan der Dreiheit liegt das Geheimnis aller Steigerung: der Aufstieg der Handlung vom ersten zum zweiten, der Abstieg vom zweiten zum dritten Teil. Einem Dreieck gleich ist der Bau eines Dramas mit einer Grundlinie und einer Höhe – wie übrigens jedes einzelne Teil, ja, jeder Baustein einem Dreieck gleicht!«

Georg Friedrich Händel gewährte seinem Gastgeber damit Einblick in die planvolle Arbeit des Dramatikers: Aus Teilchen bauen sich Teile, aus Teilen das Ganze. Jeder Teil ist dem Ganzen an Form, an Symmetrie gleich – so etwa, wie eine Leibnizsche Monade ein kleines Urbild der Welt, die Welt selbst nur die Summe aller Monaden darstellt.

Jede Arie, jeder Chor, ja, meist auch die Ouvertüre und das Finale sind dreiteilig und in sich geschlossen: kleine Dramen für sich. Auch der einzelne Akt ist wieder dreiteilig und in sich geschlossen. Doch erst in der Einheit der drei Akte ist ein Werk vollendet.

So schafft der Verstand die große Planung, in deren Grenzen sich die Phantasie wie in einem kunstvollen Garten ergeht.

Händel saß über seiner Arbeit. Er schrieb Chöre voll einfacher und volkstümlicher Klänge, festliche Chöre, als sei die ganze Christenheit im Schloß von Gopsall in feierlicher Andacht versammelt.

Schon am 26. August war der erste Teil, *Die Verkündigung,* ins Werk gesetzt. Die Orchesterpartien hatte Händel nur skizziert, was bei der Schnelligkeit seines Schaffens begreiflich war. Aber auch diese Skizzen waren genaue und verständliche Fingerzeige. Es handelte sich nur darum, »die Geheimnisse zu heben, welche ein bezifferter Baß für den Kundigen barg«.

Anfang September schuf er ein »Halleluja« in D-Dur,

Notenschrift Händels

einen mächtigen Chor im Viervierteltakt, der den zweiten Teil seines Werkes beschloß.

Händel errichtete mit diesem »Halleluja« ein Tongebäude aus sieben Ringen: Mit den Fanfaren beginnt der Chor und legt den ersten Ring: »Halleluja, Halleluja!«; es folgt der zweite Ring, ein Unisono aller Stimmen: »Denn Gott, der Herr, regiert allmächtig«; im dritten Ring jauchzt der Chor: »Halleluja, Halleluja«, Alt, Tenor und Baß fallen ein: »Dem Gott, dem Herrn«.

Es folgt der vierte Ring – ein getragenes Lied, eindringlich, Wort für Wort: »Der Herr wird König sein«. Und wieder, im fünften Ring, braust der Chor voll Begeisterung: »Das Reich der Welt ist des Herrn«. Ein Fugato

353

folgt und formt den sechsten Ring: »Und er regiert von nun an auf ewig«, bis Sopran und Alt emporsteigen: »Herr, Herr, der Götter Gott«.

Und immer höher steigt der Sopran in den siebenten Ring empor. Und immer mächtiger schwillt der Chor: »Herr, Herr, der Götter Gott, Halleluja!«

Und als hätte dieses Halleluja die Sehnsucht der Welt nach Erlösung auf Engelsfanfaren herbeigetragen, so jubelt jetzt der Sopran in E-Dur: »I know that my redeemer liveth – ich weiß, daß mein Erlöser lebt!«

Georg Friedrich Händel gelang am 14. September die Vollendung der Gesamtpartitur. Noch einmal brauste ein »Amen«, als Fugato geführt, wie ein Hymnus auf die erhabene Majestät Gottes, über den Ziergarten von Gopsall hin ...

Aus Dublin hatte Händel während der Arbeit mehrere Briefe erhalten. Der Statthalter von Irland, William Cavendish, Herzog von Devonshire – selbst ein großer Liebhaber der Musik –, machte Händel in einem persönlichen Schreiben den Vorschlag, mit seinem neuesten Werk in Dublin zu gastieren. Er selbst würde die Protektion für ein »Händel-Fest« übernehmen. Der Erfolg sei also gesichert.

Auch Musikdirektor Dubourg hatte Händel schon des öfteren nach Dublin eingeladen, zusammen mit Händels altem Gönner Geminiani, dem Geigerkönig Georgs I., der seine alten Tage in Dublin verbrachte. Seit Wochen weilte auch Händels Jugendfreund Domenico Scarlatti mit seinem Streichorchester in Irland.

Doch Händel zeigte sich plötzlich wieder schwerfällig, unlustig, der Welt abgeneigt.

»Was habt Ihr jetzt in London verloren? Macht eine Reise!« sagte Jennens.

»Und der *Messias?*«

»Wenn Euch doch Dublin genug wäre! Es ist eine fröhliche und friedliche Stadt. «

»Was meint Ihr?«

»London gleicht einer Kriegstrommel, mein' ich!«

»Und Ihr meint, ich sollte den *Messias* in Dublin herausbringen?«

»Das mein' ich wirklich!«

»Vielleicht habt Ihr recht!«

»Schreibt sogleich an Dubourg, daß Ihr kommt! Packt Eure Koffer! Ich werde Euch das Orchester und den Chor nachschicken!«

Am 5. November machte sich Händel in Begleitung des alten Schmidt auf die Reise nach Irland.

Grüne Insel des Friedens in einer kriegsgeplagten Welt! Hinter weißblitzenden Fischernetzen weidet gemächlich das gelbe Vieh. Ein Hirte singt ein Lied mit breiter gälischer Zunge. Rötlich funkelt sein Haar, blau in den Himmel lachen seine Augen ...

Irland! Land der Bauern und Fischer, glückliches Land! –

»Wir haben nur einen Heiligen hier, und das Gouvernement verteilt keine Orden! Irland ist das Land ohne Orden, also kommt ohne Aufenthalt, es ist Euer Land!« hatte Dubourg an Händel geschrieben.

Doch in Chester hatte ein Sturm die Überfahrt verhindert, und so bestaunte die kleine Stadt den »big and powerful man«, wie er im Kaffeehaus, über den *Messias* gebeugt, seine kurze Pfeife qualmte. Besonders ein blonder Jüngling, Charles Burney, stand den ganzen Tag über vor dem Fenster, um den weltberühmten Meister zu sehen. Noch ahnte er nicht, daß er selbst einst ein bedeutender Historiker und Georg Friedrich Händels erster Biograph sein würde!

Mr. Baker, der Organist der Kathedrale von Chester,

war mit seinen besten Chorsängern bereit, die Textbücher des *Messias* unter der Obhut von Christoph Schmidt sorgfältig abzuschreiben.

Am 18. November endlich traf das Schiff in der malerischen Bucht von Dublin ein. Eine Karosse entführte Händel durch stille Gassen, über grüne Plätze, über eine hölzerne Brücke. Er nahm Quartier bei Mrs. Grahn in der Abbey Street. –

Händel hatte auf Wunsch des Statthalters von Irland ein Festprogramm für drei Wochen entworfen: beginnend mit *Allegro*, fortfahrend mit *Alexanders Fest* und der *Cäcilien-Ode*, sodann den Oratorien *Esther* und *Debora* und der Oper *Imeneo*.

Am 23. Dezember begannen die Aufführungen in dem neuen Konzertsaal von Dublin, der ›Neal's Music Hall‹ in der Fishamble Street. Schon nach dem sechsten Abend – *Allegro*, *Alexanders Fest* und *Cäcilien-Ode* mußten doppelt angesetzt werden! – ersuchte der Statthalter von Irland Seine Majestät den König um Verlängerung des Urlaubs für Herrn Händel auf weitere drei Monate.

Die Proben zum *Messias* hatten begonnen.

Am 27. März 1742 schreibt *Faulkner's Journal:* »Zur Unterstützung der Gefangenen in den verschiedenen Gefängnissen, zum Besten von Mercer's Hospital und der Charitable Infirmary, wird am Montag, 12. April, Herrn Händels neues Oratorium, genannt *Der Messias*, aufgeführt, unter Mitwirkung der Herren Chorsänger beider Kathedralen – der katholischen und der evangelischen nämlich – nebst einigen Konzerten auf der Orgel von Herrn Händel selbst begleitet.«

Zur Hauptprobe am 8. April kam auch der Statthalter. Obwohl das Publikum nur in beschränkter Anzahl zugelassen war, machte sich der Erfolg des Werkes schon jetzt bemerkbar: »Nach dem ›Halleluja‹ schien Seine Lordschaft so bewegt, daß er Mr. Handel den Vorschlag machte, die Aufführung in die Christ Church zu verlegen.«

Händel jedoch war mit Neal's Music Hall recht zufrieden und lehnte das Angebot ab. Er hatte nach dem »Halleluja« als Übergang zum dritten Teil ein Adlibitum auf der Orgel eingelegt. Die Güte des Instruments hatte ihn völlig gefangengenommen. Auch war ihm, wie er sagte, ein heller Saal lieber als eine dunkle Kirche.

Am 11. April traf Charles Jennens mit Gefolge in Dublin ein, und am 13. April fand die Aufführung statt.

Faulkner's Journal sprach die Bitte aus, die Damen möchten zu diesem feierlichen Anlaß ohne Reifröcke erscheinen, damit um so mehr Plätze zur Verfügung stünden.

Und der Erfolg? »Worte fehlen«, schreibt *Faulkner's Journal*, »um all das Erhabene, das Großartige und das Zarte zu schildern, welches die Herzen und Ohren zu begeistern vermochte.«

Chöre als Träger der Entscheidung, der Erhöhung und der Erlösung! Chöre des Volkes zum Lob Gottes! Das war neu und unerhört! Und jeder, der an diesem 13. April 1742 in Neal's Music Hall zu Dublin Händels »Halleluja« erlebte, fühlte sich im Innersten erschüttert. »Nach dem ›Halleluja‹ setzte sich ein dicker Mann, groß und bärenschwer, an die Orgel und spielte. Aber bald schien die so irdische Gestalt selbst emporzuschweben in höhere Sphären.«

So begann Georg Friedrich Händel den dritten Teil seines Werkes, *Die Erlösung der Welt*, mit einer Improvisation an der Orgel.

Der *Messias*, ein Tempel in drei Räumen, drei Räume in einem! Aus den Stimmen formen sich Szenen, aus den Szenen Räume, aus den Räumen Sphären.

Triumph des auserwählten, des gottgefälligen Volkes!

Es steigen Chöre empor in *Esther,* in *Debora,* in *Israel in Ägypten.* Der *Messias* aber wird zur Offenbarung einer sieghaften, freien und glaubensstarken Menschheit. Ein strahlend kämpferisches D-Dur trägt die Grundharmonie, auf der sich vierstimmig die Massen der Chöre erheben.

Diese Welt ist Gottes Schöpfung und Gottes eigenes Reich! Doch Gott der Herr ruft das auserwählte Volk durch seinen Sohn, den Messias, das neue Reich aufzurichten.

So ist Händels *Messias* ein Selbstbekenntnis der ganzen Christenheit in einem universalen und aufgeklärten Jahrhundert. Es ist der Ruf der Sehnsucht nach einer kommenden christlichen Weltharmonie im Namen Gottes, des Erlösers.

Händels Urlaub war auf unbestimmte Zeit verlängert worden. London brauchte ihn nicht. Dublin, die Stadt des heiligen Patrick, die Stadt der schwarzen und weißen Wasser, wo Wellenspiel und Whisky den Seefahrer erfreuen, die Stadt der Blue Bells, der blonden, blauäugigen Mädchen und der blumigen Gärten – Dublin feierte den Komponisten des *Messias.*

Der Geiger Dubourg gab ein Bankett zu Ehren des Meisters.

Der Buchhändler und Stadtmusikus Samuel Lee verkaufte Händel-Musik en gros, die er mit sechs Gesellen in eigenen Abschriften vervielfältigte.

Am 25. Mai errang der *Saul* einen Erfolg, der den des *Messias* noch übertraf. Tausend Menschen waren in Neal's Music Hall anwesend und bereiteten Händel, der wieder an der Orgel saß, ehrenden Beifall. Zweitausend Pfund betrug die Abendkasse, wovon tausend Pfund allein in Händels Schatulle flossen. Er war allerbester Laune.

Am Abend desselben Tages gab der Statthalter auf dem Schloß ein Konzert. Händel begleitete seine Künstler am Cembalo. In einem Violinkonzert leistete sich Dubourg eine improvisierte Kadenz, verlor den Faden, geriet in andere Tonarten und fand nur mit Händels kräftiger Beihilfe wieder in die Grundtonart zurück.

»Er kommt schon heim!« rief Händel belustigt.

»Maestro, wo bin ich?« stammelte Dubourg, als er sein Solo mit Mühe beendet hatte.

»Willkommen – in Dublin, Ihr habt Euern Stall wiedergefunden!« lachte Händel und umarmte seinen Konzertmeister.

Ende Juni reiste er mit Mrs. Grahn auf ihr Besitztum nach Clontarf Castle, blieb dort mehrere Wochen und schrieb für seine Gastgeberin und ihre Freunde eine *Forest Music:* eine Waldmusik mit Hörnern und Oboen. –

Charles Jennens hatte einen neuen Text mitgebracht, den der Dichter Hamilton Newburgh aus Miltons *Samson Agonistes* entnommen hatte: Samson, blind und in Ketten vor seinem Kerker in Gaza ...

Der schöngeistige Dilettant Charles Jennens hatte dieses Thema als Oratorium, nicht als Oper skizziert. Hamilton Newburgh hatte die Chöre geliefert.

Am 14. August landete Händel wieder in England. Schon war der *Samson* zur Hälfte gestaltet. Nun erwarteten die drei – Händel, Jennens und Newburgh – auch in London einen neuen großen Erfolg.

Doch der Krieg dauerte an. Die Partei der Opposition hatte Robert Walpoles Rücktritt erzwungen; Pultenet, Carteret, Chesterfield traten in die Regierung. Das »Haupt der Korruption« war gefallen, die Korruption blieb. Im Volk gärte Unzufriedenheit.

Eine bürgerliche Schicht drängte zur Macht, willens, die politische und private Moral einer völligen Läuterung zu unterziehen und mit den Kräften von Wissenschaft und Kunst erzieherisch auf die Massen zu wirken. Eine Zeit der Entscheidung stand bevor.

Georg Friedrich Händel war als »Schöpfer des Messias« von den drei Brüdern Harris – James, Thomas und William – in London empfangen worden. Er sollte sich in der Ruhe des Landlebens auf neue Aufgaben vorbereiten. Auch Aaron Hill war von einer Orientreise zurückgekehrt, hatte seinen Freund Händel in Salisbury besucht und ihm das Angebot gemacht, den Covent Garden für ihn zu mieten.

»Jetzt ist London in Eurer Macht, Meister!«

Händel selbst hatte in Irland ein Vermögen von zehntausend Pfund erworben, er fühlte sich mit seinen achtundfünfzig Jahren wieder einmal wie ein Junger. Er nahm Aaron Hills Vorschlag an.

Am 17. Februar 1743 wurde das Oratorium *Samson* im Covent Garden zu einem ehrlichen Erfolg. Selbst der Prinz von Wales beehrte das Theater mit seinem Besuch. Nur die Hocharistokratie blieb fern.

Horace Walpole, Bruder des gestürzten Premiers, kritisierte recht mißvergnügt: »Händel hat sein Oratorium der Oper entgegengestellt, und er hat die Partie wohl gewonnen. Mag sein, daß er die Oper besiegt hat. Doch mit welchen Mitteln? Er hat sich alle Göttinnen der Farcen gemietet, die Roastbeef-Sänger aus den Entre'acte-Musiken aller Theater zu einem lärmenden Chor zusammengestellt ... Und so singen sie alle ihre Halleluja-Weisen schlecht und recht, und das gute Publikum verlangt nicht mehr.«

Alexander Pope aber, schon von tödlicher Krankheit gezeichnet, schrieb: »Musik, die sich mit Verstand verbündet, bedeutet Aufruhr gegen die Herrschaft der Dummheit. So steht jetzt Händel da, ein Riese in glänzendem Waffenschmuck. Wohl hat er viele, viele Hände, selbst mancherlei neue Instrumente hat er uns mitgebracht, und Pauken und Kanonen verschmäht er nicht, dem Chor alle Fülle zu geben. Doch dies scheint zuviel für die Ohren der feinen Leute, und so war er auch gezwungen, nach Irland zu gehen.«

Nach dem Erfolg des *Samson* wagte es Händel nunmehr, den *Messias* in Covent Garden herauszubringen. Doch die beiden ersten Aufführungen fanden kaum ein Publikum. In der dritten gab es ein Ereignis: Der König war erschienen, und mitten im großen ›Halleluja-Chor‹ – bei den Worten: »For the Lord God omnipotent« – erhoben sich alle mit dem König und hörten den Gesang stehend an.

England war an die Seite Österreichs gegen Frankreich und Preußen getreten. Der Geist Prinz Eugens feierte seine Auferstehung in der jungen Kaiserin Maria Theresia. König Georg von England aber war wiederum zu einem »Haudegen auf europäischen Schlachtfeldern« geworden, als hätte auch ihn der Geist Prinz Eugens noch einmal erfüllt. Engländer und Hannoveraner gewannen am 27. Juni 1743 die entscheidende Schlacht bei Dettingen gegen den französischen Marschall Noailles.

Der »Komponist der königlichen Kapelle«, Georg Friedrich Händel, erhielt den königlichen Auftrag, ein feierliches *Te Deum* zu schreiben.

Weiträumiger, festlicher als das *Te Deum von Utrecht* aus dem Jahr 1713 ist dieses *Te Deum von Dettingen*. Der Jubel eines ganzen Volkes, von Streichern und Bläsern getragen, steigt empor. Den Schluß bildet eine polyphone Chor-Arie von Händelscher Heiterkeit.

»O Lord in Thee have I trusted!« so schreitet der Bassist den Stimmen voran.

Beifall, Beifall um Händel!

Schon wartete ein neues Manuskript. Wieder hatte Charles Jennens den Textdichter aus seinem Kreis geholt. Ein antiker Stoff durchbricht die Reihe der biblischen Oratorien.

William Congrave hatte seine *Story of Semele* als Oper geschrieben. Charles Jennens verlangte nun eine Tragödie mit Chören.

Händel war das Thema recht. Vielleicht konnte eine große Fabel der Antike das Publikum der Weltstadt fesseln. Es war der Zeit und ihrer Wirren müde und neuen Ideen zugeneigt.

Semele, Prinzessin von Theben, soll einen böotischen Prinzen heiraten. Doch auch der Götterkönig Zeus ist in Liebe zu ihr entbrannt. Es kommt zur Rivalität der beiden ungleichen Liebhaber. Zeus raubt Semele und bringt sie in den Olymp. Seine schlaue Gattin Hera aber holt Morpheus herbei, der den himmlischen Liebhaber mit Traumbildern berücken und Semele wieder aus dem Olymp entführen soll. Mitten in diesem göttlichen Wirrwarr zerbricht Semeles Leben.

»Welch ein furchtbares Glück, von einem Gott geliebt zu werden!« Das ist Händels Grundmotiv. Streicher malen den Himmel, Oboen und Hörner begleiten das Begehren des großen Liebhabers. Der Gott selbst grollt in einem Paukensolo ...

Semele stirbt. Der Chor klagt um sie. Doch endlich erscheint Apoll und verkündet, daß Bacchus, der Sohn von Zeus und Semele, gerettet und in den Olymp erhoben wird. –

Der Geist der Antike ist lebendig geworden – nicht durch Nachahmung antiker Formen, sondern durch das musikalische Genie Händels. Schon Michelangelo war ein Vollender der Antike: in seinem David in der Kuppel von St. Peter. Er gestaltete eigene elementare Kräfte im Geist der Antike. Händel kennt kaum ein griechisches Versmaß, ja, er vermeidet bewußt jede Anlehnung an eine griechische Tonart. Und doch erweckt er den antiken Mythos in neuem – christlichen – Erleben: Menschenwelt ist nicht Götterwelt! Fürchte die Götter, o Mensch! ...

Die Aufführung im Covent Garden ging am 15. März 1744 »ohne Störung vor sich«. »Das antike Stück hat dennoch eine starke Partei gegen sich, nämlich die feinen Damen, die ›petits maîtres‹, die reichen Nichtstuer, die es alle nicht wahrhaben wollen, daß die Liebe zu einem Gott einem armen kleinen Mädchen vielleicht Schaden bringt. Alle Opernleute sind auf Händel wütend, besonders die reiche Lady Brown, welche die neuen Gurgelarien und Sirenenklänge am Haymarket finanziert.«

Ja, es gab wieder eine welsche Oper am Haymarket von London! Und so wurde *Semele* im Covent Garden nur zweimal wiederholt.

»Wenden wir uns an die bibelfesten Engländer, und lassen wir die Antike!« sagte Händel unverdrossen zu seinen beiden Schmidts. Er ließ sich von den Brüdern Harris einen geistlichen Herrn namens James Miller zuführen. Er war ein Dichter aus Liebhaberei und hatte ein Oratorium *Joseph* geschrieben, »a sacred drama«. Es war opernhaft reich mit Rollen ausgestattet. Vor allem Joseph, der Gefangene des Pharao von Ägypten, dann Traumdeuter und Berater seines Herrn, zuletzt Statthalter seines Volkes und Richter seiner eigenen Brüder, war eine Figur, die den Dramatiker Händel zu fesseln vermochte. Aber als Jennens den opernhaften Vorwurf kritisierte, wurde auch Händel unsicher und unzufrieden mit sich. Dennoch vollendete er das Werk. Die Aufführung im Covent Garden war meisterhaft. Aber die Opernclique ließ sich nicht bewegen, Händel noch einen Erfolg zu gönnen: Der *Joseph* fiel durch.

»Gebt mir ein neues Thema!« polterte Händel.

»Ich habe einen Dämon in meinem Schreibtisch!« erwiderte Jennens.

»Laßt ihn heraus!«

Da überreichte Jennens Händel in wenigen Tagen ein Manuskript von eigener Hand: *Belsazar, König von Babylon.*

Drei Völker prallen aufeinander: Babylonier, Perser und Juden. Drei Völker zeichnet Händel in charakteristischen, gewaltigen Tonbildern. Chorfresken erscheinen: Chöre der Babylonier voll dumpfer Gewalt, Chöre der Perser voll kriegerischer Kampfeslust, feierliche Chöre der Juden. Drei Wortführer treten hervor: Belsazar, Cyrus und Daniel. Ein übermütiges Fest der Heiden, der Babylonier, kontrastiert mit dem Klagegesang der gefangenen Juden. Doch die Perser haben Babylon umstellt. Sie stieben durch das trockengelegte Bett des Euphrat, um Belsazars Burg zu erstürmen. In einer Orgie der Trunkenheit, lallend, fauchend wirft sich Belsazar dem siegreichen Cyrus entgegen – und wird getötet.

»Baal sank dahin!« jubelt der Chor. Die Juden sind frei. Daniel preist Cyrus als den siegreichen Helden, und Cyrus verspricht, den Tempel in Jerusalem wiederaufzubauen. –

Mitten in der Arbeit an diesem Chorwerk geriet Händel mit seinem Textdichter in eine folgenschwere Auseinandersetzung. Der von sich überzeugte Jennens widersetzte sich einigen von Händel vorgeschlagenen dramatischen Erweiterungen. Dieser aber war nicht gewillt, sich bevormunden zu lassen: Er legte die Partitur des Belsazar unvollendet zur Seite.

Wenige Wochen zuvor hatte ihm ein Geistlicher namens Thomas Broughton ein Manuskript zugeschickt. Das Thema hatte Sophokles schon in seinen *Trachinierinnen* behandelt: Herakles, bereits in den Banden der Ehe, hat sich aus dem Kampf die schöne Sklavin Jöle als Beute mitgebracht ...

Der Stoff schien – dreiaktig, auf die Eifersucht zweier Frauen gestellt – zur Abirrung in die Oper zu verleiten. Doch in Opposition zu Charles Jennens wurde der *Herakles* Händels eigenes Spiel: eine allegorische Handlung aus Sinnenrausch und Gattenpflicht, getragen von Rollen, ja, in ihnen gipfelnd. Händel gewann hier ein neues Vertrauen zur Rolle, zum Solo.

Am 1. Januar 1745 erlebte der *Herakles* im Haymarket, den die italienische Oper vor kurzem wieder verlassen hatte, eine kühle Aufnahme. Da erschien Jennens mit seinem *Belsazar* wieder auf dem Plan, und Händel entschloß sich, das Werk zu Ende zu bringen. Aber auch der *Belsazar* fand am 27. März ein verständnisloses Publikum.

Am 23. April brach Händel die Spielzeit vorzeitig ab. Er hatte wieder ein Vermögen verloren.

Am 6. Mai begab er sich nach Bad Tunbridge. Ein zweiter, wenn auch leichterer Schlaganfall zwang ihn tags darauf ins Bett.

Vier Wochen später schrieb Lady Shaftesbury an Mrs. Delaney: »Der arme Händel sieht etwas besser aus! Ich hoffe, er wird sich wieder erholen, obschon er auch im Kopf erheblich gestört ist!«

An James Harris aber schrieb sie: »Holt Händel in Euer Haus! Er bedarf Eurer Hilfe, er ist so allein!«

ACHTES KAPITEL

DER MEISTER

Der Weltkrieg zwischen England und Spanien hatte zu einem Übergewicht Englands auf allen Meeren geführt. England schien unter dem Bürgerkönigtum der Hannoveraner eine neue Epoche des Friedens und der kulturellen Blüte zu erleben, als die »Insurrektion der Stuarts« ihr Verschwörerhaupt im schottischen Hochland erhob.

Schon im August 1745 hatte Händel seinen Sommeraufenthalt in Salisbury abgebrochen und war nach London zurückgekehrt. Die kriegerischen Ereignisse in Schottland hatten ihn auf die Beine gebracht. Auch er, einundsechzigjährig, fühlte sich durch die Machenschaften der Stuarts in der Freiheit seines Geistes und Glaubens bedroht und denen zugehörig, die bereit waren, »ein System der Willkür und der Gewalt« mit aller Macht zu bekämpfen.

Die Theater spielten. Sogar als der Stuart vor Derby stand, nur hundertfünfzig Kilometer von London entfernt, spielten sie noch immer. In den Zwischenakten wurden die Bürger der Stadt London durch musikalische Einlagen zum Waffendienst aufgefordert. *Rule Britannia,* ein neues Lied von Händels Schüler und Freund Augustin Arne, erklang überall in den Gassen. Am 14. November, im Augenblick der höchsten Gefahr, berichtete der *Daily Advertiser,* daß in Drury Lane ein Chor, »von Mr. Handel in Musik gesetzt for the Gentlemen Volunteers of London«, als Einlage zu hören sei ...

>Stand round, my brave boys/
With heart and with voice/
And all in full chorus agree:
We'll fight for our king
And as loyally sing:
Let the world know, we'll be free!«

James, Thomas und William Harris umgaben Händel auch in diesen stürmischen Tagen. Seit dem *Messias* war er ihr Mann geworden, wogegen Charles Jennens, der eigentliche Urheber des Oratoriums, ihnen nie recht gefiel. Ja, sie machten ihn geradezu verantwortlich für die Mißerfolge, die Händel nach seinem *Messias* erlitten hatte.

»Georg Friedrich Händel – unser Meister!«

Jetzt, in diesen Tagen des Kampfes gegen einen fürstlichen Abenteurer, wurde er, der bibelfeste Freigeist, zum Verherrlicher einer neuen bürgerlichen Welt. Vorbei waren die Tage einer feudalen Gesellschaft. »Fashion« und »à la mode« hatten einer einfachen, nüchternen, doch selbstbewußt-bürgerlichen Haltung Platz gemacht. Das Leben war plötzlich kein Spiel mehr, kein Theater. Es war echte und harte Wirklichkeit. Nicht mehr Reichtum bestimmte den Wert des Menschen, sondern allein seine Leistung.

Neben dem öffentlichen Leben erfuhr auch das Privatleben eine neue Gestaltung. Jeder Engländer war fortan Herr seiner eigenen Welt, die er nach seinem Geschmack, frei und unabhängig von den Launen eines großen Herrn, aufbauen und einrichten konnte.

»My home – my castle!« das predigte der Reverend William Harris selbst von der Kanzel.

Bürgertum entfaltete sich zu Weltbürgertum. Der König aber war ein Bürgerkönig, seine Minister waren Minister auch mit dem Willen des Volkes. Und sträubte sich der König, diese doppelte Verantwortlichkeit seiner Beauftragten anzuerkennen, so demissionierten diese Minister »im Namen des Volkes«, um den König an seine Pflichten zu gemahnen. –

William Harris, der jüngste der drei Brüder, sah in seinem Freund Händel den ersten Repräsentanten dieses neuen, europäischen Bürgergeistes. Für ihn war Händel ein Gottesstreiter, ein begnadeter Meister der Töne, den die Vorsehung einen langen Weg geführt hatte, um ihn jetzt mit der Vollendung zu krönen.

Reverend Harris hatte seinen Kollegen Dr. Thomas Morell zu Händel ins Haus gebracht: einen kleinen, etwas pedantischen Mann mit bleichem Gesicht und puritanisch-wasserblauen Augen. Er war kein Poet mit schwungvoller Phantasie, eher ein trockener Spruchdichter, der seine Dichtkunst in Anlehnung an die Heilige Schrift entfaltete.

»Die Bibel ist eine lebendige Zwiesprache mit tausend Stimmen, eine chorische Zwiesprache Gottes mit der Welt!«

Händel war von seinem neuen Poeten recht eingenommen. Morells »chorische Zwiesprache« versetzte ihn in seine ureigene Welt zurück.

»Sie könnten mir einen Text schreiben, Reverend! Pastoren sind manchmal die besten Poeten!« Morell konnte eine Dichtung vorlegen, die er schon in der Tasche trug. Er hatte eine Auswahl von Psalmen in Miltons Übertragung zusammengestellt, die Lücken mit eigenen Worten gefüllt und sein Elaborat kurz und bündig *Kampf und Sieg* betitelt.

Händel gliederte den Text in drei Teile: Not, Kampf und Sieg. Mit einem viersätzigen Concerto grosso als Ouvertüre brach er in das Thema ein. Dann stellte er in einem mächtigen Basso accompagnato die Frage nach dem Auf-

Thomas Morell (1703–1784), der Librettist der Oratorien »Judas Makkabäus« und »Josua«
(Stich von James Basire nach einem Gemälde von William Hogarth)

ruhr. Und schon ertönen synkopierte schottische Rhythmen. Ein schottischer Tanz, ein ›jig‹, eröffnet den Chor der Feinde. Doch bald klagt ein Tenor von den Schrecken des Krieges. Dann erhebt sich ein Baß, bereit zum Kampf mit den Rebellen. Die Soli, voran der Baß, dann Sopran und Tenor, zuletzt wieder der Baß, halten die Handlung zwischen sich ausgespannt. Eine Fuge der Entscheidung, feurig, von Chor und Orchester getragen, die beide raketenartig eine zweite Fuge aus sich gebären, mündet in eine Tenorarie von eindrucksvoller Größe: »Jehovah is my shield, my glory!«

Der zweite Teil triumphiert in einem leichten Sieg. Schon der Sopran spiegelt sich erwartungsvoll in einer *Arie der Freiheit*. Ein Jubelchor bringt Gewißheit. Der Tenor preist die Fügung Gottes, Streicher umranken ihn mit kunstvollen Polyphonien. Ein freudiges Duett zwischen Sopran und Alt steigt empor. Der Solo-Baß – begleitet von Streichern, Trompeten und Oboen – bestätigt nun den Sieg über die Feinde, bis der Chor, ein Cantus firmus, mit freudiger Zuversicht endet.

Der dritte Teil ist eilig zusammengerafft in Text und Melodie. London erwartet den Ausgang des Kampfes. Händel hat ganze Teile aus *Athalia* und *Israel in Ägypten* übernommen, um schnell fertig zu werden.

Am 14. Februar 1746 fand im Covent Garden die Erstaufführung in Anwesenheit des Hofes und des Parlaments statt. Der Beifall war, in der Gewißheit des nahen Sieges, laut und ungestüm. Zwei Wiederholungen folgten sogleich.

In Schottland wurde am 16. April die Schlacht bei Culloden geschlagen. Der Herzog von Cumberland und Georg Friedrich Händel waren in aller Munde.

London jubelte. Der Triumph wogte laut durch die Gassen. Die Woge des Erfolges ergriff endlich auch Händel und trug ihn empor.

In Vauxhall Gardens fand eine Siegesfeier statt. Händel hatte für sie einen zweiten Chor geschrieben: *Song of Victory over the Rebels.* Ganz London sang diesen Siegeschor.

Ende Juli lieferte Morell einen neuen Entwurf: *Judas Makkabäus* – »ein festliches Oratorium zur Verherrlichung der Schlacht von Culloden und ihres Siegers, des Herzogs von Cumberland«.

»Hm!« sagte Händel und schaute sich den Text an. »Das ist mein erster Akt: Judas entflammt sein Volk! Wir beginnen mit einer Klage! ...«

»Im zweiten Akt haben die Israeliten schon gesiegt: Gefallen ist der Feind!«

»Das ist gut, Morell! So eröffne ich den zweiten Akt, hören Sie – so!« Und Händel eilte ans Cembalo.

»Morgen bring' ich den Text!«

»Nein, Reverend, ich muß ihn sogleich haben! Setzen Sie sich ins Speisezimmer! Haben Sie Hunger?«

»Hunger, nein! Aber die Einfälle kommen mir nicht auf Kommando!«

»... die kommen mit dem Hunger, Reverend! Ich schließe Sie ein!«

Das Oratorium *Judas Makkabäus* behandelte wiederum die triumphale Erhebung des auserwählten Volkes über seine Feinde. Der Text war nach einem Bericht der Makkabäerbücher der Bibel gestaltet. Die einfache dramatische Handlung formte sich, wie schon im Gelegenheits-Oratorium, ohne Zwang in drei Teile: Not, Kampf und Sieg. Kein Liebesintermezzo, keine Nebenhandlung, keine ablenkende Naturschilderung störte die einfache, klare Architektur dieser Szenen.

Morell hatte allerdings, von Ehrgeiz gepackt, im zweiten Teil des Werkes dasselbe Thema – Verzweiflung, Ermannung und Sieg – einer Fuge gleich emporgeführt und mit dieser Wiederholung Händels ganzen Beifall gefunden.

So wurde der *Judas Makkabäus* ein Werk von Chören, aufeinander, übereinander gebaut, vierzig an der Zahl. Vier Stunden sollte dieses Fluten der Töne und Stimmen währen.

Nach einer zweiteiligen Ouvertüre, die langsam und zagend in g-Moll beginnt, sich jedoch bald marschartig aufrafft, klagt Israel seine Trauer. Der Hohepriester Simon verkündet, daß Judas, der Sohn des gefallenen Helden Mattathis, von Gott zum Feldherrn auserwählt sei, sein Volk zum Sieg zu führen.

Da steht Judas vor seinem Volk und ruft es zum Kampf. Im Sopran beten die Frauen um sein Leben, im Baß die Männer um die Freiheit ... Es ist eine Motette von gewaltigen Ausmaßen, deren Einzelstimmen, subtil charakterisiert, sich dennoch mit Oktavsprüngen in weiten Bögen spannen, den Strebungen und Gurtbögen einer Kathedrale gleich.

Im zweiten Teil öffnet sich die Walstatt. Judas siegt über den Feind – in einem zu leichten Sieg. Doch Morell häufte einen zweiten Kampf auf den ersten. In dieser doppelten Steigerung entfaltet Händel die kühnsten Chöre und Halbchöre.

Ein neuer, übermächtiger Feind ist da: König Antiochus sendet seinen Feldherrn Georgias gegen das Volk der Juden. Noch einmal fordert Judas Makkabäus das große Opfer. Simon aber – nur seine Baßstimme ist neben dem Tenor des Judas hörbar – verlangt die Zertrümmerung der letzten Götzen, der heidnischen Opferbräuche und volksfremden Sitten. Denn: Der Gott Jehova ist der einzige Gott.

Der Kern dieser doppelt gehäuften Handlung ist also Steigerung bis ins Allerletzte! Diesen zweimaligen Ansturm zu einer einzigen Handlung verkürzen zu wollen, hieße, das Oratorium seiner letzten, seiner ethischen Entscheidung zu berauben.

So beginnt der dritte Teil. Die Zurückgebliebenen – Weiber, Kinder und Greise – bauen den Opferaltar. Ein Bote kommt vom Schlachtfeld und bringt die Botschaft: Sieg und noch einmal Sieg! ...

»Von Kapharsalama eil' ich im Adlerflug!« Diese Worte wurden zum Rezitativ aller Rezitative.

»Der Feind ist tot!« singt der Bote.

»Fall war sein Los!« antwortet der Chor.

Halbsäulen gleich stehen Sopran, Tenor und Baß als Soli vor den Mauern der Stimmen.

»Blickt auf den Sieger, er naht!« Baß, Tenor, Sopran schießen gleich Feuersäulen wiederum empor. Das Volk drängt vorwärts. Eine jubelnde Masse geleitet den Helden bis zum Tempel. Ein Gesandter kommt aus Rom: Das Römische Reich schließt ein Bündnis mit Israel. Der Hohepriester faßt den Jubel des Volkes in einer Baßarie zusammen – der Solo-Baß trägt bei Händel das Thema voran! So steigt über Jünglings- und Jungfrauenstimmen der Jubel empor, bis der Schlußchor mit der Arie »Zu den Engeln hoch« und einem machtvollen »Halleluja, Amen!« das Werk durch ein Tutti von Chor und Orchester beschließt.

Händel war nicht zufrieden mit seinem »Einzug des Siegers«. Er äußerte, er habe zuletzt die Kraft verloren, das Werk noch einmal mit einem Gipfel zu krönen.

Doch die Zeit drängte. Der Sieger der Schlacht von Culloden, der dicke Herzog Georg von Cumberland, war schon nach London zurückgekehrt. Die Stadt hatte ihren Befreier lärmend empfangen. Die festliche Aufführung von Händels Oratorium *Judas Makkabäus* stand bereits für den 1. April des Jahres 1747 fest.

Der Haymarket ist überfüllt. Der König und der Herzog von Cumberland empfangen Händel in ihrer Loge und überreichen ihm ein Ehrengeschenk von vierhundert Pfund. Morell wird mit einem Legat von zweihundert Pfund bedacht.

Nun spricht das Werk: Es ist, als erwache erst jetzt die Millionenstadt London zwischen den engen Rängen des Königlichen Theaters zum Bewußtsein ihres ganzen Triumphes. Man ruft nach Händel. Man ruft so lange, bis sich der Meister im Vordergrund seiner Loge zeigt. König und Hof applaudieren. Im Parkett steht das englische Bürgertum und umdrängt die Bühnenloge: »Händel, Händel!« ...

Der große, breite Mann in der weißen Allongeperücke – das ist Händel. Er trägt einen dunklen, goldbetreßten Rock, über seiner leiblichen Fülle nur halb zugeknöpft. Schwarze Augenbrauen stehen etwas unwirsch unter der hohen, hellen Stirn. Jetzt beugt er sich über die Brüstung seiner Loge und schaut lächelnd auf die Menge, die seinen Namen immer noch im Chor ruft.

»Händel, Händel!«

»Deshalb bin ich zweiundsechzig Jahre alt geworden, daß ich den Londonern doch noch gefalle!« sagt er zu William Harris, der neben ihm steht.

In Händels kleiner Bildergalerie in der Brookstraße wartet schon ein festliches Mahl, das der deutsche Koch Waltz kunstvoll bereitet hat.

So endet ein denkwürdiger Tag.

Georg Friedrich Händel ertrug die Lobpreisungen dieser Welt ebenso, wie er früher ihre Schmähungen ertragen hatte: mit männlicher Gelassenheit. Für einen Mann, der aus eigener Kraft an sein Ziel gelangt war, hatte der späte Beifall der Menschen keine entscheidende Bedeutung mehr.

London verfügte damals schon über zehn unabhängige Journale, die Händel jetzt als den »Meister aller Meister« priesen.

Die Ersten der Nation – Alexander Pope, Jonathan Swift, Fielding, Smollet und Sheridan – gehörten zu den Verehrern Händels, dessen Büste der Bildhauer Roubillac im Findlingshospital aufgestellt hatte. Die Findelkinder Londons waren die besonderen Lieblinge Händels; zu ihrem Benefiz hatte er erst kürzlich den *Messias* wieder aufgeführt. –

Seit kurzem weilte ein junger Deutscher, aus der Oberpfalz gebürtig, in London: Christoph Willibald Gluck. In Paris hatte er von *Orlando furioso* von *Tamerlan* und *Admet* unfaßbare Dinge gehört, die ihm die italienische Oper plötzlich recht armselig erscheinen ließen.

Lange umkreiste er das Haus in der Brook Street Nr. 25, bis er den Mut faßte, Händel einen Besuch abzustatten.

Dreiunddreißigjährig, hatte er eine zweiaktige Serenade geschrieben: *Caduta de'Giganti*. Ferner konnte er auf ein Wohltätigkeitskonzert im Covent Garden hinweisen, wo auf dem Programm in zierlicher Druckschrift sein Name neben dem des Meisters stand. Dennoch fand er bei seinem Antrittsbesuch einen recht ungnädigen Händel.

»Der Kerl versteht vom Kontrapunkt ebenso wenig wie unser Koch, der Waltz!« resümierte Händel verdrossen.

Im selben Jahr erlaubte sich Gluck, Händel zur Erstaufführung seiner Oper *Artamenes* in den Haymarket einzuladen.

Händel lehnte es ab, doch blätterte er diesmal, besser gelaunt, in der Partitur des Jüngeren: »Sie machen sich viel Mühe mit den Engländern, mein Freund, aber vergessen Sie bei Ihrer Arbeit das englische Trommelfell nicht, es will seine Trommel haben!«

Und Gluck änderte sein feierliches Finale in einen fröhlichen Marsch.

Während der junge Schmidt als erster Sekretär des Hauses 25, Brook Street den Außendienst mit allen offiziellen Verpflichtungen, Engagements und Rendezvous in oft allzu geschäftiger Weise erledigte, war der alte Schmidt der Mann der fränkischen Ordnungsliebe und der gute Geist des Hauses.

»Er ist das Genie, und ich bin der Genierte!« pflegte der Alte mit leichter Bosheit manchmal hinter dem breiten Rücken Händels zu sagen, wenn ihm irgendeine Unordnung gegen den Strich ging. Zeigte der Besucher Verständnis für die stillen Seufzer des Geplagten, dann führte ihn dieser vielleicht in eine Kammer des zweiten Stocks und erlaubte ihm einen kurzen, doch lehrreichen Einblick in seine »Händelbibliothek«.

Da standen in langer Reihe die Opern, Oratorien und Instrumentalwerke des Meisters, über hundert an der Zahl.

Der alte Schmidt hatte sie – oft mit Mühe – alle registriert und geordnet. Und in welch einem Zustand kam so eine Opernpartitur manchmal zurück! Der alte Schmidt war ja noch immer Händels eifrigster Partiturenschreiber.

Das undatierte Manuskript des *Radamisto* von 1720 zum Beispiel war nur durch einen glücklichen Zufall in einer Rumpelkammer am Haymarket wiedergefunden worden. Als I. G. Walsh im Jahre 1721 zu drucken begann, rührte sich bald eine unlautere Konkurrenz in der City: Sie brachte mit überstürzter Eile sogenannte ›Raubdrucke‹ heraus. Die besten Arien waren verstümmelt, verfälscht, unterlegt mit ordinären Texten. Für Schundgelder wurden diese Drucke unter die Leute gebracht.

Oft mußte daher »der unsterbliche Händel«, wie Schmidt sagte, mit neuen und immer neuen Abschriften mühsam wiederhergestellt werden – eine Arbeit, für die der sterbliche Händel gar kein Verständnis und vor allem keine Geduld besaß.

Nicht einmal alle seine Klaviersuiten konnten zum Druck gebracht werden. Obgleich er »einer der bedeutendsten Klavizimbel-Virtuosen seiner Zeit« war und gerade weil ihm alles so leicht aus den Fingern ging, liebte er die Improvisation und duldete nur selten, daß sich ein anderer während seines Spiels Notizen machte.

Eine Suite in A-Dur, eine zweite in F-Dur, vor allem aber eine brillante d-Moll-Suite und noch fünf andere hatte Schmidt 1731 in Druck gegeben. Doch als Walsh, im Einverständnis mit ihm, auf eine erste Sammlung von acht Suiten 1733 vorschnell eine zweite Sammlung von wiederum acht folgen ließ, gab es Krach.

1734 hatte Händel sechs Oboenkonzerte einer genauen Durchsicht unterzogen und bei Walsh veröffentlicht. Es waren *Concerti grossi*, die der musikalischen Welt Corellis und Geminianis entsprangen. In ihren dramatischen Dialogen eines vollen Orchesters, des *Concerto grosso*, mit dem kleinen Orchester zweier Geigen oder Oboen, dem *Concertino*, schienen sie allerdings das Spiel eines fröhlichen Riesen zu sein.

Zwölf Solosonaten mit Baß, für Violine oder deutsche Flöte mit Generalbaßbegleitung, waren von 1732 bis 40 entstanden und bis auf die zwölfte Sonate bei I. G. Walsh gedruckt worden. Der Nachwelt bewahrt, standen sie nun alle nebeneinander in Reih und Glied.

Sechs Triokonzerte für zwei Oboen mit Baß – vier in Moll, zwei in Dur – hatte Walsh schon 1733 gedruckt. Sieben Trios für zwei Violinen und deutsche Flöte folgten 1739, auch sie fürsorglich in einen Basso continuo gebettet.

Besonders stolz war Schmidt auf eine Sammlung von zwölf großen Streichkonzerten, die er in Originalpartituren des Meisters besaß. Händel hatte diese zwölf *Opera für sieben Stimmen* – vier Violinen, Bratsche, Violoncello und Generalbaß – in der erstaunlich kurzen Zeit von drei Sommermonaten 1739 verfaßt und bei Walsh in Druck gebracht. Es waren Konzerte, die bei Oratorienaufführungen oft als Zwischenmusik Verwendung fanden. Auch darauf stürzten sich die Raubdrucker bald. Vor allem das zweite Konzert in F-Dur, eine ländliche Symphonie in Pastoral-Tonart – mit Kuckucksruf und Quellgemurmel –, hatte es ihnen angetan.

Das nächste Fach barg eine Rarität allein für sich: ein Gambenkonzert. Es war die einzige Gambenkomposition, die der junge Händel einst in verspielten römischen Tagen für seine Arkadier geschrieben hatte.

Es folgte wieder ein Hauptregal. Es enthielt in handfesten Umschlägen Händels *Orgelkonzerte*.

»Hier ist er der alleinige Meister auf der ganzen Welt!« pflegte Schmidt zu erklären und strich mit zärtlicher Hand über die breiten grauen Rücken.

Bei den Aufführungen seiner ersten Oratorien hatte Händel die Gewohnheit entwickelt, im Zwischenakt und in Begleitung des vollen Orchesters sich selbst auf der Orgel hören zu lassen. Später spielte er dann immer mehr in den Räumen großer Kirchen alleine auf der Orgel mit dem Orchester. Als erster nannte Schmidt solche musikalischen Übungen *Orgelkonzerte*. So kam der Name um 1732 auf. 1738, 1740 und 1746 hatte I. G. Walsh schon drei Sammlungen von Orgelkonzerten in Druck gebracht, je sechs in einem Band. Der dritte Band war noch unvollständig.

Die Kunst des Generalbaßspiels war Händels eigene Vollkommenheit: dieses Um-die-Wette-Spielen mit Händen und Füßen, mit Geistes- und Leibeskraft, die sogar durch zwei Schlaganfälle unvermindert geblieben und so ungewöhnlich war, »daß er stundenlang mit gekoppelter

Orgel spielen konnte, ohne zu ermüden«. Hatte er, was in England oft der Fall war, eine Orgel zu schlagen, die zwei Klaviere, aber kein Pedal besaß, bildete er sich ein solches mit Hilfe eines Klumpens Blei. So demonstrierte er in höchst drastischer Weise, daß »die Bleigewichte einer schwerfälligen Generalbaß-Führung« – wie die Klimpergenies der Zeit oft spotteten – für ihn nur Leichtgewichte wären, die seine freie Musikalität nicht behinderten, sie vielmehr recht antrieben.

Der ›Große Bär‹ der Witzblätter und Spottbilder erschien an der Orgel »durch eine übermächtige Vereinigung wunderbarer Geistes- und Körperkräfte zu einem Halbgott verklärt«. Fugen, Doppelfugen, Tripelfugen, Fugen der Entscheidung und des tobenden Kampfes, der Lust und der frohen Laune trieben ihr Spiel, als seien Himmel und Erde unlösbar ineinander verstrickt. Oft trug Händel in späteren Jahren, wenn der Hof nicht zugegen war, statt der Perücke nur eine lockere Mütze, so wie Mercier ihn gemalt hatte: den langgeformten massigen Kopf bis zu den Ohren frei; Augen, die weit in die Ferne schauen; ein Antlitz, gespannt von Kraft und voll Heiterkeit.

Saß er in der Staatsperücke am Cembalo oder an der Orgel, dann war er oft nicht so gut gelaunt. In der Behandlung großer Chöre und Orchester entwickelte er eine erstaunliche Subtilität; bei seinen Zuhörern dagegen konnte er die oft nötige Geduld schnell verlieren. Wenn er in Erwartung eines ›Tutti‹ vom Cembalo aufstand und in sein eigenes Largo ein lautes und strenges ›Chorus!‹ rief, dann wußten alle, daß mit diesem Kommando besonders das feine und selbstgefällige Publikum gemeint war, das in den Logen sogar bei einem ›Piano‹ flirtete und flanierte.

Auch für *Orgel und Klavier* hatte der Rastlose eine Anzahl von Kompositionen geschrieben. So war schon 1720 eine erste Sammlung für Prinzessin Anna erschienen, eine zweite 1733, eine dritte 1734; eine vierte war 1735 gefolgt. –

Am Ende seiner jeweiligen Führung öffnete Schmidt die Tür zum Musikzimmer und zeigte den Neugierigen ein Cembalo des deutschen Instrumentenbauers Rücker, das Lieblings-Harpsichord des Meisters Händel, dessen große schwarze Ebenholztasten durch ein alltägliches stundenlanges Improvisieren wie Löffelchen ausgehöhlt waren, während die gelben Elfenbeinbeläge der oberen kleinen Tasten zu einem Mosaik zersprungen schienen.

Es gab noch ein Musikalienfach, doch das betreute der junge Schmidt. Es enthielt Händels Gelegenheitsmusiken: die Wassermusik, die Jagd- und Marschmusiken, auch die öffentlichen Konzerte des großen Händel-Orchesters in Vauxhall Gardens. Sogar bei den Abendvergnügungen in Mary-le-bone Gardens spielte das Orchester mit Vorliebe Händelsche Unterhaltungsmusik.

Eines Sommerabends promenierte ein Herr Fontayne mit Händel in den Blumenalleen von Mary-le-bone.

»Schöner Abend, wollen wir uns niedersetzen?« sagte Händel.

»Bei diesem Lärm? Das ist nicht des Anhörens wert!« antwortete Fontayne.

»Da haben Sie recht, das ist von mir!« brummte Händel und ging weiter. Doch die Töne folgten ihm und seinem verdutzten Begleiter, denn das Konzertstück war »a concert for the Hornpipe composed by Mr. Handel«.

Händel saß schon wieder am Cembalo. Thomas Morell hatte ihm einen neuen Text gebracht: *Alexander Balus* – das etwas opernhafte Schicksal des syrischen Königs Alexander Balus, der, in Liebe zu Kleopatra entbrannt, durch die Hinterlist seiner Feinde mit der Geliebten den Tod erleidet.

Händel ergreift den Stoff. Immer wieder, scheint es,

vermag das ägyptische Milieu, monumental und dramatisch in Bild und Fabel, seine Phantasie aufs neue zu reizen. Eine zweite Kleopatra verlockt ihn. Das Ganze mutet an wie ein Experiment, die Möglichkeiten des Oratoriums mit opernhaften Mitteln zu erweitern. Doch es gibt gleich zu Beginn der Arbeit eine Meinungsverschiedenheit zwischen Morell und Händel.

»Ihre verfluchten Jamben!« schimpft Händel.

»Regen Sie sich nicht auf, Meister, diesmal sind es Trochäen!«

»Trochäen oder Jamben! – Ich wünsche, daß Sie in freien Rhythmen reden, wenn Sie weiterhin mit mir arbeiten wollen!«

»Ich gehe sogleich ins Eßzimmer hinüber und komme in freien Rhythmen zurück!«

»Lassen Sie sich von Waltz ein Beefsteak machen, wenn Ihnen nichts einfällt!« –

Die Prosa der Bibelsprüche, die freie Rhythmik der Psalmen waren das Wortmaterial Händels in seinem *Israel in Ägypten,* in seinem *Messias* gewesen. Als Jennens von ihm schied und Morell kam, begann der »Unfug der Poeterey«. Schon im *Judas Makkabäus* hatte Händel die Jamben von Morell auf dem Cembalo zertrommelt, um sie seinen Tönen gefügig zu machen. Jetzt aber schien er willens, seinem Poeten die skandierten Phrasen schon auf den Lippen zu zerreißen.

Wäre Morell Klopstock gewesen! Aber der war im Jahr 1747 erst dreiundzwanzig Jahre alt, studierte in Jena Theologie und entwarf nebenher den Plan zu seinem *Messias.*

Und so wurde der *Balus* im Juni und Juli 1 747 schlecht und recht in Musik gesetzt. Händel, unzufrieden mit sich selbst, doch voll Schaffenslust, hatte im August schon wieder eine neue Arbeit bei Morell bestellt: *Josua oder die Eroberung Kanaans durch die Kinder Israels.* Jetzt, in einem Thema seiner eigenen Wahl, vollzog er noch einmal die restlose Abkehr von der Oper und folgte allein den Gesetzen, die er selbst für das Oratorium entwickelt hatte ...

Der siegreiche Held Josua ist in allen seinen Triumphen nur der Exponent seines Volkes. Die »Rolle« der Kulissenbühne hat sich zur »Stimme« einer kultischen Gemeinschaft erhöht. Fünfzehn Chöre, neunzehn Soli und Duette geben diesem Oratorium den Charakter eines Volksgeschehens. Nur eine kleine Liebesepisode zwischen einem jungen Krieger und einem Mädchen unterbricht den Kriegs- und Siegesmarsch des Volkes Israel.

Ein Wort Josuas bestimmt allein Höhepunkt und Entscheidung zugleich: »O Sonne, stehe still!« Der Anfang der Arie malt in rollenden Sechzehntelfiguren die immer höher steigende Sonne, die dann plötzlich, auf dem hohen A angelangt, in ihrem Lauf erstarrt. Bald ruhen auch die Bässe auf dem D, und zwischen diesen oben und unten gehaltenen Tönen setzt nun der Chor ein: gläubiges Staunen der Israeliten, atemlose Flucht der Feinde.

Im dritten Akt erschallt das Triumphgeschrei des Volkes Israel, steigt über die Dankeshymnen der Priester hoch empor, neigt sich dem siegreichen Helden zu ...

Josua kommt: »See the conquering hero comes!« Händel selbst scheint jetzt in mächtigen Stößen die Trochäen seines Dichters überflügeln zu wollen.

> »Seht den Sieger, ruhmgekrönt/
> Schallt, Trompeten, Zimbeln tönt/
> Flechtet grünes Lorbeerreis/
> Singt und jauchzt des Helden Preis/
> Seht den Sieger ruhmgekrönt/
> Schallt, Trompeten, Zimbeln tönt!«

Chöre der Knaben und Jünglinge, der Mädchen und Jungfrauen gehen dem Hauptchor voran. Logen, Balkone, Häuser und Gassen öffnen sich. Volk um Volk drängt herbei. Der Herrscher naht, sein Ruhm ist ohnegleichen! Da ist er, hebt die Hand: »Brüder, blickt auf zu Gott, Ihm allein gilt der Jubel!«

»O großer Gott für und für!« fällt der Schlußchor ein.

Alexander Balus errang am 9. März 1748 lauten Beifall. Ganz London wollte Francesina Avoglio als Kleopatra sehen. Die Zeiten der großen Oper schienen zurückgekehrt.

Josua hatte am 28. März nur einen Achtungserfolg. Dennoch verhalf Händels neuer bürgerlicher Anhang auch *Josua* zu drei weiteren Aufführungen. Die offizielle Presse Londons sprach von der »neuen Chor-Symphonie des großen Meister«, von einem »Händel-Stil«, der volkstümlich und vergeistigt zugleich sei. Sie sprach von einem »Kathedral-Stil«, der von Henry Purcell erweckt, von Georg Friedrich Händel zur Vollendung geführt wird: im völkerumspannenden, christlichen Oratorium! ...

Das Wort ›Oratorium‹ gehörte von nun an zum Wortschatz des Londoner musikliebenden Publikums, ebenso wie das Wort ›Masque‹, das Purcell auf seine bühnenmäßigen Weihespiele angewendet hatte.

Händel besaß jetzt einen Kreis von guten und treuen Freunden: allen voran Prinzessin Anna, auch wenn sie nur zeitweise in London weilte, dann die Gebrüder Harris und ihre Damen, des weiteren Lord und Lady Salisbury, William Hogarth und Aaron Hill; dazu Mrs. Delany, Mrs. Grahn und Mrs. Granville, drei musenfreudige Damen. Er selbst liebte noch immer eine fröhliche Tafel. Dennoch trieb ihn der Kern seines Wesens immer wieder aus dem Kreis der Menschen, die ihn umgaben. Das machte ihn einsam. Den Armen und Schwachen herzlicher Freund, war er voller Ironie, voller Widerspruch gegen die Reichen und Mächtigen, die sich erdreisten, das Leben und auch die Kunst zum à la mode ihrer Launen zu machen – einen Händel jedoch nicht.

Lieber hätte er zum dritten Mal sein Vermögen verloren und noch mit dreiundsechzig Jahren ein Nichts gehabt als einer mondänen Gesellschaft etwas nur zu Gefallen getan.

Eines Tages kam ein anderer Händel aus Kopenhagen. Er sah dem einen nicht unähnlich: beide waren groß und rund. Nur: Der andere war um zehn Jahre jünger. Er schrieb sich Christian Gottlieb Händel und stammte aus dem Zweig der Familie Händel aus Breslau. Als Kaufmann lebte er in Kopenhagen.

Händel konnte jetzt kein saures Gesicht machen, als dieser vergnügte Vetter plötzlich vor ihm stand und so herzlich auf die Verwandtschaft pochte. Für dieselbe Zeit hatte sich eine Pariser Dichterin, Madame Eugénie du Boccage, zu Besuch angesagt. Also sollte der Koch Waltz seine Künste zeigen.

Aus dem Musikzimmer dröhnte indessen das Gelächter der Händel und Händel. Offenbar hatte der Vetter Gottlieb aus Kopenhagen einen derben Witz erzählt, denn Vetter Friedrich kam gar nicht mehr aus dem Lachen.

»Ihr bleibt mein Gast, mit Euch läßt sich leben!«

Da rührte sich der Klopfer an der Haustür. Peter Le Blond empfing eine Dame und geleitete sie ins Vestibül.

»Madame du Boccage!« Welch eine charmante Frau mit hellbraunen, lustigen Augen! Schon riß der junge Schmidt die Salontüre auf, und Händels weltmännischer Baß ertönte.

»Madame, vous me faites le plaisir!«

In Aachen, so erzählte Madame du Boccage bei Tisch mit spöttischen Lippen, sei eine ganze Gesellschaft europäischer Politiker versammelt, um mit gefurchten Stirnen zu beschließen, daß – alles so bleiben solle wie bisher.

Köstlich, diese hübsche Frau mit ihrem Witz! Sie schien die Blicke ihrer braunen Augen nur für Händel zu verschwenden. Und Händel selbst ließ keinen seiner Freunde, nicht einmal den Vetter aus Kopenhagen, neben sich in Fahrt kommen. Diese Pariserin in ihrer Natürlichkeit, Artigkeit und Gescheitheit gefiel ihm ausgezeichnet.

Madame du Boccage machte nun täglich ihre Besuche im Händelhaus. Und täglich mußten ihr Aaron Hill oder John Hawkins neue Händelanekdoten erzählen. Sie gab dem jungen Schmidt die Idee zu dem biblischen Spiel *Susanne:* der tragikomischen Geschichte jenes jungen und schönen Weibes, das, von ein paar lüsternen Greisen im Bad überrascht, ihre Ehre und die Treue zu ihrem geliebten Mann musterhaft zu wahren weiß, bis der Prophet Daniel sie von dem »Fluch der Ehebrecherin« löst und mit dem Gatten vereint. Das Thema gefiel Händel. Aber auch Thomas Morell hatte ein neues Textbuch ins Haus gebracht, *König Salomo* betitelt: ein prunkvolles Lebensbild des mächtigen und glücklichen Mannes, den sein Volk liebt, der eine Königin von Saba zur Freundin hat und der durch sein Urteil über die beiden um ihr Kind streitenden Frauen seiner Weisheit ein unsterbliches Denkmal setzt.

Die *Susanne* war bald fertig. Nun kam der *Salomo* an die Reihe. Mit achtstimmigen Doppelchören entwickelte Händel in breiten Koloraturen eine salomonisch heitere Welt. Wie »chorische Tableaux« erschienen die beiden oratorischen Spiele.

Susanne wurde am 10. Februar 1749 ein ganz großer Erfolg – wie Madame du Boccage es vorausgesagt hatte. Doch auch *Salomo* fand am 17. März ein beifälliges Publikum.

Der Friede von Aachen war unterzeichnet. Ganz London schwelgte in freudiger Erregung: Europa hatte sich wiedergefunden. Es war Zeit, zu feiern.

Schon im Oktober 1748 war an Händel der königliche Auftrag ergangen, für einen festlichen Abend mit Illumination die Begleitmusik zu schreiben. Nun saß er zwischen den Erfolgen von *Salomo* und *Susanne* über seiner *Feuermusik*. Zwei Orchesterkonzerte, das in F-Dur und das in D-Dur, mußten ihre besten Sätze opfern. Die Zeit drängte. Doch da kam Händel in Schwung und lieferte eine Ouvertüre, daß es nur so blitzte und prasselte. Als *Largo alla Siciliana* kommt der Friede wonnetrunken daher, und in einer *Réjouissance* tanzt eine frohe Welt in leichten Menuettschritten.

Da sprühen Funken der Streicher, schießen Raketen der Bläser empor, da platzen Oboenfrösche, da drehen sich Fanfarenklänge wie leuchtende Feuerrädchen in einer festlichen Nacht. Strahlenbündel flammen auf, und wieder trommeln Raketen dazwischen, platzen Oboenfrösche.

Am 27. April 1749 war der Greenpark taghell erleuchtet. Der berühmte Dekorateur und Feuerwerker Chevalier Servandoni hatte eine dorische Prunkfassade von hundert Fuß Höhe und vierhundert Fuß Länge als Feuergerüst erbaut. Gegenüber saß Händel mit seinem Riesenorchester von hundertzwanzig Mann, davon vierzig Trompeten, zwanzig Hörnern, achtundzwanzig Oboen und sechzehn Fagotten; dazu sechzehn Cymbeln und Pauken, die auf ihren Einsatz warteten.

Aus ganz England waren fünfzigtausend Menschen im Greenpark zusammengeströmt. Allein zwölftausend saßen auf den Tribünen, das Fest des Friedens zu erwarten ... Vier Wochen später mußte die *Feuermusik* wiederholt werden. London war in einem Taumel.

The Figures odds, yet who would think:
Within this Tunn of Meat & Drink!
There dwells the Soul of soft Desires.
And all that HARMONY inspires.

THE
Charming
BRUTE.

Can Contrast such as this be found?
Upon the Globe's extensive Round
There can – you Hogshead is his Seat.
His sole Devotion is – to Eat

Put according to Act of Parliam. March 2. 1754

Satirisches Blatt des Malers Goupy auf Händel

(Der Maler Goupy entwarf dieses satirische Blatt, weil er zu einem
einfachen Mittagessen bei Händel eingeladen war, Händel sich ent-
schuldigte, daß er einen musikalischen Einfall habe, und Goupy ihn
später durchs Fenster in einem anderen Zimmer entdeckte, wo
Händel gerade teuren Burgunder trank.)

Dann schien es, als hätte sich der Übermut an diesen Schauplätzen äußerer Pracht genug getan. Das puritanische Bürgertum, das den Frieden von Aachen als sein Werk betrachtete, war nun willens, ein anderes Europa zu fordern: ein bürgerlich-christliches.

Händel besprach mit Morell ein »Heiligen-Oratorium«, eine Art chorischen Weihespiels, wie es bisher nur in Italien gepflegt worden war.

Madame du Boccage hatte in Paris die Schrift von Boyle *Die heilige Theodora* und sogar ein französisches Drama gleichen Namens bestellt. Im Mittelpunkt steht die Gestalt der heiligen Theodora, einer vornehmen Christin der römischen Kaiserzeit aus der Provinz Antiochia. Sie wird von dem Statthalter Valens ihres Glaubens wegen ins Gefängnis geworfen, von Freunden heimlich befreit, fällt mit ihrem Erretter Didimus den Schächern wiederum in die Hände und gibt sich in Christi Namen, mit Didimus vereint, dem Märtyrertode preis.

Ein Chorgebet an Venus in einem Tempel des Jupiter, eine Chorhymne der Soldaten an den römischen Kaiser Diokletian in heidnisch-synkopischen Rhythmen – und wieder ein Chor an Venus! So beginnt das Spiel. Dann singt der Statthalter Valens eine Arie verliebter Träumerei. Begehrt er, der Heide, die schöne Christin Theodora? Er wirft sie ins Gefängnis ...

Händel war voll überraschender Einfälle. Die Gegensätzlichkeit der heidnischen und christlichen Schauplätze beflügelte die Dramatik seiner Musik. Morell hatte keinen ruhigen Tag mehr. –

London aber befand sich zu Beginn dieses Jahres 1750 in einer weniger erfreulichen Erregung. Ein paar Sterndeuter hatten ein Erdbeben prophezeit. Zu Tausenden hatten die Londoner ihrer Stadt den Rücken gekehrt.

»Welch eine Dummheit, sich von schlechten Horoskopisten die gute Laune verderben zu lassen!« brummte Händel.

Am 16. März ging *Theodora* vor halbleerem Haus in Szene. Doch Händel verlor den Humor nicht: »Der Haymarket verträgt keine großen Massen, die Musik wird um so besser erklingen!« Und die Musik klang und verklang ...

Da starb Aaron Hill, der freundliche, blasse Mann mit den dunklen Augen. Händels erster Operndirektor war – wie ein getreuer Eckehard – sein Leben lang in Händels Nähe geblieben. Kurz vor seinem Tod hatte er einen jungen Dramatiker namens Smollet in das Haus Brookstraße 25 gebracht.

Dessen Drama *Alceste,* ein Schicksalsspiel zwischen Göttern und Menschen – im Olymp, auf der Erde und in der Unterwelt –, nahm Händel jetzt in Arbeit. Leider sollte das Werk unvollendet bleiben. Der Theaterdirektor John Rich konnte sich nicht zur Annahme einer englischen Tragödie mit Chören entschließen. Er bevorzugte Revüen. Smollet spielte den beleidigten Dichter und zog sich vom Theater zurück.

Händel aber war an eine neue Arbeit geraten, die ihn bald völlig in Anspruch nahm.

Herkules, strahlender Halbgott und Liebling der Menschheit, barocker Held, in dessen Leben Übermenschliches und Allzumenschliches so seltsam verflochten erscheinen, war die Gestalt, welche Händel wiederum zu fesseln vermochte. Schon im Jahre 1744 hatte er ja ein Oratorium *Herakles* geschrieben: das Schicksal des verliebten Titanen, der in den giftigen Netzen des Zentauren Nessos sein Leben verliert. Jetzt, sechs Jahre später, stellte sich Händel in Anlehnung an Edmund Spencers *Polymetis* selbst einen Text zusammen und nannte sein Werk *Die Wahl des Herkules,* ein musikalisches Drama.

Tugend und Lust umwerben den Halbgott am Scheideweg des Lebens. Ein Sangeswettstreit zweier allegorischer Frauengestalten hebt an. Von einem Streichorchester beschwingt, von Oboen und Hörnern begleitet, schreitet die Lust einher. Strenger ist der Schritt der Tugend, herb und stolz sind ihre Gesänge. Mit kontrapunktischer Kunst ruft sie gebieterisch zur Gefolgschaft auf. Noch einmal lockt die Lust ... Ratlos steht Herkules am Scheideweg. Er folgt nicht den Seligkeiten der Lust, sondern beschreitet den Pfad der Tugend.

Schon im *Triumph der Zeit und der Weisheit* und im *Allegro* hatte Händel die gegensätzlichen Gewalten geformt, welche das Wesen des Menschen auszumachen und zu bestimmen scheinen. In diesem Jahr 1750 bekennt sich der Mensch des achtzehnten Jahrhunderts, der barocke Mensch – Georg Friedrich Händel selbst –, nach den Stationen von 1708 und 1740 noch einmal zu sich selbst.

Da steht Herkules am Scheideweg, und der fünfundsechzigjähre Händel findet Töne der Verlockung, ihn zu umgarnen ...

Ende des Jahres 1749 hatte Händel »seinen« Findelkindern eine neue Orgel gestiftet.

Am 1. Mai 1750 sollte die Orgel eingeweiht werden und zu diesem Anlaß der *Messias* im Findlingshospital in Szene gehen. Ganz London war anwesend. Auch der König und der Hof fehlten nicht. William Hogarth, der andere Wohltäter der Londoner Findelkinder, saß auf einem Ehrenplatz neben dem König.

Madame du Boccage berichtete nach Paris: »Das geistliche Konzert oder das ›Oratorium‹, wie man es hierzulande nennt, gefällt uns allen sehr. Englische Textworte werden teils von englischen, teils von italienischen Sängern gesungen und mit einer Menge von Instrumenten begleitet. Händel ist die Seele des Ganzen. Wenn er eintritt, erhebt sich das Publikum. Es werden ihm zwei Wachskerzen vorangetragen, die dann auf die Orgel gestellt werden. Unter lautem Beifallsklatschen nimmt er Platz, und die ganze Kapelle beginnt genau in demselben Augenblick zu spielen. Als Zwischenspiele läßt Händel dann Orgelkonzerte eigener Komposition hören, die er entweder allein spielt oder mit Begleitung des Orchesters. Diese Konzerte sind ganz besonders bewundernswert wegen ihrer Harmonie und ihrer Ausführung, und man hört sie nirgendwo als nur in London.« –

Händel hatte am 1. Juni 1750 – »in Betrachtung der Hinfälligkeit des menschlichen Lebens«, wie er einleitend schrieb – sein Testament gemacht.

»Und was ist mit unserer Reise, Meister?« fragte der junge Schmidt, als er das Testament ins reine geschrieben hatte.

Richtig, man wollte ja noch einmal nach Deutschland fahren – »nach der alten Stadt Hall«.

Am 10. August landeten Händel und der junge Schmidt in Rotterdam. Am 21. August hatten sie einen schweren Unfall: Der Wagen kippte um, und Händel erlitt erhebliche Verletzungen. Auch sein Gesicht war zerschunden.

»Jetzt werden mich die Hallenser nicht mehr wiedererkennen!« spottete er ungeachtet seiner Schmerzen.

Gegen den Willen des Stadtarztes von Haarlem wurde die Reise nach vier Tagen fortgesetzt – der Vaterstadt Halle entgegen.

Mancher dort war gestorben: Nicht nur Vater und Mutter, auch die Schwestern deckte der grüne Rasen; auch Tante Anna und Onkel Taust hatten der Welt schon lange Valet gesagt.

Was würde Johanna Friederike für ein Gesicht machen, den Onkel aus London so plötzlich vor sich zu sehen? Ihr Vater, der preußische Rat Michaelsen, war vor fünf Jah-

In the Name of god Amen

I George Frideric Handel considering the
Uncertainty of human Life doe make this my
Will in manner following
viz

I give and bequeath unto my Servant
Peter le Blond, my Clothes and Linnen, and
three hundred Pounds sterl: and to my other
servants a year wages.

I give and bequeath to Mr Christopher Smith ~~senior~~
my large Harpsicord, my little House Organ, my
Musick Books, and five hundred Pounds sterl:

Item I give and bequeath to Mr James Hunter
~~my~~
five hundred Pounds sterl:

I give and bequeath to my Cousin Christian Gottlieb Handel
of Coppenhagen one hundred Pounds sterl:

Item I give and bequeath to my Cousin Magister Christian
August Roth of Halle in Saxony one hundred Pounds sterl:

Item I give and bequeath to my Cousin the Widow of
George Taust, Pastor of Giebichenstein near Halle in
Saxony three hundred Pounds sterl.
and to Her six Children each two hundred Pounds sterl:
All the next and residue of my Estate in ~~Bank Annuity's~~ Bank Annuity's
~~Annuity's~~ or of what soever Kind or Nature.

*I give and bequeath unto my Dear Niece
Johanna Friderica Flöerken of Gotha in Saxony
(born Michaelsen in Halle) whom I make my
Sole Exec^{rix} of this my last Will
. In wittnes Whereof I have hereunto set my hand
this 1 Day of June 1750*

George Frideric Handel

Händels Testament vom 1. Juni 1750, ergänzt am 9. April 1759

ren verschieden, auch ihre Stiefmutter lebte nicht mehr. Johanna Friederike selbst war schon seit zehn Jahren verheiratet und Mutter von zwei Mädchen: einer Johanna und einer Friederike. Ihr Mann, Georg August Flörke, war Ordinarius der juristischen Fakultät an der Universität zu Halle.

Das Händelhaus am Großen Schlamm leuchtete schon von weit her in einer frischen, goldbraunen Tünche. Man hatte auch in Halle vor kurzem die Häuser numeriert, und so prangte eine Nr. 6 auf der Fassade über der Tür.

Herr Flörke selbst kam die Treppe herab, um seinen Gast in Empfang zu nehmen.

Dann erschien Johanna Friederike mit ihren zwei Kindern, die Witwe Taust folgte. Michaelsen aus Gotha kam auch zum Vorschein und zuletzt der Vetter Christian August Roth, ehedem und, wie es schien, auch heute noch »Mädchen für alles.«

Lärmend vergingen die Tage. Händel war für Halle ein großes Ereignis!

Es war Sonntag wie einst. Händel war mit den Seinen zum Gottesdienst in der Kirche Unserer lieben Frau gewesen. Viele Leute hatten ihn für einen Ausländer, andere aber doch für den berühmten Herrn Händel gehalten, während einige gar nicht glauben wollten, daß er noch lebte.

Er hörte die alte Orgel wieder, auf der er selbst so oft gespielt hatte, die Orgel des Esaias Beck mit ihrem mächtigen Pfeifenwerk und ihren dröhnenden Pedalen. Doch der dort oben an der Orgel saß, war kein Zachow, er verstand nichts vom Kontrapunkt.

»In Leipzig haust der Bach, der dürfte Ihnen besser gefallen!« flüsterte Herr Flörke seinem Gast ins Ohr.

»Der Bach?!« dachte Händel und erinnerte sich an den Namen. Aber er hatte noch kein Stück von diesem Bach gehört, nicht eines.

Am Nachmittag hatte er Johanna Friederike endlich eine Stunde für sich allein.

»Ich habe dich zu meiner Universalerbin gemacht, Johanna Friederike!« sagte er leise.

Sie trat näher, stand jetzt ganz nah vor ihm. Sie ergriff seine beiden Hände und preßte sie innig an ihre Wangen.

»Sie wissen in Hall noch nicht viel von Euch, Oheim! Aber wir im Collegium musicum kennen alle großen Werke unseres Meisters!«

»Was braucht es mehr, als daß ich dir gefalle! Ein Narr, der sich nach der Welt verzehrt!« rief nun Händel und schob seiner Johanna Friederike den Stuhl am Klavizimbel zurecht.

Und sie sang, während er sich die Pfeife stopfte, die große Arie der Rodelinda: »Mio caro bene – Du mein Hort, Du mein Leben!« ...

London war in Nebel gehüllt, als Georg Friedrich Händel wieder nach Hause kam, seinem alten Kameraden Johann Christoph Schmidt das letzte Geleit zu geben.

Der Getreueste seiner Getreuen, Geschäftsführer,

Sachwalter, Kopist, Bibliothekar und Vertrauter, war von ihm gegangen. Als Händel nach diesen Tagen seine Ouvertüre zu *Jephta* schrieb, schlichen sich in das Largo Töne der Trauer um den geliebten Toten.

Noch vor seiner Abreise nach Halle war Händel mit Thomas Morell übereingekommen, wieder eine Geschichte aus der Heiligen Schrift zum Thema eines Oratoriums zu wählen. Morell hatte auf das Buch der Richter verwiesen und mit der Gestalt des Jephta Händels Teilnahme geweckt.

Jephta, zum Führer Israels im Kampf gegen die Ammoniter gewählt, legt vor der Schlacht ein Gelübde ab: Er will, wenn er als Sieger heimkehrt, das erste Geschöpf, das ihm entgegentritt, dem allmächtigen Gott zum Opfer bringen. Jephta siegt und kehrt zurück. Das erste Wesen aber, das ihn jubelnd begrüßt, ist seine geliebte Tochter Iphis.

Händel erkannte sogleich die dramatische Gewalt des Stoffes. Jephta erschien ihm in der Abgründigkeit seines Schicksals als König Lear, ja tragischer noch als dieser. Er äußerte jedoch Bedenken, den grausamen alttestamentarischen Schluß zu übernehmen. Er wünschte eine Vergeistigung dieses Schicksals, eine göttliche Entscheidung, welche das Los der armen Iphis in eine christliche und barmherzige Sphäre erhob: Ein Engel Gottes befreit Jephta von seinem Gelübde, Iphis wird zur Priesterin geweiht. –

In seiner Ungeduld hatte Händel die große Opferszene des dritten Aktes schon auf der Reise vorweggenommen. Nun, nach den Trauerfeierlichkeiten für Schmidt, gestaltete er eine Ouvertüre, die sich, dreiteilig-symphonisch, aus einem Andante in ein Forte und dann in ein Allegro wandelt.

»Je besser mein Gehör, desto schlechter wird mein Gesicht!« sagte Händel am 20. Dezember zu dem jungen Schmidt.

Eines Abends, man schrieb den 5. Januar 1751, saß Händel am Fenster und lauschte auf die vieltausend Stimmen, die sein Inneres bedrängten. Da brachte Schmidt die brennende Öllampe ins Zimmer.

Aber der Meister rührte sich nicht.

»Guten Abend!« sagte der Junge.

»Du bist es, Christopher ...«

»Soll ich die Kerzen am Cembalo anzünden?«

»Die Kerzen? Ja! Und die Lampe!«

»Da ist die Lampe!« ...

»Die Lampe, sagst du? Um mich ist es Nacht!«

»Meister, das Licht brennt!«

»Komm, Christopher, bring mich ans Instrument ...«

Nach ein paar Tagen hatten beide Augen ihre Sehkraft wiedergefunden. Händel fühlte sich in gehobener Stimmung und empfing sogar den Besuch einer Dame, die am Portal ihren Namen verschweigen wollte.

Es war – Francesca Cuzzoni.

»Madame, je suis ravi de vous voir!« Nicht eigentlich entzückt, wie er sagte, doch recht bewegt schien Händel zu sein, als er seine ehemalige Primadonna nach fast dreißig Jahren wieder vor sich sah. Die spöttischen Fältchen um ihren Mund hatten sich beträchtlich vergrößert, und auch der Blick der dunklen Augen zeigte nicht mehr das Feuer der Jugend. Jetzt bettelte sie bei ihrem Meister noch einmal um ein Benefizkonzert. Ängstlich schaute sie an dem ›Mann-Berg‹ empor, der ihr noch gewichtiger erschien als früher – in seiner grauen Zipfelmütze, die er statt der Perücke etwas schief auf dem mächtigen Haupt trug, und in dem dunkelroten Hausrock, der seine breiten Schultern umhüllte.

›Rot ist seine Farbe‹, dachte die Cuzzoni.

Händel mußte lächeln. Er konnte seiner ehemaligen Primadonna nicht die kalte Schulter zeigen, die sie wohl verdient hätte. Er verpflichtete sie vielmehr, in *Alexander*

Balus am 23. Mai die Rolle der Kleopatra zu übernehmen und sich als »Braut, Gattin und Witwe« den Londonern noch einmal mit realistischer Kunst zur Schau zu stellen.

Der junge Schmidt wollte widersprechen, einer solchen Person, von der das Gerücht ging, sie habe ihren Gatten vergiftet, noch einmal und noch dazu in einem Oratorium eine Chance zu geben. Aber Händel blieb bei seinem Wort. Man konnte ja den *Balus* mit der Cuzzoni als Sonderveranstaltung ankündigen, mit erhöhten Preisen für ein gewisses Publikum.

Die Spielzeit hatte 1749/50 in London siebzehn Oratorienaufführungen gebracht: *Herkules* zweimal, *Messias* viermal, *Samson* viermal, *Salomo* dreimal, *Susanne* viermal.

Die Spielzeit 1750/51 versprach mit zwanzig Oratorienaufführungen ein noch größerer Erfolg zu werden. Wieder war der *Messias* als Benefizveranstaltung für das Findlingshospital in erster Besetzung angekündigt, mit Händel an der Orgel.

Doch der *Jephta* mußte noch vollendet werden.

Die Partitur war so umfangreich, daß Händel, dessen linkes Auge täglich schwächer wurde, sich gezwungen sah, dem jungen Schmidt einen Teil der kompositorischen Arbeit aufzubürden. Schmidt kopierte mit Zustimmung Händels aus einer großen Messe des böhmischen Komponisten Franz Habermann, der kürzlich als Gast Händels in London weilte, mehrere Chormotive und fügte sie in die Partitur des *Jephta* ein. Er »flickt den armen Jephta zusammen« bemerkte Händel mit bitterem Spott.

Würde es noch gelingen, das ganze Werk zu vollenden? In freier Polyphonie klagt ein Largo: »Wie es Gott auch fügt!« Dann donnert ein Finale: »Sei stark im Glauben!«

Händel hatte mit schneller, sicherer Hand, wie es seine Gewohnheit war, den Baß mit den vier Singstimmen beziffert und dann die beiden Oboen niedergeschrieben. Nun mühte er sich – denn sein linkes Auge hatte erneut sehr gelitten –, auch die Streicherpartien noch zu skizzieren. Es war am 13. Februar 1751, an einem Mittwoch, zu später Stunde.

An die untere rechte Seite des Notenblattes mit der Seitenzahl 182 schrieb er in kleiner gotischer Schrift folgende Worte:

> »Biß hierher komen den 13. Fevr. 1751/
> verhindert worden wegen relaxation
> des Gesichts meines linken Auges.«

Relaxation: Erschlaffung! So hatte der Arzt Dr. Samuel Sharp vom Guys Hospital vor ein paar Wochen Händels Leiden benannt. Doch Händel wollte nicht erschlaffen – noch nicht! Er strich das Wort auf dem Notenblatt wieder durch.

Zehn Tage darauf, an seinem Geburtstag, dem 23. Februar, schrieb er in die Partitur: »Den 23. etwas besser worden, wird wieder angefangen.«

Er, der nie ein Tagebuch geführt hatte, machte so das Manuskript des *Jephta* zum erhabenen Schauplatz seines Zusammenbruchs.

Am 20. März 1751 starb Prinz Friedrich von Wales, vierundvierzig Jahre alt. Händel nahm seine Arbeit und ging nach Bad Cheltenham. Aber schon am 15. April kehrte er nach London zurück, um zu einer Aufführung des *Messias* im Findlingshospital die Orgel zu spielen.

Am 23. Mai fand die Sonderaufführung von *Alexander Balus* mit Francesca Cuzzoni als Kleopatra statt. Eine Operngesellschaft spielte mit der neuen Sopranistin Giulia Frasi den *Ottone*. Doch Händel weilte schon wieder in Cheltenham. Er hatte, um Christopher Schmidt zu entlasten, einen zweiten Sekretär – James Hunter, einen jungen Engländer – engagiert, der ihn auf Schritt und Tritt begleiten mußte.

Am 13. Juni kehrte Händel nach London zurück. Er fühlte sich wesentlich besser und war entschlossen, letzte Hand an seinen *Jephta* zu legen. Am 2. Juli unterbrach er die Komposition wieder für eine Woche. Doch dann schrieb er, obgleich beide Augen nunmehr völlig getrübt waren, bis zum 30. August den dritten Akt.

»Bange Furcht, heilige Scheu!« ...

Wird Iphis sterben müssen, oder wird Gott ihr gnädig sein und den rettenden Engel schicken? Händel rettete Iphis.

Schwerfälliger waren jetzt die Notenköpfe, breiter hingemalt, als tasteten sie unsicher nach den Zeilen, als taumelten sie langsam durch die dunkelnde Nacht ...

Händel war auf beiden Augen erblindet. Doch der Erfolg des *Jephta* vermochte am 10. Oktober dieses Jahres 1751 eine ganze Welt sehend zu machen.

Christopher Schmidt, der seinen wohlverdienten Urlaub in Paris verbracht hatte, war auf die Nachricht von der völligen Erblindung des Meisters sofort nach London zurückgekehrt. Auf seinen Schultern ruhte nun das schwere Amt, die Aufführung Händelscher Werke in eigener Verantwortung zu übernehmen. Es galt, nach dem großen Erfolg des *Jephta* die Oratorien zum Gemeingut zu machen.

Ein Programm von dreißig Aufführungen sollte alljährlich das Werk des »gottbegnadeten Riesen Georg Friedrich Händel« vor aller Welt kundtun. –

Der Arzt Dr. Samuel Sharp hatte indessen die körperliche Hinfälligkeit des Meisters in seine Obhut genommen. Die Diagnose lautete auf beiderseitige Lähmung des Sehnervs; er hielt einen operativen Eingriff für aussichtslos.

So blieb Händel vor dem Messer des allzu geschäftigen John Tayler bewahrt, der wenige Jahre zuvor den ebenfalls erblindeten, inzwischen verstorbenen Johann Sebastian Bach vergeblich operiert hatte.

Jetzt, in der langen Nacht, fand Georg Friedrich Händel zu seinen Orgelkonzerten zurück.

Mit einem großen Orchester im Wettstreit in St. Paul, in Westminster, oder im Findlingshospital an der von ihm gestifteten Orgel zu sitzen – das waren fortan seine hellen Stunden. Wochen und Wochen übte er, sich auf der Orgel neu zurechtzufinden, allein zuerst, dann mit dem blinden Organisten John Stanley, der bald zu seinen besten Freunden zählte. So tastete er sich zurück in die Welt seiner Töne.

»Bedenken Sie, Meister, daß der arme Stanley seit seiner Kindheit erblindet ist!« tröstete Dr. Sharp ...

Georg Friedrich Händel, seiner Zeit weit entrückt, dem Humor der Götter verschrieben, musterte die unabsehbare Zahl seiner Werke.

Er hatte sich die Aufgabe gestellt, alle Oratorien noch einmal auf ihren musikalischen Gehalt und ihre dramatische Form hin zu überprüfen. Nicht nur Verbesserungen im kleinen, auch wesentliche Veränderungen waren das Ergebnis dieser Arbeit. So geriet der berühmte »Siegesmarsch« aus *Josua*

> »Seht den Sieger, ruhmgekrönt/
> Schallt, Trompeten, Zimbeln tönt ...«

zu neuer, ungeahnter Bedeutung. Händel entschloß sich nämlich, diesen Triumphmarsch auf den Höhepunkt des Werkes zu versetzen, das er selbst als sein vollkommenstes betrachtete: des *Judas Makkabäus*. So wurde eine letzte Steigerung erzielt, eine Übersteigerung: der Freudenrausch eines siegestrunkenen Volkes, kaum noch gestaltbar von einem Dirigenten.

Händel kehrte auch zu seinem Jugendwerk zurück: zum *Triumph der Zeit und der Weisheit*. Er gestaltete das Thema in einer dritten Fassung.

Morell hatte den Text aus dem Italienischen ins Englische übersetzt. Händel fügte in das erweiterte *Spiel von der Lust und der Tugend* siebzehn neue Stücke ein.

In Stunden, in denen Händel allein war mit dem jungen John Hawkins, einem frischen Studenten der Geschichte und Musik, hielt er Einkehr bei sich selbst und erzählte mit Schelmerei und Gelassenheit die lange Geschichte seines Lebens. Jetzt machte es ihm eine diebische Freude, Rückschau zu halten auf vergangene Tage. Wurde es dann stiller auf den Gassen der großen Stadt, dann setzte sich Händel ans Cembalo, und die Jungen lauschten.

Das Jahr 1758 wurde zu einem Jahr besonderer Erfolge. Händel erschien, von Christopher Schmidt und James Hunter begleitet, allwöchentlich im Haymarket. In einer *Samson*-Aufführung saß er an der Orgel und lauschte erhobenen Hauptes auf seinen Tenor Beard, der die Arie des Samson sang: »Nun bin ich blind, nicht Sonne, nicht Mond scheint mir!« ...

Das Orchester war verstummt. Das Publikum wagte nicht, Beifall zu klatschen. Unverwandt waren alle Blicke auf Händel gerichtet. Der Meister saß da und lauschte. Doch plötzlich zog er die Register und spielte. Und was er spielte, das war Kampf mit dem Schicksal, kraftvolles und sieghaftes Dur, Wetteifern der Kräfte! ...

Darauf wurde er lange nicht mehr in der Öffentlichkeit gesehen. Er arbeite, so hieß es, mit Thomas Morell an dem neuen Oratorium *Elias, der Prophet*.

Mitte Februar 1759 brachten die Londoner Zeitungen die Meldung von einer neuerlichen rheumatischen Erkrankung Händels, die mit einer Herzschwäche verbunden sei. Doch schon am 23. Februar, seinem vierundsiebzigsten Geburtstag, hieß es, der Meister sei wieder wohlauf.

Der Oratorienzyklus des Winters hatte zweimal den *Salomo*, zweimal die *Susanne*, zweimal den *Judas Makkabäus* und dreimal den *Messias* gebracht. Nun erschien Händel zur allgemeinen Überraschung am 6. April im Findlingshospital, um persönlich eine vierte Wiederholung des *Messias* zu leiten. Nach der Aufführung wurde er ohnmächtig.

Er hatte sich für den 15. April zu einer Kur in Bath angemeldet.

Nun mußte er im Bett bleiben.

Am 9. April öffnete Händel sein Testament und ließ es von Christopher Schmidt mit neuen Zusätzen versehen. Er bedachte neben seiner Universalerbin, Frau Johanna Friederike Flörke:

– Peter Le Blond, seinen Diener, mit 300 Pfd. Sterling, seinen Kleidern und seiner Wäsche,

– Christopher Schmidt, seinen ersten Sekretär, mit 500 Pfd. Sterling, seiner Bibliothek, dem Harpsichord und der kleinen Hausorgel,

– James Hunter, seinen zweiten Sekretär, mit 500 Pfd. Sterling,

– Christian Gottlieb Händel aus Kopenhagen mit 100 Pfd. Sterling,

– Christian August Roth, seinen Vetter aus Halle, Magister in artibus, mit 100 Pfd. Sterling,

– Anna, die Witwe seines Onkels Taust in Giebichenstein, mit 300 Pfd. Sterling, jedes ihrer Kinder mit 200 Pfd. Sterling.

»Ich möcht' am Karfreitag sterben«, sagte Händel nicht ohne Humor am 12. April zu Christopher Schmidt,

»dann könnt' ich mit dem Heiland an Ostern schon wiederauferstehen!«

Doch Händel wurde noch ein Tag und eine Nacht geschenkt: Am 14. April 1759, um acht Uhr morgens, starb Georg Friedrich Händel in seinem Londoner Haus Brook Street Nr. 25 in den Armen seines Dieners Peter Le Blond.

Im Parlament war der Vorschlag eingebracht worden, Händel feierlich auf dem Friedhof des Findlingshospitals zu bestatten. Doch seinen Verehrern gelang es, ein Dekret des Königs zu erwirken, dem Hofkapellmeister Georg Friedrich Händel eine Ruhestätte in Westminster – bei den Unsterblichen der Nation – zu bereiten.

So fand am Freitag, den 20. April, abends um acht Uhr, in Westminster die kirchliche Feier statt. Dreitausend Menschen waren anwesend. Die vereinigten Chöre der königlichen Kapelle, der St. Paul's Kathedrale und der Westminster-Abtei sangen – nach Händels eigenem Willen – keine Händelsche Kantate, sondern ein Funeral-Anthem des Chormeisters Dr. Croft. Dr. Zacharias Pearce, Bischof von Rochester, zelebrierte die Totenmesse für den bibelfesten Heiden.

Die dreitausend Menschen in dem weiten Halbrund des Querschiffs der Kathedrale verharrten in feierlicher Stille. Im Kreuzgewölbe verhallten die Worte des Priesters. Es schien, als ob sich im Winkel der Dichter und Denker, »in the Poets' Corner«, die Epitaphien bewegten: die Geister derer, die im Schoße von Westminster ihr Sterbliches bargen, und die Geister derer, die sich auf marmornen Tafeln mit ihren Namen dem ewigen Bunde zugesellten: Geoffrey Chaucer, Abraham Cowley, John Dryden, John Denham, Edmund Spencer, John Milton, William Shakespeare, John Gay, Alexander Pope – sie alle erwarteten Georg Friedrich Händel.

Zu Füßen des Duke of Argyle stand der gewaltige Sarg, mit einer Decke aus leuchtendrotem Sammet verhüllt: *George Frederick Handel, Esquire* ...

Zwölf Männer versenkten, nachdem die Worte des Bischofs verklungen waren, den toten Meister in die dunkle Gruft.

»Es ist noch Platz genug neben ihm ...«, flüsterte einer der Männer seinem Nachbarn zu.

Der Geist Händels aber hatte Bestand. Die Oratorienaufführungen wurden von dem blinden Organisten John Stanley, zusammen mit Christopher Schmidt, fortgesetzt. Man wählte, des großen Andranges wegen, den Covent Garden. Dann meldete sich die Konkurrenz in Drury Lane. Thomas Arne, der zweite Sohn des Vater Arne, veranstaltete mit seiner Schwester Susanna Arne-Cibber Händeloratorien zu billigsten Eintrittspreisen für jedermann.

Immer mächtiger schwollen die Chöre, immer größer wurden die Orchester.

Die große Händel-Jahrhundertfeier in Westminster am 29. Mai 1784 – man spielte den *Messias* – wurde die Geburtsstunde eines neuen, monumentalen Händelstils. Vor einem Chor von dreihundertsechzig Sängern hatte ein Orchester von zweihundertfünfzig Mann Platz genommen: 48 erste, 47 zweite Geigen, 26 Bratschen, 21 Celli, 15 Kontrabässe, 6 Flöten, 26 Oboen, 26 Fagotte, 1 Kontrafagott, 12 Trompeten, 12 Hörner, 6 Posaunen, 4 Pauken, 1 Cembalo und 1 Orgel. Joab Bates, der erste Händeldirigent seiner Zeit, leitete den *Messias* ganz im Sinne des Meisters von der Orgel aus.

1785, 1786, 1787 wuchs die Zahl der Mitwirkenden unter der Leitung von Charles Burney auf tausend Köpfe. 1794 empfing Joseph Haydn in London von Händels *Judas* einen so entscheidenden Eindruck, daß er sich selbst dem Oratorium zuwandte.

»Ehe ich Händel gehört«, äußerte Haydn, »hab' ich nur halb gewußt, was Musik vermag!«

1772 hatte Hamburg, 1777 Mannheim den *Messias* in großer Besetzung zu Gehör gebracht.

Das völkerumspannende, das chorgewaltige, das christliche Oratorium!

Ungestört ruhte indessen Händel in seiner geräumigen Gruft zu Westminster. Hundertelf Jahre sollten vergehen, bis ein anderer seine Ruhe teilte: Charles Dickens, der Dichter der armen und kleinen Leute.

ZEITTAFEL

1685	Geboren am 23. Februar in Halle
1692	Beginn der musikalischen Ausbildung
1695	Erste eigene Kompositionen
1697	Tod des Vaters
1698–1700	Besuch der Lateinschule in Halle
1702–1703	Jurastudent in Halle; Hilfsorganist
1703–1706	An der Hamburger Oper. Opernkompositionen *Almira, Nero, Florindo, Dafne.* Schon 1704 Aufführung der *Johannespassion*
1706–1710	Aufenthalte in Florenz, Rom, Neapel, Venedig. Komponiert u. a. das Oratorium *La Resurrezione, Il Trionfo del Tempo e del Disinganno,* ital. Kantaten, die Serenata *Acis und Galatea* und die Oper *Agrippina*
1710	Hofkapellmeister in Hannover. Ende des Jahres nach London
1711	24. Februar: Aufführung der Oper *Rinaldo* in London. Im Sommer Rückkehr nach Hannover
1712	Zweiter Besuch in London. Übersiedelung nach London
1713	10. Januar: Aufführung der Oper *Teseo* im Queen's Theater in London. 7. Juli: Anläßlich der Feier des Utrechter

	Friedens Aufführung seines *Te Deum* in der St. Pauls Kathedrale London
1714	Kurfürst Georg Ludwig kommt als Georg I. auf den englischen Thron
1716	Besuch in Deutschland
1717–1720	Im Dienst des Grafen von Carnarvon, der 1719 Herzog von Chandos wird. Aufenthalt in Cannons
1719–1728	Leitung der neugegründeten Royal Academy of Music, eines Opernunternehmens für italienische Opern
1720	Aufführung der Oper *Radamisto*. Veröffentlichung der *Cembalosuiten*
1721	Aufführung der Opern *Muzio Scevola* und *Floridante*
1723	Aufführung der Opern *Ottone* und *Flavio*
1724	Aufführung der Opern *Giulio Cesare* und *Tamerlano*
1726	Händel erhält die britische Staatsbürgerschaft
1727	11. Oktober: Aufführung von *Coronation Anthem* anläßlich der Krönung Georgs II.
1728	Aufführung der Opern *Siroe* und *Tolomeo*. Auflösung der Royal Academy. Neue Akademie mit Heidegger
1729	Italien. 2. Dezember: Aufführung von *Lotario*
1730	Tod der Mutter in Halle
1732	Neuaufführung des Oratoriums *Esther*
1733	Auflösung des zweiten Opernunternehmens (dort seit 1730 Aufführungen von *Partenope, Poro, Ezio, Sosarme* und *Orlando*). Aufführung des Oratoriums *Deborah*. *Athalia* in Oxford

1734	Drittes Opernunternehmen. Aufführung der Oper *Arianna*
1735	Opern, Oratorien, Orgelkonzerte
1736	Vollendung von *Alexander-Fest* und *Atalanta*
1737	Aufführung der Opern *Arminio, Berenice, Giustino*. Heilung in Aachen von Schlaganfall
1738	Aufführung der Opern *Faramondo* und *Serse*. Oratorien *Saul* und *Israel in Ägypten* komponiert. Ende des dritten Opernunternehmens
1739	*Concerti grossi* komponiert und veröffentlicht
1741	Aufführung seiner letzten Oper *Deidamia*. Der *Messias* entsteht
1741–1742	Irland: Dublin
1742	13. April: Erstaufführung des *Messias* in Dublin
1743	Aufführung des Oratoriums *Samson* in London. *Dettinger Te Deum*
1744–1745	Aufführung der Oratorien *Joseph, Semele, Belsazar, Hercules*
1746	Aufführung des *Occasional Oratory*
1747	Aufführung des *Judas Makkabäus*
1748–1749	Aufführung der Oratorien *Alexander Balus, Josua, Solomon, Susanna*
1749	Musik zum Feuerwerk (Feuer des Friedens von Aachen)
1750	Aufführung der *Theodora*. Zum letzten Mal in Deutschland. Erstes Testament
1751	Beginn der Erblindung. Vollendung des Oratoriums *Jephta*
1752 ff.	Musterung und Überarbeitung seiner Werke

1757	Umarbeitung des Oratoriums *Il Trionfo del Tempo*
1759	30. März: Letzte *Messias*-Aufführung in Anwesenheit Händels
	14. April: Händels Tod
	20. April: Beisetzung in Westminster Abbey

Bildquellen

Der authentische Bericht eines Zeitzeugen der französischen Revolution

Als Band mit der Nummer 64086 erschien:

Graf Axel von Fersen, schwedischer Diplomat am französischen Hof, war glühender Monarchist und Bewunderer der Königin Marie Antoinette. Für ihre Rettung wagte er alles. Seine Tagebücher geben einen lebendigen Einblick in die Verhältnisse Europas zur Zeit der Revolutionswirren.

BASTEI
LÜBBE

BIOGRAPHIE

Als Band mit der Bestellnummer 61 106 erschien:

Helmut Thielicke
Zu Gast auf einem schönen Stern

Erinnerungen

Helmut Thielicke, einer der meistgelesenen und meistgehörten Theologen unserer Zeit, erzählt sein langes, erfülltes Leben in anekdotisch aufgelockerter Form, spannend und humorvoll. Sein Lebensbericht ist zugleich ein Zeugnis der bedeutsamsten historischen Entwicklungen unseres Jahrhunderts, ein informativer Einblick in die Geschichte der deutschen Universitäten und in das religiöse Leben dieser Zeit.

BASTEI LÜBBE

Biographie

Als Band mit der Bestellnummer 61 189 erschien:

Christian Graf von Krockow zeichnet in seinem lebendigen Essay das Bild des Menschen Friedrich, das Generationen hindurch vom Glanz und Nachruhm des Königs nahezu verdeckt war.

Liebe Leserin, lieber Leser!

Jedes Jahr erscheinen 500 neue Bastei-Lübbe-Taschenbücher. Damit Sie sich leichter in diesem großen Programm zurechtfinden, haben wir sie nach Reihen geordnet. Diese Reihen werden wir Ihnen in allen weiteren Taschenbüchern nach und nach vorstellen.

Hier die Sachbuch-Reihe **Erfahrungen**, in der Menschen ihr bewegendes Schicksal erzählen.

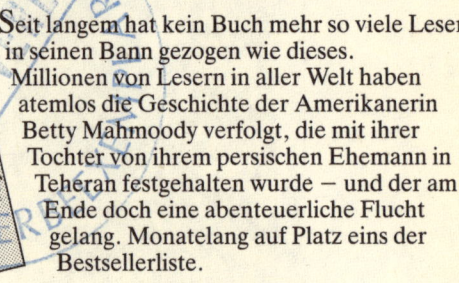

Seit langem hat kein Buch mehr so viele Leser in seinen Bann gezogen wie dieses. Millionen von Lesern in aller Welt haben atemlos die Geschichte der Amerikanerin Betty Mahmoody verfolgt, die mit ihrer Tochter von ihrem persischen Ehemann in Teheran festgehalten wurde – und der am Ende doch eine abenteuerliche Flucht gelang. Monatelang auf Platz eins der Bestsellerliste.

Weitere Titel der Reihe **Erfahrungen**

Truddi Chase
Aufschrei
Band 61 133

Als Kind wurde sie jahrelang mißbraucht – erst als Erwachsener gelingt es Truddi Chase, ihre Vergangenheit zu bewältigen.

Bettina Arndt
Am Ende der Liebe steht die Liebe
Band 61 199

Nach Jahren glücklicher Ehe muß die Lehrerin Bettina plötzlich erleben, daß ihr Mann sich von ihr löst. Es dauert lange, bis sie ihr Leben wieder in den Griff bekommt.

Mary Callahan
Tony
Band 61 158

Der leidenschaftliche Kampf einer Mutter um ihren Sohn, bei dem irrtümlich Autismus diagnostiziert wurde.

Niu-Niu
Keine Tränen für Mao
Band 61 188

Der fesselnde Lebensbericht einer Chinesin, deren Familie in den Wirren der Kulturrevolution zu zerbrechen droht.

Joanne Gillespie
Joanne
Band 61 179

Als bei der neunjährigen Joanne ein Gehirntumor festgestellt wird, wehrt sie sich mit ihrer ganzen Kraft gegen die Krankheit.

Hugues de Montalembert
Das geraubte Licht
Band 61 116

Bei einem Raubüberfall wird einem erfolgreichen Maler Säure in die Augen gespritzt. Plötzlich muß er sich seinen Weg durch eine dunkle, bedrohlich gewordene Welt tasten.

Bastei-Lübbe-Taschenbücher – überall, wo es gute Bücher gibt